우리 시대의
그리스도교 사상가들
철학과 신학의 경계에서

KB214711

우리 시대의 그리스도교 사상가들:
철학과 신학의 경계에서

2020년 3월 2일 초판 1쇄 인쇄
2020년 3월 9일 초판 1쇄 발행

지은이 김동규, 김승환, 김진혁, 손민석, 윤동민, 최경환
펴낸이 김지호

도서출판 100
전 화 070-4078-6078
팩 스 050-4373-1873
소재지 경기도 고양시 덕양구 행신동
이메일 100@100book.co.kr
홈페이지 www.100book.co.kr
등록번호 제2016-000140호

ISBN 979-11-89092-12-2 93230
CIP제어번호 CIP2020005453

ⓒ 김동규, 김승환, 김진혁, 손민석, 윤동민, 최경환 2020

차례

〈에라스무스 총서〉를 발간하며

2020년 지금 우리는 인문학 위기를 넘어, 인문학 종언을 향해 가는 시대를 살고 있다. 연구자들은 설 자리를 잃고, 시간과 수고를 들여야 하는 인문학적 수련보다는 일회성 흥미를 유발하는 콘텐츠가 더 각광받고 있다. 특별히 깊은 사유의 기반이 되는 독서의 영역이 좁아지고 있는 현상은 현재 표면적으로 일고 있는 인문학 열풍과는 달리, 실제로는 위기에 처한 인문학의 현주소를 보여 주는 사례라고 할 수 있다. 이러한 위기는 신학에도 비슷하게 도래하고 있다. 시대의 위기를 극복하기 위해 지혜를 키워 가야 할 신학마저도 절대자를 위시한 고유한 진리에의 열망, 인문학자들마저 매료시킬 역사적 원천에 대한 탐구, 인간과 신의 화해를 향한 자유로운 사유의 실험보다는 실용적인 교회 성장이나 교파주의를 강화하기 위한 방편으로 활용되는 경우가 많다.

이러한 위기 가운데, 인문학&신학연구소 에라스무스와 도서출판 100은 신학과 대화하는 인문학, 인문학과 대화하는 신학, 더 나아가서는 양자가 서로를 비판하고 전유하는 사유의 모험을 보여 주는 일련의 실험들을 〈에라스무스 총서〉라는 이름 아래 선보이고자 한다. 르네상스 인문주의를 대표하고, 종교개혁에도 지대한 영향을 미친 데시데리우스 에라스무스는 탄탄한 인문학적 사유를 기반으로 삼아 성서와 전통에 대한 풍요로운 이해를 보여 주었고, 교회를 존중하면서도 교회에 대한 신랄한 비판을 서슴없이 할 줄 알았던 세계인이었다. 그에게 철학을 비롯한 인문학은 일부 중세인들이 간주했던 것처럼 신학의 시녀가 아니었고, 일부 종교개혁의 후예들이 폄훼한 것처럼 신학의 장애물도 아니었다. 오히려 그는 탄탄한 인문학적 훈련과 사유를 겸비한 사람이었고, 그 속에서 성서 이해와 신학이 풍요롭게 발전할 수 있음을 알았으며, 이러한 인문주의적 신학을 그의 생애 동안 몸소 보여 주었다.

〈에라스무스 총서〉가 지향하는 바도 큰 틀에서 탁월한 인문주의자 에라스무스가 시도했던 모험을 따른다. 우리는 성서와 전통에 대한 협소한 교파주의적 이해나 일부 인문학자들이 보여 주는 신학 자체에 대한 무시 내지 몰이해를 넘어, 양자 간 자유로운 대화와 비판적 전유를 보여 주는 탁월한 연구자들의 성과를 총서 기획 속에 편입시켜 세상에 선보이고자 한다. 여기에는 저명한 외국 학자들의 작품은 물론이고 참신한 생각을 가진 국내 학자들의 성과가 함께 들어갈 것이며, 인문학적 사유가 탄탄하게 배어 있는 전문 학술서부터 독자들이 다소간 접근하기 쉬운 대중적인 학술서에 이르는 다양한 형태의 연구 성과들이 포함될 것이다. 이러한 시도는 인문학과 신학의 위기 속에서도 학문적 상상력과 인내 어린 성찰을 지속하려는 사람들의 작은 소망을 지켜 나가는 운동이 될 것이다. 인문학&신학연구소 에라스무스와 도서출판 100의 우정의 연대를 통해 시작한 이러한 기획이 꾸준하게 결실을 맺음으로써, 한국 사회와 교회 안에 새로운 이론적 성찰의 가능성을 제안하기를 간절히 염원한다.

인문학&신학연구소 에라스무스

도서출판 100

머리말

『2차 바티칸 공의회 문헌』 가운데 비그리스도교와 교회의 관계에 대한 선언인 「우리 시대」(*Nostra Aetate*)는 서두의 말미에서 다음과 같은 심금을 울리는 물음을 던지며 입장을 전개한다. "사람들은 옛날이나 오늘이나 인간의 마음을 번민하게 하는 인생의 풀리지 않는 물음에 대한 해답을 여러 종교에서 찾고 있다. 인간이란 무엇인가? 인생의 의미와 목적은 무엇인가? 선은 무엇이고 죄는 무엇인가? 왜, 무엇 때문에 고통을 겪어야 하는가? 참 행복의 길은 어디에 있는가? 죽음은 무엇이고, 죽은 뒤의 심판과 보상은 무엇인가? 마지막으로, 우리 삶을 에워싸고 있는 형언할 수 없는 저 궁극의 신비는 무엇인가? 우리는 어디에서 와서 어디로 가는가?"[1] 당시 공의회의 신학자들은 가톨릭교회의 시대 적응 또는 쇄신(aggiornamento)을 논의하면서, 이른바 '우리 시대'의 신학과 교회를 고민하면서, 예전이나 지금이나 시대를 관통하는 어떤 심연의 물음이 있음을 이렇게 파악한 것이다.

[1]   번역은 다음 문헌을 따랐다. 『제2차 바티칸 공의회 문헌』(서울: 한국천주교중앙협의회, 1969; 2014), 641.

『우리 시대의 그리스도교 사상가들: 철학과 신학의 경계에서』 역시 이런 문제의식을 공유하고 있다. 21세기의 5분의 1이 지나고 있는 지금, 우리 역시 예전과 마찬가지로 인간이 쉽게 풀지 못하는 어려운 문제들, 곧 삶과 죽음, 행복과 고통, 구원과 신비의 수수께끼를 어떻게 풀어야 하는지 끊임없이 묻고 있다. 본서에 수록된 우리 시대의 그리스도교 사상가들 역시 마찬가지다. 본서에서 다루는 여러 사상들도 우리 시대의 궁극적 관심이 2020년 학계나 사회를 휩쓸고 있는 주요 주제인 인공지능 기술의 발전이나 여전히 모호한 4차 산업혁명의 도래―혁명이 자신의 도래를 이렇게 요란하게 예고하며 도래하던 것을 본 적이 있는가?―와 같은 어떤 '진보'에 있다고 보지 않는다. 기술이 아무리 발전하더라도, 결국에 과학 기술의 혁명이 우리 삶의 방식을 여러 차원에서 뒤바꾼다 하더라도 앞서 진술된 물음들은 변하지 않고 우리에게 영향을 미치며 인간과 종교의 심연을 일깨울 것이다. 본서에서 논의되는 그리스도교 사상가들은 우리 시대와 호흡하면서도 거의 모두 예외 없이 인간의 역사와 삶을 가로지른 궁극적 물음을 던지면서 그리스도교의 신과 신앙, 계시와 신비, 행복과 번영의 문제를 다룬다.

이 책은 우리에게 알려지긴 했으나 이제껏 심도 있게 고찰되지 못한 그리스도교 사상가들을 학술적으로 안내한다는 야심으로 기획되었다. 한스 우르스 폰 발타사르는 비록 2020년 현재의 우리 시대와 거리가 있어 보이지만 1980년대까지 왕성하게 연구 활동을 이어 갔고, 21세기 들어서 비로소 전세계적으로 활발하게 논의되고 있으며 우리에게도 그의 글이 미미하게나마 번역된 형태로 계속 주어지고 있다는 점에서, 우리 시대의 그리스도교 사상가란 칭호를 들을 만한 인물이다. 신학의 예리한 통찰을 유려한 글로 담아내는 데 일가견이 있는 저자 김진혁은 발타사르의 삶과 신학을 부드럽고 촘촘하게 담아 낸다. 이 글을 통해 독자들은 발타사르가 보여 주는 신학과 영성의 하모니와 더불어 계시에 대한 드라마적 이해에서 비롯하는 신학의 아름다움을 느낄 수 있을 것이다.

또한 독자들은 동일한 저자의 안내를 통해, 최근 우리에게도 널리 사랑받는 신학자로 떠오르고 있는 로완 윌리엄스의 신학을 포괄적으로 이해할 수 있을 것이다. 국내에서도 로완 윌리엄스의 여러 저작이 다수의 출판사를 통해 일종의 붐이라고 해도 좋을 정도로 활발하게 출간되고 있지만, 그의 신학의 핵심을 담은 학술적 저작들은 여전히 나오지 않았고 그를 전공한 연구자도 없는 탓에, 그의 신학에 대한 전체적인 설명과 안내가 아직 우리 손에 미처 건네지지 않았다 말해도 과언은 아닐 것이다. 저자는 일상과 비극 속에 숨쉬는 신앙의 신비의 세계로 초대하는 로완 윌리엄스 특유의 비조직적 신학을 꼼꼼히 안내한다. 비교적 대중적인 저술을 통해 윌리엄스에게 매료되었거나 관심을 가지게 된 독자들은 신학자로서의 윌리엄스가 어디에서 왔고 어디로 가고 있는지에 대한 충실한 이해를 얻을 수 있을 것이다.

스탠리 하우어워스 역시 오래전부터 우리에게 널리 사랑받아 온 우리 시대의 신학자 중 한 사람이다. 하지만 국내에 그에 대한 체계

적인 학술적 안내가 없는 탓에 하우어워스의 신학은 아직 암중모색
가운데 다루어지고 있을 뿐이다. 이에 저자 김승환은 하우어워스의
생애와 지적 배경과 더불어 그가 극복하려고 한 크리스텐덤이 무엇
이고 평화의 공동체를 이론적으로 지지하기 위해 하우어워스가 도
입한 덕의 공동체와 내러티브 이론이 무엇인지에 대해서 세심하게
알려 준다. 또한 그에게 흔히 가해지는 분파주의라는 비판을 둘러싼
논쟁들에 대해서도 알기 쉬운 안내를 제공한다. 독자들은 최근 출간
된 하우어워스의 주저 『교회의 정치학』(*After Christendom?*, IVP 역간)
을 읽으면서 이 글을 참고한다면 하우어워스에 대한 더 명확한 신학
적 이해를 얻을 수 있을 것이다.

2018년 한국을 방문한 미로슬라브 볼프 역시 우리 시대를 고민하
는 신학자이자, 국내의 여러 지면을 통해 회자되고 있는 친숙한 학
자이다. 그의 책들은 거의 대부분 우리말로 번역되었거나 번역되고
있고, 그가 던지는 신학적 고민과 답변들은 다원화된 민주주의 사회
를 살아가는 우리의 현실에 깊이 밀착되어 있다. 하지만 그의 답변
들의 실제적·실천적 성격을 고려하기 전에, 볼프가 삼위일체나 케
노시스 같은 전통 신학의 통찰에 의존하면서 자신의 입장을 발전시
킨다는 점을 고려한다면, 우리는 그의 신학적 원천에 대한 이해를
기반으로 삼아 볼프의 사유를 짚어 보아야 한다. 저자 최경환은 바
로 이 점을 충실하게 해명하고 있다. 특별히 공공신학에 조예가 깊
은 저자는 볼프가 기대고 있는 삼위일체 신학과 케노시스 이론을 해
명하면서, 그가 개진하는 공적 신앙과 다원주의, 지구화 등의 문제

에 대한 해법이 무엇인지를 친절하게 파헤치고 있다. 이에 독자들은 공공신학 전문가의 렌즈를 통해서 공공신학자로서의 볼프에 대한 세심한 이해를 얻을 수 있을 것이며, 우리 시대 공적 신학의 현주소가 어디인지를 탐색해 볼 수 있을 것이다.

"우리 시대의 그리스도교 신학자들"이 아닌 『우리 시대의 그리스도교 사상가들』이란 제목을 채택한 데서 보듯, 본서는 그리스도교 사상가의 경계를 신학자로 국한하지 않고 철학자로 확장한다. 우리 실정에서 상대적으로 신학적 논의보다 활발하게 논의되지 않고 있는 철학에서의 그리스도교 사상의 발전은 신학만으로는 경험하기 힘든 사유의 과감성을 통해 신, 신앙, 종교에 대한 매우 도전적인 물음을 던진다. 이런 점에서 독자들은 철학과 신학의 경계를 오가면서 양자의 논의의 독특성과 차이에 주의를 기울이며 더 넓은 사유의 세계로 들어갈 수 있을 것이다.

저자 손민석은 이제는 가톨릭 사상가라고 해도 좋을 공동체주의 철학의 대가 찰스 테일러의 사상을 해명한다. 그동안 테일러에 대한 안내와 연구가 없지는 않았지만, 그를 가톨릭적 사상가, 그리스도교적 사상가로 다룬 연구는 적어도 우리 학계에서는 볼 수 없었던 접근이다. 이런 점에서 본서에서 다뤄지는 테일러에 대한 이해는 그 자체로 매우 독창적인 성격을 갖는다. 특별히 독자들은 저자의 상세한 안내를 통해 그동안 그리스도교가 뜬구름 잡듯이 이해해 온 세속화 개념에 대한 폭넓은 이해는 물론이고 세속화 과정에서 그리스도교가 어떻게 형성되어 왔는지를 확인하면서, 우리가 이런 시대와 사상의 변천 가운데 어떤 전망을 가져야 하는지 고민해 볼 수 있을 것이다. 특별히 테일러의 주저인 『세속의 시대』(*A Secular Age*)가 우리말로 나오지 않은 실정에서 이 글을 통해 독자들이 테일러 사유의 정수인 세속 사회를 둘러싼 그의 심도 있는 분석에 다가설 수 있다는 점에서 본 논고는 더 큰 의의를 갖는다.

다음으로 저자 윤동민이 다루는 존 카푸토를 통해 독자들은 이른바 '강한' 신학의 대안으로 제시된 '약한' 신학이라는 도발적 제안을 접하게 될 것이다. 아직 우리에게는 키에르케고어, 하이데거, 현대 유럽 대륙철학에 대한 뛰어난 연구자 정도로만 알려진 카푸토지만, 실제로 그는 독자적인 철학적 신학의 노선을 구축한 우리 시대의 가장 탁월한 종교철학자 중 하나이기도 하다. 저자는 그의 트레이드마크인 약한 신학을 해명하면서 왜 전통적인 강한 신학이 문제가 되는지, 약한 신학의 신과 신앙, 특별히 신의 나라(Kingdom of God)가 무엇인지 상세하게 해설한다. 카푸토의 파격적인 제안에 동의하지 못하는 독자들이더라도 그가 비판하는 전통 신학의 난점에 대한 지적에 공감할 수 있을 것이며, 질서가 아닌 '무질서'의 나라이자 무근원의 나라에 대한 카푸토의 제안이 지닌 파격성에 놀라워할 것이다.

마지막으로, 저자 김동규는 우리 시대 최고의 현상학자 가운데 하나인 장-뤽 마리옹의 계시 현상학 및 해석학과 아일랜드 출신의 탁월한 해석학적 철학자이자 종교철학자인 리처드 카니의 재신론을 다룬다. 둘 모두 가톨릭 신앙 배경 가운데 자랐지만, 마리옹이 여전히 충실한 가톨릭 신자로 남아 있는 반면, 카니는 너무나도 개방적인 가톨릭 신자가 되었다는 점에서 차이가 있다. 마리옹과 관련해서 독자들은 그의 최고의 철학적 발견 가운데 하나인 포화된 현상 개념을 기반으로 삼아 우리의 인식 능력과 체험 지평을 압도하면서 주어지는 계시 현상과 이 현상을 이해하는 방식에 대한 마리옹 특유의 현상학적 사유를 맛볼 수 있을 것이다. 또한 카니를 통해서, 독자들은 철학자들의 신 죽음 선언 이후, 그리고 아무리 절규해도 신을 찾을 수 없었던 아우슈비츠에서의 신의 죽음 이후에 신을 사유한다는 것이 무엇인지 함께 생각해 볼 수 있을 것이다. 특별히 교권 중심의 신앙, 교파 중심의 신학에 염증을 느끼는 신자라면 신앙을 일종의 실존론적-해석학적 내기로 보면서 세속적 일상 가운데서 초월을 기대하는 신앙을 이야기 해석학을 통해 풀어내는 카니의 시도에서 우리 시대의 새로운 신앙의 길을 모색해 볼 수도 있을 것이다.

이제 기획 의도에 대한 변명을 덧붙여야겠다. 『우리 시대의 그리스도교 사상가들』은 우리 시대를 수놓는 기라성 같은 그리스도교 사상가들을 학술적으로 소개하려는 의도에서 기획되었다. 여기서 **학술적**이라는 말에 초점을 두면 좋겠다. 오늘날 연구자들은 점점 단순하고 쉽게 설명해야 한다는 부담을 받고 있다. 한편으로 연구자들은 더 많은 독자가 어려운 신학과 철학에 친숙하게 다가설 수 있게 안내해야 한다는 점에서 이런 부담을 기꺼이 떠안아야 한다. 하지만 다른한편으로, 쉬운 설명에 대한 요구는 연구자들이 가진 학문적 역량에서 비롯하는 섬세한 사유를 발휘하지 못하게 할 수 있으며, 각 사상의 미묘한 통찰을 드러내지 못하는 결과를 낳을 수도 있다. 본서에서 각 영역의 전문가들은 해당 사상가들을 다루면서 일부러 난해한 글쓰기를 시도하지는 않았지만, 학술적으로 엄밀하게 논의해야 하는 대목에서는 불필요한 가지치기를 하지 않고 가능한 섬세하게 논증하려 하였다. 각 저자들이 자신에게 맡겨진 사상가를 다루는 스타일에는 차이가 있겠지만 크게는 이러한 원칙 아래 각 사상가들의 난해한 이론의 진면목을 드러내려고 했다. 독자들에게는 이 점이 부담될 수도 있겠으나, 한편으로는 학술적 논증이 갖는 세심함에서 비롯하는 깊이를 체험할 수 있을 것이다. 특별히 신학과 철학에 관심을 둔 연구자, 사목자, 학생들에게는 오히려 이런 정공법이 사상을 공부하는 맛을 느끼게 해 줄 수 있다. 각 장 끝에는 해당 사상가를 이해하기 위해 더 읽어야 할 작품들을 선별해서 수록했으며, 이는 앞으로 이 책에 수록된 인물들을 더 깊이 알아보고자 하는 이들에게 좋은 길잡이가 될 것이다.

8인이라는 수가 적지는 않으나, 20세기 후반과 21세기를 수놓은 여타의 기라성 같은 철학자와 신학자들을 모두 떠올려 보면 본서의 내용이 충분하다고 말할 수는 없다. 하지만 외국어로 된 학술서가 아니라, 말 그대로 우리 시대의 젊은 학자들이 우리말로 서구 신학과 철학을 대표하는 학자들을 풀어놓는다는 것은 그 자체로 우리 시대의 이 땅에 사는 독자들과 함께 호흡하며 시대와 사상을 고민하는 한 방식이 될 것이다. 또한 우리는 8인의 사상가를 선정할 때, 국내외에서 일어난 저간의 철학과 신학에 대한 학술적·대중적 관심도 및 인문학&신학연구소 에라스무스가 감당할 수 있는 역량의 정도를 깊이 고민하며 이 책을 기획했다. 이런 점에서 존 밀뱅크(John Milbank)나 2019년 한국을 방문한 새라 코클리(Sarah Coakley), 철학자 가운데서 이제는 그리스도교 사상의 맥락에서도 반드시 소개되어야 할 미셸 앙리(Michel Henry) 같이 기획 단계에서 이 책에 더 담아내고 싶었던 인물들이 있었지만, 적절한 연구자를 찾기 어렵거나, 찾았다 하더라도 해당 주제를 책으로 편성할 때 발생하는 여러 제약으로 인해 본서의 항목에 들일 수 없었다. 독자들이 부족한 본 연구소의 역량을 감안해 주시길 바라면서, 꼭 우리 연구소가 아니더라도 언급된 학자를 포함한 다른 여러 주요 그리스도교 사상가에 대한 또 다른 형식의 학술적 안내가 여기저기서 이뤄지길 바란다. 아울러 우리 시대의 뛰어난 여러 여성 신학자들이 있음에도 이들을 다루지 않은 것 역시 크게 아쉬운 대목이지만, 이는 한국여성신학회에서 내놓은 『21세기 세계 여성신학의 동향』(동연)이라는 훌륭한 연구서가 있기 때문에 내린 결정임을 독자들이 이해해 주길 바란다.

비슷한 맥락에서, 한국 교회의 주류 사상이라고 할 수 있는 개혁신학이나 개혁파 철학의 사상가들을 포함하지 못한 것도 아쉽기는 하지만, 『하나님을 사랑한 철학자 9인』(IVP)과 같이 다른 학술서에서 다루어진 적도 있고 비교적 젊은 개혁파 사상가의 경우 기획자들의 눈에는 독창적인 사상가로 선정할 만한 인물이 딱히 떠오르지 않았기에 다루지 않았음도 밝혀 둔다.

마지막으로 본서의 제작을 위해 수고해 주신 분들께 감사를 드린다. 특별히 도서출판 100의 김지호 대표님은 이 쉽지 않은 기획에 크게 호응하시고 아낌없이 지원해 주셨다. 대표님의 결단이 없었다면 이런 새로운 도전을 선보일 수 없었을 것이다. 또한 인문학&신학연구소 에라스무스의 운영위원이자 지난한 편집 작업에 큰 힘을 보태 준 설요한 선생님과 본서의 원고를 세심하게 읽고 여러 의견을 준 김민음 선생님에게도 감사의 뜻을 전한다. 마지막으로, 본 연구소의 연구원들과 후원자들에게 고마움을 표하고 싶다. 이 분들의 관심과 지원이 없었다면 연구소의 존립도 어려웠을 것이고, 연구자로 살아가는 것 자체가 쉽지 않은 시대를 통과하는 와중에 지쳐 넘어졌을 것이다. 외롭고 힘든 길에서 건네받은 익명의 친구의 물 한잔은 얼마나 상쾌하고 시원한가! 이 친구들의 도움에, 그리고 이 책을 읽고 우리 시대의 고통과 기쁨과 희망을 함께 공유하고 고민할 모든 익명의 친구들에게 감사와 존경의 말을 건넨다. *Amicorum communia omnia*(친구는 모든 것을 공유합니다).

2020년 1월 어느 날
다른 저자들을 대신하여 김동규 씀.

1. 죽임당한 어린양의 아름다움을 우러러

한스 우르스 폰 발타사르

김진혁

I. 생애와 저술

한스 우르스 폰 발타사르(Hans Urs von Balthasar, 1905-1988)는 1905
년 8월 12일 스위스의 루체른에서 태어났다. 그는 취리히 대학교
에서 문학을 공부했고, 「근대 독일 문학에서 종말론 문제의 역사」
라는 제목의 박사 논문을 작성했다. 그의 문학 수업은 1929년 예수
회에 들어가기로 하면서 중단되었다. 당시 스위스에서는 예수회가
금지되어 있었기에, 발타사르는 독일로 건너가 사제 서품을 준비
하며 신학과 철학을 공부했다. 특별히 그는 독일 플라흐에서 '존재
의 유비' 개념으로 주목받던 예수회 철학자 에리히 프쉬와라(Erich
Przywara, 1899-1972)에게 큰 영향을 받았다. 1932년에는 프랑스 리
옹으로 가서 20세기를 대표하는 가톨릭 신학자 중 한명인 앙리 드
뤼박(Henri de Lubac, 1896-1991)의 제자가 되었고, 교부학을 연구
하며 은총과 자연의 관계를 보는 새로운 눈을 얻었다. 1936년 독일
뮌헨에서 예수회 사제 서품을 받고, 1940년 바젤 대학교 교목이 되

면서 스위스로 돌아왔다. 바젤에서 그는 이후 자신의 신학 발전에 크게 영향을 끼치게 될 개혁주의 신학자 칼 바르트(Karl Barth, 1886-1968)와 가톨릭 신비주의자 아드리엔느 폰 스페이어(Adrienne von Speyer, 1902-1967)를 만났다. 스페이어와의 대화는 삼위일체 하나님의 신비, 세상의 아름다움, 교회의 사명에 관한 새로운 깨달음을 얻을 수 있는 통찰을 주었다. 1945년 그는 스페이어와 함께 '요한 공동체'(Johannesgemeinschaft)를 설립했고, 1947년에는 요한 출판사를 만들었다. 그는 1950년에 재속 수도회를 허용하지 않는 예수회를 탈퇴했지만, 1956년 스위스 쿠어 교구 소속이 되면서 가톨릭 신부직을 유지하였다.

발타사르가 50대 후반이 되었을 때 가톨릭의 역사를 바꿀 사건이 일어났다. 근대성의 도전에 교회가 어떻게 진지하게 진실한 반응을 보일지 고민하고사 제2차 바티칸 공의회(1962-1965)가 열린 것이다. 그 결과 공의회의 개혁적 경향을 지지하는 신학자들과 공의회가 교회 전통을 확증한 방식을 강조하는 다소 보수적 성향의 신학자 무리가 대립하였다. 전자를 대표하는 칼 라너(Karl Rahner), 한스 큉(Hans Küng), 에드바르트 스힐레베엑스(Edward Schillebeeckx) 등은 1965년 『꼰칠리움』(Concilium)이라는 신학 논문집을 출간했다. 『꼰칠리움』의 진보적 목소리에 대한 반응으로, 후자의 입장을 대변하는 발타사르, 요제프 라칭거(Joseph Ratzinger, 이후 교황 베네딕토 16세), 장 다니엘루(Jean Danielou) 등의 주도 하에 1972년 『꼬뮤니오』(Communio)가 탄생했다.

발타사르는 바티칸 제도권과 어느 정도 거리를 유지했음에도 꾸준한 저술 활동을 통해 시대를 대표하는 가톨릭 신학자로 점차 주목받게 되었다. 그는 서구의 철학사·문학사·신학사를 아우르는 박식함과 아름다운 문장력을 갖춘 탁월한 작가였다. 발타사르의 글에 신구약성서, 교부학, 가톨릭 전통, 개신교 신학, 신비주의, 문학과 시, 지성사 등의 자료가 능수능란하게 사용되는 것을 보노라면, 스승 드 뤼박이 그에게 바쳤던 "유럽에서 가장 교양 있는 사람"이라는 찬사가 결코 과장이 아니었음을 깨닫게 된다. 알려진 바로는 그는 119권의 단행본, 532편의 논문, 114편의 공동 집필서, 110권의 번역서를 남긴 다작가였다.[1] 그중 가장 중요한 작품으로 손꼽히는 것이 『영광』(Herrlichkeit, 전 7권, 1961-1969), 『하느님의 드라마』(Theodramatik, 전 5권, 1973-1983), 『하느님의 논리』(Theologik, 전 3권, 1985-1987)라는 제목으로 26년간 출간된 3부작이다(그리고 1987년 단권의 『후기』도 출판되었다). 그 외 가장 많이 읽히고 인용되는 책은 칼 바르트에 관한 연구서인 『칼 바르트: 그의 신학에 대한 설명과 해석』(Karl Barth: Darstellung und Deutung seiner Theologie, 1951)이라고 할 수 있다. 앞서 언급한 작품만큼 대작은 아니지만 영향력이 만만치 않은 소책자도 많다. 이들은 발타사르의 3부작에 관한 요약이거나 그리스도론, 관상기도, 구원론, 교회론 등의 핵심 주제를 깊이 있고 간결하게 다룬 명작이다. 끝으로 결코 간과할 수 없는 그의 중

---

1   한스 우르스 폰 발타사르, 『발타사르의 지옥 이야기』, 김관희 옮김(서울: 바오로딸, 2017)의 저자 정보 참고.

요하고 매력적인 업적은 이레나이우스, 고백자 막시모스, 니사의 그레고리오스, 오리게네스 등의 교부에 대해 그가 남긴 글 혹은 편집한 저작들이다.

발타사르는 정식 신학박사 학위도 받지 않았고, 유명한 신학 교육 기관에서 가르친 경력도 없으며, 논란 많던 개신교 신학자 바르트와 우정을 맺었고, 재속 수도회에 헌신하고자 예수회에서 스스로 나왔다. 하지만 이 특이한 가톨릭 신부는 그의 진실한 삶의 태도와 탁월한 글을 통해 지난 세기를 대표하는 신학자로 인정받았다. 1988년 교황 요한 바오로 2세는 노년의 발타사르를 추기경으로 서임했지만, 그는 서임식을 이틀 앞둔 6월 26일 세상을 떠났다.

일반적으로 발타사르의 신학을 소개할 때는 대표 저작인 3부작에 집중하곤 한다. 하지만 그 엄청난 분량의 작품을 지금처럼 한정된 지면에 맞춰 재단하기에는 발타사르 신학의 아름다움과 깊이를 심하게 왜곡하고 사상을 피상적으로 묘사할 위험이 있다. 따라서 이 글에서는 현대 그리스도인에게 발타사르가 던져 줄 수 있는 중요한 신학적·실천적 통찰을 서술하며 칼 바르트와의 관계, 기도와 신학의 통합, 신학의 범주로서 드라마의 재발견이라는 세 주제에 집중하려 한다.

II. 칼 바르트와의 신학적 우정

20세기의 대표적인 개신교 신학자 칼 바르트가 이후 그리스도교 세계 전반에 끼친 영향을 고려한다면, 발타사르를 언급할 때 빼놓을 수 없는 것이 바로 바르트와의 특별한 관계다. 스위스 태생의 두 신학자가 가톨릭과 개신교라는 전통의 차이뿐만 아니라 약 20세의 나이를 뛰어넘어 신학적 우정을 나눌 수 있었던 이유 중 하나는 발타사르가 전문적 신학자로 훈련받은 적도 없거니와 바티칸에서 인정한 학교에서 가톨릭 신학을 가르치지도 않았다는 점이다(물론 모차르트 음악을 향한 두 신학자의 종교적 숭배에 가까울 정도의 애정도 한몫했다). 바르트는 발타사르의 청년 시절 이미 독일어권 신학을 주도하고 있었다. 따라서 문학도로서 삶을 일단락하고 사제의 길을 가려던 발타사르가 신학적 사고를 정리하고 발전시키는 데 바르트는 자연스레 큰 영향을 끼쳤다. 그러다 1940년, 바르트가 재직하던 바젤 대학교의 가톨릭 교목으로 발타사르가 부임하면서 둘의 우정이 본격화되었다. 발타사르는 바르트의 세미나에 참여하기도 했고 바르트의 신학에 관한 강의를 하기도 했다.

1948-1949년 겨울 학기에 발타사르는 "칼 바르트와 가톨릭주의"라는 강연을 했고, 이는 1951년에 『칼 바르트』의 출판으로 결실을 맺었다. 이는 개신교와 가톨릭을 통틀어 가장 초기에 출판된 바르트 연구서 중 한 권이자 바르트에게 극찬을 받았던 작품이기도 하다. 당시 가톨릭 학자들은 전반적으로 바르트에게 그다지 곱지

않은 시선을 보내고 있었다. 1930년대 초반 바르트는 자신의 대작 『교회 교의학』(Kirchliche Dogmatik)의 시작을 알리는 I/1의 서문에 "[가톨릭의] 존재의 유비는 적그리스도의 발명품"[2]이라는 희대의 명언을 남김으로써 가톨릭 신학자들의 심기를 불편하게 했다. 더욱이 1948년 암스테르담 세계교회협의회 모임에서도 가톨릭에 대한 부정적 발언을 함으로써 가톨릭에서 자신의 이미지를 더욱 안 좋게 만들었다. 이런 상황에서 발타사르는 바르트와 우정을 쌓아갔고, 심지어 바르트를 호의적으로 해석한 두터운 연구서까지 출판했다. 발타사르가 바르트에게 상당히 강한 신학적 애착을 갖지 않았다면 상상하기 힘든 일이다. 그렇다면 두 신학의 거장 사이의 우정은 어떤 특별한 중요성을 가지는가? 이 질문에 간결하게 답하고자 '그리스도 우선성'과 '존재의 유비'라는 두 문제에 집중하겠다.

오늘닐 개신교 목사에게도 잘 알려진 드 뤼박, 라너, 발타사르, 라칭거, 큉 등은 제1차 바티칸 공의회(1869-1870) 이후에 출생하여 제2차 바티칸 공의회(1962-1965)에 직간접적으로 연루되었던 가톨릭 신학자다. 이들 중 상당수가 이전 세기 가톨릭 신학을 대표했던 신토마스주의의 추상적인 철학을 넘어설 수 있는 신학의 언어와 방법을 찾으려 했다. 그 대표적 사례가 근대적 세계관에 대한 반응으로 인간학적 지평 위에서 가톨릭 신학을 재해석하려는 새로운 움직임(특별히 칼 라너의 초월론적 신학)이었지만, 발타사르는 이러한 새로

---

2   Karl Barth, *Church Dogmatics* I/1, ed. Thomas Torrance and Geoffrey Bromiley (Edinburgh: T & T Clark, 1975), viii. 이하 *Church Dogmatics*는 *CD*로 표기한다.

운 신학적 흐름도 의심의 눈으로 보았다. 이쪽저쪽 모두에 편안함을 못 느꼈던 발타사르는 하느님과 세계의 관계를 신학적으로 이해하고 서술하는 새로운 방식을 오히려 개신교 신학자인 바르트에게서 배울 수 있었다.[3] 그는 (바르트를 따라) 인간의 자연적 이성이 아니라 은총과 계시의 우선성을 주장하고, 추상적 철학의 범주가 아니라 그리스도의 역사를 강조하면서, 신토마스주의적 '존재의 유비'가 아니라 그리스도 중심적 '존재의 유비'를 형성해 나갔다.[4] 즉, 창조자와 피조물 사이에 추상적으로 상정된 존재론적 유사성이 아니라, 피조적 논리와 신적 논리가 결합한 '육신이 되신 말씀'이신 예수 그리스도를 통해서 하느님과 인간 사이의 '유비적 관계'를 서술해 나가는 것이 그의 신학의 출발점이요 지향점이 되었다.[5]

특별히 발타사르에 따르면, 바르트의 신학은 하느님과 인간 사이의 무한한 질적 차이를 강조하던 초기의 '변증법적 시기'에서, 1930-1940년대에는 하느님과 세계 사이의 관계를 긍정하는 '유비의 시기'로 넘어왔다. 그리고 '변증법'에서 '유비'로의, 회심에 맞먹

---

3 Hans Urs von Balthasar, *The Theology of Karl Barth*, trans. Edward E. Oakes (San Francisco: Ignatius Press, 1992), 382-383.

4 실제 발타사르의 가장 잘 알려진 작품이자, 현대 신학계에 그가 남긴 가장 큰 공헌으로 언급되는 '신학적 미학'도 신토마스주의를 극복하고자 바르트의 『교회 교의학』 II/1에 서 제시된 하느님의 영광, 특별히 예수 그리스도에게서 계시되는 신적 아름다움을 핵심 범주로 삼고 있다. Fergus Kerr, *Twentieth-Century Catholic Theologians* (Oxford: Blackwell, 2007), 131.

5 참고. Hans Urs von Balthasar, *Theo-Logic*, Vol. II: *The Truth of God*, trans. Graham Harrison (San Francisco: Ignatius Press, 2004), 35.

을 정도로 급격한 전환은 바르트의 안셀무스 연구를 기점으로 이루어졌다.[6] 바르트는 발타사르 외에는 자신의 신학에서 안셀무스의 중요성을 제대로 파악한 사람을 찾아보기 힘들다며 극찬했고,[7] 이후 약 반세기 동안 발타사르의 해석은 바르트 연구에서 거의 '규범적' 위치를 차지했다. 그렇지만 비록 바르트가 '유비'라는 개념을 예전보다 빈번히 사용했더라도 바르트는 '신앙의 유비'(analogia fidei)를, 발타사르는 '존재의 유비'(analogia entis)를 각각 주장하면서 서로의 입장 차이를 완전히 좁히지는 못했다.[8] 바르트에 따르면 하느님과 인간 사이에는 존재론적 연속성이 전혀 없기에, 둘 사이에 조화로운 관계가 있다면 그것은 인간의 능력이 아니라 '신적 은총'이 그 관계를 주도적으로 형성했기 때문이다. 인간은 오직 성령께서 선물로 주신 '신앙'으로만 하느님과의 참 관계를 인식하고 참여할 수 있다. 빌타사르는 바르트가 계시의 우선성을 주장한 것은 옳지만, 자연과 은총의 조화를 전제하는 '존재의 유비'가 없다면 하느님과 인간 사이의 차이도 신적 자비를 통한 관계의 회복도 제대로 파악할 수 없다고 주장한다.[9] 즉, 둘 모두 그리스도 중심적 '유비론'을

---

6   Balthasar, *The Theology of Karl Barth*, 60.

7   에버하르트 부쉬, 『칼 바르트: 20세기 신학의 교부, 시대 위에 우뚝 솟은 신학자』, 손성현 옮김(서울: 복있는사람, 2014), 371.

8   둘의 차이는 다음의 논문에 압축적으로 제시되었다고 평가받는다. Hans Urs von Balthasar, "Analogie und Dialetik", *Divus Thomas* 22 (1944), 171-216.

9   참고. Hans Urs von Balthasar, *Love Alone Is Credible*, trans. D. C. Schindler (San Francisco: Ignatius Press, 2004), 52. 특히 각주 17.

사용했지만, 발타사르는 인간의 피조성 안에서 하느님과 연속성을 찾을 수 있는 그 무엇이 있다는 가톨릭의 전통적 입장을 따랐고, 바르트는 오직 성령의 선물로만 하느님과 인간 사이의 관계가 형성된다고 보았다.[10] 이러한 유사성과 차이는 발타사르가 바르트의 신학을 수용하면서도 이를 가톨릭적으로 재해석하게 만드는 데 결정적 역할을 했다.

바르트와 발타사르가 오랜 기간 깊은 우정을 쌓아 왔던 만큼, 그들의 관계가 서로의 신학에 끼친 영향은 계속 연구되는 주제 중 하나다. 하지만 바르트 학자 사이에서 거의 고전의 위치까지 올랐던 발타사르의 『칼 바르트』는 수많은 장점에도 불구하고 몇 가지 결정적 오류를 품고 있다는 비판을 받기도 한다. 우선 바르트 신학이 '변증법'에서 '유비'로 넘어왔다는 주장과 달리, 변증법과 유비는 상호 배타적인 개념이 아니다. 학자들은 바르트의 후기 신학에서도 '변증법'이 계속 발견되고 있으며 바르트에게서 '유비'가 중심적 위치를 점하기 시작한 것도 발타사르가 상정한 1930-1940년대보다 약 10년 정

---

10   '존재의 유비'와 '신앙의 유비'의 일반적 정의는 각각 다음과 같다. 존재의 유비(*analogia entis*): "토마스 아퀴나스(1225-74)에 따르면, 창조주로서 하느님과 피조물로서 인간의 관계(존재의 유비)는 유한한 인간이 무한한 하느님에 대해 이야기할 수 있는 하나의 방법으로서 유비를 사용하는 적법성을 부여한다." 신앙의 유비(*analogia fidei*): "각각의 교리는 그리스도교 신앙 전체의 빛으로 이해되어야 한다는 개신교적 원리다. 성서의 모호한 구절은 더 분명한 부분의 빛 아래서 이해되고, 구약은 신약의 빛 아래서(롬 12:6) 이해되어야 한다는 원리다." Donald McKim, "analogy of being" and "analogy of faith" in *Westminster Dictionary of Theological Terms* (Louisville: Westminster John Knox Prss, 1996), 10. 하지만, 발타사르와 바르트 모두 자신들만의 고유한 방식으로 존재의 유비와 신앙의 유비라는 표현을 사용한다.

도 이르다고 추정한다.[11] 실제로 바르트는 1920년대에 교수직을 시작하면서 개혁주의 신학을 진지하게 연구하게 되었고, 이를 통해 얻은 그리스도론적 통찰을 가지고 과거에 자신이 하느님과 인간 사이의 차이를 묘사했던 추상적 방식을 스스로 극복해 나갔다. 이렇듯 발타사르가 바르트 신학의 발전에 끼친 개혁주의의 영향을 간과하고 자신의 가톨릭적 관점에서 중요 주제를 선별함으로써 다소 단순화되고 편향된 바르트 이미지를 남겼긴 하지만, 그의 『칼 바르트』는 여전히 매력적이고 탁월한 책임이 틀림없다.[12] 무엇보다도 바르트에 관한 애정이 담긴 창조적 해석 덕분에 발타사르의 신학은 당대의 다른 가톨릭 신학과 구분되는 독특한 방향으로 발전하게 되었다.

III. 기도를 통한 신학과 영성의 재결합

신학자로서 발타사르의 사명 중 하나는 오랜 기간 분리되었던 영성과 신학, 혹은 실천과 이론을 다시 결합하는 일이었다.[13] 그는 두 영역이 독자적으로 발전했다는 데 오늘날 그리스도교의 근원적 문제

---

11   오늘날 대부분의 바르트 학자는 발타사르가 제시한 '변증법에서 유비로의 급격한 전환'을 지지하지 않는데, 이러한 해석의 전환에 큰 영향을 끼친 연구서로 흔히 다음을 꼽는다. Bruce McCormack, *Karl Barth's Critically Dialectical Realistic Theology* (Oxford: Clarendon Press, 1995).

12   바르트와 발타사르의 관계에 관해서는 다음의 탁월한 안내를 참고하라. John Webster, "Balthasar and Karl Barth", in *Cambridge Companion to Hans Urs von Balthasar*, eds. Edward T. Oakes and David Moss (Cambridge: Cambridge University Press, 2004).

가 있다고 진단했고, 그 역사적 분기점을 13세기 중세 스콜라 신학에서 찾았다.[14] 신학의 전성기라 불릴 만한 시기에 그리스도교에 생겨버린 영성과 신학 사이의 끔찍한 골은, 신학이 명석판명하고 보편타당한 지식을 찾으려는 계몽주의적 시대정신의 영향을 받으면서 더욱 크게 벌어졌다. 물론 '근대성'이 그리스도교 신앙에 던진 이러한 도전을 예민한 눈으로 포착하고 영성과 신학을 재결합하려는 시도는 발타사르 이전부터 있었다. 하지만 발타사르는 교부 문헌에 대한 깊고도 독창적인 연구, 신비주의자와의 교류, 자신보다 한 세대 앞서 활동했던 가톨릭 신학자 드 뤼박과 개신교 신학자 바르트의 영향 등을 종합해, 이론과 실천의 통합을 이룰 수 있는 자신만의 언어와 논리와 이미지를 발전시켰다. 영성과 실천에 대한 발타사르의 관심은 그의 저서 곳곳에 다양한 형태로 나타나는데, 여기서는 기도를 중심으로 이 복잡하고 풍성한 주제를 풀어 나갈 것이다.

1. '존재의 유비'와 관상기도

신학자이자 영성 지도자로서 발타사르의 사상과 실천 이면에는 현대인이 기도하는 능력을 점차 잃어 간다는 것에 대한 깊은 우려를 발견

---

13 이하 「III. 기도를 통한 신학과 영성의 재결합」의 내용은 다음 논문을 수정·요약·보완한 것이다. JinHyok Kim, "Prayer as the Ladder to Heaven", *Torch Trinity Journal* 16. no. 1 (2013), 60-72.

14 Hans Urs von Balthasar, *Explorations in Theology I: The Word Made Flesh*, trans. A. V. Littledale and Alexander Dru (San Francisco: Ignatius Press, 1989), 181-209.

할 수 있다. 그의 대표 저서 『관상기도』(Das Betrachtende Gebet)가 잘 보여 주듯, 그는 관상기도(觀想祈禱, contemplation)를 통해 신학과 영성의 다리를 새롭게 놓는다. 관상기도는 현상적으로 '말하지 않는 기도'지만, 발타사르는 그리스도교의 관상은 다른 종교의 무언수행이나 침묵기도와는 차이가 있다고 말한다. 특정한 기도의 대상을 상정하지 않는 일반적 명상과 달리 그리스도교적 관상기도는 삼위일체 하느님, 특별히 성육신한 말씀에 대한 지극한 응시를 통해 이루어진다.[15] 물론 개신교에서 '가톨릭적' 관상기도에 대한 우려가 없는 것도 아니고, 언어를 매개로 하지 않는 관상이 '육신이 된 말씀'을 예배하는 그리스도교의 본질에 적합한지에 대한 비판도 적지 않다.[16] 하지만 앤드류 라우스(Andrew Louth)에 따르면 관상을 뜻하는 그리스어 θεωρία테오리아는 어원상 "'어떻게'에 대한 실용적 지식과는 대조되는 '실제 지체'에 대한 지식"[17]을 뜻하기에, 흔히 생각하는 주상적 의미의 명상과는 차이가 있다. 관상의 라틴어 contemplatio도 '함께'를 뜻하는 con과 '성소'를 뜻하는 templum을 합친 말로, 거룩한 공간에서 일상의 시공간에 함몰되었던 시선을 돌려 신비에 눈길을 두는 행위를 가리킨다. 이러한 관상기도는 고대 그리스도교부터 영성 전통에

---

15 발타사르와의 인터뷰를 참고하라. Angelo Scola, *Test Everything: Hold Fast to What is Good—An Interview with Hans Urs von Balthasar*, trans. Maria Shrady (San Francisco: Ignatius Press, 1989), 27-28.

16 일례로 관상에 대한 바르트의 비판을 참고하라. *CD* III/3, 284.

17 Andrew Louth, "Theology, Contemplation and the University", *Studia Theologica*, I, no. 2 (2003), 66.

깊이 뿌리내린 기도의 방법이자, 『가톨릭 교회 교리서』에서 언급하듯 인간의 내면에 집중하는 것이 아니라 "신앙의 눈길을 예수님께 고정시키는"[18] 기도법이다. 이렇듯 관상은 인간 본성에 내재된 모호한 종교성을 강조함으로써 영적 완성을 추구하는 기도의 형태가 아니다.[19]

발타사르에게서 관상기도의 출발점은 바르트가 『로마서』(Der Römerbrief) 서문에서 과격한 언어로 표현했던 '하느님과 인간 사이의 무한한 질적 차이'이다.[20] 바르트의 초기 신학을 연상시키듯, 그리스도의 십자가에서 드러난 인간을 향한 하느님의 '아니요!'라는 소리는 발타사르의 신학 곳곳에서 끝없이 울려 퍼진다.[21] 하지만 발타사르는 '존재의 유비' 개념을 기도의 핵심으로 가져옴으로써 기도의 가능성을 새롭게 탐구한다.[22] 하느님에 대한 인간의 거부는 하

---

18 『가톨릭 교회 교리서』, 2715. http://maria.catholic.or.kr/dictionary/doctrine/doctrine _list.asp(2020. 1. 31. 최종 접속).

19 가톨릭교회가 관상기도를 다른 형태의 기도 위에 있는 기도로 제시하지 않는다는 점도 중요하다. 『가톨릭 교회 교리서』에 따르면, 그리스도교는 소리 기도, 묵상 기도, 관상기도를 인정해 왔고, 셋 모두 마음을 가다듬는다는 공통점이 있다. 『가톨릭 교회 교리서』, 2021.

20 칼 바르트, 『로마서』, 손성현 옮김(서울: 복있는사람, 2017), 102.

21 발타사르는 십자가에서 하느님에 대한 죄인의 '아니요'와 죄인의 거절에 대한 하느님의 '아니요'가 함께 계시된다고 주장한다. Hans Urs von Balthasar, *Does Jesus Know Us?—Do We Know Him?*, trans. Graham Harrison (San Francisco: Ignatius Press, 1983), 35.

22 바르트가 현대신학에서 기도의 형태를 재발견했다고 하지만, '신앙의 유비'를 강조하는 그에게서 근원적 형태의 기도는 '청원'(petition, 혹은 간구)이다. 하느님과 인간 사이에는 존재론적 유사성이 없기에, 우리의 입으로 성령을 부르고 하느님께 구하는 것이 중요하다. 반면 '존재의 유비'를 강조하는 발타사르는 침묵을 통해 우리 안의 하느님의 흔적과 하느님을 향한 지향성을 찾아 가는 관상을 기도의 핵심에 놓는다. 참고, 칼 바르트, 『기도: 종교개혁 교리문답에 따른 주기도 해설』, 오성현 옮김(서울: 복있는사람, 2017), 42-67.

느님의 아들이신 예수 그리스도께서 성부의 진노와 심판을 직접 겪어 내야 할 정도로 심각하고 끔찍하다. 하지만 하느님을 부정하는 뿌리 깊은 성향이 있는 인간은 역설적이게도 자기로서는 알 수도 닿을 수도 없는 절대자에 대한 욕망도 가지고 있다. 발타사르에 따르면 자신을 초월하려 하고 진리에 대한 질문을 품게 만드는 인간 욕망의 신비는 '존재의 유비' 교리를 통해 풀릴 수 있다. 즉, 창조주와 피조물 사이의 공통의 토대가 없다면, 하느님과 인간 사이의 넘을 수 없는 간격도 초월을 향한 인간의 뿌리 깊은 갈망도 제대로 이해될 수 없다.[23]

인간은 죄의 법 아래 있는 가망 없는 존재지만, 동시에 하느님 말씀을 자기 안에 담는 경이로운 존재다.[24] 모든 기도의 신학, 특별히 관상기도는 인간 실존이 가진 이와 같은 이중성에 대한 가식 없는 자각 위에서 이루어진다.

인간은 자기를 넘어서는 큰마음이 있고, 그 마음에 신비를 품은 피조물이다. 인간은 가장 성스러운 신비를 둘러싸는 성막처럼 빚어졌다. … [이러한 인간의] 본성에는 자신보다 더 위대한 무엇을 향한 준비와 수용성이 있다. 그 본성은 자기보다 더 위대한

참고. Balthasar, 'Analogie und Dialektik', 28.

24 Hans Urs von Balthasar, *Prayer*, trans. Graham Harrison (San Francisco: Ignatius Press, 1986), 233. 다음도 참고하라. Hans Urs von Balthasar, *Theo-Drama: Theological Dramatic Theory*, Vol. IV: *The Action*, trans. Graham Harrison (San Francisco: Ignatius Press, 1994), 56-58. 이하 *Theo-Drama*는 *TD*로 표기한다.

무엇에게 복종하고, 더 심오한 진리를 인정하고, 변함없는 사랑
을 마주해서는 증오를 거둬들이려는 의지로 규정된다. 물론 죄
인 안에 있는 거룩한 성소는 무시되고 망각되었다. 그것은 잡초
가 무성하게 자란 무덤, 혹은 쓰레기로 가득한 다락방과 같다.
그 지성소를 깨끗하게 하고, 신적인 손님께서 머무실 만한 곳으
로 만들려는 노력, 즉 관상기도의 노력이 필요하다. 하지만 방
자체를 다시 만들 필요가 없다. 그 공간은 인간의 가장 중심된
곳에 언제나 있고 언제나 있어 왔다.[25]

발타사르는 '존재의 유비'라는 신학적 개념을 '성막'과 '지성소'와 같
은 메타포로 아름답게 묘사한다. 신적 은총은 말씀이 심길 새로운
공간을 인간 안에 만들지 않고 이미 있는 공간을 회복시킨다. 이로
써 죄인은 하느님과 대화할 수 있는 참 인간으로 만들어진다.

　기도에서 존재의 유비의 중요성을 설명하고자 발타사르가 애용
하는 또 다른 메타포는 '자궁'이다.[26] 하느님 말씀이 이 땅에서의 어
머니 자궁에 들어오셨듯, 하느님은 우리 안에 말씀을 심으신다. 마
리아가 말씀이신 그리스도를 자궁 속에서 성장하게 했듯, 그리스도
인은 그들 안에서 말씀이 자라나게 한다. 마리아가 태에 있던 말씀
과 계속 관계를 맺고 소통했듯, 기도하는 신자들도 내주하시는 하
느님 말씀에 귀를 기울이고 이에 반응한다. 이러한 이미지는 하느

25　Balthasar, *Prayer*, 23.

26　Balthasar, *Prayer*, 27-31.

님과 인간의 질적 차이를 넘어서는 친밀한 대화의 가능성을 '낭만 적으로' 보여 준다.

이때 주목할 점은 관상기도가 아무것도 없는 무(無)로부터 시작 하는 인간의 경건이 아니라, 성육신하셨고 지금도 우리에게 말씀 하시는 하느님에 대한 반응에서 비롯된다는 사실이다. 발타사르가 존재의 유비를 강조했지만, 그는 인간이 하느님 말씀을 소유하거 나 스스로 해석할 수 있다고는 생각하지 않았다. 성막, 지성소, 자 궁 등의 이미지가 한결같이 보여 주는 것은 하느님이 인간을 말씀 의 청취자이자 수용자로 '이미' 창조하셨고, 인간이 찾기 전에 말씀 을 '먼저' 주셨다는 신적 은총의 우선성이다. 하느님께 기도한다는 것이 우리의 일상 언어를 넘어 신적 언어로 하느님과 대화하는 것 이라면,[27] 우리는 먼저 말씀하시는 하느님께 귀를 기울여야 한다. 하지만, 미처 알아차리거나 준비되기 전에 우리를 먼저 찾아오시는 말씀을 우리 안의 지성소 혹은 자궁 안에 모시는 것이 과연 어떻게 가능한가?[28] 이 놀라운 신비를 설명하고자 발타사르는 삼위일체론 과 기도를 긴밀히 결합한다.

---

27 Balthasar, *Prayer*, 14.

28 Hans Urs von Balthasar, *Christian Meditation*, trans. Marry T. Skerry (San Francisco: Ignatius Press, 1989), 7.

2. 삼위일체와 기도

피조물로서 유한성과 죄인으로서 왜곡된 욕망에도 불구하고, 인간
은 하느님을 찾고 그분께 기도하며 말씀을 듣는 기이한 존재다. 이
러한 기도의 '불가능성의 가능성'은 인간 본성이 아니라 삼위일체
하느님의 사역을 통해 인간에게 선물로 주어진다. 즉, 하느님은 인
간의 기도를 받으실 뿐 아니라, 그 이전에 기도의 가능성을 빚어 내
시고 인간에게 기도의 능력을 선사하신다.

첫째, **성부** 하느님은 성자를 인류에게 선물로 보내시고 성자를
통해 인류와 친밀한 관계를 맺으신다. 하느님과 인간 사이에 새로
워진 관계를 설명하고자 발타사르는 그리스어 단어 παρρησία^{파레시아}
를 사용한다. παρά^{파라}(넘어선)와 ῥῆσις^{레시스}(말 혹은 연설)가 합쳐져 만들
어진 이 단어는 '솔직하고 담대하게 말하다'라는 뜻의 수사학적 용
어로,[29] 고대 문헌에서 '담대함'과 '솔직함'이라는 의미로 흔히 사용
되었다.[30] 발타사르의 신학에서 παρρησία는 하느님과 인간의 관계
를 설명할 때 이중적 의미를 가진다. 우선적으로 하느님의 παρρησία
는 피조물에게 감추었던 신적 신비를 솔직히 드러내 알림을 의미한

---

29 다음 사전을 참고했다. "παρρησία", *A Greek-English Lexicon*, eds. Henry Liddell and
    Robert Scott, https://en.wikipedia.org/wiki/Parrhesia#cite_note-Burton-1(2020. 1.
    31. 최종 접속).

30 신약성서에서 행 4:13, 엡 3:12, 히 3:6, 요일 3:21 등에 사용된 παρρησία는 영어 성경
    에서는 역본에 따라 담대함(boldness), 열림(openness), 솔직함(frankness), 확신
    (assurance) 등으로 번역된다.

다. 자신의 세계에 매몰되었던 나약한 인간에게 성부는 παρρησία를 선물하고, 이 담대함과 개방성 덕분에 그는 기도의 가능성과 능력을 얻게 된다. 피조세계를 향해 자신을 담대히 열어 보이신 하느님의 자비, 그리고 마음을 열어 하느님의 말씀을 받아들이는 인간의 담대한 믿음이 만나는 지점이 바로 기도다.

둘째, 하느님의 아들, 즉 **성자**이신 그리스도는 성부와 인류 사이를 오가는 이중 활동을 통해 기도의 가능성을 창조하신다. 한편으로 그리스도의 성육신은 하느님의 신비를 인간의 언어로 번역함으로써, 인간이 신적 계시를 받아들이게 한다. 다른 한편으로 그리스도께서 성부께로 승천하시면서 모든 피조물을 이끄시어 그들이 성부를 향하게 만드신다.[31] 그리스도의 성육신, 부활, 승천 덕분에 우리는 하느님의 신비와 마주하고, 하느님의 신비와 인간의 본성을 계시하시는 그리스도를 응시하는 기도를 통해 새로운 존재로 변모한다.

흥미롭게도 발타사르는 기도의 가능성을 성육신한 성자께서 인간에 관한 '완벽한 지식을 가지고 계시다'는 사실을 통해 설명한다. 그리스도의 인간에 관한 완벽한 지식은 단지 그분의 초자연적 본성에서 비롯된 것이 아니라, 십자가에서 당하신 고통과 죽음을 통해서 역사화·구체화되었다.[32] 그는 이 중요하고 도발적인 신학적 주장의 의미를 다음과 같이 분석한다. (1) 그리스도께서는 진정한 의미에서 인류의 '심판관'이시자 '변호인'이시다. 그리스도께서는 성부

---

31   Balthasar, *Prayer*, 55.

32   Balthasar, *Does Jesus Know Us?—Do We Know Him?*, 45-55.

를 대변하심으로써 인간의 유한성과 죄를 '심판'하신다. 동시에 그리스도는 인간을 대변하는 존재이시자, 십자가에서 인간의 유한함과 나약함과 죄의 심판을 온전히 체험하신 분으로서, 성부 앞에서 인간을 '중보'하신다. (2) 인간에 관한 완전한 지식을 가지신 그리스도께서는 우리를 자신과 '연합'하도록 부르신다. 부활하신 그리스도께서는 옆구리의 창 자국과 손에 남은 못 자국을 열어 보이셨고, 자신의 아물지 않은 상처를 피조물이자 죄인이 자신의 몸 안으로 들어갈 수 있는 문으로 삼으셨다.[33] 그리스도께서 인류를 자신의 몸에 참여할 수 있도록 초청하신 덕분에, 그리스도인은 지금의 삶 속에서 그리스도의 몸을 받고 그 몸에 연합할 수 있게 되었다. (3) 인간에 관한 그리스도의 지식은 하느님에 관한 인간의 지식의 기초가 된다. 인간에 관한 그리스도의 지식을 통해, 하느님은 유한하고 죄에 물든 인간을 긍정하시고 선택하신다. 이러한 하느님의 사랑 덕분에 인간은 자신의 욕망이 만들어 낸 우상이 아니라 그리스도 안에 계시된 하느님의 신비에 다가설 수 있는 담대함과 능력을 받는다.

셋째, **성령**께서는 하느님의 말씀을 인간 영혼에 심어 두시고 자라게 하신다. 즉, 인간의 경건이 아니라 성령께서 친히 인간의 기도를 가능하게 하는 마지막 조건이 되신다. 성서에 따르면, 성령께서는 하느님 말씀을 세상에 '전달'하실 뿐만 아니라, 그 낯선 언어를 인간을 위해 '해석'하시는 이중 역할을 담당하신다. 성령께서 마리

---

33 Balthasar, *Does Jesus Know Us?—Do We Know Him?*, 51; *TD* IV, 363.

아의 자궁에 성자가 잉태되게 하셨듯이, 성령의 활동 덕분에 하느님 말씀은 인간 영혼에 들어오게 된다. 하지만 인간은 신적 계시를 자신의 능력으로는 이해하지 못하기에, 성령의 해석이 절대적으로 필요하다.[34] 그런 의미에서 "하느님 말씀의 보내심과 성령의 주어짐은 신적 진리와 신적 생명을 인간에게 선사하는 하나의 과정의 두 측면"[35]이다. 그리스도와 성령의 활동 모두가 인간과 소통하고 교제하고자 하시는 하느님의 욕망에서 나온 만큼, 성령의 감동을 받은 기도는 그리스도 안에서 하느님의 계시에 깊이 뿌리박고 있어야 한다. 그렇지 않다면 아무리 능력으로 가득한 기도라도 가식적이거나 악마적일 위험이 있다.[36] 이 지점에서 발타사르의 관상 개념이 성령 충만을 과하게 강조하는 열광주의나 기도의 대상을 모호하게 상정하는 신비주의와 근본적으로 다름을 알 수 있다.

이처럼 삼위일체 하느님은 인간의 기도를 가능하게 하는 기도의 진정한 '주체'가 되신다. 동시에 신비이신 삼위일체 하느님은 자신을 선물로 주심으로써, 우리의 언어와 욕망이 도달할 수 있는 기도의 '대상'이자 '목적'도 되신다. 특별히 하느님은 한 유대인이 되심으로써, 그리고 인간의 목소리로 말씀하심으로써 우리에게 자신을 계시하시고 우리의 대화 상대가 되셨다. 따라서 그리스도의 신성만이 아니라, 나사렛 예수의 '삶 전체가 하느님의 계시'로 여겨져야 한

---

34   Balthasar, *Prayer*, 22.

35   Balthasar, *Prayer*, 68.

36   Balthasar, *Prayer*, 78.

다.[37] 관상을 할 때 기도자는 그분의 인간성을 계속 응시하면서, 사랑의 시선을 삼위일체의 신비 전체로 확대한다. 그런 의미에서 기도란 본성상 '그리스도론적'일 수밖에 없다.

그리스도 안에서 신성과 인성의 결합을 응시하고, 그리스도와 피조세계를 '유비적'으로 바라본다는 것은 기도의 지평을 놀라운 방식으로 포괄적으로 확장한다. 그리스도의 지상에서의 삶은 그분의 몸을 구성했던 피와 살 없이는 생각될 수 없기에, 기도는 '성사적' 요소를 가질 수밖에 없다. 따라서 그리스도의 몸을 성찬례를 통해 묵상하는 장소인 교회에서의 삶은 하느님을 향한 우리의 기도에 중요한 배경이 되어 준다. 또한, 세계는 그리스도를 통해 만들어지고 사랑받았을 뿐만 아니라, 그분께서 승천하실 때 함께 성부께 받아들여졌다. 따라서 예수 그리스도를 향한 기도는 결국에는 전 세계를 기도의 대상으로 품게 한다.[38] 요약하자면, 기도자는 신비이신 삼위일체 그분 자체만이 아니라 교회와 세계를 통해 자신을 계시하시고 우리를 만나시는 하느님을 점점 더 배워 간다. 이렇게 기도는 피조물이자 죄인인 인간을 자기중심성에서 벗어나게 하고 나사렛 예수처럼 '하느님을 향한 존재'이자 '타자를 향한 존재'로 변화시킨다.

---

37 발타사르는 피조된 인간의 본성이 삼위일체적 구조를 보여줄 수 있다고 거듭 주장한다. 여기에서도 그의 존재의 유비에 대한 강조를 찾아볼 수 있다. 참고. Hans Urs von Balthasar, *My Work: In Retrospect*, trans. Brian McNeil and Kenneth Batinovich (San Francisco: Ignatius Press, 1993), 117; *Theo-Logic* II, 35; *Prayer*, 193.

38 Balthasar, *Prayer*, 28.

3. 믿음과 교회의 삼위일체적 구조

앞서 간략히 언급했듯, 하느님과 인간 사이의 '존재의 유비' 개념은 발타사르가 하느님과 인간의 관계를 탐구하고, 삼위일체론과 기도를 결합하는 데 결정적 역할을 했다. 삼위일체 교리의 핵심에는 '어떻게 3=1 혹은 1=3이 될 수 있는가?'라는 이론적 관심이 아니라, '신적 자비를 입은 인간이 하느님의 생명에 참여하는 존재로 변화한다'라는 경이와 놀라움이 놓여 있다. 그의 유비적 상상력은 여기서 한 발짝 더 나아가 삼위일체 하느님에 대한 인간의 개인적·공동체적 반응에서도 삼위일체적 구조를 파악하게 한다.

먼저 갈릴리의 소녀 마리아가 하느님의 계시를 수용하며 보였던 반응을 살펴보자. 누가복음 1:27-38을 보면 천사는 삼위일체적 언어로 마리아가 아이를 임신하게 되리라 예고한다(30절: '하느님' 은혜를 네가 입었다. 31절: 아들을 낳으리니 이름을 '예수'라 하라. 35절: '성령'이 네게 임하시고). 천사가 성부, 성자, 성령을 각각 언급할 때마다, 놀랍게도 어린 소녀도 이에 상응하는 '삼위일체적 반응'을 보인다. 계시를 처음 받았을 때 마리아는 '두려움'(29-30절)을 표한다. 남자와 잠자리를 하지 않았던 소녀가 아이를 잉태하리란 말도 안 되는 말을 듣고는 '놀라움'(34절)을 드러낸다. 성령께서 너를 덮으시리라는 말에 소녀는 연약한 몸을 통해 말씀이 육신이 되도록 완전히 자신을 내어놓으며 '순종'(38절)한다. 이렇게 계시에 대한 반응으로 마리아가 내어놓은 겸허함을 통해 자신을 선물로 주시는 삼위일체 하느

님의 신비한 본성이 반사되었다.[39]

계시의 삼위일체적 패턴이 마리아의 경우처럼 인간의 기도에 반영되기도 하지만, 그분의 계시는 하느님의 백성인 교회를 통해서도 드러난다. 발타사르는 교회의 세 기둥이라 할 수 있는 베드로와 요한과 야고보가 교회의 '삼위일체적 구조'를 상징한다고 본다. 세 제자가 스승이신 예수 그리스도와 함께 산으로 기도하러 올라갔을 때(눅 9:28-36), 그들은 성자만이 아니라 삼위일체 하느님을 만났다. '성령'의 구름이 그들 위에 드리웠고(34절), '성부'의 음성이 들렸으며(35절), '그리스도'는 영광스럽게 변화하셨다(29절). "계시의 삼위일체적 형상"[40]에 대한 경험 속에 교회의 구조가 가시적이지는 않더라도 배아처럼 이미 생명을 얻었다. 그런 의미에서 교회는 시초부터 삼위일체의 신비 속에 잠겨 있었다. 이 지점에서 흥미로운 것은 가톨릭 신학자인 발타사르가 로마 교회의 주교 베드로만이 아니라, 다른 두 제자를 교회의 시원에 포함하고 있다는 점이다. 이는 발타사르가 가톨릭 전통을 따라 로마의 중심성을 한편으로 긍정하면서도 다른 한편으로는 그 권위를 어느 정도 상대화했던 이유 중 하나라 할 수 있다.[41]

---

39 Balthasar, *Prayer*, 193-197.

40 Balthasar, *Prayer*, 196.

41 발타사르는 마치 성부와 성령과 무관하게 성자가 알려질 수 없는 것처럼, 지상에서의 예수 그리스도도 다른 사람과의 관계 속에서 이해해야 한다고 보았다. 따라서 그의 교회론에서는 베드로를 포함한 복음서의 여러 중요 인물(세례 요한, 마리아, 열두 제자, 유다, 여러 여인, 어린이 등)이 교회의 정체성을 형성하는 데 중요 역할을 한다. 그중 특별히 마리아, 베드로, 요한, 야고보, 바울이 교회의 사명과 직무와 구조를 파악하는 데 결정적 중요성을 가진다. Hans Urs von Balthasar, *The Office of Peter and the Structure of the Church*, trans. Andrée Emery (San Francisco: Ignatius Press, 1986).

삼위일체적 계시를 통해 탄생한 교회는 존재(being), 지식(know-ledge), 사랑(love)의 삼중적 매개를 통해 하느님의 계시를 역사에 보여 준다.[42] 첫째, 교회는 신적 '존재'의 신비가 가시적 형태로 주어진 성사(sacraments)를 행함으로써 신적 계시를 매개한다. 둘째, 교회는 그리스도 안에서 이뤄진 하느님과 세계와의 화해를 선포, 교리, 교육 등을 통해 알려 주는 '지식'의 매개다. 셋째, 교회는 하느님의 신비를 이웃에 대한 '사랑'으로 일상에서 현실화하는 매개다. 특별히 그리스도께서 자신의 지상에서의 삶의 의미를 사랑을 베푸심으로 알려 주셨듯이, 교회도 이웃 사랑을 통해 하느님의 계시를 구체적인 사회문화적 상황 속에서 보여 줘야 한다. 결국은 교회의 '존재'와 '지식'도 하느님의 자비 안에서 서로 삶을 나누는 것을 지향한다는 점에서, 이웃에 대한 '사랑'은 교회의 존재와 모든 신자의 삶의 궁극적 목적이기도 하다.

결론적으로, 발타사르에게 관상기도란 세속적 세계에서 떨어져 나와 순결한 경건 생활에 힘쓰는 것이 아니라, 하느님과 깊어진 관계를 통해 몸과 피를 가진 사람을 향한 사랑을 일상에서 키워 가는 일이다. 이렇게 삼위일체 하느님의 계시의 매개인 교회의 기도는 이웃 사랑을 통해 하느님 사랑을 구체화한다. 이웃 사랑을 하느님 사랑 이후 힘써야 할 그리스도인의 의무로 간주하는 얄팍한 개인주의적 신앙과 달리, 발타사르에게서 하느님 사랑과 이웃 사랑은 기도를

---

42   Balthasar, *Prayer*, 215.

통해 서로가 서로를 강화하는 상호적·순환적 관계에 놓여 있다.

IV. 역사의 완성이자 규범이신 그리스도

관상기도에 대한 발타사르의 관심은 신학의 본성과 역할에 관한 그의 생각에도 지대한 영향을 끼쳤다. "신학의 본업은 한쪽 눈을 철학에다 두는 것이 아니라, 순종적으로 시선을 예수 그리스도께 돌리고서 역사적인 모든 것의 핵심이자 규범 되신 예수께서 시간과 역사 안에서 어떻게 서 계신지를 순전히 그리고 똑바로 묘사하는 일이다."[43] 관상과 마찬가지로 신학도 삼위일체 하느님, 특별히 성자의 신적 본성과 성육신하신 그분의 역사를 함께 응시하는 일이다. 세계와 역사는 하느님의 아들이신 그리스도로부터 생겨났고, 그분을 통해 구조와 의미가 형성된다(엡 1:10, 골 1:16-17). 그렇기 때문에 역사적 존재인 인간에게 진선미의 기준은 플라톤적인 초월적 이데아에 있는 것이 아니라, 인간이 되신 하느님인 예수 그리스도의 역사에서 발견된다.[44] 지금부터는 그리스도의 시간이 어떻게 역사를 본질적으로 변화시키는 사건인지, 즉 나사렛의 한 인간이 어

---

[43]　Hans Urs von Balthasar, *A Theological Anthropology* (New York: Sheed and Ward, 1967), 26.

[44]　이러한 시각에서 볼 때 발타사르의 삼부작인 『영광』, 『하느님의 드라마』, 『하느님의 논리』는 그리스도 중심적인 진선미의 재구성이라 할 수 있다(작품 순서로는 미 → 선 → 진).

떻게 성육신 이전 역사의 완성이자 그 이후 역사의 기준이 되었는지를 살펴보고자 한다.[45]

1. 하느님의 드라마: 형이상학과 신화를 넘어

20세기의 대표적 종교학자 미르치아 엘리아데(Mircea Eliade, 1907-1986)는 고대 종교가 원형적 시간관을 가진 반면 이스라엘의 종교는 선형적 시간관을 가지고 있다고 주장했다.[46] 그의 주장은 종교학계뿐만 아니라 신학계에도 큰 영향을 끼쳤다. 일례로 위르겐 몰트만(Jürgen Moltmann) 같은 개신교 신학자는 가톨릭의 교회력을 그리스도교 내에 들어와 있는 신화적 시간관의 흔적이라고 비판하기도 한다. 즉, 이러한 원형적 역사 이해는 계시의 역사성을 약화시키고, 역사를 영원한 반복 속에 위치시킴으로써 역사적 사건의 고유한 의미를 박탈하기에 '반역사적'이라고 할 수 있다.[47]

발타사르는 엘리아데식의 역사 이해가 성서적 역사 이해를 단순화하고 왜곡한다고 본다. 구약에는 선형적으로 시간이 흘러간다

---

45 발타사르의 그리스도 중심적 역사 이해는 다음 논문에서 잘 소개하고 있다. Steffen Lösel, "Unapocalyptic Theology: History and Eschatology in Balthasar's Theo-Drama", *Modern Theology* 17. no. 2 (2001): 201-215.

46 Mircea Eliade, *Myth and Reality*, trans. Willard R. Trask (New York: Harper & Row, 1963), 34. 『신화와 현실』, 이은봉 옮김(파주: 한길사, 2011).

47 Jürgen Moltmann, *God in Creation: A New Theology of Creation and the Spirit of God*, trans. Margaret Kohl (Minneapolis: Fortress Press, 1993), 105-106. 『창조 안에 계신 하나님』, 김균진 옮김(서울: 대한기독교서회, 2017).

는 역사관이 강하지만, 신약은 역사적 존재인 예수 그리스도 안에서 하느님의 계시와 인간 구원이 '영원히' 성취된다는 수직적 차원의 역사 이해를 보여 주고 있다. 즉, 그리스도 사건은 영원 속에 위치하고 있으면서도 모든 시간을 초월하고 있다. "유대인의 추동력이 인간의 미래를 향해 나아간다면, 그리스도인에게 … [그들이 추구하는] 자유란 이미 현재에 있다. 그것은 더 이상 개선될 여지가 없는 충만함 속에 현재한다."[48] 우리가 현상적으로 경험하는 수평적 차원의 시간은 수직적 차원의 시간에 통합됨으로써 의미와 형태를 부여받는다.[49] 달리 말하면 역사는 단지 과거에서 미래로 시간의 흐름이 아니라, 그리스도 사건을 통해 영원으로부터 나와서 영원으로 되돌아가는 심층 구조를 가지고 있다. 이와 같이 수평적 역사와 수직적 역사가 자아내는 긴장은 역사의 마지막, 즉 그리스도의 최후 심판 때까지 계속될 것이다.

따라서, 역사의 본질은 인간이 주조한 역사관으로 온전히 분석될 수 없고, 수직적·수평적 차원을 함께 응시하게 해 주는 신적 계시를 통해서만 알려질 수 있다. 뒤집어 이야기하자면, 역사에 대한 유의미한 신학적 언급은 두 다른 시간관 사이의 긴장을 해소하는 것이 아니라, 그 역동성을 유지하며 생생하게 묘사해 줄 수 있어야 한다. 발타사르는 경직된 형이상학이 아니라 역동적인 '드라마' 혹은

---

48 Hans Urs von Balthasar, *A Theology of History* (San Francisco: Ignatius Press, 1994), 139.

49 *TD* IV, 30.

'극'이라는 범주를 사용해야 역사의 본성을 제대로 이해할 수 있다고 주장한다. 극작가, 연출가, 배우 사이에서 일어나는 역학 관계와 같이, 신학적 드라마에서도 삼위일체 하느님과 피조세계 사이의 복잡한 관계가 맺어진다. 하지만, 가장 궁극적인 드라마는 삼위일체 하느님의 관계 속에서 발견된다.

> 역사의 신학(Theologie der Geschichte)은 역사의 중심으로 오직 그리스도의 실존의 형상만을 가리킴으로써 시작한다. 바로 이 지점에서 성부에 대한 그리스도의 순수한 사랑의 순종 덕분에 [인간의] 죄와 버림받음의 시간이 하느님의 원래 시간 속으로 재통합된다. [그리스도의] 지상에서의 순종은 다가오는 성부의 '시간'을 최종 목표로 한다. 성자는 다른 모든 인간과 공유하신 지상의 시간에 자기 사신을 굴복시키면서 아버지의 시간을 기다리셨고, 이러한 태도로 성자는 모든 시간적 실존의 기준이자 규범이 되셨다.[50]

한 역사적 인간 안에서 영원과 시간이 만나게 되는 그리스도의 성육신을 통해 성부, 성자, 성령의 관계는 세계의 역사를 설명하는 규범적 의미를 가지게 된다. 성육신은 수평적으로 진행하던 인류 역사에 하느님의 역사가 수직적으로 꿰뚫고 들어오면서 우리의 평면적 시간관 혹은 선형적 역사관을 입체적으로 부풀린 전대미문의 사건이다.

---

50   Balthasar, *My Work*, 60.

그렇다면 이렇게 낯설고 난해한 신학적 역사관을 적절히 설명할 수 있는 틀이 있는가? 발타사르는 '신학적' 범주로서 '드라마'를 설명하고자 일반 극 이론을 차용하기보다는 신약의 묵시문학을 창조적으로 재해석한다. (1) 요한계시록은 일반 역사가의 경험적 · 분석적 눈이 아니라 환상을 통해 역사적 사건을 보게 함으로써 인간사를 '우주적 역사'로 확장시킨다.[51] (2) 신적 영역과 지상의 영역 사이의 '갈등'을 노골적으로 묘사하는 묵시록이라는 장르는 신학적 드라마 이론을 위한 적절한 주제와 용어를 제시한다. 묵시록은 삶의 현장에는 선과 악의 갈등이 있을 뿐만 아니라, 하느님이 역사에 개입하실수록 인간의 더 큰 저항이 뒤따른다는 것도 보여 준다. 무엇보다 묵시록은 '역사가 시작하기 전에 그리스도께서 이미 승리하셨다'는 주제와 '역사가 끝날 때까지 신과 인간의 갈등이 계속된다'는 모순된 주제를 동시에 품고 있다.[52] 심지어 묵시록은 영원한 승리자이신 그리스도가 신적 영광에 휘감긴 영웅이 아니라, '죽임당한 어린양'이란 숨겨진 진리를 보여 준다.[53] (3) 요한계시록의 '하늘과 땅'의 메타포는 수평적 역사와 수직적 역사의 긴장과 공존을 설명하기에 적절한 상징적 시공간이 되어 준다. '하늘'은 하느님의 임재를 표현하는 신학적 장소이고, 그 안에서 거룩한 교회와 성도의 교제가 이뤄진다. '땅'은 하느님께 등 돌리고, 그리스도의 계시를 거절한

---

51 Balthasar, *A Theology of History*, 145; *TD* IV, 20.

52 *TD* IV, 58.

53 *TD* IV, 195.

이들이 머무는 상징적 장소다. 마치 그리스도의 영원한 승리와 인간의 계속된 저항이 역사 속에서 공존하듯, 묵시문학에서는 천상의 예배와 이 땅을 향한 신적 심판이 동시에 이뤄지고 있다.[54] 즉, 우리는 우주적 지평에서는 하늘과 땅 사이의 갈등, 시간적 관점에서는 수평적 역사와 수직적 역사의 긴장 속에 위치하고 있다. 이러한 묵시문학적 소재는 형이상학이 아니라 '드라마'라는 범주 속에서 제대로 의미가 살아나고, 신학적 범주로서 드라마는 일반 극 이론이 아니라 '묵시문학'에서 그 내용과 형식을 찾아볼 수 있다.

결론적으로 말하자면 현대 사상에 발타사르가 남긴 업적 중 하나는 '드라마'를 신학의 중심에 놓았다는 점이다.[55] 특별히 그는 묵시문학을 '비(非)묵시문학적'으로 재해석하면서 고유한 신학적 드라마 이론을 제시한다. 하느님과 인간 사이의 갈등, 역사의 복잡다단한 성격, 그리스도의 짧은 생애가 역사 전체에 끼친 영향 등을 설명하고자 이제껏 사용해 온 '형이상학적' 방법에 한계를 느꼈던 이들에게, 발타사르는 그리스도교의 본질과 신학적 난제를 새롭게 설명해 줄 상상력과 언어를 마련했던 셈이다.

---

54 *TD* IV, 36.

55 Edward Oakes, *Pattern of Redemption: The Theology of Hans Urs von Balthasar* (San Francisco: Ignatius Press, 1993), 22. 옥스는 발타사르 이전에 이러한 관점을 제시한 이가 없다고 했지만, 이는 다소 과장된 것으로 보인다. 비록 발타사르가 헤겔의 '형이상학'을 비판하고 있지만, 역사를 드라마적 범주를 통해 파악하는 것은 헤겔에게서도 발견되며, 특별히 바르트가 헤겔의 역사철학을 읽는 방식 속에서는 더욱 분명히 관찰된다.

2. 케노시스의 관점에서 본 영원과 역사의 관계

'그리스도는 역사의 주인이시다'라는 묵시문학적 주제는 발타사르의 역사 이해의 중심에 자리하고 있다. 하지만 그리스도께서는 단지 악과 죄와의 싸움을 영원히 종식하신 승리자이시기 때문이 아니라 역사의 본성 자체를 완전히 변화시키셨기 때문에 역사의 주인이 되셨다고 할 수 있다. 이러한 급진적인 그리스도론적 주장의 이면에는 그의 독특한 케노시스 신학이 자리해 있다.

하느님이 인간이 되실 때 신적 속성을 스스로 제한하셨다는 케노시스(kenosis) 개념은 한편으로는 하느님의 존재와 활동을 그리스도 중심적으로 이해하면서도 다른 한편으로는 1세기 팔레스타인에 살았던 그리스도의 인간성을 강조할 수 있기에, 성서비평학이 발달했던 독일과 영국 등을 중심으로 19세기 이래 활발하게 논의되었다. 하지만 발타사르는 하느님이 '자기를 비우신'(빌 2:7 참고) 케노시스가 성자가 종의 형체를 가져 사람들과 같이 되신 성육신 사건만을 지칭한다고 보지 않는다. 케노시스는 세계의 자율성을 부여하셨던 하느님의 태초의 창조, 불순종하는 이스라엘과 맺었던 하느님의 계약, 하느님이 사람이 되셨던 성육신을 모두 포함한다. 하지만 가장 근원적인 케노시스는 창조 이전 삼위일체의 내적 관계 속에서 일어난 사건, 즉 '성부로부터 성자가 태어나심'이다. 이 영원 속에서 일어난 첫 케노시스에 근거해서 하느님이 세상을 위해 자기를 제한하신 창조, 계약, 성육신 등의 다른 모든 케노시스적 사건

이 역사 속에서 일어나게 된다.[56]

하느님이 피조세계를 위해 자기를 제한하신 케노시스는 인간이 자신의 유한한 자유를 발휘하는 배경이 된다. 하지만 하느님이 태초에 인간을 창조하고 관계를 맺으면서부터, 무한한 하느님의 의지와 유한한 인간의 의지 사이의 갈등이 시작되었다. 즉, 창조라는 케노시스적 활동은 자율적 피조물이 존재하도록 하느님이 자신의 무한한 신적 자유를 스스로 제한하셨던 사건이다. 신적 자유와 인간의 자유 사이의 갈등은 하느님이 이스라엘과 계약을 맺으시면서 역사에 자신을 붙들어 매심으로써 더욱 심화되었다. 하느님의 자기 제한은 삼위일체의 제2격이신 성자가 성육신하고 십자가에서 죽음을 겪으심으로써 그 절정에 이르게 된다.[57]

---

50 하느님의 케노시스의 가능성을 삼위일체에서 찾는 발타사르의 신학은 헤겔이 종교 철학에서 절대정신(Geist)이 자신을 외화하는 자기 운동의 두 역사적 형태로 창조와 성육신을 언급했던 것과 유사점이 있어 보인다. 즉, 스펜스가 말하듯, 헤겔과 발타사르 사이에는 "성육신이 인간 역사와 하느님의 내적 삶 모두에 의미가 있다는 생각, 그리고 둘 사이의 관계를 표현하는" 방식에서 공통점이 있다. 하지만 발타사르가 볼 때 헤겔은 내재적 삼위일체와 경륜적 삼위일체의 심오한 차이를 간과할 위험이 있고, 그럼으로써 하느님의 자기 계시와 세계사의 진행 과정을 혼동할 수 있다. 절대정신이 자기 밖으로 나와 자기에게로 돌아가는 운동을 한 결과 필연적으로 자연과 역사 속에서 존재하는 것을 피조물로 보는 헤겔식의 변증법과 달리, 발타사르는 "하느님은 진정한 피조물의 자유를 빚으셨고, 피조물의 자유를 자신의 자유와 구별해 두심으로써 어떤 의미에서 자신을 제약하셨다"고 주장한다. Brian Spence, "Hegelian Element in Von Balthasar and Moltmann's Understanding of the Suffering of God", *Toronto Journal of Theology* 14. no. 1 (1998), 46; *TD* IV, 328. 그런 의미에서 발타사르는 삼위일체론을 전개하면서 헤겔의 변증법에 지나치게 의존한 라너와 몰트만을 함께 비판한다. *TD* IV, 319-328.

57 *TD* IV, 331.

하지만 하느님이 자기 제한을 하셨기에 역설적으로 빚어진 하느님과 인간 사이의 갈등과 긴장은 영원 속에서 성부로부터 성자가 태어나시면서 '아버지의 뜻과 아들의 뜻이 구별'되었던 첫 케노시스가 있었기에 가능하다.[58] 창조 이전에 성부로부터 성자가 나오시며 둘 사이에 존재하게 된 신비한 간격은 신적 자유와 피조물의 자유가 자아내는 모든 긴장과 갈등 모두를 포용할 정도로 넓고도 깊다. 삼위일체 안에서 벌어진 성부와 성자 사이의 광활한 거리가 분열로 이어지지 않는 것은, 그 간격이 알지 못할 짙은 어둠으로 채워진 것이 아니라 성자에 대한 성부의 '사랑' 그리고 성부를 향한 성자의 '순종'으로 규정되기 때문이다. 따라서 하느님과 피조물 사이에 아무리 극심한 갈등이 있더라도, 성령을 통한 성부와 성자의 삼위일체적 연합은 우리를 하느님의 사랑으로부터 떼어 놓지 못하는 영원한 근거가 된다. 이러한 관점에서 발타사르는 피조물의 자유를 위해 하느님이 자신을 비우시는 케노시스가 하느님의 전능을 취소하거나 약화시키지 못한다고 주장한다. 오히려 케노시스적 활동 속에서 하느님의 능력은 역사 속에서 하느님의 무능으로 나타나기까지 한다.[59]

여기서 더 나아가 발타사르는 인류 역사도 하느님의 자기 제한이라는 관점에서 보기를 주장한다. "예수 그리스도 안에서 로고스는 더 이상 역사를 다스리고 역사에 의미를 부여하는 관념이나 가치, 법칙의 영역에 머무는 것이 아니라 그 자신이 역사가 되었다. …

---

58   *TD* IV, 325.

59   *TD* IV, 326.

말하자면 예수의 죽음, 부활, 승천을 포함하는 로고스의 역사적 삶은 모든 역사에 규범을 제공[한다]."[60] 역사는 근원적으로 그리스도론적으로, 특별히 케노시스의 빛 아래서 이해되어야 한다. 이스라엘이 하느님과 계약을 맺고 예언을 받으며 성육신을 예비했고, 이스라엘 역사에서 "위격적 결합의 틀이 형성되는 중"[61]이었지만, 역사적 예수께는 여전히 자신의 뜻에 따라 생각하고 행동할 자유가 있었다. 하지만 그분은 성부의 뜻에 순종하셨고, 그렇게 율법과 예언을 자기 삶에 통합하셨고, 이로써 성육신 이전의 역사를 '완성'하셨다. 그분은 지상에서 자기 삶의 세세한 것을 알려 안달하지 않으셨고, 성부의 뜻이 펼쳐지기를 인내하며 기꺼이 기다리셨다. 역사 속에서 성자의 자기 복종의 케노시스적 논리는 결국 십자가에서 죽으시고 음부에 가시는 데서 절정에 이르렀다.[62] 그분은 죽음의 자리에서 아버지께 버림받는 경험을 할 정도로 성부의 뜻에 순종하였고 자기를 온전히 비우셨다.[63] 이로써 인간 역사와 신적 역사 사이에 이제껏 놓여 있던 구분과 경계는 그리스도의 순종으로 극복되었고, 시간의 흐름

---

60   Balthasar, *A Theology of History*, 24.

61   Balthasar, *A Theology of History*, 132.

62   그리스도의 음부행에 대한 발타사르의 새로운 해석은 가톨릭 신학 내에서 큰 논쟁을 불러 일으켰다. 참고. Alyssa Lyra Pitstick and Edward T. Oakes, S. J. "Balthasar, Hell, and Heresy: An Exchange", *First Things*, Dec. (2006): 25-32: "More on Balthasar, Hell, and Heresy", *First Things*, Jan. (2007): 16-19.

63   Hans Urs von Balthasar, *You Crown the Year with Your Goodness: Sermons through the Liturgical Year* (San Francisco: Ignatius Press, 1989), 82-86: *TD* IV, 332-338.

속에서 사라져 없어질 운명을 지녔던 인류에게 하느님의 영원에 참여할 수 있는 사다리가 역사 속에서 내려졌다.

성육신한 성자께서 성부와 맺었던 관계, 그리고 그분의 케노시스적 삶과 죽음과 부활을 통해서 우리는 그리스도가 역사의 '완성'이자 '규범'이시라는 신비로운 말의 의미를 배워가게 된다.[64] 삼위일체 안에서 성자가 성부께 보이셨던 영원한 순종을 반영하듯, 예수 그리스도의 지상에서의 삶은 근원적으로 수동성과 수용성으로 정의된다. 인간의 죄악과 이에 대한 하느님의 심판의 필연성 때문에 그리스도는 우리의 자리에서 하느님의 심판을 받았다. 이렇게 성자의 성육신을 통해 하느님은 역사 안에 들어오셨을 뿐만 아니라, 그분의 죽음과 부활에서 역사는 영원과 맞닿았다. 그렇다면 그리스도를 역사의 완성이자 규범으로 본다는 것은 우리가 실제 인류의 역사를 이해하는 데 어떤 차이를 만들어 내는가?

3. 그리스도 이전과 이후, 신과 인간의 갈등의 역사

그리스도의 역사적 실존과 케노시스의 논리가 결합하면서 용맹스러운 전사 같은 하느님이 아니라 무력하게 '죽임당한 어린양'이 역사 전체에 의미를 부여하는 영원한 신적 이미지가 된다. 발타사르는 이러한 그리스도 중심적 관점에서 성육신 이전과 이후의 역사를 비교

---

64   Balthasar, *A Theology of History*, 29.

하려 한다. 그리스도 이전의 역사를 해석하기에 앞서 그는 바르트와 라너의 종교 이해부터 비판적으로 검토한다. 그가 보기에 바르트는 계시를 지나치게 강조하다 종교를 하느님에 대한 불순종으로 보았고,[65] 라너의 초월론적(transzendental) 방법은 "인류 모두를 구원하고자 하는 하느님의 뜻에서 역사적인 것을"[66] 박탈할 위험이 있다. 따라서 20세기 개신교와 가톨릭을 대표하는 신학의 대가 모두 그리스도 이전 역사에서 종교의 역할을 제대로 평가하지 못했다. 인간에게 궁극적인 것을 향한 '자연적 본능'이 있음을 고려할 때, (바르트처럼) 그리스도교 이전 종교를 전적으로 거부해서는 안 된다. 반대로 (라너처럼) 인간학적 지평에서 발견되는 종교성이 계시와 유사한 기능을 하는 것인 양 성급히 취급하려 해서도 안 된다.

그리스도교 이전의 종교는 삶의 신비에 관한 질문을 제기하고 이에 대한 부분적 답변을 제시했다는 데 그 긍정적 역할이 있다. 하지만, 궁극적 질문에 대한 진정한 답변은 예수 그리스도 안에서만 찾을 수 있다. 그렇기에 "극도로 조심스럽게 우리는 그리스도교 이전의 종교들이 구원에서 긍정적 역할을 했다고 말해야 한다. 이러한 종교들은 하느님의 오랜 인내의 시기 속에 위치시키는 것이 더 적절하다."[67] 이 문장에서 발타사르는 흥미롭게도 성육신 이전의

---

65 여기서 발타사르가 바르트의 초기 저서 『로마서』에 나타난 종교 비판을 인용하고 있음에 주목할 필요가 있다. 하지만 바르트는 『교회 교의학』에서 그의 종교관을 계속 수정하고 발전시킨다.

66 *TD* IV, 221.

67 *TD* IV, 227.

역사를 '하느님의 인내의 시기'라 규정하고 있다.

발타사르는 나사렛 예수 이전 고대 종교가 어떻게 구원에 이바지할 수 있는가를 사변적으로 논하려 하지 않는다. 대신 그는 하느님의 인내와 기다림을 강조하던 바르트의 신론에서 통찰을 얻어 성육신 이전의 역사를 재해석한다. 바르트는 하느님의 인내를 신적 사랑의 특별한 형태로 다루었다. 그는 성서 속에 나타난 하느님의 인내가 인간에 대한 심판을 포함할지라도, 그리스도의 십자가의 빛으로 볼 때 그것이 영원한 심판일 수는 없다고 주장했다.[68] 바르트가 하느님의 인내를 하느님의 '속성' 중 하나로 보았다면, 발타사르는 이를 성육신 이전 '역사'를 이해하는 핵심 범주로 삼는다. 그리스도 이전 역사는 한마디로 하느님이 인내하고 기다리셨던 기간이다. 이것은 신적 은혜와 심판 모두가 유보되었던 제3의 시간이요, "다가올 구원을 위해 죄를 견디시는"[69] 시간이었다. 따라서 그리스도 이전의 시기에 인간의 죄와 하느님의 인내가 자아냈던 긴장을 신학적 역사 이해에서 말소하거나 화석화해서는 안 된다. 이 긴장을 무시하다가는 구원의 신비를 한쪽으로 극단화해서 해석할 위험에 노출된다.

하느님의 '인내의 시간'은 성육신과 그 이후 역사의 배경이 되어준다. 출애굽 이후 하느님과 맺은 계약, 고통받는 종의 이미지, 묵시 신앙의 발전 등은 그리스도 이전 구원의 역사에서 이스라엘의

---

68   *CD* II/2, 407.

69   *TD* IV, 206.

특별한 역할을 확증해 준다. 하지만, 그리스도교와 유대교 사이의 연속성을 강조하는 현대 독일어권 신학의 일반적 흐름과는 다르게, 발타사르는 "유대교에서 ⋯ 그리스도교의 도약에 비하면 이방 종교에서 유대교로의 도약이 덜"[70] 극적이라고 주장한다. 그리스도의 계시를 인정하든 안 하든 역사는 그분과 함께 '이미' 전적으로 변화되었다. 하지만 이전 역사를 가득 채웠던 신적 자유와 인간의 자유 사이의 극적 갈등은 그리스도 사건으로 소멸되지 않고 오히려 증대되고 첨예화되었다.

역사의 캔버스를 더욱 강렬하게 물들이는 '투쟁적' 색채는 계시의 특성에서 비롯되었다. 예수 그리스도께서는 모든 종교적 요소를 끌어안으셨고, 자신을 하느님의 완전한 계시로 보이셨다. 이로써 성육신 이후 인간에게는 두 가지 가능성만 남게 되었다. 하나는 그리스도를 통해 계시된 세계의 삼위일체적 기원을 인정하는 것이고, 다른 하나는 창조주와 피조물 사이의 근원적 관계를 부인하는 것이다. 성육신, 죽음, 부활, 승천이 온 피조세계에 미치는 보편적 영향을 고려할 때, 그리스도 이후에 일어나는 하느님에 대한 부정은 (묵시문학이 보여 준 것처럼) 우주적 지평을 가지게 되고, 악의 실재도 더욱 확연히 드러날 수밖에 없다.[71] 따라서 성육신 이전 시기와 달리, 하느님에 대한 인간의 불순종은 더욱 노골적이고 극적

---

70   *TD* IV, 215.

71   *TD* IV, 450.

이게 된다.[72]

그런 의미에서 일반 역사철학이 아니라 오직 역사의 주인이신 그리스도가, 특별히 요한계시록의 드라마적 구조가 역사의 참 의미를 알려줄 수 있다. 요한계시록은 역사 자체를 그리스도와 적대 세력 사이의 전쟁으로 묘사하면서도, 모든 시대를 '초월'하는 그리스도의 승리를 강조한다. 즉, 구원은 시간이 흘러가면 자연히 찾아올 미래가 아니라, 인간의 시간 모두를 '초월하는' 하느님의 영원에 위치한다. 역사적 존재로서 인간이란 수평적 시간과 수직적 시간 사이의 갈등 속에서 살아가며, 스스로는 닿을 수 없는 역사적 지평 너머의 구원을 알게 모르게 갈망하는 존재다.

하지만 인간의 힘으로 역사 속에서 성취할 수 없는 시간과 영원 사이의 궁극적 조화는 '교회의 매개'로 현시대에 부분적으로 주어진다. 성육신을 계기로 하느님과 인간 사이의 갈등이 심화되었다지만, 성육신의 결과 역사 속에 교회 역시 세워졌다. 이런 관점에서 볼 때 성육신 이후 역사는 교회가 그리스도를 '기다리는 시대'이기도 하다. 그리스도께서 케노시스적 순종으로 성부 하느님의 뜻이

---

72   발타사르는 하느님 없이 현실을 규정하는 근대 세속주의를 그리스도교에 대한 위협일 뿐만 아니라 하느님의 계시인 그리스도 사건의 '부정적 결과물'이라 본다. 하느님께서 자신을 성육신을 통해 완전히 보여 주신 상황에서, 이를 부정한 이들에게 남은 유일한 선택지는 자기 자신에 대한 '세속적' 이해밖에 없다. 특별히 계몽주의의 발전 사관은 신약성서(특별히 묵시문학)의 수직적 역사관을 세계 내재적 미래관으로 대치시켰다. 심지어 그는 그리스도 이후 역사를 '그리스도교적 진리 주장'과 '세속화된 인간의 자족' 사이에 일어나는 최후 전쟁인 것처럼 묵시문학적으로 묘사하기도 한다. 참고. Lösel, "Unapocalyptic Theology", 215.

펼쳐지기를 인내하며 기다리셨듯이, 본성상 교회는 역사 속에서 그리스도의 현존을 갈망하며 기대하는 공동체다. "교회는 '마지막 때'에 살고 있다. 따라서 구원사적 관점에서 어떤 '새로운' 것도 일어날 수 없다. 모든 것은 '성취되었고' 완성에 이르렀다. … 우리 역시 기도하면서 이 사건을 되돌아보는 것 외에 다른 선택할 바가 없다."[73] 교회는 매끈한 신학적 이론이나 대중적 종말론으로 역사에 펼쳐지는 긴장의 드라마를 해소하려 해서는 안 된다. 그리스도인은 교회에 속함으로써 교회와 함께 그리스도께서 성취하신 구원을 '지금 여기서' 응시함으로써 하느님과 인간의 자유가 빚어 내는 긴장을 유지하고 견뎌야 한다.

또한, 그리스도 이후 역사는 그리스도께서 영원한 자신을 우리에게 선사하시고 우리는 영원을 향해 자신을 개방하는 '성사적'(sacramental) 시간이기도 하다. 현상적으로 역사 속의 갈등은 계속되고 심화되고 있지만, 성육신은 역사의 의미를 '임마누엘'이라는 관점에서 완전히 바꾸어 놓았다. 이러한 역사의 비밀은 연구를 통해 '발견'하는 것이 아니라, 계시를 통해서 '알려지는' 것이다. 그리스도를 기억하면서 기다리는 성육신 이후 역사에서, 교회는 신적인 것이 유한의 세계 속에 현존하는 '성사'를 통해 영원과 역사를 중재하는 특별한 역할을 담당한다. 그중에서도 교회의 성체성사(eucharist)를 통해 신적인 것과 피조적인 것이, 비가시적 은혜와 가시적 피조세계

73　Balthasar, *Prayer*, 143.

가 구체적인 시공간에서 만나게 된다.

그분은 '죽임당하신 것 같은 어린양'으로서 살아가신다. 우리는
그분의 상처가 최후의 심판 때까지만 지속된다거나, 성체성사
에서 그분의 자기 수여(self-giving)가 … 최후 심판과 함께 끝나
리라는 말을 들어 보지 못했다. 그의 지상에서의 삶과 죽음은
초월되어, 주님의 영원한 삶으로 변모되었다고 보는 것이 더 적
절하다. 이런 방식으로 … 그분은 삼위일체 하느님의 피조적 원
형이요, 무소부재한 성사이며, 완전한 자기 수여가 되신다.[74]

새 하늘과 새 땅의 도래, 역사의 종말론적 불연속성 등을 강조하
는 묵시문학적 역사관에 익숙한 독자라면 긴장과 갈등을 중시하고
성사적 기다림에 희망을 거는 발타사르의 주장이 모호하게 느껴질
지도 모른다. 그의 '그리스도 중심적 관점'이 역사를 지나치게 신학
화하는 것에 불편함을 느끼는 사람도 있을 것이다. 하지만 형이상
학 대신 드라마를 하느님과 인간의 관계를 이해하는 근원적 범주
로 삼음으로써, 그의 신학은 현실의 악과 고통과 갈등을 생생히 인
정하면서도 역사의 힘에 압도되어 계시의 초월적 지평을 망각하지
않게 도와준다. 이러한 신학적 역사 이해는 하느님 나라에 대한 갈
망이 인간 역사의 의미를 박탈하거나, 과도한 역사주의가 희망의

---

74   *TD* IV, 499.

여백을 지워 버리는 것에 거리를 두게 한다. 그리스도께서 자기를 제한하시면서 성부의 뜻이 펼쳐지는 것을 순종하며 기다리셨듯이, 일상의 복잡성과 모호함과 함께 살아가는 그리스도인에게 요구되는 것도 역사의 논리로 환원될 수 없는 하느님의 뜻이 이 땅에서 이뤄지기를 기다리며 순종하는 일이다.

V. 평가와 전망

발타사르의 신학을 읽노라면 이제껏 여기저기 산발적으로 진행되던 여러 담론의 퍼즐이 아름답게 맞춰지는 것과 같은 경이로운 경험을 하게 된다. 서로 다른 물줄기가 소리를 내고 흘러와 크고 고요하게 흐르는 강에 합쳐지듯이 성서학, 교부학, 가톨릭 교의신학, 신비주의, 현대 개신교 사상, 영성학, 문학, 철학, 미학 등이 각자 고유한 목소리를 내다 폰 발타사르의 격조 높은 사유와 우아한 문장 속에서 조화와 질서를 이룬다. 그의 저작은 진선미가 균형을 맞춘 매우 수준 높은 신학을 맛보게 해 줄 뿐만 아니라, 지성사의 흐름을 큰 시각에서 조망하게 해 주는 눈을 훈련하는 데도 큰 도움을 준다. 그의 문장 하나하나를 따라 읽다 보면 역사와 문화를 아우르는 씨줄과 날줄을 새롭게 엮어 내어 아름다운 신학의 태피스트리를 만드는 방식을 배울 수도 있다.

발타사르의 사상 속에는 교회의 어제와 오늘, 가톨릭과 개신교 사상, 신학과 문학, 이론과 실천이 함께 어우러지면서 새로운 사유와 실천의 가능성이 꽃필 수 있는 넉넉하고 비옥한 공간이 있다. 그의 박식함과 창조적 종합 능력은 독보적이며, 지적이고 우아한 문장은 신학적 수사학의 최고 수준을 보여 준다고 해도 과언이 아니다. 하지만 여러 방면에 퍼져 있는 그의 관심사를 한 꺼풀 벗기고 보면, 그가 여러 작가와 문헌에서 통찰을 끌어 온 만큼 자기 고유의 사상은 그렇게까지 독창적으로 발전시키지 못했다는 점도 발견하게 된다. 달리 말하면 그의 장점은 사상의 옥석을 가릴 줄 아는 안목, 옥석을 예술적으로 세공하는 기술, 옥석이 어디에 어떻게 놓여야 더욱 빛나고 매력적이게 보이는지 아는 본능적 직감에 있다.

발타사르의 주요 신학 저술이 나왔던 20세기 중후반은 그리스도교 역사에서 아주 중요한 시점이다. 세계대전의 종식, 유럽의 세속화, 자본주의의 팽창, 기술의 발전 등 현대 사회가 던진 도전에 교회는 어떻게든 반응을 해야 했다. 발타사르의 신학은 이러한 맥락에서 이해될 필요가 있다. 그는 탈형이상학의 시대에 맞게 추상적인 형이상학적 개념 대신 예수 그리스도의 역사를 통해 진선미를 재구축하려 했다. 이론과 실천이 갈라지고, 인간의 지식이 현상의 차원으로 납작해진 상황에서 그는 현대인에게 기도를 통해 신비와 접속할 수 있는 길을 안내하고자 했다. 아울러 그는 인류가 이룩해 놓은 찬란한 문화적 업적이 적절히 자리 잡고 그 가능성을 더 풍성히 발휘할 수 있는 창조적이고 유연한 신학적 틀도 제시하였다. 서로 다른 교회 전통끼리 대화하는 분위기가 본격적으로 무르익기

전부터, 그는 '말 많던' 노년의 개혁주의 신학자와 우정을 나눴던 진실하고 단순한 사람이었고, 개신교 신학의 장점을 수용하며 자신의 가톨릭 신학을 전개할 정도로 자유로운 사람이었다.

독일어를 주로 썼던 발타사르지만, 그의 신학은 독일어권 신학보다는 영어권 신학에서 더 큰 주목을 받았다. 그의 대작과 소책자를 훌륭하게 영어로 탈바꿈했던 번역자들의 노고도 있었지만, '교의학적' 체계나 '학술적' 글쓰기와 차별화되는 그만의 독특한 저술 스타일이 오히려 영어권 독자들에게 더 매력을 발휘했을지도 모른다. 그런 의미에서 발타사르는 전통적 의미에서 신학이 호소력을 잃어가고 교회의 안과 밖을 구분했던 오랜 경계가 허물어져 가는 시대에 더욱 주목할 만한 신학자라고 할 수도 있다.

물론 발타사르가 가진 개인적 · 시대적 한계가 없지는 않다. 일례로 그는 부드럽고 '여성적'인 문체로 신학을 서술하고, 성서와 교회 역사에서 여성의 역할을 재조명한 것으로 평가받는다. 하지만 독일 낭만주의 문학 전문가라 그런지 그의 글에는 근대 초기에 유행했을 법한 성(性) 구분과 여성에 대한 낭만화된 묘사가 종종 등장한다. 약 반세기 전 독자를 대상으로 쓴 글에 묻어 있는 성에 관한 고정 관념과 여성을 이상화하는 방식은 오늘날에는 호소력을 발휘하기 힘들 것 같다. 또한, 그는 엄청난 저술들을 남겼지만 윤리나 정치 문제에는 큰 관심을 기울이지 않는다. 바르트의 그리스도 중심적 신학은 언제나 윤리적 · 정치적 함의를 가지는데, 그가 바르트에게서 그리스도 중심적 방법론을 배우면서도 윤리와 정치 문제에는 별다른 관심을 기울이지 않았던 점이 의아하다.[75] 끝으로, 드 뤼박이 말했듯 발타사르가 "유럽에서 가장 교양 있는 사람"이라서 그런지 그의 신학은 상당히 유럽적 사고에 묶여 있다. 그런 의미에서 유럽 문명을 공유하지 않은 사람들이 그의 신학을 이해하는 데는 어려움이 따를 수밖에 없다. 이러한 점들은 역사적 인물이었던 발타사르의 개인적 · 시대적 · 문화적 한계라 할 수 있다. 하지만 발타사르가 펼친 신학이 워낙 넓다 보니, 후배 신학자들은 그가 가졌던 단점이나 한계를 극복할 수 있는 통찰과 자원을 상당 부분 그의 신학 안에서 발견하고 있다.[76]

아직은 발타사르의 사상을 제대로 알기 위한 번역서나 연구서가 국내에 충분하지 못하다. 또한, 한국 신학계에 상대적으로 이른 시기에 소개되어 지금껏 회자되는 20세기의 대표적 가톨릭 사상가인 라너, 큉, 카스퍼, 스힐레베익스 등과 비교할 때, 발타사르는 더 보수적이고 전통적인 방법을 선호하기에 앞으로 그가 어떤 식으로

---

[75] 웹스터의 분석에 따르면 발타사르의 『칼 바르트』는 바르트의 윤리에도 적절한 관심을 기울이지 않고 있다. 심지어 이것이 발타사르가 바르트의 신학을 변증법적 시기와 유비의 시기로 지나치게 단순화한 이유이기도 하다. Webster, "Balthasar and Karl Barth", 250-252.

[76] 발타사르의 신학을 해방신학, 여성신학, 신학적 윤리의 관점에서 재해석한 다음 연구를 참고하라. Todd Walatka, *Von Balthasar and the Option for the Poor: Theodramatics in the Light of Liberation Theology* (Washington D. C.: The Catholic University of America Press, 2017); Michelle A. Gonzalez, "Hans Urs Von Balthasar and Contemporary Feminist Theology", *Theological Studies* 65, no. 3 (2004): 566-595; Christopher W. Steck, *The Ethical Thought of Hans Urs von Balthasar* (New York: Crossroads, 2001).

한국 신학계에 수용되고 영향을 끼칠지는 예단하기 이르다. 하지만 발타사르를 보노라면 한 겸손하고 온화하며 지적인 인물의 삶과 사상 속에서 이질적으로 보이던 것들이 조화롭게 공존하며 새로운 아름다움을 얻어 가는 모습에 경이를 느끼게 된다. 어쩌면 이것이 현대의 많은 그리스도교인이 발타사르를 늦게나마 재발견하고, 그를 통해 그리스도교 신앙을 배워 가는 기쁨과 여유를 누리는 가장 중요한 이유가 아닐까 생각한다.

더 읽을거리

『발타사르의 지옥 이야기』

● 한스 우르스 폰 발타사르 지음, 김관희 옮김, 서울: 바오로딸, 2017.

같은 출판사에서 2018년 출간한『발타사르의 구원 이야기』와 함께 한국어로 번역된 발타사르의 몇 안 되는 저작이다. 그가 죽기 일 년 전인 1987년 세상에 나온 이 책은 구원과 지옥에 관한 그의 생각을 간략하지만 인상적인 방식으로 소개하고 있다. 그리스도를 통해 계시된 하느님의 급진적 사랑을 신학의 중심에 놓았던 발타사르는 만인구원론자라든가 지옥 교리를 폐기한 자라는 비판을 많이 받았다. 하지만 이 소책자를 통해 그는 자신을 향한 비판에 응답할 뿐만 아니라, 인간의 불순종을 무한히 껴안고 넘어서는 신적 자비를 아름답게 보여 준다. 이 얇은 책에 다른 저작만큼 그리스도 중심적 방법론이 강하게 나타나고 있지는 않지만, 성서에서 시작하여 교부를 통해 교회 전통과 대화하며 신학적 주장을 전개하는 특유의 글쓰기 방식을 접할 수 있다. 독자들은 지옥에 관한 이 책을 읽고 오히려 하느님의 사랑의 신비에 새롭게 잠기는 기묘한 경험을 하게 될 것이다.

『하나님의 인간성』

● 칼 바르트 지음, 신준호 옮김, 서울: 새물결플러스, 2017.

발타사르가 그리스도 중심적 신학을 전개하게 된 데는 칼 바르트의 영향이 강하게 있었다. 발타사르의『칼 바르트』가 바르트 신학이 발전해 가는 모습을 분석한 것처럼,『하나님의 인간성』은 바르트가 자신의 사고의 발전을 초기부터 후기까지 설명해 주는 흥미로운 저작이다. 이 책에 실려있는 바르트의 세 편의 논문 모두 발타사르의 『칼 바르트』 이후 출판되었지만, 이 책은 발타사르에게 바르트가 어떤 영향을 끼쳤는지 그리고 발타사르의 그리스도론적 집중이 어떤 신학적 의미를 가지는지를 가늠하는 데 큰 도움을 줄 수 있다. 특별히 두 번째 논문 "하나님의 인간성"을 꼼꼼히 읽어 보면 나사렛 예수의 역사를 신학의 중심으로 놓는다는 것이 어떤 의미인지 깨닫게 된다.

『제2차 바티칸 공의회로 가는 길: 미래로 나아가는 과거』

• 모린 설리반 지음, 이창훈 옮김, 서울: 바오로딸, 2012.

발타사르가 활발히 저술 활동을 했던 시기는 가톨릭교회가 제2차 바티칸 공의회를 향해 가고 있던 도정이자, 공의회의 결과를 교회와 개인의 신학과 실천에 품어 내는 기간이기도 했다. 발타사르의 신학을 알기 위해서뿐만 아니라 현대 가톨릭 신학의 변천을 알기 위해서 제2차 바티칸 공의회가 열리게 된 배경, 공의회에서 논의된 신학적 논제들, 결과물로 나온 공식 문헌들을 어느 정도 알 필요가 있다. 미국 뉴햄프셔 세인트 안셀름 칼리지 교수인 모린 설리반(Maureen Sullivan) 수녀는 제2차 바티칸 공의회를 가능하게 한 신학자들의 기여, 공의회가 진행되는 과정, 공의회가 남긴 업적을 가톨릭 신학에 정통하지 않은 사람들도 이해할 수 있도록 친절히 이야기해 준다.

『감각과 초월: 발타살의 신학적 미학』

• 김산춘, 칠곡: 분도출판사, 2003.

서강대학교 철학과 교수인 김산춘 신부의 저작으로, 현재까지 국내에 유일하게 출판된 발타사르 연구서다. 발타사르의 삼부작 중 가장 잘 알려진 신학적 미학을 중심 주제로 삼고 있지만 현대 사회에서 미학의 문제라든가 발타사르의 삼부작에 대한 간략한 소개, 발타사르에게 영향을 끼친 교부나 현대신학자 등도 폭넓게 소개하고 있다. 이 책은 '감각'과 '초월'이란 두 개념에 집중하여 발타사르의 신학적 미학의 중요성과 의의를 평가하고 있어 장점과 한계가 확연하다. 발타사르를 포함해 신학적 미학 전반에 걸친 광범위한 논의를 접하고 싶은 독자는 다음의 책을 함께 읽으면 도움을 많이 받으리라 생각된다. 리차드 빌라데서, 『신학적 미학: 상상력, 아름다움, 그리고 예술 속의 하나님』, 손호현 옮김(서울: 한국신학연구소, 2001).

Twentieth-Century Catholic Theologians

• Fergus Kerr, Oxford: Blackwell, 2007.

도미니칸 수도회 소속의 영국 가톨릭 신학자 퍼거스 커가 쓴 20세기 가톨릭 신학을 대표하는 신학자들에 관한 탁월한 소개서다. 비트겐슈타인과 토마스 아퀴나스의 해석자로도 잘 알려진 저자는 현대신학을 지성사적 맥락에서 풀어 내는 작업으로도 유명하다. 총 12개의 장으로 이루어진 이 책은 첫 장 '제2차 바티칸 공의회 이전'과 마지막 장 '제2차 바티칸 공의회 이후' 사이에 발타사르를 포함한 10명의 신학자를 소개하고 있다. 균형 잡힌 안목과 뛰어난 글솜씨로 각 인물을 소개해 나가는 이 책은 20세기 가톨릭 신학을 훌륭하게 소개하고 있을 뿐만 아니라 지난 세기 신학의 거장들의 고민과 갈등을 이어받은 오늘날 교회의 본질과 사명에 대해서도 성찰할 기회를 준다.

참고문헌

『가톨릭 교회 교리서』. http://maria.catholic.or.kr/dictionary/doctrine/doctrine_
list.asp(2020. 1. 31. 최종 접속).

바르트, 칼. 『로마서』. 손성현 옮김. 서울: 복있는사람, 2017.

_____. 『기도: 종교개혁 교리문답에 따른 주기도 해설』. 오성현 옮김. 서울: 복
있는사람, 2017.

부쉬, 에버하르트. 『칼 바르트: 20세기 신학의 교부, 시대 위에 우뚝 솟은 신학자』.
손성현 옮김. 서울: 복있는사람, 2014.

폰 발타사르, 한스 우르스. 『발타사르의 지옥 이야기』. 김관희 옮김. 서울: 바오로딸,
2017.

A Greek-English Lexicon. Eds. Henry Liddell and Robert Scott. https://
en.wikipedia.org/wiki/Parrhesia#cite_note-Burton-1(2020. 1. 31. 최종 접속).

von Balthasar, Hans Urs. *A Theological Anthropology.* New York: Sheed and
Ward, 1967.

_____. *A Theology of History.* San Francisco: Ignatius Press, 1994.

_____. "Analogie und Dialetik." *Divus Thomas* 22 (1944).

_____. *Christian Meditation.* Trans. Marry T. Skerry. San Francisco:
Ignatius Press, 1989.

_____. *Does Jesus Know Us? — Do We Know Him?* Trans. Graham Harrison.
San Francisco: Ignatius Press, 1983.

_____. *Explorations in Theology I: The Word Made Flesh.* Trans. A. V.
Littledale and Alexander Dru. San Francisco: Ignatius Press, 1989.

_____. *Love Alone Is Credible.* Trans. D. C. Schindler. San Francisco:
Ignatius Press, 2004.

_____. *My Work: In Retrospect.* Trans. Brian McNeil and Kenneth
Batinovich. San Francisco: Ignatius Press, 1993.

_____. *Prayer*. Trans. Graham Harrison. San Francisco: Ignatius Press, 1986.

_____. *The Office of Peter and the Structure of the Church*. Trans. Andree Emery. San Francisco: Ignatius Press, 1986.

_____. *The Theology of Karl Barth*. Trans. Edward E. Oakes. San Francisco: Ignatius Press, 1992.

_____. *Theo-Drama: Theological Dramatic Theory*, Vol. IV: *The Action*. Trans. Graham Harrison. San Francisco: Ignatius Press, 1994.

_____. *Theo-Logic*, Vol. II: *The Truth of God*. Trans. Graham Harrison. San Francisco: Ignatius Press, 2004.

_____. *You Crown the Year with Your Goodness: Sermons through the Liturgical Year*. San Francisco: Ignatius Press, 1989.

Barth, Karl. *Church Dogmatics*. Ed. Thomas Torrance and Geoffrey Bromiley et al. 14 vols. in 14. Edinburgh: T & T Clark, 1956-1975.

Eliade, Mircea. *Myth and Reality*. Trans. Willard R. Trask. New York: Harper & Row, 1963. 『신화와 현실』. 이은봉 옮김. 파주: 한길사, 2011.

Gonzalez, Michelle A. "Hans Urs Von Balthasar and Contemporary Feminist Theology." *Theological Studies* 65, no. 3 (2004).

Kerr, Fergus. *Twentieth-Century Catholic Theologians*. Oxford: Blackwell, 2007.

Kim, JinHyok. "Prayer as the Ladder to Heaven." *Torch Trinity Journal* 16. no. 1 (2013).

Lösel, Steffen. "Unapocalyptic Theology: History and Eschatology in Balthasar's Theo-Drama." *Modern Theology* 17. no. 2 (2001).

Louth, Andrew. "Theology, Contemplation and the University." *Studia Theologica*, I, no. 2 (2003).

McCormack, Bruce. *Karl Barth's Critically Dialectical Realistic Theology*. Oxford: Clarendon Press, 1995.

Donald McKim, *Westminster Dictionary of Theological Terms*. Louisville: Westminster John Knox Press, 1996.

Moltmann, Jürgen. *God in Creation: A New Theology of Creation and the Spirit of God*. Trans. Margaret Kohl. Minneapolis: Fortress Press, 1993. 『창조 안에 계신 하나님』. 김균진 옮김. 서울: 대한기독교서회, 2017.

Oakes, Edward. *Pattern of Redemption: The Theology of Hans Urs von Balthasar*. San Francisco: Ignatius Press, 1993.

Pitstick, Alyssa Lyra and Oakes, S. J., Edward T. "Balthasar, Hell, and Heresy: An Exchange." *First Things*, Dec. (2006).

_____. "More on Balthasar, Hell, and Heresy." *First Things*, Jan. (2007).

Scola, Angelo. *Test Everything: Hold Fast to What is Good —An Interview with Hans Urs von Balthasar*. Trans. Maria Shrady. San Francisco: Ignatius Press, 1989.

Spence, Brian. "Hegelian Element in Von Balthasar and Moltmann's Understanding of the Suffering of God." *Toronto Journal of Theology* 14. no. 1 (1998).

Steck, Christopher W. *The Ethical Thought of Hans Urs von Balthasar*. New York: Crossroads, 2001.

Walatka, Todd. *Von Balthasar and the Option for the Poor: Theodramatics in the Light of Liberation Theology*. Washington D. C.: The Catholic University of America Press, 2017.

Webster, John. "Balthasar and Karl Barth." In *Cambridge Companion to Hans Urs von Balthasar*. Eds. Edward T. Oakes and David Moss. Cambridge: Cambridge University Press, 2004.

2. 덕과 성품, 그리고 공동체

스탠리 하우어워스

김승환

스탠리 하우어워스(Stanley Martin Hauerwas, 1940-)가 오늘날 교회와 그리스도인들에게 던지는 메시지는 무엇일까? 아마도 탈기독교(Post-Christianity)/탈교회(Post-church) 상황에서 교회의 존재 방식과 신앙의 본질이 무엇인지 진지하게 성찰하는 것이 아닐까? 정치권력과 결탁하지 않고 제도화된 종교로 박제화되지 않고 복음의 순수함을 유지하는 공동체의 원형으로 돌아가는 것, 예수 그리스도의 신실한 제자로 살아갈 수 있음을 증명하는 것, 하우어워스는 이 문제에 관심을 둔다. 스탠리 하우어워스의 방식이 정답은 아니다. 하지만 자신의 처한 삶의 정황과 신학의 자리에서 그 길을 묻고 묵묵히 걸어갔기에, 오늘날 우리에게 하나의 모델을 제시하는 것은 분명하다. 그의 생의 여정과 신학을 살펴보자.

I. 생애

1. 유년시절

부모님이 늦은 결혼과 한 번의 유산으로 구약성경의 한나처럼 아들을 주시면 하나님께 드리겠다고 서원한 것이 그의 출생의 시작이다. 텍사스 북쪽에 위치한 플레전트마운드 감리교회에서 신앙생활을 하며 자랐고, 지역의 대다수는 침례교도들이었으나 감리교회에서 열정적인 젊은 목회자 밑에서 유년기를 보냈다. 그는 (결단의 시간에) 구원을 받고자 앞으로 나오는 무리와 함께 하나님의 종이 되겠다고 서원한다. 그는 자신이 구원을 받았는지 확신하지는 못했지만 그 물음을 평생 간직한 채 신앙을 지켰는지도 모른다. 그리스도인은 누구인가? 신앙을 가지고 사는 것이란 무엇인가? 이 질문은 노신학자가 된 지금도 그와 함께한다.

아버지는 벽돌을 쌓는 조적 일을 했다. 하우어워스도 8살 무렵 아버지를 따라 건축 현장을 다녔고 꽤 열심 있는 일꾼으로 인정받았다. 그의 집은 전형적인 노동 계층이다. 그의 할아버지는 앨라배마의 커피 농장에서 일하다가 주인 집안의 딸과 사랑에 빠져 함께 탈출했다. 장인이 돌아오라고 신문광고까지 냈지만 두 사람은 집으로 돌아가지 않았고 텍사스 소도시들을 전전하면서 조적 일로 생계를 꾸려갔다. 결혼 후 낳은 아들 여섯 명은 모두 조적 일을 했다. 하우어워스의 아버지 이름을 커피라고 지은 할머니는 자신의 가문을 잊지 않으려 했는지도 모른다. 하우어워스는 좋은 조적공의 조수였다. 유년시절부터 꼼꼼하고 정확하게 일하는 법을 익히면서 그 습관이 학문으로 이어져 자신의 신학 세계도 조적공처럼 치밀해졌다고 고백한다. 그가 훗날 칼 바르트(Karl Barth)를 좋아했던 이유도 작은 질문에도 꼼꼼히 신학적으로 응답하는 바르트의 치밀함 때문이다.

2. 신학의 길로

목회자가 되려면 공부를 많이 해야 하기에 그는 대학 진학을 결정한다. 사우스웨스턴 대학교에서 역사를 전공하려 했지만 리처드 니버(Richard Niebuhr)를 읽고 폴 틸리히(Paul Tillich)와 사랑에 빠지면서, 스스로 그리스도인인지 확신은 없었지만 신학 공부에 끌렸고 니버가 있는 예일 대학교에 진학하기로 마음을 먹는다. 그리고 배우자였던 앤을 만난다. 하우어워스는 예일 대학교 신학대학원에서 공부하면서 예일 학파의 연구 방식을 익혔다. 예일 대학교는 그의 평생 학문의 울타리가 되었고, 그는 자신의 신학 방법론의 기초를 예일에서 쌓아 갔다. 그가 입학했을 때 리처드 니버는 이미 한 해전 은퇴한 상태였다. 그는 조지 린드벡(George Lindbeck)의 수업을 듣지는 못했으나 한스 프라이(Hans Frei)에게서 기독론 수업을 들었다. 정경비평의 대가인 브레바드 차일즈(Brevard Childs)에게 모세오경을, 폴 마이어(Paul Meyer)에게 신약을 배웠다. 줄리언 하트(Julian Hart)에게서 칼 바르트를 배웠고, 바르트가 나치를 비판하는 모습을 통해 기독교가 세상 문제를 비판적 렌즈로 바라볼 수 있음을 깨닫게 된다.[1] 그가 바르트에게 끌린 또 다른 이유는 바르트가 어떠한 주제도 대충 넘어가지 않고 오히려 그 주제에서 단어와 언어가 어떻게 쓰이는지를 보임으로써 의미를 파악하려 했기 때문이다.[2]

하우어워스는 프라이를 통해서 내러티브 신학을 소개받았고 전통과 공동체, 성품과 덕을 강조하는 입장에 서게 된다. 이는 하우어워스의 신학방법론의 중요한 뼈대가 된다. 프라이는 예일 신학의 전통을 관대한 정통으로 규정했다. 그는 여러 공의회에서 출발하여 내러티브를 주제로 신학을 전개하면서 성품과 덕을 강조하는 입장에 서 있었다. 또한 데이비드 리틀(David Little)의 수업에서 알래스데어 매킨타이어(Alasdair MacIntyre)를 소개받았고 제임스 거스탑슨(James M. Gustafson)의 세미나에서 덕에 관한 아리스토텔레스와 아퀴나스의 글을 읽었다. 거스탑슨은 후에 하우어워스의 박사 학위 시노교수가 되었고, 하우어워스는 신학대학원 기독교 윤리학 시간이 진로를 윤리학으로 결정하는 계기가 되었다고 술회한다. 그는 거스탑슨의 도움으로 대학원도 진학하게 된다. 그리고 덕 윤리의 입장에서 박사 학위 논문인 『성품과 그리스도인의 삶』(Character and the Christian Life)을 썼다.

---

1   스탠리 하우어워스, 『한나의 아이: 정답 없는 삶 속에서 신학하기』, 홍종락 옮김(서울: IVP, 2016), 106-110. 하우어워스는 1962년, 설교학을 가르치는 뮐 교수와 사회윤리학을 가르치는 밀러 교수가 뉴헤이븐의 정치를 바꾸려는 모습에 매력을 느껴 그들의 당선을 돕는 선거 운동원이 되었다. 그는 라인홀드 니버를 읽으면서 니버를 정치의 화신으로 존경했으나 시간이 지나면서 다원주의 정치의 한계를 느꼈다고 고백했다.

2   하우어워스, 『한나의 아이』, 122.

3. 교직 생활

하우어워스가 교직 생활을 시작한 곳은 스웨덴 루터교도들이 세운
어거스타나 칼리지다. 60년대 후반 미국 당시의 분위기를 감안할
때, 이때는 흑인 인권 문제와 베트남 전쟁, 페미니즘이 사회적 이슈
였고, 급진적 신학을 추구하는 이들이 많아졌던 시기였다. 하우어
워스는 남부 출신이지만 흑인 학생들 편에서 그들의 목소리를 대
변했다. 그는 60년대가 보여 준 급진적 저항이 그의 삶에 남아 있다
고 술회한다.

하우어워스는 노트르담 대학교에서 교수직을 제의받고 14년간
가르쳤다. 그는 교수 채용 면접 강의에서 "정치학, 비전 그리고 공
공선"(Politics, Vision, and the Common Good)이란 주제로 강의를 했
고 일자리를 얻었다. 그는 그곳에서 천천히 그리고 고통스럽게 그
리스도인이 되는 과정을 거쳤다고 회상한다. 하우어워스는 학문적
으로 크게 빚진 두 사람을 이 시기에 만나게 되는데, 바로 알래스데
어 매킨타이어와 존 하워드 요더(John Howard Yoder)다.[3] 그는 철
학과의 한 강연회에서 매킨타이어를 만났고, 바르트에 관한 요더의
글을 읽고 크게 감명받아 요더를 만나러 고센까지 다녀온다. 나중
에는 요더가 노트르담에 올 수 있도록 소개하기도 한다. 하우어워
스는 매킨타이어를 통해서 덕 윤리의 흐름을 소개받았고, 내러티브

---

3   하우어워스, 『한나의 아이』, 219, 269.

와 전통, 공동체, 인격과 덕목의 중요성을 깨닫게 된다. 또한 요더를 통해서 재세례파 신학을 소개받았고, 특히 그들의 비폭력 평화주의 신앙과 삶에 관심을 두게 된다.

1983년 듀크 대학교 신학대학원으로 옮기면서, 하우어워스는 기독교 윤리학을 집중적으로 연구하고 가르쳤다. 목회자를 양성하는 학교로 옮겼기에 성경을 읽기 시작했고 성경을 실천하려 했다. 그는 요더에게서 배운 내용을 주류 기독교 안에서 실천하려 했다. 그는 예수 그리스도의 삶과 십자가가 주는 급진적 메시지가 사회를 변화시킬 수 있는 정치적 원동력임을 주장하면서 그것으로 폭력의 세상을 거부하고 하나님의 평화로운 나라를 구현할 수 있음을 확신했다. 이 시기에 『교회됨』(A Community of Character, 북코리아 역간)과 『평화의 왕국』(The Peaceable Kingdom)을 통해 자신의 독특한 사상을 전개한다. 그리고 『하나님의 나그네 된 백성』(Resident Aliens, 복있는사람 역간)과 『교회의 정치학』(After Christendom?, IVP 역간)도 저술한다. 2000-2001년 기포드 강연에 초청을 받았고 자연신학을 바르트의 입장에서 접근하면서 그리스도를 통하여 시간과 우주를 이해하려 했다. 이때 강연한 내용이 『우주의 결을 따라』(With the Grain of the Universe)라는 책으로 출판되었다. 그리고 마침내 2001년 9월 10일 『타임』(Time)지에서는 그를 세기의 신학자로 소개했다. 비록 다음 날인 9월 11일에 비극적인 사건이 터졌지만, 그는 평소처럼 전쟁을 반대하면서 전쟁을 말하는 이들이 그리스도인일 수 없다고 인터뷰하기도 했다.

II. 사상적 배경

스탠리 하우어워스는 크게 3가지 흐름에서 신학 사상을 형성했다. 먼저는 예일 학파다. 그는 리처드 니버에 이끌려 선택한 예일 대학교에서 폭넓게 공부한다. 바르트를 읽으면서 나치에 저항하는 모습에 감동했고, 라인홀드 니버(Reinhold Niebuhr)를 통해 그의 기독교 현실주의가 예수의 이야기를 어떻게 급진적으로 해석할 수 있는지를 깨달았다. 그는 또한 존 웨슬리(John Wesley)와 루트비히 비트겐슈타인(Ludwig Wittgenstein)에게도 매료되었다. 예일에서 하우어워스는 신학의 주요한 자원으로서 내러티브에 주목하는데, 계몽주의의 합리성이 이야기 상실(storylessness), 즉 공동체와 전통이 없는 자아를 전제하는 것을 거부하면서 그것을 기독교의 죄로 인식한다.[4] 그리고 본인이 큰 빚을 졌다고 밝힌 두 거인, 요더와 매킨타이어를 통해 그것을 더욱 발전시킨다. 덕과 성품, 그리고 공동체를 향한 기나긴 학문의 여정을 걸으며 대가의 반열에 오른 배경에는 좋은 스승들이 있었기 때문이 아닐까.

1. 예일 학파

미국 신학의 양대 산맥을 꼽으라면 시카고 학파와 예일 학파를 지목

---

4   Stanley Hauerwas, *The Hauerwas Reader*, eds. John Berkman and Michael Cartwright (Durham: Duke University Press, 2001), 19-20.

할 수 있을 것이다. 시카고 학파는 제임스 거스탑슨, 데이비드 트레이시(David Tracy), 던 브라우닝(Don Browning)이 주도했고, 예일 학파는 한스 프라이, 조지 린드벡, 로널드 티먼(Ronald Thiemann) 등이 이끌었다. 시카고 학파의 입장은 수정주의(revisionism), 예일 학파의 입장은 후기자유주의(post-liberalism)라 말한다. 수정주의 입장에 있는 신학자들은 신학이 공적 담론에 따라 전개되어야 하며, 신학과 신앙이 사적 영역에서 머물면서 섹트(sect)화되는 것에 반대한다. 참된 기독교 신학은 기독교인뿐 아니라 신앙 없이 이성적 사고를 하는 불신자에게도 이해될 수 있는 공적인 학문이기 때문이다.[5] 반대로 후기자유주의는 기독교 전통과 신앙의 내러티브를 강조한다. 이 신학은 공적 영역에서 응답하기 전에 먼저 자신들의 교리와 공동체성을 형성하는 데 관심을 둔다. 공적 영역에서 응답하는 방식에서도 교회만의 차별싱을 주장한다. 최근 논의로 보면 이 둘은 공공신학과 기독교 공동체주의로 구분할 수 있을지도 모른다.

시카고 학파의 수장격인 데이비드 트레이시는 "공공신학에서 세 유형의 공공성"(Three Kinds of Publicness in Public Theology)에서 공공성 논의를 위해 세 방향의 논의가 필요하다고 언급한다. 첫째, 공공성은 합리적 연구를 위해 대화와 토론이 가능해야 하며, 토론을 위해서는 논리적 설득이 필요하고 상대방을 존중하는 태도가 필요하다. 신앙과 종교를 대할 때 근본주의적 태도를 취하기보다는 포괄

---

5   노영상, 「교회와 신학의 공공성에 대한 논구: 공공신학의 이해와 수용에 대하여」, 『공공신학이란 무엇인가』, 64.

적 이성과 통합적 자세를 요구한다. 둘째, 타종교 전통과의 진중한 대화가 필요하다. 종교는 자신들의 고유성을 표출하는 제의와 상징, 예술과 음악 등의 요소를 지니는데, 저마다의 특수성을 보편적 언어로 전환할 필요가 있다. 위르겐 하버마스(Jürgen Habermas)가 의사소통의 방식과 중요성을 강조했던 것처럼, 공적 영역에서 종교들은 다원화된 사회에서 다양한 타종교와 소통 가능한 방식으로 전환되어야 한다. 셋째, 착함과 옳음을 향한 예언자적 활동 및 묵상하는 사고가 필요하다. 고대 묵상가들은 더 나은 삶과 선에 대한 깊은 통찰을 추구했다. 깊은 깨달음을 추구하면서 사회와 개인은 변화되었고 더 높은 이상으로 나아갈 수 있었다. 예수께서도 개인 기도와 광야의 묵상에서 얻은 깨달음으로 하나님 나라를 실현하고자 했다.[6]

반대로 예일 학파의 거두인 조지 린드벡은 기독교 교리가 보편적으로 이용 가능한 숙어(idiom)처럼 사회 안으로 들어가는 것에 반대한다. 그는 인간 이성의 자원들과 협력하기 위하여 하나님 말씀에 대한 우위성을 버리는 것은 이미 실패한 것이며, 이런 경향을 후기 계몽주의 문화 안에 자리한 자유주의 신학 전통의 순응으로 보았다. 그는 오히려 하나님의 근원적 타자성과 거룩성, 그리스도

---

6   David Tracy, "Three Kinds of Publicness in Public Theology", *International Journal of Public Theology* 8 (2014), 331-334. 트레이시의 신학 방법론은 상호 응답, 변증, 대화를 지향한다. 그는 신학이 각각의 문화적 상황에 접근할 수 있는 언어로 번역하기를 요구하는 동시에 인간의 공통 경험을 바탕으로 하는 덕목들에 주목하면서 그러한 통찰들이 새로움을 향한 신학적 개방성으로 이어진다고 보았다. Elaine Graham, "Heather Walton and Frances Ward", *Theological Reflection: Methods* (London: SCM Press, 2005), 160.

계시의 종결성(finality)과 독특성을 강조한다. 이러한 입장은 스탠리 하우어워스에게서도 그대로 발견된다. 이들은 신학적 자유주의에 반대하여 성경에 입각한 기독교 정체성으로 돌아가기를 주장하는데, 기독교 사회 활동은 정치 활동에 참여하는 것이 아니라 오히려 교회 기관이 세상과 분리되지 않으면서도 독특한 예수의 내러티브를 실천하는 데 있다고 보았다.[7] 비슷한 흐름에서 로널드 티먼은 기독교의 공적 참여 방식에서 시카고 학파와는 다른 접근을 시도한다. 그는 근대의 이분법적 사고, 즉 사적인 것과 공적인 것, 종교적인 것과 세속적인 것 사이의 구분은 더 이상 유지될 수 없으며, 개인의 '도덕적 결정'(moral decision)은 수많은 정치적·공적 이슈에서 중요한 판단의 기준이며, 이러한 도덕적·신학적 성찰은 이미 기독교 전통의 토대이기에 공적 영역에서 신앙을 배제하기란 불가능하다고 말한다.[8]

깊은 신앙적 신념에서 나오는 비판적 성찰은 우리 사회의 문화적·지적·영적 삶을 매우 풍요롭게 해 줄 수 있다. 따라서 신학은 공동체적이면서도 공적인 활동이다. 신학은 신앙에 바탕을 두지만 신학만의 독특한 비판적 관점에서 다양한 영역 안에서 나름의 역할을 할 수 있다. 교회는 공동체의 가치와 덕목들을 훈련하는 동

---

7   Elaine Graham, *Apologetics without Apology: Speaking of God in a World Troubled by Religion* (Eugene: Wipf and Stock Publishers, 2017), 116.

8   Ronald F. Thiemann, *Constructing a Public Theology: The Church in a Pluralistic Culture* (Louisville: John Knox Press, 1991), 19.

시에, 사회적 에토스를 세워가는 실천의 장으로서 공적 참여를 하고 있다. 또한 교회가 제공할 수 있는 가장 중요한 공적 섬김(public service)은 세상을 위해서 희망의 공동체가 되는 것이다.[9] 교회의 사회 참여를 교회만의 방식으로 접근하는 것은 예일 학파의 결정적 특징이라 할 수 있다. 예수의 내러티브와 성품은 기독교 사회윤리의 기준이며 준거점으로 사회화는 차별화된 교회의 실천을 가능하게 한다. 파편화된 현대인들의 삶을 묶어주고 지지할 수 있는 공동체로서 교회의 역할은 오늘날 교회가 가장 잘할 수 있는 사회 참여 방식이다. 이처럼 예일 학파가 강조하는 신앙의 독특성과 공동체성은 하우어워스의 신학에 그대로 반영되어 있다.

2. 존 하워드 요더

하우어워스는 예일에서 요더가 바르트를 다룬 소책자를 읽으며 요더에게 크게 매료되었다. 그는 10센트에 불과했던 작은 소책자에서 요더의 능력을 보았고 그를 만나러 곧장 고센으로 갔다. 그와의 만남은 이전까지 리처드 니버의 영향으로 메노나이트를 '문화와 대립하는 그리스도' 입장으로 보았던 고정 관념을 떨쳐 내게 했다. 당시 요더는 1964년에 『국가에 대한 기독교의 증언』(The Christian Witness to the State, 대장간 역간)을 펴내고, 1972년에 『예수의 정치학』(The Politics

---

9　Thiemann, *Constructing a Public Theology*, 122-124.

of Jesus, IVP 역간)을 내면서 주가를 올리고 있었다. 하우어워스는 『메노나이트 계간 리뷰』(*Mennonite Quarterly Review*)에 실린 요더의 아티클을 찾았고 요더가 제시한 "종말론 없는 평화"에 크게 감동한다. 그리고 비폭력 평화주의가 십자가의 정치학임을 발견한다.[10]

요더는 "교회를 교회 되게 하자"(Let the church Be the Church)라고 외치며 진정한 교회됨을 주장한다. 이는 교회가 본연의 모습을 회복하는 것으로 사회적인 영향력을 줄 수 있다는 것, 다시 말해 존재 자체를 통해 메시지를 전하자는 것으로 이해될 수 있다. 그러나 다르게 생각하면 이 말은 교회가 충분히 진정한 교회됨의 의미를 제대로 구현해 내지 못하고 있음을 전제하고 있다. 사실 '본연의 당신이 되라'는 것은 신약성경의 주장에 충실한 말이다.[11]

요더는 교회를 일차적으로 예수 그리스도를 믿고 전적으로 그에게 헌신하고자 하는 제자들의 신앙 공동체로 이해한다. 이는 신약성경에 나오는 제자들의 집합이 아니라 예수를 주로 고백하며 그 예수에 대한 고백에 기초해 실천적으로 순종하고자 하는 사람들의 삶에 대한 교리다. 그러므로 요더에게 교회는 단순한 종교적 공동체 이상의 의미를 지니고 있으며, 그것은 하나의 실천적 공동체, 정치적 공동체다.[12] 그러므로 요더가 바라본 예수의 하나님 나라는 정

---

10   하우어워스, 『한나의 아이』, 220-222.

11   존 하워드 요더, 『근원적 혁명: 기독교 평화주의에 대한 에세이』, 김기현 · 전남식 옮김 (대전: 대장간, 2003), 133.

12   신원하, 『전쟁과 정치: 정의와 평화를 향한 기독교 윤리』(서울: 대한기독교서회, 2003), 21.

치적이다. 교회는 그 자체로 하나의 사회인데 교회의 참된 실존은 그 관계에 있다. 즉 교회 회원들의 형제애적 관계, 형제들 간의 필요를 채워 주고 다름을 인정해 주는 방식은 사회적 관계 안에서 사랑이 무엇을 의미하는가에 관한 하나의 본보기다. 이러한 증언자적 공동체인 교회는 사회의 양심을 자극하는 살아 있는 교훈이 된다.[13]

요더는 사회의 모든 구조를 변화시킬 수 있는 유일한 방법은 복음으로 무장되어 있는 성도 공동체라고 말한다. 기독교의 가장 중요한 사회적 책임은 교회가 교회다워지는 것, 진정한 교회가 되는 것이다.[14] 요더는 예수 그리스도께 철저히 헌신하는 소수 그룹인 교회가 그 성격상 정치적 공동체였다고 주장한다. 1세기 당시 '에클레시아'라는 말은 종교적 의미로만 쓰이지 않고 정치적, 때로는 경제적 의미로도 쓰였다. 요더에 따르면 이 단어는 촌락의 모임, 그리고 특별한 공공적 관심의 문제를 다루기 위해 회집된 총회나 사람들의 모임을 의미했다. 교회는 믿음의 공동체이지만 그 역할과 제도에서 분명 정치적 성격을 가지고 있다.[15] 그뿐만 아니라 제자와 제자도, 주(Lord)라는 말 역시 정치적 의미를 띠고 있는데, 이 말을 교회가 사용하였다는 것도 교회가 정치적 성격을 가지고 있었음을 잘 나타낸다. 그리스도인들은 예수를 주라고 부르고 고백하는데,

---

13 존 하워드 요더, 『국가에 대한 기독교의 증언: 국가의 폭력에 대해 삶으로 증언하라』, 김기현 옮김 (대전: 대장간, 2012), 40.

14 신원하, 『전쟁과 정치』, 24.

15 신원하, 『전쟁과 정치』, 22.

이는 종교적 가르침에서 예수의 권위를 인정한다는 차원을 넘어 예수께서 제자들에게 가르치셨던 바를 자신의 삶에서도 인정하고 실천하겠다는 고백이다. 즉 예수를 따르려는 신자들의 모임은 새로운 삶의 질서를 살아가는 정치 공동체다.[16] 의식하건 의식하지 못하건 제자 공동체는 삶에서 분명 정치적 입장에 서 있다. 요더의 주장은 콘스탄티누스 이후 교회들이 사회에 대한 책임과 효율성이란 명목으로 교회를 사회의 지배적 부분에 연계시키거나 부속시킴으로써 소수 집단이라는 교회의 위치를 포기했다는 것이다. 교회 본연의 모습을 잃어버린 것이다. 어쩌면 교회가 국가 차원으로 확대되면서 변화시킬 대상을 잃어버렸던 것일지도 모른다.

교회가 예수 그리스도의 삶의 패턴을 따라간다는 것은 통상 생각하는 식의 그리스도를 본받음을 의미하지 않는다. 예수께서 십자가를 시셨듯이 교회와 그리스도가 십자기의 지리로 나아감을 의미한다. 요더의 십자가는 단순히 영혼의 구원과 개개인의 죄를 위한 대가로 해석되지 않는다. 그 십자가는 반역적인 세상 안에 다시 올 새로운 질서를 내포하고 있다.[17] 십자가는 하나님 나라를 향한 장애물이 아니라 바로 도래하는 왕국 그 자체이며, 예수의 사역이 정치적인 것이라면 십자가를 지는 것 역시 정치적 사건이다. 그러므로 성도가 십자가를 지는 것은 이 사회를 본받지 않으려는 모습이기에 십자가는

16　신원하, 『전쟁과 정치』, 23.

17　신원하, 『전쟁과 정치』, 26.

그리스도인을 위한 절대적 윤리의 기초이며 하나님 나라의 토대다.[18] 이는 예수의 삶을 신앙적 차원에서 해석하는 것이 아니라 정치사회적 의미에서 그리스도인들이 구체적으로 따라야 하는 실제적 차원으로 이해하는 것이다. 그러한 사람들의 모임인 공동체는 하나의 정치체로서 대안 사회를 꿈꾸며 사회 변혁을 일으키는 원동력이 된다.

3. 알래스데어 매킨타이어

하우어워스는 1981년에 출간된 알래스데어 매킨타이어의『덕의 상실』(After Virtue, 문예출판사 역간)이 세상을 바꾸어놓은 책이라고 평가했다. 이 책은 덕과 성품에 관한 아리스토텔레스의 전통을 재발견했다는 평가를 받는다. 매킨타이어는 근대 윤리학이 우리가 어떤 사람, 공동체, 국가가 되어야 하는가(being)에 관심을 두지 않고, 무엇을 해야 하는가(doing)를 고민해 왔다고 비판한다.[19] 매킨타이어는 자유주의적 또는 관료주의적 개인주의 문화 안에서 덕의 개념 자체가 변화하여 전통과 공동체의 특수성이 무시된 채 보편적 합리성과 이성의 원리로 인간과 사회를 파악하려는 오류를 범하고 있음을 강하게 비판한다. 특히 18세기의 칸트적 형식과 현대 분석철학적 도덕철학자들의 서술은 하나의 환상에 불과할 뿐이라고 평가 절하한다. 인간은 역사와 사회의 한 부분으로 존재하며, 무엇으

18　신원하,『전쟁과 정치』, 27.

19　마크 코피,『스탠리 하우어워스』, 한문덕 옮김(서울: 비아, 2016), 33.

로부터 동떨어진 완전한 인격과 사회적 삶을 추구하는 것은 불가능하기 때문이다.[20] 그러한 사회가 꿈꾸었던 이상적 유토피아는 현실에 존재하지 않을 뿐 아니라 오히려 개개인과 사회가 갈등하고 파괴하는 욕망의 사회를 만들었을 뿐이다.

> 현대 도덕이론의 문제들이 계몽주의 계획의 실패의 산물로 나타난다는 점은 분명하다. 목적론과 계급 구조로부터 해방된 개별적 도덕 주체는 스스로를 자신의 도덕적 권위의 주권자로 생각하거나 또는 도덕철학자들에 의해 그러한 존재들로 인식되어 왔다.[21]

인간은 스스로를 행위의 주체자로, 도덕적 판별의 기준점으로 생각하려 하지만 이성은 인간의 참된 목석에 대해 어떤 이해도 제공할 수 없고 본성과 존재에 관한 어떠한 설명도 제대로 할 수 없다. 인간의 본성을 특정한 이해 속에서, 도덕적 신념을 합리적 토대에서 발견하려는 시도들은 결국 실패할 수밖에 없다는 것이다. 존재와 행위의 문제에서 매킨타이어는 존재의 우선성을 주장한다. 매킨타이어는 누군가가 한 존재의 행위를 이해하기 위해서 행동의 동기와 의도를 온전히 파악하기 위해서는 그의 성품과 덕스러움을 알아야 하고, 존재의 일관성을 이해하기 위해서는 그를 둘러싼 내

---

20   알래스데어 매킨타이어, 『덕의 상실』, 이진우 옮김(서울: 문예출판사, 1997), 326-332.
21   매킨타이어, 『덕의 상실』, 103.

러티브를 이해할 필요가 있다고 제언한다. 하우어워스 방법론의 중심에는 내러티브가 있는데, 그는 매킨타이어가 말한 인간은 서사적 혹은 내러티브의 존재란 명제를 수용하여 인간이 내러티브로부터 자유로울 수 없다고 반복한다.[22]

하우어워스는 매킨타이어를 통하여 근대 도덕 철학이 놓치고 있는 덕과 인격에 관한 논의에서 많은 영향을 받았다고 고백한다. 근대 도덕 철학은 인간의 자율성을 중요시한 나머지 개개인의 합리적 선택을 과도하게 존중했으며 선택들의 충돌과 오류의 가능성을 제한할 수 있는 장치들에 무지했다. 그는 매킨타이어를 통해 인간의 행위를 결정짓는 중요한 요소로서 덕스러움이 어떻게 작동하는지를 알게 되었고, 그것이 합리적인 이성의 판단과 선택이 아닌 자연스럽게 형성된 성향과 기질의 연속성 속에서 발현된다고 파악했다.[23] 매킨타이어는 실천 이성의 중심성을 이해할 때 행위자의 몸과 경험이 갖는 중요성을 알고 있었고, 인간의 삶은 목적론적 특성을 지니기에 그것이 내러티브를 통해 공동체 안에서 형성된다고 이해했다. 그는 1986년 쓴 "행위의 이해 가능성"(The Intelligibility of Action)에서 인간은 이해할 수 있는 행위들을 습득할 뿐 아니라 특별한 시간, 공간, 문화, 관계 안에서 발생한 사건들의 연속들로 구성된 이야기들로 구체화된 경험들을 받아들이게 된다고 주장했

---

22 문시영, 『교회됨의 윤리: 하우어워스의 교회윤리 연구』(성남: 북코리아, 2013), 69-70.

23 Stanley Hauerwas, "The Virtues of Alasdair MacIntyre", *First Things* 2007 Oct., 35-36.

다.[24] 누군가의 삶의 의미와 목적을 그들이 이해할 수 있는 언어와 가치로 설명할 수 있을 때 공동체가 존재할 수 있다.

그렇다면 특정한 공동체와 내러티브를 강조하는 것이 일반적인 보편성의 상실을 가져오는가? 꼭 그렇지는 않다. 보편적 가치와 진리는 객관적 사실과 합리적 이성을 통해서 얻는 것이 아니다. 학문의 영역 안에 있는 것도 아니다. 오히려 공공선(Common Good)을 지향하는 개인과 사회의 모든 실천과 행위를 통하여 부분적으로 보편성에 접근하고 다가설 수 있다. 한 전통이 지나치게 자신의 전통을 일반화할 때는 문제가 되지만 다른 전통과 공동체도 보편적 가치들을 담고 있음을 인정하고 열린 자세로 대화할 수 있다면, 공동체주의의 약점으로 인식되는 분리주의라는 오명을 벗어 낼 수 있을 뿐 아니라 근대성의 발현이라 할 수 있는 공론장 안에서도 얼마든지 다른 공동체와 협력할 수 있을 것이다.

III. 크리스텐덤과 자유주의적 근대성 비판

하우어워스가 끝까지 붙들고 씨름했던 주제가 무엇일까? 기독교 안에서는 제도 교회에 대한 거부, 즉 크리스텐덤(Christendom)[25]에 대

---

24   Hauerwas, "The Virtues of Alasdair MacIntyre", 37.

25   크리스텐덤은 정의하기 쉽지 않은 용어다. 런던의 아나뱁티스트 네트워크 대표로 있는 스튜어트 머레이(Stuart Murray)는 크리스텐덤에 대해 다음과 같이 말했다. 첫째,

한 거부였고 일반 도덕 철학에서는 근대성에 대한 비판이었다. 전자의 문제는 요더의 문제 제기를 이어받은 것인데 요더 역시 끝까지 이에 대해 질문하며 씨름했다. 크리스텐덤을 한국어로 정확하게 표현하기는 어렵지만 주로 '기독교 왕국'으로 번역한다. 크리스텐덤은 지리, 문화, 종교, 정치, 제도를 아우르는 포괄적 개념이다. 요더는 교회가 세상의 권력을 가짐으로써 교회의 본질을 잃어버렸다고 비판하면서 이를 콘스탄틴주의(Constantianism)로 보기도 했다. 하나님 나라를 예수와는 다른 방법으로 역사 안에 가져왔던 크리스텐덤은 교회가 세상 권력과 구조적 폭력과 연합하여 이룩한 것으로 기독교의 변질을 가져왔다. 로마 제국의 억압에 비폭력 무저항 대응으로 일관했던 초기 교회가 로마의 국교로 그 지위가 상승하면서 전쟁을 비롯한 국가의 폭력을 인정하는 교회로 바뀌었다. 콘스탄틴주의는

기독교적인 지리 영역을 표현한 것으로 그 영역 안에 살아가는 대부분의 사람은 최소한 형식적으로는 그리스도인이다. 둘째, 역사 속 어떤 시대를 뜻하는 것으로 로마 제국의 콘스탄티누스 1세의 기독교 개종이 있었던 4세기부터 20세기 말까지를 의미한다. 셋째, 기독교의 이야기, 언어, 상징, 절기별 리듬에 의해 결정적으로 영향받은 문화를 일컫는다. 넷째, 교회와 국가 간 상호 협력과 지지와 합법화를 통한 정치적 타협을 말한다. 다섯째, 세상 속에서 하나님의 역사하심에 대한 인간의 신념, 태도, 사고방식이다. 스튜어트 머레이, 『이것이 아나뱁티스트: 기독교 신앙의 본질을 말하다』, 강현아 옮김(대장간, 2011), 109. 요더가 사용하는 크리스텐덤도 이런 입장에서 크게 벗어나지 않는다. 결론적으로 하나의 기독교 제국을 의미한다. 콘스탄티누스 이후 샤를마뉴 대제의 통치를 거치면서 기독교가 로마제국 하의 시대적 가치, 전통, 사회 구조, 가족 역할 등이 혼합되어 제국적 성격을 가진 문화로 변화된 현상이라 볼 수 있다. 기독교와 제국의 결합으로 세상의 모든 영역은 신성화되었으며 신의 이름으로 지배 수단의 정당화가 이루어지기 시작했다. 가장 대표적인 예가 십자군 전쟁이다. 참고. John H. Yoder, *The Priestly Kingdom: Social Ethics As Gospel* (Notre Dame: University of Notre Dame Press, 1984), 137-138.

로마 제국과 하나님의 도성의 일치를 주장하는 토대가 된다.

콘스탄틴주의에 사로잡힌 교회는 더 이상 복종 가운데 고난받는 예언자가 아니다. 기득권을 가지고 그 질서를 합법화하기 위해 종교를 정당화의 수단으로 사용한다. 크리스텐덤에서 교회는 하나님 나라의 윤리와 삶, 세상으로부터의 분리를 설교하지 않고, 오히려 교회가 시행하는 성례전을 통해 사회의 권력과 구조를 정당화한다. 콘스탄틴주의의 영향 아래 있었던 아우구스티누스도 기독교화된 로마 제국의 번영을 정당화하기 위해 로마 교회를 천년왕국이라고 주장한다. 어쩌면 교회를 통하여 세상을 다스리는 하나님의 경륜이 가시적인 완성으로 이루어진 듯 보였기 때문에 신자들에게도 콘스탄틴주의는 신앙적·논리적으로 타당해 보였을 것이다.[26]

하우어워스는 교회와 세상을 하나로 묶었던 낡은 통합을 거부하면서, 콘스탄틴주의는 제국을 하나로 결속하기 위해 통일된 국가 종교가 필요했고, 그것은 절대적인 국가가 모든 것을 지배하는 새로운 보편 종교로 들어서는 계기를 마련해 주었다고 비판한다.[27] 하우어워스는 종교와 정치의 혼합을 가져오는 사회 참여적인 공적 신학(Public Theology)을 거부하면서 라인홀드 니버와 마틴 마티

---

26   요더, 『근원적 혁명』, 88-89.

27   스탠리 하우어워스·윌리엄 윌리몬, 『하나님의 나그네 된 백성: 이 땅에서 그분의 교회로 살아가는 길』, 김기철 옮김(서울: 복있는사람, 2008), 60. 보편 종교로서 기독교에 관한 논의는 최근에 로버트 벨라(Robert Bellah)가 주창한 시민종교(Civil Religion) 논의와도 연결되어 있다. 기독교의 특수성은 상실한 채 국가와 지배 체제의 안정과 시민사회의 에토스를 위한 문화적·도덕적·관계적 영향력만 남은 종교의 모습이다.

(Martin Marty)의 주장을 거부한다. 그는 그리스도인들에게 사회적 책임을 강조하면서 더 나은 사회를 지향하게 하는 공공신학의 논리는 마치 콘스탄틴주의처럼 교회와 세상을 타협시키는 허점을 가지고 있으며 '교회다움'이 무엇인지 모호하게 만들어 국가를 위한 교회, 국가에 의한 교회, 국가의 교회로 전락시켰다고 보았다.

콘스탄티누스 이전의 기독교는 평화주의를 지향했으며, 군대의 폭력과 제국의 통치를 거부하고 그들과 함께 권력을 형성하기를 거절했다. 하지만 4세기가 되어서 기독교는 세상과 함께하는 제국주의식 평화를 맞이하였고, 로마 제국의 기독교 공인으로 교회의 사회윤리는 급진적 변화를 맞게 되었다. 콘스탄티누스 이후 기독교는 제국의 폭력적 통치를 긍정하기 시작했고 기독교의 옳고 그름의 기준과 사회의 기준이 일치한다고 외치기 시작했다.[28] 물론 16세기에 종교개혁을 통하여 새로운 변화를 추구하려는 움직임이 있었다. 루터는 교회와 세상의 동맹을 "바벨론 포로"라고 부르면서 교회가 로마 황제로부터 벗어나야 한다고 주장했다. 종교개혁가들의 노력으로 교회가 황제로부터 독립되었다고 볼 수 있지만 또 다시 영주 체제의 국가와 동맹을 맺음으로써 콘스탄틴주의로부터 진정한 해방을 이루지는 못했다. 종교 전쟁 이후로 제국주의는 국가주의로 넘어가게 되었고 제국은 무너졌지만 세력화된 국가의 성장으로 개신교 역시 지역적 구분을 가지게 되었다. 제국이 아니라 특

---

28   Yoder, *The Priestly Kingdom*, 135.

정한 정치 세력과 연합하면서 기독교는 새로운 단계로 전환되는데, 요더는 이를 "신-콘스탄틴주의"(교회와 국가교회의 일치)라 말한다.[29] 또 다른 변화는 계몽주의와 혁명을 통해 이루어진다. 특히 1776년부터 1848년 사이에 서양을 휩쓴 정치적 혁명을 통해 교회와 정부가 분리되는 '세속화'가 일어나 이전보다 교회와 국가 사이의 연결이 느슨해졌다. 교회와 정부의 형식적 연대는 정치적 또는 철학적 이유로 단절되기 시작했다. 하지만 사람들은 마음속에서 여전히 국가와 교회를 동일시한다. 미국은 공식적으로 정교분리를 주장하지만 여전히 기독교 국가의 모습을 유지한다. 유럽의 경우도 마찬가지인데 스칸디나비아에서 교회는 국가의 정책을 지지해 왔고 정부는 목회자에게 급료를 지급해왔다. 교회와 세상의 일치는 반으로 약화되었지만 교회가 국가와 영합하여 자신의 비전을 이루려는 시도는 지속되었다. 또 다른 콘스탄틴주의의 시작이다.[30]

하우어워스는 이러한 입장에서 최근의 크리스텐덤 현상을 분석한다. 국가와 교회의 직접적 연합은 사라졌지만 다양한 형태로 그 영향력이 지속되고 있음을 서술한다. 그는 국가가 아니라 하나님이 세상을 다스리며, 하나님 나라의 울타리는 카이사르 나라의 경계선을 초월한다고 말한다. 또한 교회의 주된 정치적 과제는 제자도에 따르는 희생을 분명히 알고 기꺼이 그 값을 치를 수 있는 사람을 세

---

29   Yoder, *The Priestly Kingdom*, 166.

30   요더, 『근원적 혁명』, 167.

우는 것이라 말한다.[31] 그는 『교회의 정치학』에서 기독교 신념의 권력과 진실함을 바탕으로 제공하는 정치적 전제와 자유 지성(liberal intellectual)을 경계하면서 칸트로 대표되는 이성 중심의 토대주의자들이 가진 인식을 비판한다. 이러한 전략은 거짓된 자유주의의 보편성을 지지하는 신념들이며 이는 콘스탄틴주의의 근간으로 작동하고 있다.[32] 그는 기존 윤리가 갖는 한계를 지적하는데, 계몽주의 기획에 따른 근대성에 기대어 인간의 합리성과 정치적 제도를 중심으로 종교가 성장하고 운영되는 것을 비판한다. 그는 신학이 자신만의 독특성을 유지하지 못하고 윤리학으로 대체되면서 자유주의 정치의 봉사자가 되어 가고 있음에 실망한다.

그는 교회의 패러디로서 국가가 제공하는 '구원'의 허구성을 폭로한다. 아이러니하게도 과거에 신의 이름으로 누군가를 죽이는 것이 정당화되었다면 지금은 그 일이 국가의 이름으로 누군가를 죽이는 것으로 전환되었다. 신적 권위를 국가가 소유함으로써 국가의 권위를 행사하는 정치인들과 군대의 권력들이 과거의 제사장과 예언자의 역할을 대체했다. 하우어워스는 이 모든 일을 계몽주의의 결과로 이해한다. 종교를 통한 공동체의 결속이 아닌, 개개인의 합의와 동의, 즉 계약을 통한 연합체로서의 국가가 권위를 지님으로

---

31 하우어워스 · 윌리몬, 『하나님의 나그네 된 백성』, 70.

32 Stanley Hauerwas, *After Christendom?: How the Church Is to Behave If Freedom, Justice, and a Christian Nation Are Bad Ideas* (Nashville: Abingdon Press, 1991), 15-18. 『교회의 정치학: 기독교 세계 이후 교회의 형성과 실천』, 백지윤 옮김(서울: IVP, 2019).

써 종교가 제공했던 안정과 행복을 국가가 관장하게 된 것이다. 종교의 핵심이 구원의 영역이라면, 국가는 그것을 안정과 평화, 행복으로 치환한 것이다.[33] 구원은 정치적 개념으로 하나님 통치의 보편성을 교회를 통하여 구현하는 것이며, 예수 그리스도와 성경의 이야기는 참된 정치가 무엇인지 우리에게 보여 준다. 라인홀드 니버가 놓친 것은 교회만이 참된 정치적 사회라는 것과 교회를 통해서 평화가 구현될 수 있음을 확인하는 일이었다.[34]

하우어워스는 또한 국가를 통해서 확보되는 정의와 같은 윤리 담론이 어떻게 교회의 특수성을 약화시키는지를 언급하고 정의를 보완하는 것으로 기독교의 사랑을 제안한다. 존 롤즈(John Rawls)는 『정의론』(A Theory of Justice, 이학사 역간)에서 차등의 원칙(difference principle)과 무지의 베일(veil of ignorance)의 법칙을 통해서 정의의 원칙을 제안한다. 그는 최소 수혜자에게 최대의 이익을 제공하고 공정한 기회의 균형 상황 하에서 모두에게 열려있는 권리들을 언급한 바 있다. 롤즈의 정의론의 핵심은 동등한 권리 보장으로, 이는 인간의 자유에 기초한 것이라 볼 수 있다. 하지만 하우어워스는 정의와 자유를 개인주의적으로 이해하는 데 반박하면서 그 기초에 계몽주의가 놓여 있음을 지적한다. 개인을 이성적 존재로 보면서 가치중립적 차원에서 접근하는 것은 근대 사회가 보여 주는 관료제의 문화처럼 이상적 연합과 효율성을 위시한 관계로 전락할 수밖에 없을 것이

---

33   Hauerwas, *After Christendom?*, 33.
34   Hauerwas, *After Christendom?*, 40.

다. 하우어워스는 계몽주의로 무장한 근대성의 허구를 폭로하면서 기독교의 사랑이 불완전한 사회 안에서 정의를 세워 나가는 데 중요한 요소임을 제안한다.[35] 그는 복음보다 자유주의적 근대성에 길들여지도록 교육받은 그리스도인들의 사고 습관을 지적한다. 근대성이 스스로 객관적이고 보편적이며 특정한 전통에 매여 있지 않아 중립적이라는 신화적 가정은 허구이며, 이는 근대성으로부터 우리가 속고 있는 것이라고 비판한다.[36] 이러한 입장은 자유민주주의 체제를 부정하는 것으로 오인될 수 있다. 실제로 하우어워스의 입장은 신앙주의자, 종파주의자란 강한 비판에 직면하기도 했으며, 세상을 거부하는 반사회적 태도로 비치는 약점을 안고 있다.

IV. 신학적 특징들

1. 덕의 강조와 내러티브 방법론

윤리란 어떤 인간이 되어야 하느냐는 질문이다. 특별히 덕 윤리는 그동안 근대철학에서 간과해 왔던 철학 전통에서 덕의 위치를 재정립하면서 행위자의 존재와 공동체의 특수성을 부각한다. 덕은 인간 본성과 관련되며, 행위보다 존재를 먼저 둔다. 플라톤은 덕을 지

35　Hauerwas, *After Christendom?*, 60.

36　코퍼, 『스탠리 하우어워스』, 14.

식으로 보았고, 아리스토텔레스는 덕이 선택과 관련된 특성으로서 중용을 지키는 것이라 이해했다. 덕이 무엇인지 하나로 종합할 수는 없지만 무엇을 해야 하느냐는 문제가 아니라 어떤 존재가 되어야 하는가, 어떤 성품으로 살아야 하는가를 묻는 문제로 귀결됨을 알 수 있다.[37] 그렇다면 덕과 성품은 합리적 판단과 선택에 의해서 형성되기보다 공동체 안에서 자연스레 익히는 것이다. 공동체마다 지니고 있는 역사와 전통은 그들만의 선과 악, 옳음과 그름을 구분하였고, 그것은 예전과 절기, 축제를 통하여 구체화되었다. 그리고 공동체 역사의 특정 사건과 인물을 통해서 구전과 기록으로 전승되어왔으며 하나의 내러티브 방식으로 흘러오게 된다. 다시 말해 덕과 성품은 공동체적 특징을 지니며, 각각의 개인은 공동체 안에서 자연스럽게 그것을 익힌다.

덕은 습득된 인간 성질로, 덕의 소유와 실천은 우리가 어떤 실천에 내재하는 선들을 성취할 수 있도록 해 주며, 덕의 결여는 결과적으로 그러한 선들을 성취하지 못하게 하는 성질이 된다.[38] 덕과 성품을 강조하는 것은 인간이 무엇을 해야 하는가를 말하는 것이 아니라 인간은 어떤 존재가 되어야 하는가를 고민하는 것이다. 행위와 의무를 강조하지 않고, 존재와 성품을 강조한다. 하우어워스는 매킨타이어가 이끄는 덕 윤리와 공동체주의를 기독교 공동체주의

---

37   스탠리 하우어워스, 『교회됨』, 문시영 옮김(서울: 북코리아), 217-220.

38   하우어워스, 『교회됨』, 282.

로 전환시켰다.[39] 제임스 거스탑슨은 신학적 윤리가 성품과 덕을 통하여 발현되며 우리에게는 예수 그리스도의 삶을 이해한 우리 각자의 삶을 통하여 이를 증언할 책임이 있다고 말한다.[40] 교회는 이스라엘과 예수 이야기에 충실하는 것이 우선이며, 이를 통해 인간을 덕스러운 존재로 양성해야 한다. 교회는 예수 이야기를 성품화하는 덕의 공동체이며 더 나아가 로널드 티먼의 주장처럼 덕의 학교다. 그런데 과연 기독교는 어떤 덕목을 어떻게 훈련시켜 왔는가를 묻지 않을 수 없다. 아우구스티누스는 덕이 함양되기 위해서 하나님을 인간의 텔로스로 삼고 하나님의 은혜의 주입이 필요하다고 보았고, 하나님을 향한 사랑의 형식이 덕으로 구체화된다고 말한다. 그것은 절제, 용기, 정의, 신중이다. 하우어워스는 여기에 믿음, 소망, 사랑의 신학적 덕목들을 더해서, 그리고 각각의 부족함과 과함을 추려서 쓴 편지글 모음인 『덕과 성품』(The Character of Virtue)이라는 책을 내기도 했다.[41]

교회 공동체됨의 핵심은 그리스도의 이야기에 있다. 그 이야기

---

39 하우어워스, 『교회됨』, 90.

40 Stanley Hauerwas, *The Peaceable Kingdom: A Primer In Christian Ethics* (Notre Dame: University of Notre Dame Press, 1991), xxiv.

41 스탠리 하우어워스, 『덕과 성품: 좋은 삶을 일구는 핵심 미덕 14가지』, 홍종락 옮김 (IVP, 2019), 27. 덕의 함양을 위한 교회의 구체적인 실천은 교회의 전통에서 찾을 수 있을 것이다. 요더는 『교회, 그 몸의 정치: 우리를 지켜보는 세상 앞에서 기독교 공동체가 해야 할 다섯 가지 실천사항』(대전: 대장간, 2011)에서 세례, 성만찬, 매고 푸는 것 등을 언급한다. 또한 제임스 스미스(James K. A. Smith)는 여러 저작에서 인간을 예전적 존재로 보고 예전의 교육적 기능을 언급한다.

는 이를 자신의 이야기로 고백하는 이들의 존재 방식과 삶의 구체성에 큰 영향을 미친다. 이야기의 상실은 곧 공동체의 상실이며 자아의 상실이자 삶의 방향과 목적의 상실이다. 하우어워스가 말하는 윤리에서 주목할 만한 것은 교회와 성경을 기독교 윤리의 핵심으로 복권시켰다는 점이다. 예수를 따르는 삶이 사회윤리의 초석임을 밝히는 것이 당연해 보이지만, 실제로는 근현대 윤리 담론에서 변방에 있었는데, 그는 성경과 교회 전통을 다시 복원시켜 놓았다. 그리스도인들의 가장 중요한 사회적 책무는 성경에서 발견하는 하나님의 이야기에 충실한 공동체가 되는 것이다. 성경은 도덕적 권위를 가지고 있으며, 그 권위는 공동체를 통해 보존되고 계승된다. 또한 공동체를 통해서만 해석이 가능하다.[42]

> 교회의 으뜸가는 책무는 교회 그 자체가 되는 것이다. 교회는 하나님의 구속언약을 의지하여 교회가 교회되지 못하게 하는 위험 요소들에 대처하게 하는 이야기를 기초로 삼아야 한다. … 교회는 사회에 에토스를 제공하기 위해 존재하는 것이 아니라 정치적 대안이어야 한다. 교회는 예수 그리스도의 이야기로 육성된 공동체다.[43]

---

42 하우어워스, 『교회됨』, 128.

43 하우어워스, 『교회됨』, 30-32.

성품은 추상적으로 형성되는 것이 아니라 그에 상응하는 사회, 즉 이야기를 가진 사회를 통해 형성된다. 그리스도인은 교회 공동체의 전통과 실천을 통하여 그리스도인의 덕스러움을 함양하게 된다. 그 가운데 예전과 성만찬이 공동체성 형성에 가장 큰 영향을 미치는데, 성만찬을 통해서 하나님의 자녀라는 정체성을 인식하고, 예배를 통해 무엇을 해야 하고 하지 말아야 하는지 인식하게 된다. 또한 세례는 그리스도와의 연합이며 새로운 존재로의 출발을 알리는 것이기도 하다. 도덕적 성품은 언어를 배우는 것처럼 흉내 내고 모방하고 따르면서 자연스레 습득된다. 공동체의 내러티브가 어떻게 한 인간의 덕과 성품에 영향을 미치고 그들의 정체성을 형성시키는지 볼 때, 행위보다 인간의 존재됨에 관심을 두었던 하우어워스의 사상을 주목할 필요가 있을 것이다.

2. 기독교 공동체주의와 사회윤리

하우어워스에 따르면 예수 내러티브는 독특한 사회윤리 혹은 정치윤리를 제공한다. 그에게 기독교사회윤리는 그리스도인됨(being Christian) 그 자체에 있다. 일반적으로 그리스도를 따르는 삶이 갖는 신앙적 특수성을 교회 용어로만 이해하는 경우가 있다. 더 나아가 그러한 삶은 예수 그리스도만 가능한 삶이라 오해한다. 예수는 새로운 방식으로 하나님 나라를 이 땅에서 구현했고, 그분의 제자가 되는 것은 십자가를 통해 이루어 낸 새로운 공동체, 새로운 정치

의 구성원이 되는 것을 의미한다.[44]

다른 윤리와 마찬가지로 기독교 윤리도 전통 의존적이다. 그 말은 모두에게 인정받는 윤리는 아닐 수 있지만, 기독교 공동체 안에서는 권위와 동의를 받는 윤리를 갖는다는 말이다. 기독교 윤리는 우리가 믿는 것, 곧 나사렛 예수의 삶과 죽음과 부활의 빛에 비추어 볼 때만 타당하다.[45] 현대 윤리는 고립된 영웅적 자아, 곧 홀로 서서 결단하고 선택하는 합리적 개인이라는 계몽주의의 전제를 출발점으로 삼는다. 이러한 윤리가 목표로 삼는 것은 개인을 그가 속한 전통, 부모, 이야기, 공동체, 역사에서 독립시키는 것이요, 그를 홀로 결단하고 선택하고 외톨이로 행동하게 만드는 것이다.[46] 하우어워스는 예수 이야기야말로 사회윤리의 핵심이며, 교회 공동체의 사회적·정치적 타당성은 공동체가 신실한 이야기에 얼마나 기초하고 있는가에 달려 있다고 보았다. 하우어워스에게 기독론과 교회론은 분리될 수 없다. 예수와 교회의 분리는 있을 수 없다. 예수의 진실성은 예수 이야기를 따르는 공동체를 형성시킬 것이며 또한 그 공동체를 통해 드러나기 때문이다.[47]

교회는 예수가 십자가에서 보여 주신 평화를 구현하는 공동체가 되어야 하며, 그리스도 신앙에 근거한 사회윤리적 가치와 의미를

---

44   하우어워스, 『교회됨』, 107.
45   하우어워스·윌리몬, 『하나님의 나그네 된 백성』, 106-107.
46   하우어워스·윌리몬, 『하나님의 나그네 된 백성』, 119.
47   하우어워스, 『교회됨』, 84.

추구하는 곳이다. 이는 시민 사회와 분명한 차별성을 지니며, 자유주의적 사회공동체와도 거리를 둔다는 것이다.[48] 공적 언어와 자유민주주의 정치는 교묘하게 교인들을 낯선 거류민에서 시민으로 바꾸었다. 그리스도인은 이 땅에 적응한 토착민이 되었고, 그들이 갖고 있던 중요한 신념은 부차적인 것이 되고 말았다.[49] 그리스도인에게 교회는 가장 중요한 윤리적 단위다. 어떻게 보면 사회윤리라는 전통적 용어는 동어 반복이다. 모든 기독교 윤리는 사회적이고 공동체적인 특성을 지니며 정치적인 출발점, 곧 교회를 전제한다는 점에서 볼 때 교회의 윤리가 곧 사회윤리다.[50]

하우어워스는 최근의 탈기독교 시대에 교회의 사역은 무엇에 집중해야 하는지 언급한다. 그것은 바로 교회됨, 그리스도인됨이다. 교회는 그리스도인들을 훈련시키고 양육하는 곳으로, 이는 자유주의식의 개인화된 체제 안에서는 이루어질 수 없으며, 공동체를 통해서 덕스러움과 전통, 교회의 내러티브를 익히면서 가능하다. 하우어워스는 구원의 개인성을 지적하면서 개인주의적 구원 이해를 경계해야 한다고 말한다.[51] 훈련된 공동체(disciplined community)는 구원됨의 의미가 무엇인지 가르쳐 주며, 파편화된 사회에서 개인주의의 사회 체제에 균열을 가져올 수 있는 하나의 방안이 될 것이다.

---

48   문시영, 『교회됨의 윤리』, 72-73.
49   코피, 『스탠리 하우어워스』, 12-13.
50   하우어워스·윌리몬, 『하나님의 나그네 된 백성』, 122-123.
51   하우어워스·윌리몬, 『하나님의 나그네 된 백성』, 96.

3. 하나님 나라와 평화

하우어워스에게 평화는 하나님 나라를 설명하는 가장 중요한 요소다. 이것은 기독교적 소망으로 인간의 합리성과 협동으로 이룰 수 있는 것이 아니라 종말론적 소망인 하나님 나라 안에 남아 있는 것이다. 인간의 가능성으로 평화를 이룰 수 없고 모든 삶의 영역에서 하나님의 주되심을 인정할 때 비로소 구현될 수 있다. 하우어워스의 평화론은 『평화의 왕국』에 가장 잘 나타나는데, 평화는 예수가 보여 준 비폭력 무저항의 삶이며, 기독교 공동체성의 핵심에 위치한다.[52] 비폭력은 기독교의 하나님을 이해하는 데 핵심 요소다. 그리스도인들의 삶은 평화를 추구할 뿐 아니라 적극적인 신앙의 응답으로 평화를 실천하는 삶인데, 그것은 신앙과 신학을 떠난 이상적 평화를 지향하는 것이 아니라 믿음의 확신에 근거한 추구여야 한다.[53]

평화에 관한 그리스도인의 헌신은 삶의 본래적 가치를 근거로 삼는 것이 아니라 교회 안에 나타난 그리스도의 사역과 그의 지속적 능력을 통해 체험하면서 가능한 것이다. 하나님 나라와 전쟁은 함께할 수 없다.[54] 하우어워스가 주장한 평화는 갈등이나 폭력을 피하는 것이 아니다. 오히려 평화를 이루기 위해 폭력을 사용한다는

---

52   *The Hauerwas Reader*, 22.

53   Hauerwas, *The Peaceable Kingdom*, xvii.

54   하우어워스, 『교회됨』, 197-198.

명분을 극복하기 위해 그 안으로 들어가는 것이 필요하다. 평화는 개인적인 만족의 상태를 이루는 것이 아니라 오히려 공동체적인 특징을 지니며, 도덕적인 탁월함의 형식으로 용서와 화해의 삶으로 나아가는 것이다.[55] 기독교는 폭력을 원하지 않으며, 정당한 전쟁 (Just War)[56]도 지지할 수 없다. 국가가 폭력 혹은 폭력의 두려움을 통해서만 정의를 성취할 수 있다는 생각을 하지 않아야 한다.[57]

> 평화는 복음의 핵심이다. 이 세상에 비록 분열과 폭력이 난무한다 할지라도 우리는 예수를 믿고 따르는 자로서 개인 간, 교회 간, 사회 간, 국가 간에 평화를 만들어가는 비폭력적 대안을 찾는 일에 전념한다.[58]

> 평화는 오직 하나님 한 분만을 예배함으로 이 땅에 도래할 수 있으며 그분은 연약함으로만 인식할 수 있는 사랑의 힘으로 세상을 통치하신다. … 복음서에 기록된 예수의 전체 이야기는 비

---

55   *The Hauerwas Reader*, 318.

56   정당전쟁론이 폭력을 무조건 지지하는 것은 아니다. 최후의 수단으로 폭력을 허용하는 것이다. 그 나름의 원칙이 있는데, 정당한 이유가 있어야 하고, 정당한 권위 아래서 통제되어야 하며, 최후의 수단으로 전쟁을 사용해야 하고, 정당한 의도 즉 미래 지향적 차원에서 전쟁이 이루어져야 한다. 또한 성공 가능성, 비용 비례성, 공개적 포고, 정당한 수단을 통해서 이루어져야 한다. 글렌 스타센 · 데이비드 거쉬, 『하나님의 통치와 예수 따름의 윤리』, 신광은 · 박종금 옮김(대전: 대장간, 2011), 217-221.

57   하우어워스, 『교회됨』, 214.

58   머레이, 『이것이 아나뱁티스트다』, 177.

폭력의 삶이었으며 다른 이들을 억압하는 것으로 유지되지 않는 권능이었다.[59]

평화에 대한 복음의 본질적 차원을 회복하고자 하는 재세례파들의 헌신은 그들 역사의 중심축을 이루어왔다. 크리스텐덤은 전쟁에 사용될 무기를 축복하고, 군대의 승리를 위해서 기도하며, 예배 의식으로 전쟁을 축하하고, 선교사들을 군대와 함께 보내기도 했다. 그들은 교회와 국가, 제국을 동일시했고 국가의 승리를 하나님의 승리로 여겼다. 하나님의 평화는 하나의 움직임이다. 그것은 예수의 생명을 통한 확신으로 자신의 삶을 그리스도와 같은 방식으로 살아가기를 다짐하는 이들로 이루어지는 평화다. 따라서 그리스도인의 삶은 용서의 삶이며 자신의 생명을 타자에게 맡기는 동시에 그들을 사랑하는 삶이다. 예수를 통해시 보여 준 평화의 나라는 사랑의 나라로서 환대를 통해 구체화된다.[60] 기독교 평화주의는 주류 교단들이 취해 왔던 정당전쟁론과 분명히 결을 달리한다. 십자군으로 대표되는 기독교의 전쟁 역사는 십자가의 예수와 분명히 다른 방향으로 흘러왔다. 로마의 공인 이후 기독교는 전쟁의 승리를 기원했고 신의 이름으로 축복하며 전쟁을 지지해 왔다. 하지만 예수를 따르는 신앙은 비폭력의 삶의 방식, 제자도의 방식을 받아들이는 평화주의다. 삶의 방식으로서 평화주의는 무조건

59　*The Hauerwas Reader*, 124.

60　Hauerwas, *The Peaceable Kingdom*, 87-91.

폭력을 거부하는 것이 아니라 긍정적인 방식으로 평화 만들기에 헌신하는 것이다.[61] 그리스도의 성품의 공동체로서 교회는 화해와 평화를 지향하며 평화를 세워 나가는 공적 실천을 통해 사회를 변혁하는 곳이다. 정의로운 전쟁이 아닌 정의로운 평화를 세워 나가는 것이 하나님 나라를 살아가는 삶이기 때문이다.

V. 분파주의라는 오명과 공공신학과의 대척점

리처드 니버는 고전인 『그리스도와 문화』(Christ and Culture, IVP 역간)에서 재세례파와 요더를 문화와 대립되는 그리스도, 세상과 대립하는 교회라는 유형으로 분류했다. 세상과 분리하여 공동체를 이루고 신앙의 순수성을 보존하려는 태도가 반문화적·반사회적 면을 보이기 때문이다. 하우어워스를 향한 비판도 마찬가지다. 교회의 윤리가 사회윤리라는 그의 주장은 지나친 교회주의자란 인상을 남긴다.

그리스도인은 세상에 대해 어떤 태도를 취해야 하는가? 소통인가? 정체성인가? 다시 말해 시민 사회에 적극적으로 참여하고 대안 정책을 제시해야 하는가? 아니면 교회의 정체성을 강화하고 신앙적 의미에서 그리스도인다운 삶을 살아 내야 하는가? 하우어워스는 분

---

61   스타센·거쉬, 『하나님의 통치와 예수 따름의 윤리』, 226-227.

명 후자의 입장에 가깝다. 그는 신학이 기독교 변증처럼 세상과 친밀해지려는 시도를 거부한다. 그는 보편성을 갖고자 복음을 근대적 합리성에 근거해서 해석하는 데 반기를 들었다. 그는 기독교의 교리와 언어를 이해할 수 있는 용어와 방식으로 접근하는 것이 복음을 세상에 맞추려는 시도라면서, 세계를 예수에 맞게 변혁시키는 일이 신학자의 의무라고 주장한다.[62] 그의 스승인 거스탑슨을 비롯해서 맥스 스택하우스(Max L. Stackhouse) 같은 공공신학자들은 하우어워스의 주장을 소종파적 퇴거라고 비판한다. 시민 사회와의 소통을 추구하기보다 단절 혹은 퇴거를 주장하는 것은 일종의 분파주의(Sectarianism), 부족주의(Tribalism)라는 평가를 내놓았다.[63]

하지만 하우어워스는 이러한 비판을 수용하지 않는다. 교회는 세상을 섬기되 자신의 방식으로 섬겨야 한다는 입장이다.[64] 스택하우스는 하우어워스가 기독교 신학에서 자유주의적인 부분들을 무시한다고 비판한다. 하우어워스는 스택하우스의 작업이 기독교를 변증하기 위한 틸리히 식의 상관관계 방법을 따르기 때문에 다른 학문과의 대화를 위한 관계를 중시하는 전통을 가진 자유주의라고 몰아붙인다. 반대로 스택하우스는 하우어워스의 신학이 '이성 없는 신학'이기에 합리성이 떨어진다고 지적하고, 이런 이원론적 분

---

62 코피, 『스탠리 하우어워스』, 21.

63 김현수, "자유주의자 vs. 분파주의자: 공공신학자 막스 스택하우스와 교회윤리학자 스탠리 하우어워스의 논쟁", 『한국기독교신학논총』 vol. 80(2012), 277-301.

64 문시영, 『교회됨의 윤리』, 186.

리주의에는 하나님의 통전성을 보지 못하는 약점이 있다고 비판한다. 하우어워스는 계몽주의의 결과인 과학화와 근대화를 통해 인식론적 위기가 찾아왔기에, 절대성과 보편성의 이름으로 가해지는 폭력을 거부하고 교회 공동체가 가지고 있는 내러티브와 인격적 요소를 통해 이를 극복해야 한다고 지속적으로 강조했다. 공공신학자들과 하우어워스는 세속화라는 문제 인식은 공유하지만 서로 다른 해결책을 제시한다.

최근 국내외에서 공공신학에 관한 논의가 활발하다. 교회가 자신의 사회적 역할을 수행하면서, 그저 교회됨에서 그치지 않고 피조세계를 향한 하나님의 섭리와 창조신학과 하나님 나라의 관점에서 모든 영역의 선함을 추구하려는 움직임이 일고 있다. 공공선을 추구해 왔던 기독교 전통이 포괄적인 공공 영역과 만나면서 사회적 에토스를 제공하는 한편, 정의와 사랑의 실천으로 공적 역할을 감당하려는 것이다. 『공공신학 국제저널』(International Journal of Public Theology)의 편집자였던 세바스찬 김(Sebastian Kim)은 『공적 영역에서의 신학』(Theology in the Public Sphere)에서 공공신학을 "교회 밖의 공통 관심사인 다양한 이슈와의 대화에 참여하는 것"[65]이라고 말한다. 그는 교회가 종교적 문제보다 더 넓은 이슈에서 시민 사회와 대화하고, 공적 영역 안에서 하나의 공적 파트너로 참여하기를 권고한다.

---

65   Sebastian Kim, *Theology in the Public Sphere* (London: SCM Press, 2011), 3.

기독교 신학은 공적 이슈들과 대화하면서 오늘날 직면하는 사회의 여러 복잡한 문제에 대안을 제시하거나 보충적 접근을 제공하는데, 여기서 하우어워스의 입장은 마찰을 일으킬 수 있다. 공공신학은 공론장 안에서 합리적 대화를 통하여 사회의 공공 정책들을 형성하는 데 도움을 줄 수 있음을 전제한다. 위르겐 몰트만(Jürgen Moltmann)은 『세계 속에 있는 하나님』(Gott im Projekt der modernen Welt)에서 세상과 공적 관계를 형성하지 않는 기독교 정체성은 존재할 수 없으며 하나님 나라 신학은 그리스도의 인격과 역사를 통해 세상과 연결되어야 한다고 보았다.[66] 정리해 보면, 공공신학이 기독교 공동체를 넘어서 시민 사회 속 보편적 선의 증진을 위해 노력하는 것이라면, 하우어워스와 기독교 공동체주의는 공동체성의 강화와 기독교 내러티브를 통한 덕스러운 삶과 비폭력 평화주의를 실현하는 하나님 나라의 구현을 교회를 통해 이루려는 것이다. 공공신학의 관점에서 하우어워스를 비판하는 것은 당연하다. 교회됨에 우선순위를 두면서 교회 밖의 영역에 관심을 두기보다 예수의 내러티브를 통한 존재됨과 성품, 인격에 신경을 쓰는 것은 교회 밖의 시선으로 보면 자기중심적일 수밖에 없기 때문이다. 더 나아가 과연 2000년 동안 기독교가 흘러오면서 그러한 공동체를 만들었던 적이 있었는지도 생각해 보아야 한다.

---

66 위르겐 몰트만, 『세계 속에 있는 하나님: 하나님 나라를 위한 공적인 신학의 정립을 지향하며』, 곽미숙 옮김(서울: 동연, 2009), 9.

VI. 포스트-크리스텐덤과 비폭력 평화주의

기독교 문화권인 서구 국가들은 서서히 크리스텐덤의 영향에서 벗어나고 있다. 크리스텐덤의 영향으로 교회와 사회를 하나로 엮으면서 모든 시민을 그리스도인으로 만들었던 시대는 이미 사라졌다. 포스트-크리스텐덤(Post-Christendom)은 종교 영역을 넘어서 하나의 문화 현상으로 다가온다. 이것은 기독교 이야기들이 근간을 이루던 사회 안에서 기독교 믿음이 그 사회와 밀착된 관계성을 잃어 갈 때 나타나는 새로운 문화다. 또한 기독교 신념을 가르치고 표현하기 위해서 만들어졌던 기독교 기관이 그 영향력을 잃어 갈 때 나타나는 문화를 의미한다. 물론 서구 교회와 한국 교회는 상황을 달리한다.

런던 아나뱁티스트 센터 대표인 스튜어트 머레이(Stuart Murray)는 포스트-크리스텐덤의 과정을 다음과 같이 서술한다. 첫째, 중심에서 주변으로의 이동이다. 크리스텐덤에서는 기독교 이야기와 교회들이 그 사회 중심에 있었지만, 포스트-크리스텐덤에서는 주변으로 자리를 옮길 것이다. 둘째, 주류에서 소수로의 이동이다. 다수를 차지하던 그리스도인들은 소수자의 위치로 전환될 것이다. 셋째, 정착자에서 일시 체류자로의 이동이다. 기독교와 동질화된 문화와 사회의 편안함에서 이제는 이방인, 유랑자, 순례자로서 살아갈 것이다. 넷째, 특권층에서 다원성 속으로의 이동이다. 기독교는 사회의 특권층으로 지배 세력을 형성했으나 앞으로는 다원화된 사회에서 여러 공동체 가운데 하나로 자리할 것이다. 다섯째, 지배자의 삶에서 증인으로서의 삶이다. 전에는 사회를 통제하는 역할이었으나 이제는 예수를 따르는 증인의 삶을 살아갈 것이다. 여섯째, 현상 유지에서 선교의 자리로의 이동이다. 다수를 차지하던 시대를 살았으나 이제는 소수의 위치에 머물면서 그리스도인들의 선교적 삶이 강조될 것이다. 일곱째, 기관에서 운동으로의 이동이다. 제도적 기관으로서 주된 역할을 했으나 이제는 하나의 운동으로 분투하는 삶을 살 것이다.[67] 하우어워스가 『교회의 정치학』 후반부에서 레슬리 뉴비긴(Lesslie Newbigin)을 언급하는 것도 같은 맥락이다. 그는 선교적 증언인 교회 공동체와 선교적 삶을 사는 그리스도인들의 비전을 제안하며 과거의 스토리, 즉 성경 이야기를 증언하는 공동체인 교회와 그러한 삶을 보여 주는 증인인 그리스도인을 제안한다.[68]

포스트-크리스텐덤이 기독교의 종말이나 해체를 주장하는 것은 아니다. 지금의 변화를 감지하고 새로운 기독교로의 변화를 요청하는 것이다. 포스트-크리스텐덤은 어떤 식으로든지 교회에 회개와 회복의 시간을 줄 것이다. 초기 교회가 가졌던 기독교의 본질을 회복하는 데 일조할 수 있다. 중심에서 주변부로의 이동은 가난하고 소외된 자를 돌보시는 예수의 삶을 가르칠 것이다. 다수에서 소수자로의 이동은 교회의 예언자적 사명을 회복시킬 것이다. 정착자에서 일시 체류자의 삶으로의 이동은 하나님 나라 백성의 본연의 삶

---

67 Stuart Murray, *Post Christendom: Church and Mission in a Strange New World* (Carlisle: Paternoster, 2004), 19-20.

68 Hauerwas, *After Christendom?*, 149.

을 보여 줄 것이며 하나님의 주권과 섭리를 따르는 삶으로 우리를 안내할 것이다. 또한 다원화된 사회에서 기독교는 특권을 버리고 이웃 종교들과 함께 정의와 평화를 추구할 것이다.[69]

한국 상황은 조금 다를 수 있지만 기독교의 본질을 추구하려는 하우어워스의 가르침은 기독교의 영향력이 감소하고 가나안 성도가 증가하고 있는 상황에서 교회와 신앙의 본질을 자각하게 한다. 공동체성의 본질을 잃어버리고 사회 참여를 주장하려는 입장과 그 반대로 사회와는 단절된 채 수도원적 영성을 추구하려는 입장 사이에서 하우어워스는 적절한 균형 감각을 제시한다고 볼 수 있다. 신뢰를 잃은 한국 교회에는 복음의 내러티브로 무장한 덕스러운 공동체, 평화를 지향하는 제자도의 회복이 전적으로 필요하다. 예수를 따르는 삶이란 무엇인가? 교회로 모인 공동체의 참된 의미는 무엇인가? 우리는 그리스도의 제자로서 어떤 존재가 되어야 하는가? 이러한 질문은 점점 권력화되어 가는 한국 교회의 모습에서 크리스텐덤이 낳는 오류를 지적하고 평화를 지향하는 교회, 덕과 성품으로 존재를 변화시키는 예수의 이야기로 우리의 시선을 돌려놓는다. 시간이 흐를수록 하우어워스의 외침은 점점 크게 우리에게 다가올 것이다.

---

69   Hauerwas, *After Christendom?*, 128-129.

더 읽을거리

『교회됨』

- 스탠리 하우어워스 지음, 문시영 옮김, 서울: 북코리아, 2010.

스탠리 하우어워스 신학 사상의 핵심인 교회론이 잘 담겨 있는 책이다. 내러티브 공동체, 성품 공동체로서 교회는 덕의 훈련소이자 복음을 증언하는 공동체다. 내러티브에 대한 그의 관심은 파편화된 이기적 인간론의 한계를 극복할 수 있을 뿐 아니라, 역사와 전통이 한 공동체를 어떻게 구성할 수 있으며 그것이 구성원들의 인격과 삶의 양식에 어떤 영향을 미칠 수 있는지 알게 한다.

『하나님의 나그네 된 백성: 이 땅에서 그분의 교회로 살아가는 길』

- 스탠리 하우어워스 · 윌리엄 윌리몬 지음, 김기철 옮김, 서울: 복있는사람, 2008; 개정판, 2018.

하우어워스가 지적하는 교회의 오류는 정치권력과 결탁된 크리스텐덤이었다. 기독교는 로마의 국교로 공인되는 순간부터 지금까지 세속 권력과 긴밀한 관계를 맺어 왔으며 그들의 체제 유지와 전쟁을 지지하는 역사적 과오를 범해 왔다. 그리스도인으로 사는 것은 세상과 거리를 둔 채 마치 나그네와 같이, 하늘에 속한 백성처럼 순례자로 살아가는 것이며, 그것으로 세속에 대항하며 존재 자체로 영향을 미치는 삶이다. 이러한 입장은 세속화된 교회와 신앙을 향해 경종을 울릴 수 있을 것이다.

『한나의 아이: 정답 없는 삶 속에서 신학하기』

● 스탠리 하우어워스 지음, 홍종락 옮김, 서울: IVP, 2016.

신학자로서의 명성 못지않게 한 인간, 한 그리스도인인 그의 삶이 궁금하다면 이 책을 살펴야 한다. 어린 시절부터 최근에 이르기까지 하우어워스의 삶이 고스란히 담겨 있는 자서전이다. 조적공으로 생계를 꾸려 왔던 그의 집안 이야기, 학문의 여정에서 만났던 스승들, 고난의 행군과 같았던 결혼 생활, 학자로서의 명성 등을 소상히 서술하고 있다. 자신의 학문과 삶을 분리하지 않았기에 그의 글에는 미국 남부의 투박하지만 진심이 담긴 메시지들이 담겨 있다.

The Peaceable Kingdom: A Primer In Christian Ethics

● Stanley Hauerwas, Notre Dame: University of Notre Dame Press, 1991.

하우어워스가 이해했던 하나님 나라는 평화의 나라다. 교회는 그 평화의 나라를 가시적으로 보여 주는 공동체이자 그 나라를 미리 맛보는 곳이다. 도덕적 삶을 살아가는 것이 비이성적인 것이 아님을, 예수의 가르침인 산상수훈과 평화의 교회들에서 주는 가르침의 핵심은 비폭력 평화주의로서 주류 기독교가 지지하는 정당전쟁론과 정반대의 입장임을 알 수 있다.

『스탠리 하우어워스: 시민, 국가 종교, 자기만의 신을 넘어서』

● 마크 코피 지음, 한문덕 옮김, 서울: 비아, 2016.

스탠리 하우어워스의 명성에 비해 국내에는 그의 입문서가 많지 않은 가운데, 이 책이 그나마 그의 특징들을 잘 포착했다. 분량이 적어 아쉽지만,

그럼에도 하우어워스 사상의 특징과 강조점을 대략 확인할 수 있으며, 본문 외에도 읽을거리를 추가하고 있어 후속 연구를 위한 좋은 길라잡이가 될 것이다.

참고문헌

문시영. 『교회됨의 윤리』. 용인: 북코리아, 2013.

신원하. 『전쟁과 정치』. 서울: 대한기독교서회, 2003.

노영상. 「교회와 신학의 공공성에 대한 논구: 공공신학의 이해와 수용에 대하여」.
문시영 외. 『공공신학이란 무엇인가』. 용인: 북코리아, 2007.

Coffey, Mark. *The Theological Ethics of Stanley Hauerwas*. Grove Books Ltd,
2009. 『스탠리 하우어워스』. 한문덕 옮김. 서울: 비아, 2016.

Graham, Elaine. "Heather Walton and Frances Ward." *Theological Reflection:
Methods*. London: SCM Press, 2005.

_____. *Apologetics without Apology: Speaking of God in a World Troubled
by Religion*. Eugene: Wipf and Stock Publishers, 2017.

Hauerwas, Stanley. "The Virtues of Alasdair MacIntyre." *First Things* 2007 Oct.

_____. *After Christendom?: How the Church Is to Behave If Freedom,
Justice, and a Christian Nation Are Bad Ideas*. Nashville: Abingdon Press,
1991. 『교회의 정치학: 기독교 세계 이후 교회의 형성과 실천』. 백지윤 옮김. 서
울: IVP, 2019.

_____. *Hannah's Child: A Theologian's Memoir*. Grand Rapids: Eerdmans,
2012. 『하나의 아이: 정답 없는 삶 속에서 신학하기』. 홍종락 옮김. 서울: IVP,
2016.

_____. *The Hauerwas Reader*. Eds. John Berkman and Michael Cartwright.
Durham: Duke University Press, 2001.

_____. *The Peaceable Kingdom: A Primer In Christian Ethics*. Notre
Dame: University of Notre Dame Press, 1983.

Hauerwas, Stanley and Willimon, William H. *Resident Aliens: Life in the
Christian Colony*. Nashville: Abingdon Press, 1986. 『하나님의 나그네 된 백
성: 이 땅에서 그분의 교회로 살아가는 길』. 김기철 옮김. 서울: 복있는사람, 2008.

Kim, Sebastian. *Theology in the Public Sphere*. London: SCM press, 2011.

MacIntyre, Alasdair. *After Virtue: A Study in Moral Theory*. Notre Dame: University of Notre Dame Press, 1981. 『덕의 상실』. 이진우 옮김. 서울: 문예출판사, 1997.

Murray, Stuart. *Post-Christendom: Church and Mission in a Strange New World*. Carlisle: Paternoster, 2004.

Stassen, Glen H. and Gushee, David P. *Kingdom Ethic: Following Jesus in Contemporary Context*. Downers Grove: InterVarsity Press, 2003. 『하나님의 통치와 예수 따름의 윤리』. 신광은 · 박종금 옮김. 대전: 대장간, 2012.

Thiemann, Ronald F. *Constructing a Public Theology: The Church in a Pluralistic Culture*. Louisville: John Knox Press, 1991.

Tracy, David. "Three Kinds of Publicness in Public Theology." *International Journal of Public Theology* 8, 2014.

Yoder, John H. *The Priestly Kingdom: Social Ethics as Gospel*. Notre Dame: University of Notre Dame Press, 1984.

_____. *The Original Revolution: Essays on Christian Pacifism*. Scottdale: Herald Press, 2003. 『근원적 혁명』. 김기현 · 전남식 옮김. 대전: 대장간, 2003.

_____. *Christian Attitudes to War, Peace, and Revolution*. Grand Rapids: Brazos Press, 2009. 『국가에 대한 기독교의 증언: 국가의 폭력에 대해 삶으로 증언하라』. 김기현 옮김. 대전: 대장간, 2012.

3. 비극적 삶을 감싸는 하느님의 자비

로완 윌리엄스

김진혁

I. 생애와 저술

로완 윌리엄스(Rowan Douglas Williams, 1950-)는 1950년 웨일스 스
완지에서 태어났다. 스완지는 어린 시절 그의 지적 발전에 비옥한 배
경이 되어 주었다. 스완지는 철학자 루트비히 비트겐슈타인(Ludwig
Wittgenstein, 1889-1951)이 1940년대에 휴가를 보내러 종종 방문했던
곳이다. 비트겐슈타인의 친구이자 스완지 대학교의 철학 교수 러시
리즈(Rush Rhees, 1905-1989)는 그곳에서 비트겐슈타인 사후에 미출
간 원고를 모아 출판하게 된다. 리즈의 손을 거친 대표 작품이 『철학
적 탐구』(Philosophical Investigations, 1953; 아카넷 역간)다. 스완지의 독
특한 지적 분위기에서 자라난 윌리엄스는 학창 시절부터 비트겐슈타
인의 영향을 받게 되었다.[1] 또한 스완지 대학교에서 두각을 드러내던
영문학과 덕분에 윌리엄스가 성장한 그 도시의 서점과 펍(pub), 카페

---

1   Ruppert Shortt, *Rowan's Rule: The Biography of the Archbishop* (London: Hodder
    & Stoughton, 2008), 98-100.

등은 문학적 감수성이 풍성한 지적 대화로 채워져 있었다.

윌리엄스는 신학을 공부하러 웨일스를 떠나 잉글랜드의 케임브리지 대학교에 진학했다. 그는 당시 잉글랜드 신학계를 휩쓸던 자유주의 신학에 만족하지 못했지만, 자신의 철학적 사유를 단단히 다져주고 '비극'의 신학적 중요성도 재발견하게 해 준 종교철학자 도널드 맥키넌(Donald M. MacKinnon, 1913-1994)을 만났다. 동방 정교회에 관심이 많았던 윌리엄스는 옥스퍼드 대학교로 옮겨가 박사 과정을 밟았다. 그곳에서 그는 플로렌스키(Pavel Florensky)와 불가코프(Sergei Bulgakov) 등 러시아 신학의 대가들을 두루 연구하였고, 1975년에 20세기 대표 러시아 신학자 블라디미르 로스끼(Vladimir Lossky, 1903-1958)에 관한 박사 논문을 제출했다. 그는 신학적으로 동방 정교회에 몹시 끌리긴 했지만, 결국에는 박사 과정 지도교수 도널드 알친(Donald Allchin, 1930-2010)의 조언에 따라 "성공회 모습을 가진 정교회"[2]로 남기로 했다. 그 후 윌리엄스는 성 조지(St. George's), 케임브리지 등에서 신학을 가르쳤고, 1978년에는 성공회 사제 서품을 받았다. 1986년에 그는 36세의 나이로 영국에서 가장 명예로운 신학 교수직 중 하나인 옥스퍼드 대학교의 레이디 마가렛 교수(Lady Margaret Professor of Divinity)가 되었고, 1992년 몬머스의 주교가 되면서 학교를 떠났다. 그는 2000년 웨일즈의 대주교로 임명되었고, 2003년부터 10년 동안 세계 성공회를

2　　Shortt, *Rowan's Rule*, 79.

대표하는 104번째 캔터베리 대주교를 역임하였다. 대주교직에서 물러난 2013년부터는 케임브리지 대학교 모들린 칼리지의 학장이 되었고, 활발한 저술과 강연 활동을 재개하였다.

40대 초반에 주교직으로 부름을 받기 이전부터 윌리엄스는 주목받는 젊은 학자이자 종교 지도자였다. 그는 1989년에 케임브리지 대학교에서 명예 신학박사 학위(D.D.)를 받았고, 1990년에는 영국 학사원(British Academy)의 회원(FBA)이 되었다. 그의 업적은 국제적으로도 인정을 받아 지금까지 미국, 영국, 독일, 스웨덴, 벨기에, 일본 등지에서 20개 이상의 명예 박사 학위가 수여되었고, 영국과 러시아, 파키스탄 정부로부터 훈장과 상과 명예직을 받았다. 2013년에 그는 스코틀랜드 에든버러 대학교의 기포드 강연자로 선정되는 명예를 얻기도 하였다. 2020년에 케임브리지 대학교 모들린 칼리지 학장직을 내려놓는 그가 노년에 어떤 저술 활동을 계획하고 있는지 기대하지 않을 수 없다.

윌리엄스의 저작은 너무나 다양하고 다채로워 소개하기가 쉽지 않다. 일단 학문적으로 그의 신학 세계를 엿보게 해 주는 작품으로는 논문집인 『그리스도교 신학에 관하여』(On Christian Theology, 2000)와 『천사와 씨름하기』(Wrestling with Angels, 2007), 교부학에 대한 탁월한 지식을 보여 주는 『아리우스』(Arius, 1987/2001) 등을 들 수 있다. 러시아 사상이라든지 언어에 관한 그의 독특한 입장을 알기 위해선 『도스토옙스키』(Dostoevsky, 2011), 『말의 끝』(The Edge of the Word, 2014) 등의 작품이 도움이 된다. 그리스도 중심적 사고는

『부활』(*Resurrection*, 1982), 『창조의 중심이신 그리스도』(*Christ the Heart of Creation*, 2018) 등에 잘 나타나 있고, 문화 혹은 사회비평가로서의 모습은 『잃어버린 이콘』(*Lost Icons*, 2003), 『공공 영역에서의 신앙』(*Faith in the Public Square*, 2012)에서 확인할 수 있다. 윌리엄스의 학술적 글은 난해하기로 유명하지만, 그는 일반 독자를 위해서는 쉬우면서도 우아한 언어를 사용한다. 시집을 낼 정도로 뛰어난 언어 감각은 『광명이 있는 곳』(*The Dwelling of the Light*, 2003)이나 『마음에 새기어 생각하느니라』(*Ponder These Things*, 2002) 등의 얇은 묵상집마저 그의 대표작으로 꼽게 만든다. 대중을 위한 저술이나 강연 등은 국내 몇몇 출판사가 헌신적으로 출판하고 있기에 한국의 독자들도 어렵지 않게 접할 수 있다('더 읽을거리' 참고).

지금도 계속해서 많은 글을 쓰고 여러 분야에 관심사가 펼쳐져 있는 윌리엄스의 사상을 한정된 지면에 소개하기란 몹시 어려운 일이다. 한국어로 번역 소개된 일반 독자를 위한 친절하고도 쉬운 글에도 심오한 통찰이 배어 있지만, 그러한 특별한 사유가 어떻게 형성되었는지를 알려면 더욱 복잡하고 난해한 신학 논문들을 보지 않을 수 없다. 이 글에서는 윌리엄스의 신학을 구성하는 핵심 주제인 공동체적 삶, 활동으로서 신학, 부정의 방법(*via negativa*), 케노시스적 삶, 비극적 상상력에 집중하고자 한다.

II. 신학의 맥락으로서 공동체적 삶

일반적 신학 구분법에 따르면 로완 윌리엄스는 어떤 신학자로 분류될 수 있는가? 그가 출간한 다양한 장르의 글은 현대인의 필요에 민감하고 세련되게 반응하면서 그리스도교 신앙을 설득력 있게 풀어 내고 있다. 그의 저서가 다루는 분야는 성서, 교부, 교회사, 윤리, 영성, 정치신학, 문학, 예술, 사회비평 등에 이르기까지 폭넓게 걸쳐 있다. 이러한 넓고 다채로운 작품 세계를 관통하며 흘러가는 아름다우면서도 도발적인 그의 통찰은 정통 교리에 대한 그만의 깊고도 유연한 이해에서 나온다고 해도 과언이 아니다. 그런 의미에서 흔히 통용되는 범주를 쓰자면 윌리엄스를 '조직신학자'라고 부를수 있을 것 같다. 하지만 그의 저서에 나타난 그의 글쓰기는 철저하게 '비조직적인' 신학을 추구한다.[3] 그는 삼위일체론, 창조론, 그리스도론, 인간론, 교회론, 성사론 등 그리스도교의 중요 교리에 관한 주옥같은 글을 남겼지만, 이들은 주로 특정한 상황에 대한 반응으로 쓴 논문이나 신학적 에세이 같은 성격일 뿐 결코 조직신학적 체계를 갖춰서 쓰였다고 보기 힘들다.

---

3   그리스도교의 주요 교리에 관한 그의 신학 논문이 모여있는 대표작으로 다음을 참고하라. Rowan Williams, *On Christian Theology* (Oxford: Blackwell, 2000). 그리스도교 신앙을 사도신경과 니케아 신경에 따라 설명한 다음 책은 학술서는 아니지만 그의 신학적 사고에 관한 쉬우면서도 좋은 입문서 역할을 한다. Rowan Williams, *Tokens of Trust: An Introduction to Christian Belief* (Norwich: Canterbury Press, 2007). 『신뢰하는 삶: 그리스도교 신앙의 기초』, 김병준 · 민경찬 옮김(서울: 비아, 2015).

윌리엄스는 일반적인 조직신학적 글쓰기와 달리 시적 뉘앙스를 문장에 풍부하게 담아 내면서, 건조하게 논증하고 설득하기보다는 그리스도교적 앎과 실천의 깊은 의미를 공감적으로 풀어내는 데 주력한다. 하지만 그가 학자로서 갖춰야 할 높은 수준의 논리나 일관성을 갖추지 못했다고 결론 내릴 수는 없다. 마이크 힉턴(Mike Higton)에 따르면 윌리엄스는 "이미 고정되고 결정된 의견을 가지고 [대상을] 읽어 내는 일관성(coherence)이 아니라 … 희망 속에서 기다리고, 약속되었고, 아직은 완성되지 않은 일관성"[4]을 추구한다. 즉, 윌리엄스에게 일관성이란 신학의 재료를 꼼꼼하고 체계적으로 재단하는 신학자의 비상한 머리에서 나오는 것이 아니라 해석과 이야기와 글쓰기와 나눔이라는 공동체적 활동을 통해 만들어 가는 것이다. 그렇다면 무엇이 이러한 독특한 태도를 형성하게 했는가?

나는 신학자가 언제나 무언가의 중간에서(in the middle of something) 시작한다고 전제한다. 이미 거기에는 공동의 삶과 언어의 실천이 있다. 바로 그 실천이 하느님과의 관계 속에서 살아가는 인간의 삶을 해석하는 구체적이면서도 공유된 방식을 정의해 준다. '하느님'이란 단어의 의미는 이 공동체가 무엇을 하는지를 관찰함으로써 발견될 수 있다. 그 의미란 단지 개념적 방식

---

4 Mike Higton, "Editor's Introduction", in Rowan Williams, *Wrestling with Angels: Conversations in Modern Theology*, ed. Mike Higton (London: SCM Press, 2007), xxiv.

을 써서 의식적인 반성을 할 때뿐만 아니라 공동체가 행동하고, 교육하고, 상상하고, 지식을 '분만하고', 예배드릴 때 발견된다.[5]

신학자는 진공 상태가 아니라 가시적으로 현존하는 공동체에 위치한 존재다. 그는 교회의 성서와 전통을 통해 절대자에 대한 공유된 이해를 물려받고, 하느님을 예배하는 공동의 삶에 위치한다. 또한 신학자는 공동체가 오랜 기간 통용해 온 언어를 사용하고, 하느님과 세계와 인간을 해석하는 기존 방식을 학습하며, 공동체가 속한 더 넓은 지평인 동시대의 사회 문제를 고민한다.[6] 실제 신학자로서 윌리엄스의 글은 '언제나 무언가의 중간에서 시작'한다. 따라서 우아하지만 비체계적이고, 통찰이 넘치지만 난해한 그의 사상을 효율적으로 이해하고자 (다른 조직신학자들의 글에 접근하듯) "방법론적 출발점"[7]을 찾으려는 것은 어찌 보면 부질없다.

윌리엄스가 다른 조직신학자와 달리 일관성이나 체계를 추구하지 않는 것은 그의 신학적 '결핍'이 아니라 신학의 본질과 사명에 충실하기 위한 '선택'이다. 현존하는 공동체 속에서는 하느님이란 단

---

5   Williams, "Prologue", in *On Christian Theology*, xii.

6   이하 내용은 다음의 내용을 수정·보완한 것이다. 김진혁, 「해설의 글」, 로완 윌리엄스, 『그리스도인이 된다는 것: 세례, 성경, 성찬례, 기도』, 김기철 옮김(서울: 복있는사람. 2015), 11-14.

7   사실 이것은 로완 윌리엄스가 독일의 한 대학교에서 강연할 때 받은 질문이다. 이는 독일과 영국의 신학 방법의 차이를 보여 주는 질문이자, 방법론에 경도된 학문적 신학이 신학의 중심 주제인 하느님 계시의 신비와 역동성을 제대로 반영할 수 없다는 윌리엄스 특유의 문제의식을 부각하는 질문이라 할 수 있다. 참고. Williams, "Prologue", xii.

어의 의미를 찾고자 하는 여러 시도가 다양하고 풍성하게 일어난다. 신학이란 공동체에서 이미 진행 중인 이러한 '비공식적' 활동에 성찰적 언어와 투명하고 일관된 논리를 제공해 주는 작업이다. 하느님에 관해 이루어지고 있는 공동체의 역동적이고 무규정적인 담화는 신학자들의 활동을 통해 간결하고 체계적인 모습으로 정리가 된다. 하지만 그 과정 중에 공동체에서 과거에 일어났거나 현재 진행 중인 일, 아직 무르익지 않은 미래의 가능성의 상당 부분이 배제되거나 주변화된다. 또한, 학문으로서 신학이 엄밀성과 체계화에 몰두할수록 하느님의 신비와 인간 삶의 모호성 역시 인간 이성이 이해하고 언어로 표현할 만한 수준으로 단순화된다. 이러한 '상실'과 '위험'은 신학화 과정에서 불가피하지만, 그렇다고 신학적 작업이 공동체나 개인에게 초래할 수 있는 결과에 무조건 면책 특권을 줄 수는 없다. 즉, 신학자는 공동체 인의 다양한 목소리와 가능성을 협소화·추상화·빈곤화할 가능성을 안고 있는 존재이고, "그런 의미에서 로완 윌리엄스가 강조하는 것은 머리로 만들어 가는 일관성이 아니라 삶을 통해 형성해 가는 일관성이고, 논리적으로 오류 없이 매끈한 교리가 아니라 언제라도 회개할 줄 아는 신학이다."[8]

눈치 빠른 독자라면 알아차렸을 수도 있겠지만 그리스도교 신앙이나 신학에 접근하는 윌리엄스의 독특한 태도 이면에는 개인적 신앙이 아니라 '가시적 공동체', 혹은 보편적 이론이 아니라 '구체적

---

8   김진혁, 「해설의 글」, 12.

삶'에 대한 강조가 놓여 있다. 왜냐하면 "우리가 공동체와 맺는 관계, 물질적 환경과 맺는 관계는 신앙의 삶을 살아가는 데 부차적 요소가 아니라 본질적 요소"[9]이기 때문이다. 믿음이란 현실에 살면서도 현실 너머의 세계를 맛보고 사는 것, 혹은 이 세계를 언제나 새롭게 바라보고 참여하며 사는 것이다. 그렇기에 믿음을 개인적 결단, 새로워진 내적 삶, 혹은 사회적 실천 등 신앙의 특정 모습만 강조하며 단순화해서는 안 된다. 믿음이란 세계 속에서 살아가면서 "표면 너머를 바라보면서도 (여전히 중요한) 표면에 있는 것을 놓치지 않는"[10] 삶의 기술이기도 하다. 여기서 윌리엄스가 사용한 '표면'이라는 은유에서 물리적 몸과 구별되는 정신적 주체에 몰두한 근대적 인간관을 비판했던 비트겐슈타인의 흔적이 발견된다.[11]

비트겐슈타인에 따르면 언어는 개인이 취사선택하고 만드는 것이 아니라 사회적 환경 속에 주어져 있다. 의미는 단어나 문장 이면에 고정된 채로 있지 않고, 공동체에서 언어가 실제로 사용되는 방식에 따라 형성된다. 이러한 통찰에 힘입어 윌리엄스는 신학을 신학자 개인의 지적 산물 혹은 명제적 교리의 집합체로 보는 기존의 입장과 거리를 두는 대신, 신학에서 언어와 의미, 공동체 사이의 역동적 관계에 주목하게 되었다. 특별히, 비트겐슈타인은 인간 마음

---

9   윌리엄스, 『신뢰하는 삶』, 191.

10   윌리엄스, 『신뢰하는 삶』, 18.

11   이러한 관점은 퍼거스 커의 비트겐슈타인 해석에 영향을 받은 것으로 보인다. Fergus Kerr, *Theology after Wittgenstein* (Oxford: Blackwell, 1986), 188.

의 심층을 분석함으로써 개인이 사용하는 일상 언어의 의미를 파악하려던 프로이트 이후 근대 의심의 해석학에 비판적 태도를 취했다.[12] 비트겐슈타인을 따라 윌리엄스는 내향성 혹은 내적 삶 속에서 신앙의 본질을 찾으려던 근대 신학 혹은 영성에 저항한다. 그는 몸의 현존, 언어적 상호 관계, 공동체의 삶처럼 '가시적'이고 '표면적'인 것을 조급함 없이 '주시'(attention)하는 것의 필요성을 강조한다. "나 자신에 대한 나의 모호성, 나에 대한 너의 모호성, 너에 대한 나의 모호성은 그 [실체를 밝혀 줄] 대본을 발견하기 위해 … 의심을 기다리는 '수수께끼'가 아니다. 이러한 모호성은 시간을 요구하는 불가피성과 관계된다. '나는 내가 누군지 정말 몰라'는 '나는 아직 무엇을 말해야 할지 모르겠어'라는 말로 … 반드시 들려야 한다."[13] '표면'에 대한 응시를 통해서만 우리는 세계와 인간을 두고 내가 혹은 사회가 만들어 놓은 망상에서 '서서히' 벗어나게 된다. 표면을 주시하는 데는 시간이 걸리고 인내가 필요하지만, 이를 통해서 우리는 이기적 관점에서 세계를 이해하던 습관에서 점차 벗어나게 된다.

12 비트겐슈타인의 프로이트 비판은 다음을 참고하라. Williams, "The Suspicion of Suspicion: Wittgenstein and Bonhoeffer", in *Wrestling with Angels*, 187-190.

13 Williams, "The Suspicion of Suspicion", 199.

III. 공동체의 활동으로서 신학

비트겐슈타인이 말했듯, "인간 몸은 인간 혼을 보여 주는 최고의 그림이다."[14] 인간이 된다는 것은 몸을 가진다는 것이고, 몸은 인간을 사회 관계망 속에 위치시키며, 다양한 신체적 활동은 인간됨을 보여 주는 기호다. 따라서 그리스도교 신앙에서도 육체적·공동체적·가시적인 것이 본질적 중요성을 가지게 된다. 윌리엄스는 '그리스도인이 됨'(being Christian)의 의미를 설명할 때 그리스도의 의가 인간에게 전가된다, 오직 믿음으로 의롭게 된다, 성령의 내주를 통해 성화가 된다 등의 '비가시적'인 교리적 요소를 논증하는 데 큰 관심을 기울이지 않는다. 대신 그는 "그리스도교 공동체의 일원임을 깨닫게 해 주는 간단하고 명료한 요소들", 즉 세례와 성서 읽기, 성찬례, 기도 등에 주목함으로써 "이런 행위들이 이뤄지는 공동체 안에서 우리가 어떤 사람으로 변화될 수 있는지"[15]에 주목한다.

신학에서 공동체적 삶이 우선성을 가지려면, 신학자의 중요 관심사는 신학 사상 혹은 교리의 틀 자체가 아니라 "생각과 행위와 기도 사이에 이루어지는 상호 작용"[16]에 놓여 있어야 한다. 이를 위해선 교리와 예배와 기도가 조화를 이루고, 신학과 영성이 결합하고,

---

14　Ludwig Wittgenstein, *Philosophical Investigations*, ed. G. E. M. Anscombe and Rush Rhees, trans. G. E. M. Anscombe (New York: Macmillan, 1953), II, iv (178). 『철학적 탐구』, 이승종 옮김(서울: 아카넷, 2016).

15　윌리엄스, 『그리스도인이 된다는 것』, 19-20.

16　윌리엄스, 『신뢰하는 삶』, 17. 사도신경과 니케아 신경 등은 이러한 상호 작용의 산물이다.

이론과 실천이 어우러질 수 있는 유연하고 역동적인 틀이 필요하다. 그렇기에 정교하고 장황한 방법론을 구축하던 근대 이후 조직신학 과는 달리, 윌리엄스는 찬양(celebratory)과 소통(communicative), 비 판적(critical) 활동을 아우를 수 있는 포괄적 신학을 추구한다.[17]

(1) 우선 신학은 '찬양의 현상'에서 시작한다. 찬양으로서 신학은 하느님의 신비 앞에서 우리의 생각과 상상력이 의미를 형성할 수 있 도록 언어의 가능성을 최대한 확장하는 일이기도 하다. 초기 교회부 터 이는 아주 중요한 신학적 활동으로 자리 잡았고, 설교문이나 예 전문, 알레고리적 성서 해석 등이 그 대표 사례라 할 수 있다. 현대 신학자 중에는 한스 우르스 폰 발타사르(Hans Urs von Balthasar)가 하느님의 영광을 중심 범주로 삼고, 신학의 다양한 주제를 찬미하듯 서술하기도 했다. 하지만 신학이 찬양 활동에만 머무르게 되면 신학 의 중요 기능인 성찰과 설명이 약해질 위험도 있다.

(2) '소통의 활동'으로서 신학은 설명, 설득, 논증 등을 통해 복음을 증언하는 책임을 맡아 왔다. 신학은 친숙한 그리스도교적 배경에 기 대어 복음의 능력을 제시하는 데 만족할 것이 아니라, 낯설고 심지어 비종교적인 맥락에서도 복음의 메시지가 '재발견'될 수 있다는 확신 을 가져야 한다. 따라서 인간의 이야기를 성서의 내적텍스트성(intra-textuality) 속에 위치시킴으로써 삶의 '교리적' 문법을 찾아 내거나,[18]

---

17   이하 내용은 다음을 참고하라. Williams, "Prologue", xiii-xvi.

18   이는 조지 린드벡(George Lindbeck)의 신학에 대한 윌리엄스의 비판의 핵심이기도 하다. Williams, "The Judgement of the World", in *On Christian Theology*, 35-36.

성서적·신학적 상상력을 가지고 삶의 의미를 해석하는 것만으로 신학의 사명을 제한해서는 안 된다. 오히려 윌리엄스가 보기에 진실한 인간의 이야기도 성서 텍스트처럼 본질적으로 '변혁적' 성격을 가진다. 따라서 역사 속에서 그리스도교와 문화는 끝없이 대화하며 서로를 발견하는 과정 중에, 이전에 없던 의미 지평을 열어젖히는 복잡하지만 의미 있는 작업을 함께하고 있다. 이러한 상호 작용을 통해 서로가 결핍을 채워 주고 스스로 풀지 못한 문제도 해결하기에, 윌리엄스의 신학에서 정치적이고 문화적인 소재는 그리스도교 신앙을 배우는 데 '도구적' 가치를 넘어서 '필수적' 역할을 한다.[19]

1세기 변증론자들의 활약 이후 그리스도인은 이질적 문명 속의 철학, 문학, 과학, 예술 등과 소통하며 신학적 활동을 해 왔다. 이는 그리스도교와는 매우 다른 방식으로 세계를 구축하고 설명해 왔던 낯선 영역에서도 믿음이 충분히 생동적일 수 있음을 확신하는, 즉 "신학적 전통에 대한 아주 의미심장한 신뢰의 행위"[20]이기도 하다. 그렇지만 내부자를 위한 교리적 설명이 반복되고 다른 세계에 말을 거는 도전이 계속되면 신학적 언어와 논리는 위기를 겪을 수밖에 없다. 즉, 그리스도교를 누구나 만족할 수준으로 설명하게 해 주는 보편적이고 안정적인 개념의 세계는 존재하지 않기에, 신학은

---

19 Williams, "The Judgement of the World", 42-43. 그런 의미에서 그의 신학적 기획은 교리를 쉽고 평범한 언어로 번역하는 것이 아니라, 그리스도의 비유와 같이 새로운 세계를 그리는 것이다.

20 Williams, "Prologue", xiv.

소통을 넘어 또 다른 중요한 활동을 요구할 수밖에 없다.

(3) 신학은 본성상 낯설고 이질적인 영역과 계속 상호 작용을 하게 된다. 또한 신학자가 사용하는 개념의 의미도 고정되지 않고 유동적이다. 따라서, 신학의 정체성을 구성하는 데 '비판적 지평'은 필수 요소라 할 수 있다. 신학은 단지 교회 밖 세속 사회의 '하느님-없음' 혹은 교회 내 타락을 향해 예언자적 목소리를 내기에 비판적 성격을 가진 것이 아니다. 신학에는 하느님에 대해 확고히 알고 있다는 망상, 세계와 인간 삶에 대한 정답을 알고 있다는 자기기만, 신앙을 통해 삶의 풍요와 안정성을 지킬 수 있다는 착각을 비판하는 기능이 있다. 부정신학이란 형태로 그리스도교 전통에 오래전부터 뿌리내려 온 비판적 신학은, 한편으로는 20세기 후반에 해체주의 신학자들의 과격한 작업으로 이어졌다. 하지만, 다른 한편으로 비판적 신학은 하느님의 신비와 신학적 언어의 본질을 새롭게 생각하게 함으로써 신학에서 '찬양의 활동'의 중요성을 재발견하게 하는 방향으로 흘러가기도 했다. 이 입장에 따르면, '찬양'에서 시작하여 '소통'을 거쳐 '비판'으로 이어진 신학의 활동은 '찬양'으로 돌아가 "다시 순환이 시작된다."[21] 윌리엄스가 볼 때 신학자는 고정되고 안전한 자기 세계에 머무는 것이 아니라 공동체에서 일어나는 다중적인 신학 활동의 역동성을 인정하고 이들 사이의 조화로운 순환관계를 형성해 줄 수 있는 지혜를 갖춰야 한다.

---

21   Williams, "Prologue", xv.

신학의 찬양, 소통, 비판의 활동을 각각 독립시켜 놓고 하나의 활동에만 과도하게 집중하다 보면 신학에 왜곡이 일어날 확률이 매우 높다. 하지만 신학의 세 가지 활동이 서로 연결되어 있더라도, 이 모두를 하나의 글에서 발견하리라 기대하는 것도 비현실적이다. 그리고 신학자 한 명이 능수능란하게 신학의 활동 모두를 잘 다룰 수 있는 것도 아니다. 윌리엄스의 글도 경우에 따라 찬양, 소통, 비판 중 어느 한 기능에 더 집중한다. 비록 신학의 세 활동을 균형 있게 다루는 것은 인간으로선 불가능하지만, 이들 사이의 조화를 추구하는 것 자체가 그리스도교적 생각과 삶의 "핵심에 있는 종말론적 충동", 즉 "세계가 그 자체로 질서 잡히고 완성되었다고 보는 모든 시도와 언어가 품고 있는 균열을 폭로"[22]하기에 중요하다. 그렇다면 윌리엄스의 신학에서 핵심 주제인 '신적 신비'와 '관계적 주체'와 '비극적 상상력'이 어떤 식으로 그의 신학적 이상을 품어 내는지 살펴보도록 하자.

IV. 부정의 길과 케노시스적 존재론

정교회 신학자 블라디미르 로스끼는 신학자로서 신적 신비를 어떻게 말하고 다룰지에 관해 로완 윌리엄스에게 큰 영향을 끼쳤다. 로스끼에게 '신비'란 단지 인식론적으로 신을 알 수 없음을 의미하는

---

22   Williams, "Prologue", xvi.

것이 아니라, 모든 신학적 담론을 지탱하는 근본 범주였다. 부정신학(negative theology 혹은 *apophatic* theology)이란 '-이 아니다'라는 언어를 사용함으로써 유한한 인간이 신에 대해 가해 온 부당한 언어적 묘사를 부정하는 데 그치지 않는다. 궁극적으로 부정(*apophasis*)이란 "지성의 회개, 그리고 ⋯ 인간 전체의 회개와 결부되어 있다."[23] 임마누엘 칸트처럼 인간의 감각 경험을 넘어선 초월자에 대해선 어떤 보편타당한 지식도 얻을 수 없다고 단정함으로써 신적 신비를 향한 인간의 욕망에 재갈을 물려서는 안 된다. 오히려 그리스도교 성서와 전통에 비추어볼 때 "하느님의 초월적 불가해성은 유한한 지성이 가진 한계 때문에 생긴 결과로 환원될 수 없고, 오히려 어떤 면에서 하느님 자신의 특성"[24]이라 할 수 있다.

인간으로서 닿을 수 없는 하느님의 초월성을 묘사하고자 교부들이나 신비주의자는 '어둠' 혹은 '무지' 등의 난어를 사용했다. 하지만 이러한 표현들은 불가지론이 아니라 하느님을 향한 인간 지식의 끝없는 움직임, 그리고 순례자로서의 신앙인의 정체성과 결부되어 있다.[25] 따라서 하느님을 '신비'라 부르는 것은 인식론적 겸허함을 표하는 것을 넘어서, 인간의 힘으로는 알 수도 닿을 수도 없는 그 존재와 우리 사이에 '사랑의 관계'가 '신비롭게' 맺어졌음을 발견

23 Williams, "Lossky, the *Via Negativa* and the Foundation of Theology", in *Wrestling with Angels*, 2.

24 Williams, "Lossky, the *Via Negativa* and the Foundation of Theology", 5.

25 블라디미르 로스끼, 『동방교회의 신비신학에 대하여』, 박노양 옮김(서울: 한국장로교출판사, 2003), 58-59.

하는 경이와도 연결되어 있다. 실제 삼위일체 하느님에 대한 지식은 그분의 계시와 인간의 반응이라는 '순환성'을 전제로 한 '대화적' 성격을 가지고 있다. 따라서 진정한 부정의 길(*via negativa*)은 "무궁무진한 인격적 존재와의 만남을 표현"[26]한다. 신비에 대한 우리의 지식이 '상호적'이지 않다면 그 지식은 불완전하고, 인격적 하느님에 관한 왜곡된 상을 만들어 낸다.

하느님에 대한 지식을 이야기할 때 우리가 늘 고려해야 할 것은 창조주와 피조물 사이의 넘을 수 없는 큰 간격이다. 하지만 (다른 종교의 신비주의에서 종종 보이는 것과 대조적으로) 피조물인 인간은 삼위일체 하느님을 알아 갈 때도 자기 자신을 상실하지 않는다. 비록 신적 신비가 인간을 덮어 감싼다 할지라도, 인간은 하느님의 주체성 안에 잠겨 들면서 더욱 진실한 주체 혹은 더욱 충실한 인간이 되기 위한 '정화의 과정'에 들어가게 된다. 그렇기 때문에 신학적 인간론의 핵심 범주 중 하나는 '황홀경'(ecstasy)이다. 이 단어는 신플라톤주의를 거쳐 그리스도교에 소개되었고, 특별히 인간의 인식과 언어를 넘어선 하느님과의 강렬한 만남을 표현하고자 하는 신비주의자들이 자주 사용하였다. 황홀경을 표현하던 고대 그리스어 단어는 ἔκστασις엑스타시스인데, 이는 어원상 '밖으로'(ἐκ-) '나와서다'(στάσις)라는 뜻이다. 즉, 황홀경이란 인간에게 허락된 가능성의 가장 충만한 형태인 자기 초월을 의미한다. 로스끼를 따라 윌리엄스는 황홀경을

---

26 Williams, "Lossky, the *Via Negativa* and the Foundation of Theology", 8.

"하느님의 무한이 계시된 어두움에 대한 즉각적 반응", "주체가 하느님의 은총과 사랑으로 채워지기 위한 전제 조건으로서 자아 망각", "높아짐 이전의 케노시스"[27] 등으로 부른다. 황홀경에 빠질 수 있다는 사실은 인간이 물리적 세계를 설명하는 결정주의적 법칙이나 폐쇄적인 개념의 세계에서 자유로운 존재, 혹은 자기를 초월할 능력이 있는 존재임을 보여 준다.[28]

인간의 최종 목표인 하느님과의 교제에 충만히 참여하는 것은 오직 인간의 자기 초월을 통해서만 가능하고, 그렇기에 신비 체험은 그리스도교적 인간 이해에서 근원적 중요성을 가질 수밖에 없다. 그렇지만 자유로운 인간에게 허락된 체험인 황홀경은 자아를 기쁘게 해 주는 쾌락과는 거리가 멀다는 것을 유념해야 한다. 오히려 자아를 부정하는 길(via negativa)이 계속 자아내는 불편함과 불쾌함을 인내하며 꾸준히 걸을 수 있어야 '자기 밖에 나와 서는' 진정한 의미의 황홀경을 경험한다. "[부정(apophasis)은] 성령의 자비로운 내주가 맺어낸 열매이자, 생명을 살리고자 자기 생명을 내어놓으라는 복음 명령의 완성이자, 십자가를 지고 그리스도를 따르는 것이다."[29] 바로 이 지점에서 윌리엄스는 하느님의 케노시스(kenosis)와 인간의 자기 초월을 교차시키면서 독특한 인간론을 제시한다.

하느님의 자기 비하 혹은 자기 제한을 뜻하는 케노시스는 윌리

---

27 Williams, "Lossky, the *Via Negativa* and the Foundation of Theology", 13.

28 로스끼, 『동방교회의 신비신학에 대하여』, 147-148.

29 Williams, "Lossky, the *Via Negativa* and the Foundation of Theology", 14.

엄스의 신론에서 핵심 개념이다. "자유롭고 인격적인 존재를 창조하는 데서, 하느님은 스스로 자신의 전능을 제한하신다. 거기에는 하느님이 자신을 인간의 자유 앞에 무능하게 만드시는 일종의 '위험' 같은 것이 수반된다."[30] 신적 본성의 핵심에는 추상적인 초월성이나 자존성(aseity)이 아니라 겸손과 자기 부정이 놓여 있음이 하느님 아들의 성육신, 그리고 성령의 케노시스적 활동을 통해 확증된다(요 16:13-15). 삼위일체 하느님의 창조, 구속, 성화의 활동은 하느님께서 자기를 제한하시면서까지 인간의 자유를 위한 공간을 계속해서 허락하심을 볼 수 있게 한다. 즉, 역사 속에서 하느님이 전능을 행사하시는 궁극적 모습은 자유로운 피조물을 위해 자신의 무궁무진한 힘을 버리시는 일이다.

이러한 케노시스적 하느님의 형상을 따라 창조된 인간의 본성도 케노시스적이다. "자기 자신을 위해 존재하는 것을 포기하는 것은 인간의 가장 진정한 인격적 행위이자 가장 신과 유사한 행위다."[31] 타락한 상태의 인간은 결코 이것을 받아들이지 못하고, 부풀려진 자아에 대한 망상을 고수하려 한다. 하지만 "삼위일체론적 교리는 타락한 인간 정신의 여러 전제를 급진적으로 도전하는 인간 존재의 모델을 제시한다. … 인간 존재 전체를 변화시키시는 성령의 생명 안에서만 삼위일체론적 교리에 대한 신앙이 가능하다."[32] 결국,

---

30   Williams, "Lossky, the *Via Negativa* and the Foundation of Theology", 16.

31   Williams, "Lossky, the *Via Negativa* and the Foundation of Theology", 14.

32   Williams, "Lossky, the *Via Negativa* and the Foundation of Theology", 16.

부정신학의 목표는 하느님이 누구신지에 관한 언어 게임에 몰두하는 것이 아니라, 인간의 신적 근원을 보여 주고 참 인간됨을 찾는 가능성을 제시하는 데 있다.

윌리엄스는 '황홀경' 개념을 통해 인간이 자아 밖으로 나와야 함을, 그리고 이를 위해서는 신비에 온전히 자신을 내맡기는 신뢰가 필요함을 알려 준다. 인간이 하느님의 형상(*imago dei*)이라 함은 궁극적으로 인간이 삼위일체의 형상(*imago trinitatis*)으로 창조되었음을, 그렇기에 외따로 떨어진 섬 같은 '개인'이 아니라 근원적으로 '인격적' 존재임을 의미한다. 이 지점에서 윌리엄스는 삼위일체의 흔적을 인간 영혼의 삼위일체적 구조로 분석했던 아우구스티누스와는 달리,[33] 로스끼와 유사한 방식으로 "동료 인간들과 케노시스적 관계를 맺을 수 있는 능력"[34]이라고 주장한다. 케노시스 빛 아래서 이해된 '사회적 교환의 존재론'(ontology of social exchange)은 삼위일체 하느님의 생명 안에서, 그리고 물리적 세계 내의 복잡한 관계 속에서 자신을 서서히 발견해 나가는 과정을 인간됨의 기초로 제시한다.

인간은 싫든 좋든 다른 피조물과 무언가 주고받는 의존적 관계망에 들어가 살아간다. 피조물을 위해 자기를 비우는 창조주 하느님을 믿는다는 것은 익숙한 신념의 세계에 확고히 머물려던 아집,

---

33 대표적으로 Augustinus, *De Trinitate*, XV. 『삼위일체론』, 성염 옮김(칠곡: 분도출판사, 2015).

34 Williams, "Lossky, the *Via Negativa* and the Foundation of Theology", 19.

그리고 내 생각과 욕망을 신의 이름으로 정당화하던 인간의 태도에 균열을 낸다. 삼위일체 하느님의 은총은 자기 자신에 묶여 있던 인간의 환상을 벗겨 내고, 자아를 잃어버리는 것에 대한 두려움에서 자유롭게 함으로써 진정한 삶을 형성한다. 은총은 우리가 속한 상호 교환의 관계망이 삼위일체 하느님 사이의 사랑과 자기 비움의 교제를 반사할 수 있도록 우리를 청명하고 새롭게 빚어 간다.

V. 평범한 구원과 황홀경의 삶

인간은 유한하고 인간이 속한 사회도 제한적이기에, 우리의 사회적 관계는 취약하다.[35] 하지만 하느님께서는 우리가 물리적 한계를 벗어나게 하는 것이 아니라, 오히려 자기의 불완전함과 나약함을 겸허히 수용하도록 이끄신다. 이를 위해 신적 은총은 몸과 영혼의 통합체로서 우리의 실존을 직시하게 하시고, 부질없어 보이는 삶에서 의미를 발견할 수 있게 도우신다. 이러한 구원론적 맥락에서 인간 실존의 유한성은 은총이 우리를 빚어 갈 때 중요한 '경계'로 작용한다.[36] 루퍼트 쇼트(Rupert Shortt)가 말하듯, 윌리엄스에게서 "거룩은

---

35 이하 케노시스적 삶에 관한 내용은 다음 논문의 일부를 번역·수정·보완한 것이다. JinHyok Kim, "The Wounded Grace: Memory, Body and Salvation in Endō Shūsaku and Rowan Williams", *Expository Times* 24, no. 8 (2013): 374-383. 특히 381-382을 참고하라.

36 Williams, "On Being Creatures", in *On Christian Theology*.

종종 평범하다. … [거룩]의 반대는 언제나 [일상이 아닌] 다른 어딘가에 있길 소원하거나, 자신의 환경을 바꾸고 싶어 하는 환상이다."[37] 그런 의미에서 구원은 육체 혹은 세계에서 영혼이 해방되는 것이 아니다. 그리스도의 성육신에서 계시되었듯 하느님은 혼란스럽고 모호한 물리적 세계로 들어오셨고, 피조세계의 깨어짐과 상처와 모순 속에서 활동하신다.[38] 이러한 세계 속에서 하느님이 우리에게 주신 처방전은 은총을 통해 우리 몸이 더욱 영적인 몸이 되게 함으로써, 물리적 세계에서 우리가 더욱 관계적인 존재가 되게 하시는 것이다.

이런 방식으로 윌리엄스는 창조, 성육신, 은총을 함께 생각하는 넓은 지평을 제시함으로써, 구원의 육체적·물리적 함의를 새롭게 발견하게 해 준다. 은총은 하느님이 갈망하시는 세계로 우리를 이끌 뿐만 아니라, 우리가 우리 자신보다 더 위대하고 매력적인 존재의 욕망 대상이 되고 있음을 깨닫게 한다. 바로 이것이 우리가 타자에게 나아가고 타자와 관계 맺는, 즉 각자의 육체적 삶을 상호 기쁨의 근원으로 주고받을 수 있는 신뢰와 사랑의 기초가 된다. 달리 말하면, 삼위일체 하느님은 우리가 "몸의 은총(body's grace)에 들어가게"[39] 하신다.

---

37 Ruppert Shortt, *Rowan Williams: An Introduction* (Harrisburg: Morehouse, 2003), 97.

38 Rowan Williams, *The Wound of Knowledge: Christian Spirituality from the New Testament to St. John of the Cross*, 2nd rev. ed. (London: Darton, Longman and Todd, 1990), 14. 『기독교 영성 입문: 신약 성경에서 십자가의 성 요한까지』, 손주철 옮김(서울: 은성, 2001).

39 이 표현은 다음 논문 제목에서 가져온 것이다. Rowan Williams, "The Body's Grace", *Theology and Sexuality: Classic and Contemporary Readings*, ed. Eugene F.

창조와 성육신, 그리고 그리스도의 몸과 연합하는 이야기 전체가 알려 주는 바는 하느님[성부]은 마치 우리가 하느님[성자]인 것처럼 우리를 갈망하신다는 사실이다. ⋯ 우리는 삼위일체 하느님의 생명 속으로 들려 오르게 창조되었다. 이는 하느님이 하느님을 사랑하시듯 우리를 사랑하신다는 것을 우리가 배움으로써 하느님의 충만한 사랑 안으로 자라 가기 위함이다. ⋯ 그리스도교 공동체의 삶은 이것을 우리에게 가르칠 임무가 있다. 그럼으로써 인간들이 자신을 갈망을 받는 존재로, 기쁨의 계기로 볼 수 있도록 우리의 관계의 질서를 잡아 가기 위함이다.[40]

이 인용문에서 윌리엄스는 욕망의 언어를 신학적 사유의 핵심에 위치시킴으로써 인간의 관계적 본성을 보여 줄 뿐만 아니라, 우리의 욕망이 올바로 교육받고 방향 지워지는 맥락을 형성해 주고 있다.

신적 갈망에 노출된 인간은 이기적이던 자아를 혼란에 빠트리고 '몸의 은총'에 들어가게 하는 '위험'을 무릅쓴다. 은총은 자아 밖으로 (ἐκ-) 나와 서게(στάσις) 함으로써, 즉 황홀경을 불러일으킴으로써 폐쇄적 자아가 가졌던 파괴적 망상을 무장 해제한다. 이때 탈아(脫我)를 경험하는 인간은 자신의 의지 혹은 자기가 쌓아 올렸던 삶의 안정을 강제로 포기해야 하는 것 같이 위협적으로 느낄지 모른다. 하

Rogers (Oxford: Blackwell Publishers, 2002).

40　　Williams, "The Body's Grace", 311-312.

지만 사실 이것은 "희망 안에서 회개하는 삶"[41]을 만들어 내도록 삼위일체 하느님이 욕망을 성화시키시는 과정이기도 하다. 만약 타자의 갈망의 대상이 되기 원한다면 자아는 관계의 그물망 속으로 자신의 몸을 가지고 들어가야만 한다. 이러한 위험한 '자기 노출'은 신적 은총의 예기치 못한 개입에 자신을 개방하는 일이자, 다른 사람들과 자신의 근원적 관계성과 상호성을 인정하는 일이다. 하지만 이는 동시에 자신의 연약함과 육체적 실존의 깊은 곳에 있는 위험을 마주하게 한다. 힉턴은 이러한 위험은 다름 아니라 "기꺼이 [자신을] 수정하고 평가받고자 함이요, 이로써 이제껏 내가 세상을 보는 방식이 나 자신의 이기심과 다른 이들의 자기중심성으로 왜곡되었음을 발견하는 것"[42]이라 평한다. 하지만 자아를 향한 왜곡된 시각의 노예가 되어 있기에 우리는 이러한 은총의 낯섦을 '무례하게' 느낄 것이고, 타자 앞에 선 자신의 연약함을 '수치스러워'할지 모른다.

이 지점에서 윌리엄스는 자기중심적인 자아를 향한 하느님의 '자비로운 공격'의 장(field)인 물리적 세계 안에 성령이 현존함을 강조한다. 우리가 타자 앞에 자신을 개방하고 상처받기 쉬운 모습으로 서 있을 때, 성령께서는 구체적 상황 속에서 각각의 사람과 함께하시며 관계의 끈에 생명을 흘려 보내 주신다. 성령께서는 공포와 당혹스러움을 없애시는 분이 아니라, 우리가 가식이나 망상 없이 삶

---

41 Williams, "Beginning with the Incarnation", in *On Christian Theology*, 83.

42 Mike Higton, *Difficult Gospel: The Theology of Rowan Williams* (London: SCM, 2004), 104.

의 고통과 모호함을 견디며 일상을 살아가게 도우시는 분이다.[43] 성령의 부름을 받은 이는 피조적 실존의 한계를 초월하는 것이 아니라, 그 한계를 하느님의 선물이자 기쁨의 근원으로 받아들임으로써 지금 여기서 '그리스도를 닮은' 삶을 살게 된다. "성령의 증언은 인간 세계 밖에 있는 성자를 가리키는 것이 아니다. 인간 세계 안에서 '성자와 같은' 삶을 형성하는 것이다."[44] 그런 의미에서 윌리엄스의 신학은 인간 삶의 지평 너머에 있는 희망의 근원을 부과하지 않는다.[45] 오히려 다른 이들의 몸과 나의 몸이 어우러져 만든 관계망, 그리고 하느님이 창조하시고 사랑하시는 물리 세계에 깃든 희망을 발견하라고 우리를 초청한다. 이렇게 몸을 매개로 한 인격적 관계와 가시적 세계의 모호함이 우리가 더욱 충만히 인간이 되어 가는 배경이 되어 준다.

정리하자면, 윌리엄스의 신학은 자율적이고 자기중심적인 주체라는 환상을 어떻게 넘어설지에 관심을 기울인다. 벤자민 마이어스(Benjamin Myers)가 지적했듯, 윌리엄스는 "무자비하고 퇴폐적인 자기중심성의 독"[46]이라는 현대 사회의 문제에 신학적으로 응답하려

---

43   Rowan Williams, "The Spirit of the Age to Come", *Sobornost* 6, no. 9 (1974): 613-626.

44   Williams, "Word and Spirit", in *On Christian Theology*, 120.

45   Williams, "The Finality of Christ", in *On Christian Theology*, 94; "Word and Spirit", 119.

46   Benjamin Myers, *Christ the Stranger: The Theology of Rowan Williams* (London: T & T Clark International, 2012), 117.

한다. 인간의 이기심을 파괴하고 해체하는 '무기'로 은총 개념을 폭력적으로 쓰는 대신, 그는 욕망을 하느님의 창조와 성육신과 구원이라는 더 넓은 틀 속에 위치시킴으로써 은총의 '치유적' 본성을 아름답고 설득력 있게 보여 준다. 그는 부정신학의 통찰에서 끌어온 케노시스 존재론을 가지고 인간의 본질과 사명을 상호 수여와 수용의 관계망에 위치시킨다. 하지만 이러한 신학적 비전이 아무리 아름답다 하더라도, 우리가 한정된 재화를 갖춘 세계에서 이기적인 타인과 함께 살아야 한다는 사실은 변하지 않는다. 즉, 인간은 고통과 슬픔을 견뎌야 한다는 삶의 비극성을 인정해야만 한다.

VI. 비극적 상상력과 그리스도교

인간은 비극적 존재다. 삶 자체가 비극적이기 때문이다. 비극적 경험은 개개의 인간을 인류로 묶는 강력한 끈이다. 유한한 인간의 삶에서 상실과 고통만큼 보편적인 것은 없기 때문이다. 예전부터 사람들은 인간이 된다는 것은 갈등, 오해, 배신, 이별, 죽음을 묵묵히 겪어 나가는 것임을, 오히려 이러한 비극적 요소를 무시할 때 삶의 비극적 무게가 더해지게 됨을 깨달았다. 이 부정할 수 없는 소중한 지혜는 고대 그리스에서 '비극'(悲劇, τραγῳδία)이라는 극예술의 모습으로 찬란히 발전하였다. 인간 삶의 '비극성'을 다루는 예술 양식이 거의 모든 문명에서 보편적으로 발견되지만, 고대 그리스에서 '비극'은 종교 제의와 결합하면서 독특한 문학적 구성과 비장미의 깊이를 더하게 되었다.[47] 관객들은 비극에 등장하는 여러 인물의 삶을 보면서 자신의 아프고 시린 기억, 다른 누구에게도 말 못 했던 죄책감, 운명과 죽음 앞에 선 나약함을 간접 체험했다. 삶의 근원적 비극성에 아파하고 공감하면서 관객들은 감정을 정화(katharsis)하는 특별한 경험을 하며 현실을 마주할 지혜와 자세를 형성해 갔다. 비극이라는 장르는 고대 로마 문명에서도 이어졌고, 르네상스 이후 유럽 각국에서 꽃피웠으며, 현대에도 다양한 형태로 창작되고 상연되고 있다.

하지만 그리스도교가 문명을 형성하고 유지하는 주도적 틀이 되었던 중세 유럽에서 비극은 그리스도교적 삶의 이상에 맞지 않는다는 이유로 침체기를 맞았다.[48] 고통마저 미리 계획해 놓은 신적 섭리, 인간의 힘으로 극복할 수 없는 곤란에 개입하는 초자연적 기적, 죄책감에서 해방하는 하느님의 구원, 죽음으로 경계 지어진 현실을 넘어선 영생의 희망 등은 비극의 핵심을 구성해 주는 중심 주제와 첨예한 갈등을 일으킬 수밖에 없다. 더 거슬러 올라가면 1세기 예수 그리스도의 복음이 그레코-로마 문명권으로 전파될 때 (그리스의 비극이 아니라) 플라톤주의 형이상학이 신학의 파트너가 된 이

---

47   Rowan Williams, *The Tragic Imagination* (Oxford: Oxford University Press, 2016), 1-11에서는 비극의 정의에 관한 간략한 정보를 잘 정리해 주고 있다.

48   비극의 어원 및 간략한 역사는 다음을 참고하라. 「비극」, 『드라마사전』 김광요 외 4인 편(파주: 문예림, 2010), https://terms.naver.com/entry.nhn?docId=390136&cid=426 12&categoryId=42612(2020. 1. 31. 최종 접속).

래, 그리스도교 신앙은 비극적 상상력이 자라기에 그리 적절한 터가 되어 주지 못했다. 하지만 로완 윌리엄스의 시각에서 볼 때 형이상학적 사유에 잘못 사로잡히거나, 대중적 낙관주의에 물든 신앙 때문에 비극의 중요성을 잃어버리는 것이야말로 인류의 비극이라 할 수 있다.

그렇다면 과연 그리스도교적 비극이 가능한가? 비극은 적절한 신학적 범주가 될 수 있는가? 고통의 보편성과 삶의 불공정함을 이야기하는 비극이 과연 사랑과 정의의 하느님을 예배하는 그리스도교 신앙과 공존할 수 있는가? 성서의 다양하고 풍성한 이야기를 '교리주의적'으로 읽어 낸다면, 아마도 비극의 핵심 요소인 갈등, 의심, 배신, 무지 등은 올바르고 굳건한 신앙으로 이겨 내야 할 인간 경험의 부정적 차원에 머물지 모른다. 하지만 이론이 만들어 내는 질서보다 삶의 복잡성과 무규정성을 우선시하는 로완 윌리엄스의 접근법은 성서와 신학 속에서 독특한 '비극적 상상력'을 발견하게 도와준다.

윌리엄스가 '신학자로서' 비극에 갖는 애정으로 인해, 그는 문학을 이론과 실천의 중요한 자료로 사용한다. 그는 고등학교 때 접했던 셰익스피어(William Shakespeare)의 대표 비극 『리어왕』(*King Lear*)을 통해 '비극적 요소'의 중요성을 깨달았고, 그 후 비극적 사유를 계속해서 실험하였다.[49] 다른 한편 그가 비극을 '신학적으로' 진지하게 사고하게 된 데는 케임브리지 대학교에서 만났던 철학자

---

49 Williams, *The Tragic Imagination*, 1.

도널드 맥키넌의 역할을 빼놓을 수 없다. 이 특별한 철학자는 형이 상학의 추상성이 삶의 구체성과 모호성을 파괴하는 것을 경계했고, 신학적 언어와 논리 속에 비극의 자리를 되찾으려 했다. 이를 위해 그는 다음의 두 가지 자명한 진리를 사고의 출발점에 놓았다.[50] 첫째, 인간 실존은 유한하다. 둘째, 시간을 되돌리는 것은 불가능하다. 이 기본 전제를 심각히 고려한다면 역사적 존재로서 인간의 삶을 설명하는 근본 범주로 '비극'을 요구할 수밖에 없다.

시간의 불가역성은 인간이 시간 속에서 '상실의 과정'을 겪어 내야 한다는 말이기도 하다. 즉, 인간은 '궁극적인 것'을 상실하기 때문이 아니라, '상실 자체'를 결코 피할 수 없는 '궁극적'인 것으로 경험하기에 비극적 존재다.[51] 삶에 '편재'하는 것은 상실의 고통이지만, 인간의 언어와 경험으로는 상실의 의미를 제대로 포착할 수도 설명할 수도 없다.[52] 비극적 세계가 자아내는 연약함, 두려움, 의심, 갈등 등을 어떻게든 해소할 수 있다는 맹목적 신념이나 희망을 불어넣는다면, 그것이 정치든 자본이든 과학 기술이든 종교든 상관없이 모두 현실에 폭력을 가하는 셈이다.

유한한 인간이 살아가는 세계는 모호하고 복잡한 시공간이다. 따라서 세계는 인간의 선한 의도가 꺾일 뿐만 아니라 '오염'되는 굴

50 Donald MacKinnon, "Some Notes on the Irreversibility of Time", in *Explorations in Theology* (London: SCM, 1979), 90-98, Williams, *The Tragic Imagination*, 120.

51 Williams, *The Tragic Imagination*, 113.

52 Williams, *The Tragic Imagination*, 127.

곡진 장소다. 세계-내-존재로서 인간은 자신의 의도와 행위 사이의 불일치뿐만 아니라, 자신의 말과 행동과 결과 사이의 부조화도 늘 경험한다. '나와 너' 사이의 비극적 간격은 서로를 이해하는 '험난한' 과정을 거치며 더욱 크게 벌어진다. 이런 현실이 싫어 상대의 해석과 수용 방식마저 내 뜻대로 조종하려 하거나, 내 의도가 오해되고 왜곡될까 두려워 아무 행동을 하지 않으려는 것은 인간성 자체로부터 퇴각하는 일일 뿐이다.[53]

인간의 사회성 역시 매끈한 이론으로 삶을 규정하려는 욕망에 저항하는 아이러니와 딜레마를 만들어 낸다. 헤겔(G. W. F. Hegel)의 통찰을 빌려오자면, 인간 실존의 비극성은 슬픔, 비애, 후회 같은 감정의 과잉에서 나오지 않는다. 현실에서는 각기 정당성을 가진 둘 이상의 이야기가 있기 마련이고, 이들이 충돌하며 생기는 긴장 속에서 인간은 결정을 내리며 살아야 한다는 사실에 삶의 비극성이 있다.[54] 이를 무시할 때, 우리는 "주위 사람들에게 우리들의 이야기가 옳다고, 반대편에서 겪는 고통이 얼마나 극심하든, 반대편이 얼마나 커다란 비극 속에 있든 간에 우리의 고통과 비극에 견주면 아무것도 아니라는 데 동의해 주기를"[55]강요하게 된다. 나와 너의 이야기가 자아내는 갈등을 외면할수록 삶 속의 모순과 비극은

---

53 Williams, *The Tragic Imagination*, 113-114.

54 참고. Walter Kaufmann, *Tragedy and Philosophy* (Princeton: Princeton University Press, 1979), 201-202.

55 로완 윌리엄스, 『삶을 선택하라』, 민경찬 · 손승우 옮김(서울: 비아, 2017), 182.

더욱 심각해지고 두려움과 적개심은 커진다.

세계의 복잡성, 인간 삶의 다원성, 개인의 나약함을 고려할 때 우리는 도덕적 보상이나 삶의 안정에 대한 약속 없이 하루하루를 살아 내야 하는 곤고한 존재다. 삶 속에서 비극과 마주하는 것이 불가피하기에, 우리에게는 상실과 오해로 생긴 고통을 '해피엔딩'으로 갚고 싶어 하는 소박한 소망을 '탈신화화'할 수 있는 지혜가 필요하다.[56] 이를 위해 윌리엄스는 성서의 두 책을 비극적으로 독해함으로써 그리스도교적인 비극적 상상력이 어떤 것인지 알려 준다.

우선 구약의 욥기는 비극적 세계를 '신학적' 논리에 집착하여 설명하는 것이 얼마나 부적절하고 허무한지를 (특별히 욥의 친구들을 통해) 보여 준다. 욥의 고난 앞에서 세계가 신적 섭리를 투명하게 보여 주는 것인 양 설명하던 언어는 곧 무너져 버린다. 욥도 처음에는 친구들과 마찬가지로 자신의 무고하고 부당한 고통에 대한 설명을 요구했다. 하지만 욥에게 주어진 것, 그리고 욥이 실제 필요했던 것은 고통에 관한 논리적 설명(explanation)이 아니라, 자신의 정당성에 대한 입증(vindication)이었다.[57] 결국 하느님이 나타나셔서 욥의 억울함을 푸셨다. 자녀와 재산을 잃은 괴로움에 대해 보상받듯 욥은 이전보다 더 많은 자녀와 재산의 복을 누렸다. 그렇다고 욥기의 결말이 비극의 무게에서 벗어난 것은 아니다. 새롭게 얻은 자녀와 재산이라도 소멸의 보편적 운명에서 면제된 것도 아니고, 새로 얻

---

56   Williams, *The Tragic Imagination*, 127.

57   Williams, *The Tragic Imagination*, 117.

은 아들딸을 본다고 해서 욥의 뇌리에 각인된 고통스러운 기억이 사라지지도 않는다. 과거의 상실과 현실의 풍요 사이에 깊고 넓게 벌어진 틈 속에서 살아야 하는 욥은 여전히, 아니 어쩌면 더욱 비극적인 존재다.

신약의 요한복음은 계시의 비극적 지평을 보여 주는 놀라운 고전이다. 공관복음서에 비해 요한복음은 나사렛 예수의 수난과 고통을 덜 생생하게 묘사하지만, 이 책은 인간이 되신 하느님의 아들을 중심으로 비극의 구조가 형성되기에 비극에 새로운 깊이를 더한다. 요한복음은 첫 장부터 참된 빛이 세상에 들어왔으나 사람들이 이를 알기 원하지 않는다는 것을 보여 준다.[58] '진리의 계시'와 '진리를 안다는 것' 사이의 부조화가 전례를 찾을 수 없을 정도로 첨예하게 드러난 셈이다.[59] 진리와 무지 사이의 비극적 갈등은 예수 그리스도와 빌라도 사이의 대화에서, 그리고 허무한 시상 권세에 의해 신문받고 죽임당하는 진정한 왕이라는 아이러니를 통해 정점에 이른다. 요한의 세계에서는 인격화된 하느님마저도 사람들의 오해에서 자유롭지 않고, 그분의 선한 의지마저 인간의 무지와 욕망 때문에 심각히 굴절되고 훼손된다.[60] 인간을 회복하고 치유하기 원하시는 '하느님'과 역사를 변화시키고자 힘을 포기하고 인간의 기대마저 저버

---

58 로완 윌리엄스, 『심판대에 선 그리스도: 우리의 판단을 뒤흔드는 복음에 관하여』, 민경찬·손승우 옮김(서울: 비아, 2018), 137-139.

59 Williams, *The Tragic Imagination*, 120.

60 Williams, *The Tragic Imagination*, 121.

리는 '하느님' 사이의 비극적 간격이 이렇게 계시된다.[61]

하느님의 아들이 성육신한 장소인 세계, 하느님의 사랑의 대상인 세계는 이러한 비극성을 지닌 곳이다. 고통을 싫어하는 인간의 본능은 삶을 비극 대신 희극으로 만들려는 노력을 낳기 마련이다. 하지만 삶의 비극성을 인정하지 않고 무조건 비극적인 것을 넘어서고 회피하려 할 때 인간의 삶은 더욱더 끔찍해지고 폭력적으로 변해간다. 그런 의미에서 그리스도교 계시에 은밀히 결부된 비극적 언어와 논리에 집중할 필요가 있다. 비극에 대한 로완 윌리엄스의 선호 때문에 그의 글 곳곳에서 다른 신학자들의 책에서 접하기 힘든 대량 학살, 테러, 이혼, 약물 중독, 시위 등의 소재가 자주 등장한다. 그리스도교 복음은 이러한 비극적 요소를 말소하거나 회피할 것이 아니라 비극적 현실이 바로 하느님 은총을 만나는 구체적 장소임을 계시한다. 따라서 그리스도인은 성육신, 수난, 죽음, 부활에 이르기까지 그리스도 사건의 비극적 성격을 읽어 내고, 역사 속에서 진행되는 신적 비극 속에서 자신의 위치를 볼 수 있어야 한다.[62]

---

61 Williams, *The Tragic Imagination*, 133.

62 성육신 사건은 하느님이 인간이 되셔서 비극적 삶에 육체적으로 참여하심을 보여 준다. 십자가는 배신, 고통, 비밀, 폭로, 상실, 죽음 등 비극의 중심 주제가 하느님이 인간을 구원하고 역사를 변혁하시는 방식과 관계가 있음을 계시한다. 부활과 승천은 새 생명이 주어졌음에도 인간의 삶이 종말 때까지 비극적 구조에서 완전히 벗어나지 못함을 알려 준다. 이하 내용의 일부분은 다음 서평에서 사용한 통찰과 표현에 어느 정도 의존한다. 김진혁, 「비극적 세계에 드리운 희망의 빛」, 『뉴스앤조이』(2018. 1. 8.), http://www.newsnjoy.or.kr/news/articleView.html?idxno=215242(2020. 1. 31. 최종 접속).

십자가 사건은 자신이 옳다고 생각하든 잘못되었다고 생각하든 간에, 너나 할 것 없이 모든 이가 자신의 내면을 들여다보게 하며 주님의 죽음이라는 연극에서 자신이 어떠한 배역을 맡고 있는지를 묻게 합니다. 이 연극에서 무고한 인물은 단 한 명뿐이며 그 인물은 저나 여러분이 아닙니다. … 그러나 부활의 날이 암울한 인식은 완전히 뒤집힙니다. 우리는 모두 예수의 죽음에 연루되어 있습니다. 그러나 모든 인간이 저지를 실패와 잘못의 무게가 아무리 무겁다 할지라도 하느님의 창조적인 사랑은 짓누를 수가 없습니다.[63]

'나의 이야기'와 '너의 이야기'가 대립할 때 '네가 틀렸다'고 규정하며 실존의 비극성을 제거하려는 마음의 관성에, 그리스도의 십자가와 부활을 배경으로 우리의 삶을 바라봄으로써 제동이 걸린다. 물론 부활 이후에도 세계는 "시시각각 분쟁이 일어나며 갈등이 찾아오고 역사가 멈추지 않는 세계, 변호와 불안정함이 주문 한마디로 바뀌지 않는 세계, 몇몇 위대한 지도자나 천재가 펜을 휘갈기거나 칼을 휘두르는 것으로 바뀌지 않는"[64] 곳이다. 하지만 이러한 비극적 세계로 하느님은 인간이 되어 들어오셨고 비극의 무게를 직접 짊어지셨다. 이로써 그분은 비극에 관한 우리의 인식뿐만 아니라 비극적 세계의 본질도 바꾸어 놓으셨다. 십자가와 부활은 신적 사

63   윌리엄스, 『삶을 선택하라』, 191-192.
64   윌리엄스, 『삶을 선택하라』, 88.

랑의 불꽃이 인간의 배신, 갈등, 의심, 거짓, 폭력에도 결코 꺼질 수 없음을 입증했다. 비록 세계에 복잡하게 얽혀 있는 비극적 구조는 사라지지 않더라도, 그곳은 이미 "우리가 하느님을 향해 성장할 곳, 갈등과 폭력을 넘어 화해를 이뤄 나갈 곳, 각자의 연약함에도 불구하고 서로 벗이 되어 희망을 나눌 곳으로 변모"[65]하였다.

하지만 비극적 세계에 속한 인간의 끈질긴 '설명 욕구'는 각자가 가진 자기중심성과 제한된 지식 때문에 또 다른 폭력을 만들어 내고 비극의 무게만 더할 위험이 있다. 앞서 언급했듯 성서는 파편화된 세계에 속한 우리에게 '설명'이 아니라 '정당성에 대한 입증'이 필요함을 알려 준다.[66] 맥키넌이 강조하듯 이해의 영역을 넘어서는 바에 대해 "단지 우리는 묘사하고 또 묘사할 수만 있을 뿐이다."[67] 고통에 대한 완전한 설명이나 보상에 대한 강박을 내려놓을 때, 상실의 경험을 언어화하고 아픔을 이야기하고 서로 공감하는 일이 오히려 신학적·실천적·문화적으로 의미를 얻게 된다.[68] 세계의 비극성을 가리거나 감소시키려 하지 않을 때, 개인적으로나 사회적으로 애도와 슬픔과 공감의 가능성과 필요성이 올바로 인정된다.

---

65 김진혁, 「비극적 세계에 드리운 희망의 빛」.

66 심지어 예수 그리스도가 하느님의 아들 되심, 그리고 그분의 부활이 일어난 방식은 설명의 대상이 아니다. 바울이 말했듯, 그리스도는 죽은 자들 가운데서 부활하셔서 하느님의 아들로 '선포'(롬 1:4)되셨다.

67 Donald MacKinnon, "Atonement and Tragedy", in *Borderlands of Theology and Other Essays* (London: Lutterworth Press, 1968), 104.

68 Williams, *The Tragic Imagination*, 124.

불안함과 두려움 때문에 비극적 간격을 좁히기 원하는 인간의 보편적 욕망에 저항하면서 성서를 읽어 내기는 쉽지 않다. 게다가 부활의 종교인 그리스도교가 비극을 이토록 심각하게 여길 수 있느냐는 비판이 신학자뿐만 아니라 고전 문학자에게서 나오기도 한다.[69] 윌리엄스 역시 부활 때문에 그리스도교가 '궁극적 비극'은 허용하지 않는다는 데는 동의한다. 그러나 부활에 대한 믿음이 계시와 세계가 마주치며 내는 비극적 울림을 침묵시켜서는 안 될 뿐만 아니라, 부활이 현실을 살아가는 이들을 위한 비극적 상상력의 적절한 문맥을 만들어 냄을 간과해서도 안 된다.

결론적으로 말하자면, 그리스도인이 된다는 의미는 세계의 비극성을 깊이 인식하면서 믿음과 소망과 사랑을 가꾸어 가는 제자도의 삶과 밀접히 관련된다. 물론 '비극적' 지향성이 변혁적 활동이나 저항의 중요성을 충분히 심각하게 다루지 못하는 것처럼 보일 수도 있다. 하지만 비극적 상상력은 우리 마음에 "환상 없이 실재가 보이고 견딜 수 있는 세계를 점차 형성"[70]함으로써, 세계와 인간 삶에 대한 새로운 언어와 지각을 가능하게 한다. 고통이 감소하거나 위로받을 수 있다는 보장 없이도 아픔을 이야기함으로써 은폐되었

---

69 로완 윌리엄스는 대표적으로 존 밀뱅크와 데이비드 벤틀리 하트의 비판을 소개하고 이에 응답한다. 고전학자 에디스 홀이 로완 윌리엄스의 비극적 비전에 가한 비판도 참고하라. Williams, *The Tragic Imagination*, 108-111; Edith Hall, "Rowan Williams' Tragic Mistake", *Prospective Magazine* (2016. 11. 17.), https://www.prospectmagazine. co.uk/magazine/rowan-williamss-tragic-mistake(2020. 1. 31. 최종 접속).

70 Williams, "Trinity and Ontology", in *On Christian Theology*, 164.

던 고통마저 가시화될 때, 상처의 기억은 예상치 않은 방식으로 미래의 가능성을 공동체와 개인 앞에 새로이 열어 놓는다.[71] 이처럼 정답은 비록 없을지라도 현실의 고통을 묘사하고 나눌 수 있고 폭력과 상실로 점철된 사회에서 경청과 공감과 연대의 삶을 살아가게 이끌고 있다는 점이 오늘날 윌리엄스의 신학이 주목받고 폭넓은 독자층을 형성하고 있는 결정적 이유 중 하나다.

VII. 평가와 전망

지금도 살아 있고 왕성하게 활동하는 신학자로서 로완 윌리엄스의 사상과 그 의미를 전반적으로 평가하기란 사실 쉽지 않다. 그의 이전 작업을 전체적으로 파악하기도 힘들뿐더러, 앞으로 저술 활동을 어떤 방식으로 정리하고 끝낼지 예측하기는 더욱더 힘들기 때문이다. 게다가 신학을 하면서 논리적 일관성을 강박적으로 추구하는 것을 경계하고, 삶으로 형성해 가는 일관성을 강조하는(달리 말하면 삶이 모호함을 인정하고자 학문의 일관성마저 어느 정도 희생하는) 특수성 때문에, 그의 사상 전반을 추상적으로 논하기보다는 글 하나하나의 구체적 의미를 따져 물어보는 것이 더 적절할지도 모른다.

사실 윌리엄스 신학의 '비체계성'은 이 글에서 묘사했던 것보다

71　이를 로완 윌리엄스는 마사 누스바움(Martha Nussbaum)의 표현을 빌려 '치료법 없는 치유'(healing without cure)라고 부른다. Williams, *The Tragic Imagination*, 118.

조금 더 조심스럽게 다뤄져야 한다. 최근 동향을 보더라도 19세기와 20세기 초중반까지 조직신학에서 추구하던 '엄밀한' 체계에 대한 비판은 현대신학자 사이에서 어느 정도 공감대를 이루고 있다.[72] 그리고 인간의 사고가 형성되고 소통하기 위해 '체계'가 전혀 없을 수는 없기에, 유연하고 개방적인 체계의 중요성에 대한 논의도 무르익고 있다.[73] 윌리엄스가 자신의 신학적 체계를 '건축'하지 않는다고 하여 그가 암묵적으로 만들어 가거나 전제하고 있는 사고의 틀이 아예 없다고 말하기도 힘들다. 조금 더 적절히 평가하자면 윌리엄스의 신학이 자아내는 다소 모호한 느낌은 단순히 체계적인 방법론이 없어서라기보다는 문학, 예술, 정치, 경제 등 여러 소재를 글에 품으면서도 이들을 신학적으로 재단하고 줄 세우기보다 각자의 이야기가 충실히 들리도록 하는 그의 태도에서 나왔다고 할 수 있다.

이러한 윌리엄스의 독특한 접근법이 가진 의의를 다른 각도에서 검토해 볼 필요도 있다. 그에게 신학적 체계나 방법론이 덜 중요해 보여도, 힉턴이 이야기했듯 그의 글에는 '영성이 각 개인의 삶을 형성하는 방식'과 '신앙이 (넓은 의미의) 정치적 함의를 반드시 가짐'을 함께 보여 주는 일관성이 흐른다.[74] 또한 옥스퍼드-케임브리지 대학

---

72 예를 들어 위르겐 몰트만(Jürgen Moltmann)도 1980년대 이후 자신의 중요 저서를 '조직신학'이 아니라 '조직신학적 기여'라고 부른다.

73 참고. Christine Helmer, "Introduction", in *Schleiermacher and Whitehead: Open Systems in Dialogue*, ed. Christian Helmer et al. (Berlin: Walter de Gruyter, 2004).

74 Mike Higton, "Rowan Williams", https://www.youtube.com/watch?v=qaOXtJVPk7A (2020. 1. 31. 최종 접속). 특히 7:09-7:45을 참고하라.

교로 대변되는 '학문으로서 신학'과 캔터베리 대주교로 상징되는 '공동체로서 교회' 사이를 오가며 발생한 사라지지 않는 창조적 긴장도 그의 글에서 (시대에 따라 논조나 색깔은 변할지라도) 계속해서 발견된다. 이런 방식으로 그는 자신의 사상과 경험을 글에 풍성히 녹여 냄으로써 현대 사회를 살아가는 다양한 사람의 복잡한 관심사를 담을 수 있는 크고도 비옥한 해석과 상호 작용의 공간을 열어 놓고 있다.

오늘날 세계 곳곳에 뛰어난 신학자가 많음에도 윌리엄스의 신학이 주목을 받는 이유는 그를 통해 여러 신학적 전통, 현대 철학, 그리스도교적 실천이 만나고 통합되고 있기 때문이다. 그에게 결정적 영향을 준 (그리고 그의 글에서 흔적이 뚜렷이 발견되는) 현대신학자는 정교회의 블라디미르 로스끼, 가톨릭의 앙리 드 뤼박(Henri de Lubac)과 칼 라너(Karl Rahner), 한스 우르스 폰 발타사르, 개신교의 칼 바르트(Karl Barth)와 디트리히 본회퍼(Dietrich Bonhoeffer) 등이다. 그의 신학이 지나치게 철학적이라 비판을 받기도 하지만, 그의 사상에는 G. W. F. 헤겔, 루트비히 비트겐슈타인, 도널드 맥키넌, 질리언 로즈(Gillian Rose) 등의 철학자가 흥미롭게 상호 작용하며 전통 교리를 현대적 관심사와 접목할 수 있는 통찰을 길러 준다. 영문학과 러시아 문학에 대한 특별한 관심은 그리스도교 역사(특별히 영성사)에 대한 해박한 지식과 어우러져 현대인의 실증적이고 실용주의적인 사고로는 놓치기 쉬운 인간성의 심연을 볼 수 있는 안목을 제시한다. 주교로서, 그리고 학교 행정가로서 축적된 지혜는 신학이 단지 머리로 만들어 가는 것이 아니라, 감정과 욕망과 기억의 장소인 몸을 가진 인간의 사회적·정치적 경험과 공명을 일으킬 수 있어야 함을 설득한다. 이런 방식으로 그는 현대인의 경험에 담긴 복잡다단한 요인들을 단순화하지 않으면서 신학을 하고 신앙인으로서 살아가는 법을 고민할 기회를 제공한다.

문명 비판가이자 현대인을 위한 사목자이기도 했던 윌리엄스의 신학 이면에는 안정된 삶에 대한 추구가 생산하는 폭력에 대한 비판이 놓여 있다. 세련된 방식으로 인간의 욕망을 길들이고 속박하는 현대 문명의 기만과 허식, 개인과 공동체가 가진 고유성을 압살할 정도로 힘을 키워 버린 정치와 경제는 신학자의 자리를 서재로부터 삶의 현장으로 옮겨 놓는다. 따라서 그는 '어려운' 신학을 추구한다. 그 어려움은 본질적으로 내용이 복잡하고 문장이 난해하기 때문이 아니라, 우리가 좋은 삶에 대한 확고한 신념으로 형성한 혹은 주변 환경과 타협의 실파로 만들어 낸 나름 잘 작동하는 세계관의 위선을 '불편할 정도로' 드러내려 하기 때문이다. 로스끼의 부정신학의 언어를 빌려 그가 "신학은 … 심지어 십자가형이어야만 한다"[75]라는 극적 표현을 쓰는 이유도 여기에 있다. 하지만 십자가라는 끔찍한 사건에서 하느님의 자비가 경험되듯, 많은 독자가 윌리엄스의 '어려운' 글을 읽으면서 따스한 인간미, 특별히 약자에 대한 공감을 발견할 수 있다고 말한다. 이것은 그의 선한 성격과 그리스도교적 가치를 삶의 습관에 새겨 넣은 오랜 수행이 있어 가능하기

---

75   Williams, "Lossky, the *Via Negativa* and the Foundation of Theology", 14.

도 했지만, 그의 신학의 기본 전제에서 나올 수 있는 궁극적 결론이
기도 하다. 신비이신 하느님의 형상, 즉 삼위일체의 형상으로 창조
된 "인간은 … 이 세상의 어떤 '것'과도 동일시될 수 없고, 특정 유
형의 개인으로도 환원될 수 없다."[76] 인격적 존재를 다른 무언가로
대체하거나 인간 각각의 고유성을 무시하려는 비인간적 생각을 폭
로하고, 자아의 독립성과 안전을 위해 다른 자아를 배제하거나 반
대하려는 불안을 언어화하여 현대인이 대면하게 하는 것, 이로써
타자를 경청하고 타자의 타자성을 볼 수 있는 '성화된 능력'을 기르
게 돕는 것이 오늘날 신학의 과제인 셈이다.

   윌리엄스의 '케노시스'적 접근법에 따르면, 자신의 욕망을 충족
함으로 행복해지려는 욕망을 '비우고', 성육신하신 하느님을 따라
사회적 상호 교환의 망 속에 자신을 다른 사람의 기쁨의 계기가 되
도록 서로 내어놓을 수 있어야 한다. 하지만 이러한 신학적 비전이
아무리 옳다 할지라도, 인간의 복잡한 마음은 그리 단순히 정화되
지 않는다. 자신의 욕망을 만족시키거나 투사함으로써 쾌락을 얻
고, 그러한 기쁨을 개인의 행복이라 여기는 인류의 오랜 습관에 저
항하기란 매우 어렵다. 기득권은 계속해서 권력과 부를 독점하려
할 것이고, 빈곤한 이들은 다른 사람들처럼 평안하고 안정적인 삶
을 사는 것을 정당하게 갈망할 것이며, 나라가 약해지고 가난해질
까 두려워 기꺼이 부패와 억압을 용납하려는 이들도 많을 것이고,

---

76   Williams, "Lossky, the *Via Negativa* and the Foundation of Theology", 13. 그런 의
   미에서 "죄의 뿌리는 인격성을 개인성과 혼동하는 것이다."

미디어의 발전으로 남녀노소 할 것 없이 자기를 타인과 끝없이 비교하며 콤플렉스에 더욱 시달리게 될 것이다.

윌리엄스는 이 같은 현대 사회를 옳고 그름의 기준으로 판단하기보다는, 현실을 비극적 세계의 일부로서 가식 없이 인정하며 이를 공감과 연민의 시선으로 응시하려 한다. 그리스도교는 비극의 구조에 속한 우리가 이 세계를 벗어난 어딘가를 향한 희망을 불태우게 하는 종교가 아니다. 비극 속으로 성육신하신 그리스도를 따라 서로의 가치와 존엄을 발견하고, 이를 지키고자 삶을 나누고 노력을 기울이도록 상상력과 언어를 제시하는 것이 바로 신학의 사명이다. 사람들 사이의 신뢰가 점차 사라지고, 권력 획득을 위한 도구로 증오가 활용되며, 인구의 급격한 유동성에 따른 경계심이 퍼져가고, 경제적 양극화로 인한 사회적 유대가 깨지며, 미래에 대한 불확실성이 증대하며 두려움도 함께 기긴 오늘날이기에, 환대와 존엄을 신학적 사유와 실천의 중심에 가져다 두는 윌리엄스의 목소리가 더욱 중요하게 들릴 수밖에 없다.

더 읽을거리

『그리스도인이 된다는 것: 세례, 성경, 성찬례, 기도』

• 로완 윌리엄스, 김기철 옮김, 서울: 복있는사람, 2015.

이론보다 실제 삶, 개인의 경건보다 공동체적 실천이 그리스도교 신앙의 핵심에 위치해 있다는 로완 윌리엄스의 신념이 아름답게 형상화된 책이다. 반복되는 신앙생활 속에 형식화되기 쉬운 신앙의 핵심 요소인 세례, 성경 읽기, 성찬례, 기도의 깊은 의미를 이론적 명료함과 실천적 지혜의 조화를 통해 새롭게 발견하도록 도와준다. 얼핏 보면 교회라는 테두리 안에서 일어나는 활동들을 통해 그리스도교를 설명하는 것 같지만, 사실 세례와 성경과 성찬례와 기도를 통해 그리스도인은 교회 밖 정치, 문화, 교육, 예술 등과 특유의 관계를 맺게 됨을 보여 주는 책이기도 하다. 같은 출판사에서 2017년과 2019년에 각각 나온 『제자가 된다는 것』과 『인간이 된다는 것』과 함께 '로완 윌리엄스의 신앙의 기초 3부작'으로 기획되었다. 전문 신학 교육을 받지 않은 일반 독자를 위해 쓰인 작품인 만큼 이 시대 가장 중요한 신학자이자 주목받는 문화비평가로서 윌리엄스의 모습을 알아 가는 데 좋은 안내가 될 수 있다.

『과거의 의미: 역사적 교회에 관한 신학적 탐구』

• 로완 윌리엄스, 양세규 옮김, 서울: 비아, 2019.

성공회 출판사인 비아는 국내에서 로완 윌리엄스를 국내에 소개하는 데 가장 큰 역할을 담당하고 있다. 『신뢰하는 삶』(2015)을 시작으로 지금까지 『삶을 선택하라』(2017), 『심판대에 선 그리스도』(2018), 『복음을 읽다』(2018), 『그리스도교』(2019), 『사막의 지혜』(2019), 『과거의 의미』(2019), 『바울을 읽다』(2020) 등을 펴냈다. 비아에서 선보이는 그의 저작들은 다양한 주제를 품고 그 나름의 장점들이 있지만, 『과거의 의미』는 그중에서도 특별한 중요성을 가진 책이다. 이 책은 과거와 현재와 미래의 모든 성도와 함께 '그리스도의 한 몸을 이룬 그리스도인'으로 살아가는 데 역사의 중요성과 필요성을 탁월하게 풀어낸 수작이다. 인간이라면 누구나 '역사적' 존재라는 점을 고려할 때, 이 책은 과거의 지혜와 접촉점을 잃어버린 모든 현대인에게 어떻게 과거와 관계를 맺고 역사를 읽어야 할지에 관한 놀라운 실천적 통찰을 안겨 준다.

On Christian Theology

• Rowan Williams, Oxford: Wiley-Blackwell, 2000.

오늘날의 명성에 비할 바는 아니지만 로완 윌리엄스는 1990년대 초반에 주교로 부름받기 이전부터 현대신학을 이끄는 젊은 신학자 중 한 명으로 손꼽히곤 했다. 그의 30대와 40대 초반에 출판했던 논문을 중심으로 구성된 이 책은 신학의 본질, 삼위일체론, 창조론, 그리스도론, 성령론, 인간론, 성사론, 신학적 윤리 등 여러 주제를 아우르고 있다. '비조직적'인 신학을 추구하는 윌리엄스의 글을 그나마 가장 '조직적'으로 접하게 해 주는 책이기도 하다. 현대신학과 철학적 주제를 예리하게 파헤치는 다양한 논문을 편집하여 출판한 『천사와 씨름하기』(Wrestling with Angels)와 함께 읽으면 그의 신학 전반을 바라보는 큰 그림을 그릴 수 있으며, 그가 그리스도교 전통에 깊이 잠겨 있으면서도 동시대적 문제와 열린 마음으로 대화하는 사상가임을 발견하게 된다.

『성공회: 역사와 미래』

• 마크 채프먼 지음, 주낙현 옮김, 서울: 비아, 2014.

독자가 책을 어떤 방식으로 해석하는지를 저자가 결정할 수는 없다지만, 저자의 의도와 배경에 대한 적절한 이해는 독서에 깊이를 더하고 텍스트의 새로운 의미 지평을 열어 준다. 비록 로완 윌리엄스가 정교회, 가톨릭, 루터교, 개혁교회 신학을 아우르는 사상을 전개하고 그의 독자가 다양한 배경을 가진 사람들로 이루어져 있지만, 그의 글을 읽을 때 다음은 잊지 않았으면 한다. 그는 어린 시절부터 성공회 교회에서 교육받으며 자랐고, 오랜 성공회 전통에서 숙성한 지혜를 현대적으로 재해석해 왔으며, 세계 성공회를 대변하는 캔터베리 대주교였다. 그렇기에 성공회의 역사, 전통, 신학에 대한 전이해의 유무는 윌리엄스를 읽을 때 큰 차이를 만들어 낸다. 물론 세계 역사에서 성공회의 위치와 중요성을 고려할 때, 성공회를 안다는 것은 그리스도교에 대한 균형 잡힌 시각을 형성하는 데도 몹시 중요하다. 한국의 많은 그리스도교인에게 아직은 낯선 성공회를 이해하는 데 옥스퍼드 대학교 출판부의 저명한 문고판 시리즈 〈A Very Short Introduction〉에 속한 마크 채프먼의 『성공회: 역사와 미래』만큼 신뢰할 만한 안내서를 찾아보기도 쉽지 않다.

『동방교회의 신비신학에 대하여』

● 블라디미르 로스끼 지음, 박노양 옮김, 서울: 한국장로교출판사, 2003.

로완 윌리엄스는 러시아의 정교회 신학자 블라디미르 로스끼에 관한 박사 논문을 작성했고, 로스끼의 신학은 그의 사상에 지속적인 영향을 끼쳤다. 특별히 로스끼는 이 책에서 신비주의와 신학, 혹은 신적 신비와 교회의 교리가 정교회에서는 결코 분리된 적이 없음을 보여 준다. 이러한 통찰은 윌리엄스의 신학의 내용만이 아니라 방법론에서도 발견할 수 있다. 물론 윌리엄스는 정교회의 신학을 단순 반복하지 않고 관심 있는 여러 철학적 · 문학적 주제와 연결하기도 하고 서방교회 전통과 창조적 대화의 가능성을 열어 보기도 한다. 아직 국내에 윌리엄스의 '학술적' 서적이 출판되지 못해 아쉽지만, 20세기 동방 정교회 신학의 고전으로까지 평가받는 로스끼의 책을 읽노라면 그 아쉬움을 충분히 위로받고도 남는다.

참고문헌

김진혁. 「비극적 세계에 드리운 희망의 빛」. 『뉴스앤조이』(2018. 1. 8.). http://www.
newsnjoy.or.kr/news/articleView.html?idxno=215242(2020. 1. 31. 최종 접속).

『드라마사전』. 김광요 외 4인 편. 파주: 문예림, 2010. https://terms.naver.com/en
try.nhn?docId=390136&cid=42612&categoryId=42612(2020. 1. 31. 최종 접속).

로스끼, 블라디미르. 『동방교회의 신비신학에 대하여』. 박노양 옮김. 서울: 한국장
로교출판사, 2003.

윌리엄스, 로완. 『그리스도인이 된다는 것: 세례, 성경, 성찬례, 기도』, 김기철 옮김.
서울: 복 있는 사람. 2015.

_____. 『삶을 선택하라』. 민경찬 · 손승우 옮김. 서울: 비아, 2017.

_____. 『심판대에 선 그리스도: 우리의 판단을 뒤흔드는 복음에 관하여』. 민경
찬 · 손승우 옮김. 서울: 비아, 2018.

Augustinus, *De Trinitate*, XV. 『삼위일체론』. 성염 옮김. 칠곡: 분도출판사, 2015.

Hall, Edith. "Rowan Williams' Tragic Mistake." *Prospective Magazine* (2016. 11.
17.). https://www.prospectmagazine.co.uk/magazine/rowan-williamss-
tragic-mistake(2020. 1. 31. 최종 접속).

Helmer, Christine. "Introduction." In *Schleiermacher and Whitehead: Open
Systems in Dialogue*. ed. Christian Helmer et al. Berlin: Walter de Gruyter,
2004.

Higton, Mike. *Difficult Gospel: The Theology of Rowan Williams*. London:
SCM, 2004.

_____. "Rowan Williams." https://www.youtube.com/watch?v=qaOXtJVPk
7A (2020. 1. 31. 최종 접속).

Kaufmann, Walter. *Tragedy and Philosophy*. Princeton: Princeton University
Press, 1979.

Kerr, Fergus. *Theology after Wittgenstein*. Oxford: Blackwell, 1986.

Kim, JinHyok. "The Wounded Grace: Memory, Body and Salvation in Endō Shūsaku and Rowan Williams." *Expository Times* 24, no. 8 (2013): 374-383.

MacKinnon, Donald. *Borderlands of Theology and Other Essays*. London: Lutterworth Press, 1968.

_____. *Explorations in Theology*. London: SCM, 1979.

Myers, Benjamin. *Christ the Stranger: The Theology of Rowan Williams*. London: T & T Clark International, 2012.

Shortt, Ruppert. *Rowan Williams: An Introduction*. Harrisburg: Morehouse, 2003.

_____. *Rowan's Rule: The Biography of the Archbishop*. London: Hodder & Stoughton, 2008.

Williams, Rowan. "The Spirit of the Age to Come." *Sobornost* 6, no. 9 (1974): 613-626.

_____. *On Christian Theology*. Oxford: Blackwell, 2000.

_____. *The Tragic Imagination*. Oxford: Oxford University Press, 2016.

_____. *The Wound of Knowledge: Christian Spirituality from the New Testament to St. John of the Cross*, 2nd rev. ed. London: Darton, Longman and Todd, 1990. 『기독교 영성 입문: 신약 성경에서 십자가의 성 요한까지』. 손주철 옮김. 서울: 은성, 2001.

_____. "The Body's Grace." In *Theology and Sexuality: Classic and Contemporary Readings*. ed. Eugene F. Rogers. Oxford: Blackwell Publishers, 2002.

_____. *Tokens of Trust: An Introduction to Christian Belief*. Norwich: Canterbury Press, 2007. 『신뢰하는 삶: 그리스도교 신앙의 기초』. 김병준 · 민경찬 옮김. 서울: 비아, 2015.

_____. *Wrestling with Angels: Conversations in Modern Theology*. ed. Mike Higton. London: SCM Press, 2007.

Wittgenstein, Ludwig. *Philosophical Investigations*. Edited by G. E. M. Anscombe and Rush Rhees. Translated by. G. E. M. Anscombe. New York: Macmillan, 1953. 『철학적 탐구』. 이승종 옮김. 서울: 아카넷, 2016.

4. 자기 내어 줌과 받아들임의 공공신학

미로슬라브 볼프

최경환

I. 들어가는 글

세속화된 민주주의 사회에서 종교는 어떤 방식으로 자신의 진리를 증언해야 하는가? 수많은 가치와 이념이 투쟁하는 다원주의 사회 속에서 기독교는 어떻게 자신의 독특성을 지키면서 세상의 가치를 전도시킬 수 있는가? 또한 하나님의 통치와 하나님의 섭리를 믿는 그리스도인들은 어떻게 세속화된 다원주의 사회 속에서 기독교 왕국(Christendom)의 유혹을 뿌리치고 공존의 가치를 구현할 수 있는가? 이것이 오늘날 기독교 신학이 직면한 질문이자 공공신학의 문제의식이다.

미국 예일 대학교에서 신학과 윤리학을 가르치면서 예일 신앙과 문화 연구소(The Yale Center for Faith and Culture) 소장으로도 일하는 미로슬라브 볼프(Miroslav Volf)는 기독교의 공적 역할과 종교 간 공존과 번영에 관한 연구로 오늘날 가장 영향력 있는 신학자 가운데 한 사람이다. 최근에는 한국에도 그의 책들이 빠르게 번역되면서 기독교의 공적 신앙에 대한 관심이 높아지고 있다. 볼프는 종교가 어떻게 자신의 주장에 따라 공적 영역을 전체화시키기 않으면서 동시에 종교를 모든 공적 영역에서 배제시키려는 세속적 입장을 거부할 수 있는지를 고민한다. 여기서 세속적 다원주의 사회가 중요한 분석 대상으로 등장한다. 오늘날 우리는 종교와 문화가 서로 다른 사람들이 뒤엉켜 서로의 가치와 생각을 존중하며 조화롭게 공존해야 할 다원주의 사회에 살고 있다. 볼프의 말처럼 기독교는 이제 "현대 사회 속에서 영향력을 내부로부터, 그것도 단편적으로 행사할 수밖에 없으며 이러한 사회 참여의 결과에 대해서는 통제할 능력이 없다"는 사실을 인정해야 한다.[1] 따라서 이제 기독교는 다원주의 사회 속에서 진리의 내용이 아닌 진리의 전달 방식을 고민해야 한다. 자유주의 국가에서 기독교의 주장은 공적 영역에서 세속적 가치들과 서로 경쟁하고 소통 가능한 타당성 구조를 지녀야 한다. 그렇다면 기독교는 과연 정당하고 공정한 대화의 법칙을 준수하면서 공통의 합의를 이끌어 낼 수 있는 역량과 수용성이 있는가?

이 글은 다원주의 사회를 살아가는 그리스도인들이 공적 영역에서 어떻게 자신의 종교적 신념과 신앙을 유지하면서 다른 가치를 가진 이들과 평화롭게 공존할 수 있는지를 볼프의 시각으로 설명하고

---

1   미로슬라브 볼프, 『광장에 선 기독교』, 김명윤 옮김(서울: IVP, 2014), 125.

자 한다. 볼프의 신학을 소개하기에 앞서 그의 신학을 형성한 삼위일체 신학의 교회론적 적용을 살펴보겠다. 볼프의 모든 저술에는 삼위일체 하나님의 사회적 비전이 담겨 있다. 볼프가 전개하는 삼위일체 신학의 주요 특징은 한마디로 **자기 내어 줌**과 **타자 받아들임**으로 요약할 수 있는데, 이는 오늘날 다원화된 사회 속에서 자아와 타자의 관계를 어떻게 설정해야 하는지에 대한 통찰을 제공한다.

볼프는 최근에 저술한 『광장에 선 기독교』(*A Public Faith*, IVP 역간)와 『인간의 번영』(*Flourishing*, IVP 역간)에서 자신의 초기 신학을 녹여 내 정치적 다원주의를 수용한 공공신학을 전개했다. 그의 기획은 자유주의와 후기 자유주의의 프로그램으로 빠지지 않으면서 제3의 길을 모색하는 것이다. 자유주의적 기획은 기독교의 메시지를 현대적인 문화적 가치와 개념에 적응시켜 적절하게 해명하는 것이고, 후기 자유주의적 기획은 반대로 성경의 내러티브로 현대 세계에 맞대응하는 전략이다. 볼프는 이 두 가지 방식을 모두 거부한다. 그가 제시하는 대안은 기독교가 문화 전체와 관계를 맺으면서도 다른 종교 공동체와 평화를 유지하고 공동선을 실천하면서 공존하는 것이다.

이 글의 목적은 그가 제시하는 대안을 신학적으로 설명하고 그 논지를 구체적으로 기술하는 것이다. 즉 **자기 내어 줌**과 **타자 받아들임**이라는 삼위일체 신학의 특징이 어떻게 정치신학과 공공신학으로 확장되는지 보여 주고, 그가 이러한 신학을 전개할 수밖에 없었던 삶의 자리를 설명하는 것이다. 볼프는 오늘날 미국의 정치철학계에서 논의되고 있는 다양한 이론을 간략하게 소개한 다음 자신의 신학적 비전을 전개하는데, 이 과정에서 제기된 다양한 비판과 논쟁들을 소개하고 이에 대한 볼프의 대응을 소개하는 것으로 글을 마무리하겠다.

II. 볼프의 생애와 삶의 신학

볼프의 신학은 한마디로 그의 전 생애를 통해 자연스럽게 형성된 **삶의 신학**이라 할 수 있다. 그가 다루는 대부분의 주제는 우리 삶의 한 부분을 다룬다. 예를 들어 인간의 노동, 폭력과 화해, 타자 문제, 기독교 공동체의 본질, 신앙의 공적 역할에 대한 것이 주요 주제다. 그는 이런 주제들을 기독교 신앙으로 해석하고 비평하려고 노력한다. 그의 모든 책과 글에는 조직신학과 성서신학, 교리와 윤리의 경계를 가르지 않는 통합적 사유가 녹아 있다. 그에게는 이른바 **교회의 신학**과 **정치신학** 혹은 **공공신학**이 서로 분리되지 않는다. 따라서 그의 사유는 어느 하나의 신학 사조나 흐름으로 환원하기 어렵고 단정적으로 재단하기 어렵다. 정치적 다원주의를 수용해 포용의 신학을 펼치려는 그의 신학적 기획 속에는 그가 어린 시절부터 겪었던 삶의 경험과 타자에 대한 깊은 감수성이 중요한 밑거름이 되었다. 특별히 그가 어린 시절 경험했던 가슴 아픈 가족 이야기와 민족적 비극은 그의 신학과 긴밀하게 연결되어 있다.

미로슬라브 볼프는 1956년 크로아티아에서 태어났다. 당시 크로아티아는 유고슬라비아 사회주의 연방 공화국 중 하나였다. 볼프가 5살 때 그의 가족은 세르비아로 이주했고, 그의 아버지는 그곳에서 작은 오순절 교회의 목회자가 되었다. 볼프는 성장하면서 늘 경계선 언저리에서 살았다. 크로아티아의 종교는 주로 로마 가톨릭이었고, 세르비아는 세르비아 정교회가 주류였다. 볼프는 그 사이에서 개신교인으로 성장했고, 그중에서도 소수 종파인 오순절 교인으로 자랐다. 그야말로 소수자 중 소수자라 할 수 있다. 또한 정치적으로 유고슬라비아는 마르크스주의 이데올로기가 지배했기 때문에 기독교 신앙은 상당히 제한될 수밖에 없었다. 따라서 볼프의 신앙은 가정에서 형성될 수밖에 없었는데, 주변 상황을 생각해 볼 때 이런 환경은 상당히 이질적이고 낯선 것이었다.[2]

청소년 시절에 볼프는 부모님으로부터 물려받은 신앙이 너무나 부담스러웠다고 회고한다. 또래 친구들과 너무나 다른 문화 속에 살고 있다는 생각으로 인해 상당한 수치심을 갖게 됐고, 신앙을 거부하고 반항하기도 했다. 그러다 10대 중반에 회심을 하는데, 그는 고등학교에서 유일하게 기독교 신앙을 가진 학생이었고, 자신의 신앙을 지적으로 설명해야 하는 상황에 놓였다고 한다. 어쩌면 그때부터 볼프는 신학자로서의 여정을 시작했는지도 모른다. 그의 삶 전체가 경계선 위에서 시작했고, 그는 끊임없이 그 경계선에서 사유를 이어 갔다.[3]

2   Rupert Shortt, *God's Advocates* (Grand Rapids, MI: Eerdmans, 2005), 214.

3   Shortt, *God's Advocates*, 215.

볼프는 청소년 시절부터 철학책과 신학책을 두루 읽으며 신학적 사고의 틀을 형성했다. 이후 자그레브 대학교에서 철학과 고전 그리스어를 공부하고, 자그레브 복음주의 신학교에서 신학을 공부했다. 1977년에서 1979년까지 그는 미국 풀러 신학교에서 석사 공부를 했고, 그곳에서 해방신학과 여성신학을 소개받았다. 이 두 신학을 통해 신앙의 공공성에 대한 고민을 시작했다고 한다.[4] 그리고 1980년부터 1985년까지 독일 튀빙겐 대학교에서 위르겐 몰트만(Jürgen Moltmann)의 지도를 받아 박사 학위를 취득했다. 박사 학위 주제는 칼 마르크스의 노동철학에 대한 신학적 평가였고, 이후에도 그는 정치경제학에 대한 관심을 이어 갔다. 볼프는 계속해서 몰트만의 지도를 받으며 1994년에 교수자격취득 논문을 작성했는데, 연구 주제는 삼위일체와 공동체에 대한 것이었다. 볼프의 초기 사상은 몰트만에게 큰 영향을 받았다. 특별히 몰트만의 사회적 삼위일체와 연대 그리스도론 개념은 이후 볼프의 신학적 사고 형성에 결정적 역할을 했다.

볼프의 모든 책에는 개인적인 삶의 체험이 잘 녹아 있는데, 그 중에서도 『베풂과 용서』(Free of Charge: Giving and Forgiving in a Culture Stripped of Grace)는 그의 삶과 신학이 얼마나 긴밀하게 연결되어 있는지 알 수 있는 책이다.[5] 이 책은 2006년에 켄터베리 대주교였던 로완 윌리엄스(Rowan Williams)가 사순절 묵상집으로 부탁

4   Shortt, *God's Advocates*, 216.

5   미로슬라브 볼프, 『베풂과 용서』, 김순현 옮김 (서울: 복있는사람, 2012).

한 책인데, 여기에는 무조건적 사랑으로서의 하나님, 하나님의 삼위일체, 선물로서의 창조, 그리스도의 십자가, 적과 희생자에 대한 배려, 화해에 대한 비전 등 볼프가 다루는 거의 대부분의 내용이 들어 있다. 이 책을 통해 그가 겪은 구체적인 경험과 신앙 여정이 그의 신학에 얼마나 깊숙이 녹아 있는지 알 수 있다.

볼프는 신앙을 삶의 방식이라고 생각하고 신학을 그런 삶의 방식을 표현하는 일로 생각한다. 그의 신학은 여러 가지 면에서 그의 부모님과 유모에게서 배운 삶을 그대로 표현한 것이라 할 수 있다.[6] 볼프의 아버지는 지옥과 같은 공산주의 노동자 캠프에서 사랑의 하나님을 발견했고, 볼프의 어머니는 여섯 자녀 중 넷이 죽는 엄청난 상실의 아픔과 고통 속에서도 용서를 베푸시는 하나님과 고난당하시는 예수님을 묵상하면서 분노와 상처를 이겨 냈다고 고백한다. 특히 볼프의 작은형이었던 다니엘이 어떤 군인의 실수로 죽자 볼프의 부모님은 그 군인을 찾아가 하나님의 사랑과 용서를 전했다고 한다. 그의 유모 역시 절망 속에서도 기쁨과 희망으로 가득한 삶을 살았다. 이들 모두 각자의 상황 속에서 볼프가 추구하고자 하는 다양한 삶의 신학을 살아 낸 것이다.

이렇게 어린 시절 그가 경험했던 다양한 삶의 체험이 그의 신학을 형성했다. 하나님의 무조건적 사랑, 불의한 자에 대한 정당성, 적에

---

6 나중에 볼프는 자신의 부모님과 유모로부터 물려받은 신앙이 그대로 자신의 신학에 녹아 있고, 그의 삶과 신학은 그저 그들의 각주에 불과하다고 말할 정도다. http://www.ethos.org.au/online-resources/engage-mail/embracing-the-other-in-love-part-1.

대한 사랑, 용서, 고통받는 자에 대한 염려, 이런 주제들이 이들의 삶 속에 고스란히 녹아 있고, 볼프는 이것들을 자신의 신학에 모두 담아냈다. 그에게 신학은 학문적으로 지적 개연성을 높이는 것 이전에 삶의 방식을 전달하고 그것을 숙달할 수 있도록 돕는 것이었다. 낯선 이를 받아들이고 경계를 허무는 그의 신학은 어린 시절 그의 부모님을 통해 자연스럽게 습득한 것이다. 주일 점심이면 외부인을 초대해 자신의 집에서 함께 식사를 했던 어린 시절의 기억이 그로 하여금 타자에게 자리를 내어 준다는 것이 무엇인지 깨닫게 해 주었다.[7] 볼프는 부모님의 식탁을 통해 손님을 초대하고 그를 극진히 대접하는 행위야말로 주의 만찬의 핵심임을 배웠고, 여기에 그리스도인의 삶 전체가 요약되어 있다고 말한다. 매주 낯선 자를 초대한 점심 식사를 통해 그리스도의 희생적 사랑을 깨달은 것이다.[8]

볼프가 오랜 시간 정체성과 타자성에 대한 문제를 고민한 이유도 그의 경험으로부터 우러나온 것이다. 유고슬라비아 내전으로 인한 아픔과 상처는 서로 다른 생각, 서로 다른 가치관, 서로 다른 모습으로 살아가는 이들이 어떻게 공존해야 하는지 고민하게 만들었다. 자아와 정체성을 갖게 될 때 우리는 어떤 경계를 갖게 되고, 타자와 어떤 관계를 맺는지 고민하게 된다. 자신의 전통과 유산을 긍정적으로 받아들이면서 동시에 자신의 경계 밖에 있는 낯선 타자

---

7   미로슬라브 볼프, 『하나님의 말씀에 사로잡혀』, 홍병룡 옮김(서울: 국제제자훈련원, 2012), 58-59.

8   볼프, 『하나님의 말씀에 사로잡혀』, 60.

역시 자신의 정체성을 형성하는 중요한 요소임을 인정하게 되면, 타자를 대하는 태도나 방식도 달라진다. 볼프는 이런 고민과 문제를 해결하기 위해 기독교 전통과 신학을 다시 들여다봤다. 그리고 삼위일체 신학에서 그 해결책을 찾았다.

III. 삼위일체와 공동체: 볼프의 신학적 토대

볼프는 박사 학위 논문을 쓰던 초기에 기독교 신앙과 경제의 관계, 인간의 노동에 대한 연구에 집중했다. 그는 『노동의 미래―미래의 노동』(*Zukunft der Arbeit―Arbeit der Zukunft*)에서 마르크스 철학을 신학적으로 평가했을 뿐만 아니라 마르크스 철학 자체도 비판적으로 분석했다.[9] 이 시기에 볼프는 창조나 구원에 대한 교리보다는 주로 교회론과 종말론에 관심을 기울였고, 특별히 성령의 사역에 관심이 많았다. 박사 학위 논문에서 다룬 노동에 대한 신학적 분석에 이어서 볼프는 노동을 성령의 사역과 연결하는 작업을 시도한다. 『일과 성령』(*Work in the Spirit*, IVP 역간)에서 볼프는 오늘날 사람들이 역동적인 현대 사회 속에서 노동을 어떻게 생각하고 신학적으로 해명해야 하는지 다룬다. 그리고 교회 안에서 각자의 은사에 따라 자신의 일을 어떻게 목회에 적용할 수 있는지 고민한다. 여기서

9 　미로슬라브 볼프, 『노동의 미래―미래의 노동』, 이정배 옮김(천안: 한국신학연구소, 1993).

볼프는 노동을 **소명**(vocation)으로 생각했던 전통적 이해를 넘어 일종의 **은사**(charisma)로 이해하기를 제안한다. 볼프는 자신의 성향과 상관없이 그저 주어진 일을 하는 것이 아니라 성령이 우리에게 부여한 일을 하는 것이 우리의 진정한 특권이라고 말한다. 자신의 일을 하는 것은 개인적 만족뿐 아니라 하나님의 사역에 동참하고 궁극적으로는 하나님과 함께 공동의 창조자로 일하는 것이다. 인간의 노동은 단순히 개인적 삶의 영역에 부과된 소명이 아니라 "하나님 앞에서 살아가는 '좋은 삶'에 대한 인식"과 부합하기 때문이다.[10] 인간은 하나님과 함께 세상을 보존하고 변혁하는 사역에 동참한다. 볼프는 노동과 경제를 학문적으로 연구하면서 1990년 "신앙과 경제에 대한 옥스퍼드 선언"(The Oxford Declaration on Christian Faith and Economics)의 주요 작성자로 참여하기도 했다. 이는 그의 학문적 연구가 나양한 기독교 지도자, 신학자, 철학자, 경제학자에게 실질적인 지지와 반응을 얻은 결과라 할 수 있다.

볼프의 교수자격취득 논문인 『삼위일체와 공동체: 에큐메니칼 교회론』(*Trinität und Gemeinschaft: Eine Ökumenische Ekklesiologie*)은 1996년에 출간되었고, 1998년에는 미국에서 『우리의 모양을 따라: 삼위일체 하나님의 형상인 교회』(*After Our Likeness: The Church as the Image of the Triune God*)라는 제목으로 출간되었다(한국에서도 2012년에 『삼위일체와 교회』라는 제목으로 출간. 이후에는 한국어판 제목으로 표기함).

---

10   미로슬라브 볼프, 『일과 성령』, 백지윤 옮김(서울: IVP, 2019), 42.

이 책에서 볼프는 로마 가톨릭교회를 대표하는 요제프 라칭거 (Joseph Ratzinger)의 교회론과 동방 정교회를 대표하는 존 지지울러 스(John Zizioulas)의 교회론을 비교하면서 삼위일체 교리가 교회를 통해 가시적으로 드러나는 과정을 정교하게 제시한다. 볼프는 이 책 에서 "어떻게 교회가 역사 안에서 삼위일체에 상응해야 하는가?"라 는 질문을 던진다.[11] 즉 삼위일체 교리가 실제 역사 안에서 어떻게 교 회론으로 적용될 수 있으며 그 한계와 공헌은 무엇인지 다룬 것이다.

『삼위일체와 교회』에서 볼프는 삼위일체가 인간 공동체의 모델 이 될 수 있지만 동시에 두 가지 점에서 한계가 있을 수 있다고 지 적한다. 첫째, 존재론적으로 인간은 하나님과 다르고, 삼위일체 하 나님에 대한 인간의 인식 역시 한계가 있기 때문에 삼위일체 하나 님에게 적용되는 **인격, 관계, 상호침투** 같은 개념을 인간에게 그대 로 적용하기는 어렵다. 이런 개념들은 인간 공동체에 단지 유비적 으로만 적용될 수 있을 뿐이다. 둘째, 인간의 삶은 죄로 인해 얼룩 져 있고 욕망에 의해 움직이기 때문에 역사 속에서 인간은 삼위일 체 하나님의 모습을 온전하게 구현할 수 없다. 그럼에도 역사 속 교 회의 모습은 "종말론적 완성을 향해 실제적 체류자로 사는 동안 어 떻게 신적 교제와 구체적으로 상응해야 하는지"를 고민하면서 교 회의 구성과 모습을 고민해야 한다.[12] 따라서 삼위일체 하나님의 모 습이 인간 공동체의 모델이 된다고 단순하게 이야기하기보다는 하

---

11   미로슬라브 볼프, 『삼위일체와 교회』, 황은영 옮김(서울: 새물결플러스, 2012), 333.

12   볼프, 『삼위일체와 교회』, 334.

나의 **사회적 비전**(social vision)을 보여 준다고 말하는 것이 좋다.[13] 볼프는 내재적 삼위일체와 경륜적 삼위일체의 통일성과 구별 속에서 그 이야기가 어떻게 역사 속으로 이어지는지 설명한다.

삼위일체에 대한 논의에서 최근에 가장 중요한 이슈로 부각된 것은 바로 **정체성**(identity)과 **자기 내어 줌**(self-donation)에 관한 것이다. 이는 최근에 사회철학에서 논의되는 내용과 관련되어 더욱 활발하게 토의되는 주제라 할 수 있다. 마이클 샌델(Michael J. Sandel)이 말한 것처럼 근대 자유주의가 상정하고 있는 **무연고적 자아**(unencumbered self)는 이제 그 어디서도 발견할 수 없다. 최근 신학자들이 개인과 공동체의 관계를 삼위일체 교리 속에서 발견하려는 이유가 여기 있다. 인격은 공동체 안에서 서로 다른 기능을 담당하는 개별적인 주체나 부분이 아니다. 인격은 다른 인격과의 관계 속에서 구성된다. 또한 공동체 역시 단지 개별 인격들의 집합이나 모음이 아니다. 볼프는 인격과 공동체가 삼위일체 교리를 통해 가장 잘 설명될 수 있다고 말한다. 바로 삼위일체 교리에서 인격들의 **상호 내주**(mutual indwelling)를 통해, 즉 **페리코레시스**(*perichoresis*)를 통해 인격과 공동체는 자신의 자리를 잡는다.

여기서 볼프는 전통적으로 서로 손을 잡고 춤을 주는 이미지로 이해했던 페리코레시스를 **서로의 자리를 마련해 주는** 이미지로 제시한다. 페리코레시스는 상호 독립적으로 존재하거나 외부로부터

---

13   Miroslav Volf, "'The Trinity Is Our Social Program': The Doctrine of the Trinity and the Shape of Social Engagement", *Modern Theology* 14.3 (1998): 406.

주어진 것으로 서로에게 영향을 미치는 것이 아니라, 서로 인격적이고 내적으로 존재하는 방식을 말한다. 마치 요한복음에서 예수가 "아버지가 내 안에 계시고 내가 아버지 안에 있다"라고 말한 것과 같다(요 10:38). 모든 인격은 상대방의 인격 안에 내주한다. 그리고 모든 인격은 각각의 인격과 상호 독립적으로 존재한다.[14]

삼위일체 하나님이 서로에게 자리를 내어 주면서 동시에 상대방을 받아들이는 상호 내주는 인격의 상호 내주와 상응할 수 있다. 인간의 인격은 다른 인격이 자기 자신 속으로 들어오는 만남의 과정을 통해 형성된다. 그 역도 마찬가지다.

이러한 상호적 주고받음 속에서 우리는 타자에게 어떤 것을 주기도 하지만 결국 우리 자신의 일부를 주는 것이다. 그것은 타자와의 교제 속에서 우리 스스로가 만든 그 무엇이다. 또한 우리는 타자로부터 무언가를 받으면서 동시에 그들의 일부를 받는다. 각각의 인격은 타자에게 자기 자신을 주며, 동시에 각각의 인격은 고유한 방법으로 타자를 자신 안으로 받아 온다.[15]

볼프는 자아가 타자와 관계 맺는 방식을 이처럼 삼위일체의 페리코레시스를 통해 설명한다. 하지만 타자 혹은 공동체로부터 자아

---

14 Volf, "'The Trinity Is Our Social Program': The Doctrine of the Trinity and the Shape of Social Engagement", 409.

15 볼프, 『삼위일체와 교회』, 353.

가 형성되고 인격이 구성된다고 할지라도 개별 인격의 경계는 계속 유지된다. 정체성은 결코 다른 것으로 환원될 수 없다. 인격은 관계성 안에서 다른 어떤 것으로 변하지 않는다.[16] 동시에 정체성은 폐쇄적이지 않다. 자아 안에는 항상 타자가 들어와 있고, 그럼으로 자아의 정체성은 타자와 정반대의 자리에 위치하는 것만은 아니다. 자아의 경계는 언제나 유동적이고 움직일 수 있다.

이어서 볼프는 인격과 정체성에 대한 통찰이 삼위일체적 설명을 통해 어떻게 사회적 비전으로 확장될 수 있는지 설명한다.

> 자아는 타자를 위한 공간을 마련해 주고, 타자에게 공간을 내어 주고, 타자가 거주할 때 그를 풍요롭게 해 주고, 그의 풍요로움을 함께 나눌 때 그리고 타자가 자신의 문을 닫으려고 할 때 그 것을 다시 설명해 주고, 그 닫힌 문을 두드림으로 타자에게 도전을 줄 때, 그때 비로소 형성된다.[17]

이렇게 삼위일체 교리에서 페리코레시스의 핵심은 바로 **자기 내어 줌**에 있다. 볼프는 요한1서 4:19[18]에서 완벽한 하나님의 사랑을 발견할 수 있다고 말한다. 하나님이 먼저 우리를 사랑하셨기 때문

---

16 Volf, "'The Trinity Is Our Social Program': The Doctrine of the Trinity and the Shape of Social Engagement", 410.

17 Volf, "'The Trinity Is Our Social Program': The Doctrine of the Trinity and the Shape of Social Engagement", 410.

18 "우리가 사랑함은 그가 먼저 우리를 사랑하셨음이라."

에 우리가 사랑할 수 있다. 하나님이 먼저 자신을 주셨기 때문에 사랑이 가능하다. 제자들은 하늘 아버지와 같이 거룩해야 하고, 하늘 아버지의 사랑을 다른 이에게 베풀어야 한다. 그런데 하나님은 우리가 아직 죄인 되었을 때 우리를 사랑하셨다. 그처럼 우리도 타자를 사랑할 때, 자신을 사랑하는 사람만 사랑하는 것이 아니라 자신을 미워하는 사람까지 사랑해야 한다.[19] 그렇기 때문에 하나님의 완벽한 사랑은 선물이다. 또한 십자가에서 자신을 내어 주신 사랑은 은혜와 용서라는 방식으로 모든 이에게 베풀어진다.[20]

삼위일체 하나님의 자기 내어 줌이 사회적 비전으로 확장되고 인간 공동체의 삶이 성령의 능력 안에서 생명을 얻게 된다면 과연 어떤 일이 일어날까? 볼프는 로마서 15:7의 "그리스도께서 하나님의 영광을 위해 우리를 받아 주신 것처럼 여러분도 서로 받으십시오"라는 말씀을 포용의 근거를 삼아 다음과 같이 말한다.

그리스도 안에서 하나님의 초대는 그리스도인들이 모범으로 삼을 수 있는 모델로 일관되고 보편적인 것으로 묘사된다. 이는 타자를 환대하고 그들에게 우리 자신을 내어 주며 그들을 위한 공간을 만들기 위해 우리의 정체성을 재조정하려는 의지가 다

---

19   Volf, "'The Trinity Is Our Social Program': The Doctrine of the Trinity and the Shape of Social Engagement", 413.

20   Volf, "'The Trinity Is Our Social Program': The Doctrine of the Trinity and the Shape of Social Engagement", 414.

른 사람들에 대한 어떤 판단보다 앞선다는 주장으로 해석될 수 있다. … 포용하려는 의지가 타자에 대한 어떤 '진실'과 '정의'보다 앞선다.[21]

신적인 사랑과 용서와 용납이 선행되고 그 뒤를 이어 진실과 정의가 따라온다. 자신의 자리를 먼저 내어 줄 수 있는 용기가 타자를 받아들일 수 있는 포용으로 나아가게 만든다. 그리스도인들에게는 사랑과 화해가 목적이기 때문에 해방과 정의는 이 목적으로 가는 도상에서 함께 성취해야 할 징검다리가 된다. 볼프의 삼위일체 신학에 내포된 이러한 의미와 비전은 이후에 그의 공공신학에서도 중요한 신학적 근거로 작용한다.

IV. 포용과 용서의 정치학: 볼프의 신학적 구성

미로슬라브 볼프의 기념비적인 작품 『배제와 포용』(*Exclusion and Embrace*)은 그를 널리 알리는 계기가 되었다. 이 책은 2002년에 권위 있는 그라베마이어 상(Grawemeyer Award)을 수상했고, 『크리스채너티 투데이』(*Christianity Today*)에서 선정한 20세기의 가장 영향력 있는 100권의 종교 서적에 포함됐다. 오늘날 전 세계적으로 자

---

21   Volf, "'The Trinity Is Our Social Program': The Doctrine of the Trinity and the Shape of Social Engagement", 416.

행되고 있는 인종 갈등과 유혈 폭력 사태, 이로 인한 전쟁은 근원적으로 자아 정체성과 타자성에 대한 성찰로 우리를 이끈다. 즉 타자와 조화롭게 살기 위해 우리는 어떤 정체성을 가져야 하며 어떤 주체가 되어야 하는지 성찰해야 한다. 볼프는 기독교 신학이 여기에 어떻게 응답할지 고민하면서 정의를 위한 투쟁과 궁극적 화해에 이르는 정치신학적 비전을 제시한다.

『배제와 포용』에서 볼프는 삼위일체 하나님의 사회적 프로그램을 좀 더 적극적으로 확장해 가해자와 피해자가 어떻게 정체성을 형성하고 타자를 수용함으로써 화해를 이룰 수 있는지 탐색한다. 볼프는 사람들이 자신의 정체성과 타자를 수용하는 과정을 하나님이 예수 그리스도의 십자가를 통해 인간에게 보여 주신 사랑으로 설명한다. 앞서 보았듯 볼프는 삼위일체 하나님의 가장 중요한 속성을 **자기 내어 줌**으로 설명하는데, 화해의 과정에서도 "십자가 위에서 드러나고 십자가에 의해 요구되는 자기를 내어 주는 사랑"을 통해 가해자와 피해자가 온전히 회복된다고 말한다.[22] 그리스도께서 "경건하지 않은 자를 위하여 죽으셨다"(롬 5:6)는 말씀은 그 어떠한 진리나 정의보다 **포용하려는 의지**를 먼저 고려해야 한다는 사실을 알려 준다. 선행하는 은총이 먼저 존재해야만 피해자가 다시 가해자로 변신하지 않게 되고, 가해자 역시 억압의 고통으로부터 해방된다. 자기 안에 빈 공간을 만들어 타자를 수용하고 받아들이

---

22 미로슬라브 볼프, 『배제와 포용』, 박세혁 옮김(서울: IVP, 2012), 37.

는 태도야말로 진정한 화해에 이를 수 있는 길이다.

하지만 여전히 우리는 갈등과 배제가 만연한 현실 세상에서 살고 있다. 자신의 정의를 실현하기 위해 누군가를 배제하고, 자신이 속한 집단의 논리로 다른 집단을 악마화한다. 비록 우리가 다양한 이해관계와 자신이 속해 있는 문화적 토양으로부터 벗어나는 것이 쉽지 않다 할지라도 기독교의 희망은 궁극적인 포용이라고 말해야 한다. 볼프는 화해에 대한 그의 열정을 모든 것이 회복되는 종말론적 비전으로부터 끌어온다. 그리스도인이 비극적인 현실을 버티고 변혁할 수 있는 것은 그들이 하나님의 미래에 궁극적인 충성을 바치기 때문이다. 하나님이 우리의 현실로 오실 때, 우리는 완전히 새로운 사람이 되어 재창조된다. 성령이 신자의 삶에 들어오기 때문에 다른 사람들이 들어올 수 있는 공간이 만들어지는 것이다. 그때 "성령은 '니는 단지 네가 아니며, 다른 사람들도 너에게 속해 있다'고 말씀하시며" 우리의 마음을 열어 준다.[23]

타자를 수용하고 궁극적 화해에 이르기 위해서도 정체성을 비르게 정립하는 것은 중요하다. "경계가 없으면 개별적인 정체성도 존재할 수 없으며, 개별적인 정체성이 없으면 타자와의 관계도 존재할 수 없기 때문이다."[24] 하지만 역설적으로 자아의 정체성은 십자가에 못 박혀야 한다. 즉 볼프는 자아의 "중심으로부터 벗어남"을 통해 중심을 재설정해야 한다고 말한다. 그리스도의 십자가와 함께

---

23 볼프, 『배제와 포용』, 77.

24 볼프, 『배제와 포용』, 101.

새로운 중심을 세워 가고 **중심을 벗어난 중심**을 세워야 한다.[25] 이 중심은 자아를 개방하고 타자를 위해 기꺼이 자신을 내어 주고 타자를 받아들이는 중심이다. 이렇게 타자를 받아들이는 신학적 근거는 원수까지도 포용하려는 십자가에서 발견할 수 있다.

십자가의 핵심에는, 타자가 적으로 남아 있도록 내버려 두지 않을 것이며 자신 안에 가해자가 들어올 수 있는 공간을 마련하겠다는 그리스도의 태도가 자리 잡고 있다. … 십자가에 달리신이는 두 팔을 벌리고 계신다. 하나님은 자신 안에 공간을 마련해 두고 원수에게 들어오라고 초대하신다.[26]

그렇기 때문에 하나님의 정의는 일반적인 정의와 다르다. 십자가를 통해 불의한 자들을 포용하려는 하나님의 의지는 오늘날 불편부당하게 정의를 이해하는 자유주의 정치철학과 다르다. 왜냐하면 오늘날 자유주의 정치철학은 **공정으로서의 정의**(Justice as Fairness)를 가장 중요하게 다루기 때문이다. 이들은 자유롭고 합리적인 사람들이 평등한 최초의 입장에서 공동체의 기본 조건을 규정해야 한다고 생각하고 그것이 바로 정의의 원칙이라고 생각한다. 만약 이런 방식으로 정의를 규정한다면 하나님은 불의하다고 말할 수밖에 없다. 하나님은 희생자와 억눌린 이들의 편에서 그들의 호소와 울부짖는

25　볼프, 『배제와 포용』, 107
26　볼프, 『배제와 포용』, 199.

소리를 더 깊이 들으신다. 그런 점에서 하나님은 편파적이다. 어쩌면 이런 하나님의 정의는 차라리 불의라 할 수 있고, 성경은 그것을 **은총**이라고 말한다.[27] 만약 정치적 자유주의자들이 원하는 정의를 이 땅에서 실현하려고 한다면, 우리는 끊임없이 법을 만들고 보편적인 평등의 기준을 만들어야 할 것이다. 하지만 이런 과정의 정의는 다시 불의를 불러올 수밖에 없다. 결국 볼프는 사랑의 하나님만이 이런 세상적 정의를 종식시킬 수 있다고 말한다. 그래서 궁극적 사랑으로 감싸 안는 하나님의 정의는 불가능한 가능성이다.

> 완벽한 정의의 세계는 초월된 정의의 세계일 것이다. 왜냐하면 그것은 완벽한 자유와 사랑의 세계일 것이기 때문이다. 정의의 여신의 눈가리개를 벗겨 낼 것이며, 그는 보이는 모든 것에 대해 기뻐할 것이다. 아무것도 무게를 재거나 비교할 필요가 없으므로 저울을 내려놓을 것이다. 질서 유지가 필요한 것이 아무것도 없으므로 칼을 떨어뜨릴 것이다. 그리하여 정의의 여신은 정의의 세계에 계신 정의의 하나님—완벽한 사랑이신 그 하나님(요일 4:8)—과 같을 것이다.[28]

이 땅의 공동체가 하나님의 신적인 교제와 연합을 온전히 구현할 수 없듯이 정의 역시 종말론적 희망 가운데 지속적으로 지향하

---

27   볼프, 『배제와 포용』, 351.

28   볼프, 『배제와 포용』, 355.

고 바라봐야 할 비전으로 남아 있다. 볼프는 궁극적 화해와 사회 변혁은 종말에 이르러 완성될 것이라 보았는데, 종말에 이르면 인간이 생각하는 응분의 정의론(justice as desert)은 사라지고 완전한 은혜의 지배 속으로 들어간다.[29] 궁극적으로는 하나님의 은혜가 인간의 죄된 본성과 사회적 관계를 변화시키지만, 동시에 인간은 이 세상에서 삼위일체 하나님의 사역에 동참함으로 끊임없이 정의를 향한 노력을 멈추지 말아야 한다. 종말에 이루어질 궁극적 화해는 사회적 실천과 비전을 강화하고 이끄는 원동력이 된다.[30]

『배제와 포용』에서 볼프는 폭력과 배제와 불가능한 정의에 대해 이야기하면서 한편으로는 용서와 기억을 중요한 개념으로 설명한다. 볼프는 2002년에 캘빈 칼리지[31]에서 했던 스톱 강연 내용을 엮어서 출간한 『기억의 종말』(The End of Memory)에서 용서와 기억의 관계를 더욱 깊이 탐구한다. 이 책에서도 볼프는 정체성과 타자의 문제를 중요하게 다루는데 여기서는 기억이 중요한 역할을 한다. 그는 우리의 정체성이 두 가지 기억을 통해 형성된다고 말한다. 우선, 우리는 우리 자신에 대한 기억을 통해 정체성을 만든다. 자신이 보고 듣고 배운 것을 통해 자기를 인식하는 것이다. 하지만 여기에 더해서 정체성은 자신에 대한 타자의 기억을 통해서 형성되기

---

29   Miroslav Volf, "The Final Reconciliation: Reflections on a Social Dimension of the Eschatological Transition", *Modern Theology* 16.1 (2000), 107.

30   Volf, "The Final Reconciliation: Reflections on a Social Dimension of the Eschatological Transition", 108.

31   2019년에 칼리지(College)에서 대학교(University)로 바뀌었다.

도 한다. 나는 또한 다른 타자의 기억의 일부분을 형성하고 있기 때문이다.[32] 따라서 기억은 정체성을 형성하는 가장 중요한 자리를 차지하고 있다. 좋은 기억이든 나쁜 기억이든 이 모든 기억이 현재 나의 일부분을 구성하고 있다. 엘리 위젤(Elie Wiesel)은 "기억에 구원이 있다"고 말한 바 있다. 그런데 이 기억은 바로 고통에 대한 기억이다.[33] 유대인의 구원에 대한 질문은 필연적으로 아우슈비츠의 끔찍한 기억으로부터 출발해야 한다. 마찬가지로 그리스도인의 정체성은 바로 십자가에서 발견될 수 있다. 그 십자가는 하나님에게나 우리에게나 아픔과 고통의 기억이다. 이 기억에서부터 구원이 시작되는 것은 어쩌면 당연하다.

그렇다면 지금 나의 정체성은 나와 나에 대한 타자의 기억으로 모두 설명할 수 있는가? 분명 우리의 과거가 지금의 나를 규정하고 형성한 것처럼 미래의 나를 규정하고 만들어 간다고 할 수 있다. 과거의 아픔은 단순히 지난 과거의 사건이 아니라 시간을 뚫고 지금 나의 감정과 의지를 통제하기 때문이다. 기억은 이렇게 시간을 거슬러 사건을 현재화(재현)시키는 힘이 있다. 하지만 만약 우리가 기억에 의존해서 오늘의 나를 만들어 간다면, 우리는 과거에 매여 사는 존재일 뿐이다. 그러나 우리는 단순히 과거의 노예가 아니다. 우리의 정체성은 기억과 과거로 모두 환원될 수 없는 잉여 부분, 즉 자유의 영역을 가지고 있다. 하나님은 미래의 우리를 과거와 다른

---

32 미로슬라브 볼프, 『기억의 종말』, 홍종락 옮김(서울: IVP, 2016), 43-44.

33 볼프, 『기억의 종말』, 47.

모습으로 만들어 가실 수 있다. 미래에서 오시는 분은 과거와 현재를 새롭게 재창조하시는 분이기 때문이다.[34]

우리는 과거를 기억하되 올바르게 기억하는 것이 중요하다. 단지 정의를 행하기 위해 지난 일을 기억하는 실용주의적 태도는 잘못된 기억이다. 이런 기억은 거짓되고 부당한 기억으로 변할 위험이 있다. 우리가 과거를 올바로 기억하려는 이유는 정의뿐 아니라 진정한 화해를 이루기 위해서다. 이 책에서 가장 논란을 일으킨 부분은 바로 올바로 기억된 과거는 망각되어야 한다고 주장한 부분이다. 기독교에서 말하는 진정한 용서와 화해는 종말론적 희망에 의해 이전의 잘못과 상처가 더 이상 떠오르거나 기억되지 않게 되는 것이다. 그때 비로소 관계가 회복되고 치유가 일어난다. 올바르게 기억된 과거는 망각을 통해 진정한 화해의 길로 나아간다.

V. 공적 신앙과 다원주의

최근 몇 년 동안 볼프는 공적 차원과 그 안에서 신앙의 역할에 대한 연구에 집중했다. 볼프는 2008-2011년 동안 토니 블레어(Tony Blair) 전 영국 총리와 함께 **신앙과 세계화**(Faith and Globalization)라는 학제 간 연구를 진행해 왔다. 이 연구는 세계화와 신앙이 오늘날

---

34 볼프, 『기억의 종말』, 45.

전 세계의 문화와 사상을 형성하는 가장 강력한 원동력이며, 이 세계의 미래는 믿음이 세계화와 어떻게 관련되고 서로 다른 믿음이 어떤 관계를 맺느냐에 달려 있다는 가정에서 시작되었다. 그동안 볼프는 다양한 학술 포럼과 언론 매체를 통해 공적 문제를 연구하며 관련 실무에 직접 참여해 왔다. 그는 **세계경제포럼의 신앙과 가치에 관한 글로벌 어젠다 협의회**(Global Agenda Council on Faith and Value of the World Economic Forum, 2008-2011)의 회원이었으며, 오바마(Barack Obama) 대통령의 자문위원회와 함께 일했으며, 유엔 국제기도회에서 기조연설을 하기도 했다. 그는 또한 미국의 주요 뉴스 기관(NPR, CNN, MSNBC)과 해외 언론사(알자지라, HRT)와도 다양한 주제로 활발하게 인터뷰를 했다. 그리고 공적 이슈에 대한 이러한 그의 관심을 모아『광장에 선 기독교』를 출간했다. 이 책은 그동안 그가 관심을 기울였던 내용을 이론적으로 집약한 책이다.

볼프는 초기 저작부터 꾸준하게 소통과 대화의 신학을 추구했는데『삼위일체와 교회』에서는 동방 정교회와 가톨릭 신학과의 대화를 통해 에큐메니칼 교회론을 제시했고,『배제와 포용』에서는 타자를 통해 끊임없이 연결되고 재구성되는 자아를 보여 주었다. 볼프는 그의 신학 전체를 통해 그리스도인의 정체성은 "주변 문화와 역동적으로 주고받으면서 하나님과 이웃을 향한 사랑"의 실천을 통해 구성된다는 사실을 보여 주었다.[35] 그것은 수많은 문화가 교차하

---

35   볼프,『광장에 선 기독교』, 141.

는 환경 속에서 "복잡하면서도 유연한 네트워크"를 통해 형성되고 다양한 변화와 대안을 만드는 하나의 과정이다. 이는 그리스도인다운 생각이나 행동이라고 할 만한 것이 없다는 것이다.[36] 그리스도인으로서 분명한 정체성과 경계를 가지고 살아가는 것도 중요하지만 그 정체성은 결국 수많은 타자를 통해 구성되기 때문이다.

볼프는 기독교가 다원주의 사회 속에서 정치적 기획으로서의 다원주의를 적극적으로 수용하고 **나태함**(세상으로부터의 후퇴)과 **강요**(지나친 정치 참여)라는 신앙의 기능 장애로부터 벗어나게 될 때 자신의 독특성을 유지하면서도 사회 속에서 책임 있는 역할을 수행할 수 있다고 말한다. 그러면서 그는 종교인들의 권리와 의무가 공동의 선에 비전을 제시할 수 있고, 공적 영역에서 합리적이고 이성적으로 자리 잡을 수 있다고 말한다. 즉 신앙을 기반으로 한 공적인 주장이나 의견이 이성의 언어로 번역 가능하다고 주장한다. 이를 위해 기독교는 다원주의를 오히려 인정하고 옹호해야 한다고 말한다.

> 사회적 다원주의를 옹호하는 신앙은 공공 생활에서 다양한 목소리 중 하나로 존재하면서 인간의 번영에 대한 자신들의 비전을 추구해야 하며 그렇게 하여 공공의 선을 위해 봉사해야 한다.[37]

---

36 볼프, 『광장에 선 기독교』, 137.

37 볼프, 『광장에 선 기독교』, 202.

볼프는 종교가 가진 폭력성을 완화시키기 위해 계몽주의적 관용의 정신에 호소하고 그러기 위해서는 종교가 한발 물러서야 한다는 자유주의자들의 주장에 반대한다. 오히려 종교는 자신의 전통적인 신앙의 특수성에 호소해야 폭력적인 성향이 감소한다는 과감한 주장을 펼친다. 종교가 폭력적인 성향을 지닌 것은 심층적 차원에서 신앙을 드러낸 것이 아니라 표층적 차원에서 신앙을 가시화했기 때문이라는 것이다.

> 기독교 신앙을 그 기원과 역사에 깊이 연결되어 내려오는 전통으로서 명확한 도덕적 내용을 가진 것으로 받아들이고 실천하면 할수록 우리의 삶은 더 나아질 것이다. '표층적'이면서 열정적인 신앙의 실천은 폭력을 촉진하기 쉬우나 '심층적'이면서 전적으로 헌신된 실천은 평화의 문화를 낳고 유지된다.[38]

종교는 자신이 가지고 있는 전통이나 가치를 결코 포기할 수도 없

---

38 볼프, 『광장에 선 기독교』, 71. 표층적 신앙과 심층적 신앙이라는 표현은 볼프가 정치철학자 마이클 월저(Michael Walzer)에게서 가져온 것인데, 월저는 두꺼움과 얇음이라는 메타포로 특수와 보편의 관계를 설명했다. 월저에 따르면 모든 사회는 각각의 특수함, 고유함을 지닌 두꺼운(thick) 사회다. 바로 이러한 특수함을 바탕으로 해서만 공통적인 것, 보편적인 것이 자리 잡을 수 있는데, 이때의 보편성은 얇은(thin) 것이다. 여기서 중요한 것은 두꺼운 것, 즉 특수한 전체가 얇은 것, 즉 공통된 부분에 선행한다는 것이다. 다른 사회나 타인을 향한 비판은 우리 사회나 우리 자신의 특수한 입장이 불가피하게 반영되는 두꺼운 것이기에, 그들과 협력하거나 연대하기 위해서 서로 공통된 얇음을 통해 대화해야 한다는 것이 월저의 생각이다. Michael Walzer, *Thick and Thin: Moral Argument at Home and Abroad* (University of Notre Dame Pess, 1994).

고 포기해서도 안 된다. 볼프는 자신이 지닌 두꺼운 신앙을 제대로 구현하고 발현하기만 하면 오히려 진정한 평화와 번영을 가져올 수 있다고 말한다. 종교의 특수성이 문화적 보편성에 기여할 수 있다는 말이다. 종교가 자신의 정체성에 충실하면 할수록 공적 영역에 기여할 수 있는 바가 많다는 것이다. 볼프는 기독교 고유의 가치와 비전은 보편적 인류애와 인간의 번영에 충분히 적용 가능하고 오히려 그것들을 더욱 증진시킬 수 있다고 말한다. 기독교의 신념과 신앙은 진정한 자유, 평등, 인류애를 고양시키고 인간의 번영을 추구할 수 있다. 다만 이런 비전의 근원은 개인의 자유나 권리 담론으로 형성된 정치적 자유주의로부터 연원한 것이 아니라 삼위일체 하나님의 성품과 존재 방식에 대한 깊은 신학적 고찰에서 시작된다.

볼프는 기독교가 다른 문화와 공유하는 공통점을 찾는 것으로 참여를 독려하는 게 아니라 오히려 차이를 통해 독특성을 부각시켜야 한다고 말한다. 복음의 독특성이 차이를 만들고, 그것이 공적 영역에 새로운 가치를 제공할 수 있다는 것이다. 그래서 그는 "문화적 변화 속에서 기독교의 정체성과 차이를 어떻게 타협할 것인가?"라고 묻는다. 그가 제시하는 대안은 다음 세 가지다.

첫째, 기독교의 정체성은 테두리가 아니라 중심부에서 형성된다. 기독교의 정체성은 반동적이지 않다. 즉 주변의 다른 이념과 사상이 두려워서 그들에 대한 공격이나 변호로 에너지를 쏟는 것이 아니라 복음의 핵심 가치를 드러냄으로써 차이를 규정한다. **둘째, 기독교는 외부 세계와 사랑으로 관계를 맺어야 한다.** 예수 그리스도를 따르는 이들은 적이든 친구든 같은 종교인이든 불신자든 그들을 사랑하기 위해, 그리고 진실하게 선하고 아름다운 대상을 만나면 그것을 즐거워하기 위해 예수 그리스도께서 오신 것같이 세상으로 파송된다.[39] **셋째, 외부와의 경계선은 투과성이 있어야 한다.** 정체성을 형성하다 보면 불가피하게 경계선이 형성된다. 어떤 것의 개념 규정은 '-인 것'과 '-이 아닌 것'을 구분함으로써 명확해지기 때문이다. 그러나 그 경계는 개방적이어야 한다. 그래야만 자신을 혁신할 수 있고, 변화를 수용할 수 있으며, 외부로부터 새로운 것을 배울 수 있다. 그래서 정체성은 높은 벽이 아니라 투명하고 투과할 수 있는 여과지가 되어야 한다. "주변 문화와 역동적으로 주고받으며 하나님과 이웃을 향한 사랑을 실천하면서 믿음을 중심으로 자신의 정체성을 정의하는 의식적인 노력"이 필요하다.[40]

기독교와 민주주의의 관계에 대해서 연구해온 제프리 스타우트(Jeffrey Stout) 역시 "타자에 대한 진정한 존경은 각지가 가지고 있는 관점의 특이점을 진지하게 수용할 때" 가능하다고 말한다. 대화와 개입은 서로의 차이가 분명하게 인정될 때 가능하다.[41] 서로에 대한 차이를 보다 분명하게 강조할 때 어느 지점에서 대화가 가능한지 발견할 수 있다. 정체성을 분명히 하면서도 외부와 소통 가능

---

39 볼프, 『광장에 선 기독교』, 141.

40 볼프, 『광장에 선 기독교』, 141.

41 Jeffrey Stout, *Democracy and Tradition* (Princeton, NJ: Princeton University Press, 2009), 73.

하다는 것이 볼프의 주장이다.

자신의 종교적 목소리로 말한다는 것은 신앙의 중심으로부터
소리를 내는 것이다. 그리스도인의 목소리로 말한다는 것은 두
가지 근본적인 신념, 즉 하나님은 죄지은 자를 포함한 모든 사
람을 사랑하신다는 것과 종교적 정체성은 통과할 수 있는 경계
로 둘러싸여 있음을 전제로 말하는 것이다. 다른 모든 것에 관
한 이야기들은 이러한 신념으로부터 나와야 한다. 그렇게 될 때
사람들의 목소리는 고유한 그리스도인의 목소리가 되고 다른
많은 목소리를 그 안에 담을 수 있게 되며 또 다른 목소리가 그
리스도인의 목소리와 함께 울려 나올 수 있다.[42]

이렇게 타자의 목소리를 통해 자신의 정체성을 형성할 줄 아는
사람은 결국 공동의 가치와 질서를 이전보다 아름답고 윤택하게
만드는 것, 즉 인간의 번영을 위해 함께 노력하고 애써야 한다는 사
실을 알게 된다. 따라서 그리스도인들은 자신들의 전 존재를 통해
세상에 참여하고 공공선을 위해 헌신해야 한다.

많은 사회학자가 지적하듯 이제는 세속화에 대한 기존 입장이
철회됐다. 오늘날에는 **다차원적 근대성**(multiple modernities)이라는
말을 사용하기도 하는데, 이는 볼프가 말한 것처럼 더 이상 종교가

---

42 볼프, 『광장에 선 기독교』, 188.

사회에 자신의 주장만을 강요할 수 없는 상황에 처했기 때문이다. 하지만 반대로 세속 사회 역시 하나의 가치나 신념을 사람들에게 강요할 수 없는 건 마찬가지다. 이는 종교적 전체주의의 폐해를 경험한 서구 사회가 동일하게 획일화된 근대성이 또 다른 전체주의로 흐를 위험을 인지한 결과다.[43] 볼프는 이런 다원주의 사회의 특징을 인정하고 받아들이라고 말하면서, 기독교가 이제는 여러 입장 중 하나라는 사실과 자신의 견해가 주변부로 밀려날 수 있다는 사실을 겸허하게 받아들이라고 말한다. 그리고 기독교는 공동선과 인간의 번영을 증진하는 역할을 해야 한다고 말한다.

니콜라스 월터스토프(Nicholas Wolterstorff)는 여기서 볼프의 모순을 지적한다. 어떤 특정 공동체가 정치적 다원주의를 인정하면서도 공동선과 인간의 번영에 기여하는 일이 어떻게 가능한가? 볼프가 말하는 인간의 번영이 누구나 합의할 수 있는 일반적인 내용일 수 있는가?[44] 이러한 질문을 미리 예견해서 볼프는 기독교의 시혜 전통을 대안으로 제시한 바 있다. 그리스도인은 자신들이 그리스도에게 충실하기 때문에 이웃을 사랑할 수 있다. 그리고 기독교의 오랜 전통과 신학의 내적 정합성에 의해서 그렇게 할 수 있다. 그리스도인들은 자신이 가진 지혜를 다른 이들과 나누고 싶어 하고, 공동선을 증진하려는 목적으로 그것을 사용하려 한다. 자연스럽게 이런 지

---

43 Nicholas Wolterstorff, "Miroslav Volf on Living One's Faith", *Political Theology* 14.6 (2013), 724.

44 Wolterstorff, "Miroslav Volf on Living One's Faith", 724.

혜는 공론장에서 종교적인 목소리가 어떻게 작동해야 하는지 고민하게 만든다. 성경에서 말하는 지혜야말로 가장 보편적이면서도 모든 문화와 전통 속에서도 쉽게 접근 가능한 인류 공통의 가치다.

그리스도인에게 지혜란 모든 사람에게 아주 깊은 차원에서 적용되는 특별한 종류의 진리다. … 신앙의 지혜는 보편 진리와 불가분하게 연결되어 있다. 그리하여 변화하는 시대 상황에 따라 유연하게 적용할 수는 있지만 이 지혜는 모든 시대 모든 사람에게 타당한 것이다.[45]

데이비드 포드(David F. Ford) 역시 기독교적 지혜 전통이 오늘날에도 여전히 유효한 통찰을 가져다준다고 말한다. 적절한 선택과 판단, 우선순위 결정, 이론과 실천의 결합, 복잡하고 어려운 문제를 해결하는 방식 등 이 모든 것이 지혜와 관련된 내용이고, 이는 오늘과 같은 포스트모던 시대에 더욱 절실한 덕목이 되었기 때문이다.[46] 기독교의 지혜 전통은 근대적인 **세속적/종교적** 도식의 이분법을 뛰어넘어 기독교의 독특한 영성을 보유하면서도 다른 종교, 다른 문화와의 접촉점을 쉽게 찾을 수 있게 도와준다. "하나님을 갈망하고 하나님의 진리와 사랑, 정의와 평화를 깨닫는 열정은 하나님의

45　미로슬라브 볼프, 『광장에 선 기독교』, 149-150.

46　David F. Ford, *Christian Wisdom: Desiring God and Learning in Love* (Cambridge University Press, 2007), 2.

부르짖음과 세상의 부르짖음을 함께 분별할 줄 알고 이에 반응할 줄 아는 지혜"를 열망하게 한다.[47] 기독교의 지혜 전통을 포괄적으로 수용한다면, 공공신학은 기독교적 예전이나 예언자적 전통까지도 흡수할 수 있는 큰 그릇이 될 수 있다.

그렇다면 기독교가 가지고 있는 지혜를 세상과 나눌 때, 다시 말해 기독교의 진리 체계가 가장 보편적인 형식으로 정형화된 지혜를 공적 영역에서 타자와 공유할 때, 그 내용은 구체적으로 무엇인가? 그리고 우리는 어떤 자세로, 어떻게 나눠야 하는가? 볼프는 지혜가 마치 선물을 주는 행위와 같다고 말한다. 자본주의 시대에 인간의 모든 관계와 활동은 사고파는 교환 관계로 고착화되었는데, 이는 정작 가장 은총을 충만하게 경험해야 할 종교의 영역도 예외가 아니다. 선물은 값없이 베푸는 무조건적 은총이다. 사랑과 용서는 이러한 지혜가 가장 극명하게 드러나는 사건이다. 그리스도인의 역할은 이 은총을 몸으로 체화시켜 겸손함으로 증인하는 것이다. 그러면 지혜는 스스로를 드러낸다.

지혜를 나누고자 하는 우리의 모든 노력은 우리의 삶을 형성하게 하는 데 중점을 두어야 한다. 그리하여 우리는 지혜를 통해 기꺼이 회개하고 용서하는 삶을 살아야 하며 지혜가 매력적이고 합당하고 유용한 것임을 우리의 삶을 통해 드러내야 한다.[48]

---

47   Ford, *Christian Wisdom*, 5.

48   볼프, 『광장에 선 기독교』, 168.

그리스도인이 된다는 것은 세상을 떠나는 것이 아니라 세상을 변화시키는 것이다. 어떻게? 이웃을 사랑하는 실천을 통해서, 언제나 내어 주고 용서하는 증인의 삶을 통해서. 그것이 바로 하나님의 지혜다.

VI. 온건한 차별성

많은 이가 볼프의 주장이 너무나 낙관적이라고 우려한다. 기독교를 비롯한 다양한 종교는 자신들의 진리 주장을 확고하게 가지고 있다. 그리고 진리에 대한 열망을 확장하고자 할 때, 때로는 강압적으로, 때로는 폭력적으로 공적 영역에 무리하게 개입하려다 타인을 억압하기도 한다. 이성의 언어로 번역되지 않는 자기들만의 언어로 그들의 자부심을 형성하기도 한다. 볼프는 문화 전쟁이나 공적 영역에서 종교가 전체주의적인 개입을 하지 말아야 한다고 주장하면서 동시에 적극적인 참여를 독려하는데, 이런 참여와 개입이 오늘날 종교인들에게 얼마나 현실적으로 적용될 수 있을지도 의문이다. 기독교의 정체성이 차이를 만들어 내면서 동시에 외부와의 소통을 통해 새롭게 구성될 수 있다는 주장이 공적 영역에서는 어떻게 적용될 수 있을까? 볼프의 공공신학을 좀 더 깊이 이해하기 위해서는 종교와 공적 이성에 대한 정치철학자들의 최근 논쟁을 살펴볼 필요가 있다.

앞서 살펴보았듯이 우리는 서로 다르다는 것을 충분히 인지할 때 비로소 대화가 가능하고 더 나아가 상대방의 의견에 동의할 수 있게 된다. 그런 의미에서 종교는 **대화의 중단자**(conversation stopper)가 아니라 **대화의 원천**이 될 수 있다.[49] 우리가 실제로 서 있는 곳에서 대화를 시작하는 것은 우리의 정당한 권리이자 공적 대화의 장에서 더욱 풍성한 논의를 이끌어 내는 기초가 된다. 보통 배타주의자들은 자기 신앙이 다른 신앙보다 우월하다고 믿고 자신의 신앙으로 다른 신앙의 진리를 평가한다. 또한 자신의 신앙만이 하나님께로 갈 수 있는 바른 길이라고 믿는다. 이런 신앙이 국가 이데올로기나 민족주의와 결합되면 무서운 재앙을 가져오기도 한다. 어쩌면 종교적 배타주의가 정치적 배타주의로 연결되는 것은 자연스러운 흐름인 것 같다. 그러나 볼프의 신학적 기획은 종교적 배타주의와 정치적 다원주의가 양립 가능함을 보여 주는 것이다.

공론장의 발전사를 살펴보면, 자유주의자들은 종교적 목소리를 공적 영역에서 배제하려 했다. 루소는 "종교적 배타주의가 사회를 파괴하기 때문에 그것은 명백히 금지되어야 한다고 주장했다."[50] 신실용주의 철학자 리처드 로티(Richard Rorty) 역시 제도화된 종교는 자유를 위협하기 때문에 결과적으로 사라질 것이라고 말한다. 한마디로 자유 민주주의 사회에서 종교는 자신의 방을 빼야만 한다. 종교로부터 민주주의를 구하기 위해서는 종교가 사적 영역으로

---

49 Stout, *Democracy and Tradition*, 77.

50 미로슬라브 볼프, 『인간의 번영』, 양혜원 옮김(서울: IVP, 2017), 189.

후퇴하는 것으로 충분하다고 말하는 이들도 있다. 종교가 공적 영역에서 침묵을 지키고 철저하게 사적 종교로 구성되면 모두가 행복할 수 있다고 말하는 이도 있다.

하지만 월터스토프는 이러한 로티의 이분법이 자기모순에 빠졌다고 지적한다. 로티는 스스로 초월적이고 토대론적인 인식론을 비판하면서도 종교와 관련된 문제에서는 공적인 것과 사적인 것의 이분법을 옹호한다. 데카르트 이후 근대 인식론은 표상 이면에 참된 지식이 있다고 보고, 이를 토대로 지식의 구조와 경계를 구축하고자 했다. 로티는 이러한 표상주의와 토대론을 비판한다. 월터스토프는 이원론적 세계관을 적극적으로 비판한 그가 종교에 대해서는 근대적인 방식으로 공과 사를 나눠서 수용한다고 비판한 것이다.[51] 또한 로티는 종교가 원만한 대화를 중단시킨다고 말한다. 대화 도중에 누군가 "그건 하나님 뜻이다"라고 말하면 더 이상 대화를 이어 갈 수 없기 때문이다. 그런데 월터스토프는 역으로 왜 다원주의적 실용주의자는 대화를 단절시키지 않는다고 말하면서 종교적 이성만 대화를 단절시킨다고 말해야 하는지 묻는다.[52] 월터스토프는 민주주의에 대한 로티의 태도가 마치 종교적인 강압처럼 자신에게 다가왔다고 말한다. "나는 다원주의적 실용주의자가 나의 종교가 제도적이고 공적인 형태로 표현되어서는 안 된다고 나에

---

51 Nicholas Wolterstorff, "An Engagement with Rorty", *Journal of Religious Ethics* 31.1 (2003), 131.

52 Wolterstorff, "An Engagement with Rorty", 132.

게 말하기를 원하지 않는다. 나는 그것에 대해 스스로 결정할 것이다."[53] 17-18세기 유럽의 종교 전쟁에서 종교인들은 피를 흘리면서 자유 민주주의를 수호하기 위해, 그리고 타자의 권리를 위해 싸운 역사를 가지고 있다. 아직도 많은 자유주의자는 종교가 자유주의 사회의 자유를 위협한다고 생각한다. 그러나 로티가 말했듯이, 종교는 실제로 사람들의 절망과 필요를 채워 주는 역할을 해왔다. 미국의 시민권 운동에서 종교가 차지했던 역할과 활동을 생각해 보면 쉽게 알 수 있다. 남아공, 폴란드, 루마니아, 동독에서 민주주의 혁명에 종교가 어떤 역할을 했는지 살펴봐도 과연 종교가 자유를 억압했는지, 아니면 더 활성화했는지 알 수 있다. 반대로 20세기에 나타난 나치즘, 공산주의, 국가주의라는 잔인한 세속적 이데올로기가 자행한 폭력은 어떻게 설명할 수 있는가? 과연 무엇이 더 깊은 차원의 자유를 가져다주었는지 실제로 따져 봐야 할 것이다.[54]

볼프는 자유주의자들이 만들어 놓은 일방적인 **공적 이성**(public reason)의 제안을 거부한다. 여기서 공적 이성이란 정치적 판단을 내리는 시민들의 공통적 이성을 말한다. 시민들은 공적 토론의 장에 나와 정치적인 근본 문제에 대해 논의할 때, 서로가 인정할 수 있는 공통적인 이유를 들어 서로에게 해명해야 한다. 대표적인 자유주의 정치철학자 존 롤즈(John Rawls)가 볼 때, 학술 협회, 종교 모임, 각종 비공적 결사체들은 비공적 이성들(nonpublic reasons)에

53   Wolterstorff, "An Engagement with Rorty", 138.
54   Wolterstorff, "An Engagement with Rorty", 133.

해당되고 이들은 그들 나름의 논리에 의해서 움직이는 단체다.[55] 자유주의적 정당성의 원칙(the liberal principle of legitimacy)은 "시민들이 그들에게 합당하고 합리적인 것으로 받아들여지는 원칙과 이상들에 비추어 합당하게 지지될 것으로 예상되는 것"이어야 한다.[56] 자유주의자들이 말하는 공적 이성은 공적인 토론과 합의 과정에서 종교적인 견해나 입장은 잠시 옆으로 치워 놓고 모든 시민이 접근할 수 있고 받아들일 수 있는 중립적 원칙을 받아들여야 한다고 말한다. 하지만 월터스토프가 말하듯이 진정한 민주주의 원칙은 **평등한 목소리**(equal voice)라고 부르는 원칙이다.[57] 모든 시민은 정치적 문제에 대해 종교적이든 비종교적이든 자신의 목소리로 말할 권리가 있고 자신의 권리를 주장할 수 있다. 모든 목소리가 동등한 무게를 가지고 있다. 진정한 기독교적 참여는 사회를 포기하거나 지배하려 하지 않는다. 오히려 그 속에서 차이를 만든다. "아니요"라고 말할 곳과 "예"라고 말할 곳을 분별할 줄 알고, 자신이 가지고 있는 지혜를 다른 사람들과 공유할 줄 알며, 그들과 함께 일하면서 공동선을 추구한다. 이것이 바로 볼프가 생각하는 공공신학이다.[58]

볼프가 튀빙겐 대학교에서 교수 취임 강연으로 발표했던 "기독교 정체성과 차이"(Christliche Identität und Differenz)는 그의 정치신

---

55   존 롤즈, 『정치적 자유주의』, 장동진 옮김(서울: 동명사, 2016), 345.

56   롤즈, 『정치적 자유주의』, 351.

57   Wolterstorff, "Miroslav Volf on Living One's Faith", 725.

58   Wolterstorff, "Miroslav Volf on Living One's Faith", 726.

학을 이해할 수 있는 중요한 근거가 된다.[59] 이 글은 『하나님의 말씀에 사로잡혀』(Captive to the Word of God)에서 「온건한 차별성: 베드로전서에서의 교회와 문화」라는 제목의 글로 소개됐는데, 그는 이 글이 『광장에 선 기독교』를 집필하는 중요한 밑거름이 되었다고 말한다.[60] 그동안 기독교와 문화의 관계를 어떻게 규명할지에 대해서는 다양한 입장과 견해가 존재해 왔는데, 볼프는 자신의 입장을 **온건한 차별성**(soft difference)이라는 말로 규정한다. 베드로전서에서 그리스도인은 '나그네' 혹은 '거류민'으로 등장하는데, 볼프는 이러한 정체성이 오늘날 세속 사회를 살아가는 그리스도인의 실존 방식이라고 말한다. 즉 그리스도인들은 이 세상에서 벗어나 자기만의 성역으로 퇴보하거나 영적인 하나님 나라만을 추구하며 살아가는 사람이 아니라 "세상 한복판에 세워진 하나님의 집 속"에서 살아가는 이들이다.[61] 그들은 종말론적 소망을 품고 이 세상에서 그리스도의 삶의 방식을 따르는 이들이다. 하지만 그들이 세상적인 삶의 방식을 따르지 않는다고 해서 세상 사람들을 비난하거나 차별하지는 않는다. 그리스도인은 자신의 가치와 신념을 이 세상에 강

---

59 이 논문은 "Christliche Identität und Differenz: Zur Eigenart der christlichen Prasenz in den modernen Gesellschaften", *Zeitschrift für Theologie und Kirche* (1995): 357-375로 처음 기고됐고, 이후에 영어로 "Soft Difference: Theological Reflections on the Relation between Church and Culture in 1 Peter", *Ex Auditu* (1994): 15-30으로 기고됐다.

60 Miroslav Volf, "Faith, Pluralism, and Public Engagement: A Response", *Political Theology* 14.6 (2013), 813.

61 볼프, 『하나님의 말씀에 사로잡혀』, 96.

요하거나 세상을 위협하지 않고 자신들의 삶의 방식을 신실하게 증언하는 방식으로 세상과 관계를 맺는다. 하나님에 대한 강한 충성과 신뢰는 오히려 두려움을 몰아내고 온유함과 겸손함으로 타자를 존중하게 만든다. 볼프가 말하는 **온건한 차별성**은 딱딱하지 않은 부드러운 차별성이다.

> 자신의 하나님 안에서 안정감을 찾은 사람들은 두려움 없이 온건한 차별성을 안고 살아갈 수 있다. 그들은 타인을 복종시키거나 비난할 필요가 없고, 타인에게 그들 나름의 존재가 되도록 공간을 허용할 수 있다. 온건한 차별성을 안고 사는 사람들의 경우, 선교는 기본적으로 증언과 초대의 형태를 취하게 된다. 그들은 압력이나 조작 없이 타인을 설득하려 하고, 때로는 "한마디의 말도 없이" 그렇게 한다.[62]

다원주의 사회를 살아가는 그리스도인들에게는 **어떤 진리를 선포하느냐**만큼이나 그 진리를 **어떻게 선포하느냐**도 중요하다. 기독교의 진리를 독선적이고 배타적으로 선포할 것인가? 아니면 온유하고 겸손하면서도 언제나 약자의 편에서 선포할 것인가? 이것은 선택의 문제가 아니다. 그리스도인의 정체성의 핵심을 차지하는 부분이기 때문이다. 자신의 신념을 자신 있게, 그러면서도 온유하게 전

---

62   볼프, 『하나님의 말씀에 사로잡혀』, 110.

하는 것과 타자의 신념을 존중하고 그들을 포용하는 것은 예수 그리
스도를 따르는 이들의 가장 중요한 정체성이다.[63] 심지어 그들이 틀
렸거나 악하다고 확신할 때조차도 이런 정체성은 흔들리지 않는다.

VII. 공적 신앙과 지구화

볼프는 최근에 공적 신앙에 대한 논의를 지구화 담론으로 확장해
세계 종교와의 공존을 더욱 적극적으로 설명한다. 『인간의 번영』에
서 볼프는 지구화 시대에 종교가 인간의 번영과 세계 평화에 기여
할 수 있다고 주장한다. 볼프가 세계 종교를 지구화와 연결하는 이
유는 『광장에 선 기독교』에서 이미 언급했던 것처럼 상승과 회귀로
설명할 수 있다. 종교의 초월적 측면, 즉 신의 뜻과 신탁을 받은 신
앙인은 반드시 그것을 사람들에게 전달하려는 열망을 품게 되는데,
지구화가 그 수단이 되기 때문이다. 또한 반대로 인간의 번영과 지
구화의 영속성을 위해서는 종교의 초월적 가치와 원동력이 필요하
다. 세속적 가치와 무신론적 가치관은 실제로 실질적 공동선과 좋
은 삶을 향한 비전을 제시하지 못하기 때문이다. 나얀 찬다(Nayan
Chanda)는 "신앙을 전파하려는 동기가 지구화의 중요한 동력"이었
다고 말한다.[64] 종교야말로 하나의 가치, 일관된 삶의 태도, 하나의

---

63   볼프, 『하나님의 말씀에 사로잡혀』, 112.

64   볼프, 『인간의 번영』, 65에서 재인용.

지향점을 가지고 있기에 보편적 이데올로기로 이용될 수 있었다. 종교는 좋은 인생에 대한 비전을 제시할 수 있기에 "지구화는 경제적·정치적 프로젝트가 되기에 앞서 먼저 종교적 구상이었다."[65] 볼프는 대부분의 세계 종교가 일상성을 통해 초월성을 자연스럽게 제시하는데, 여기서 각 종교들이 가지고 있는 가르침은 다름 아닌 이타주의와 연대 의식이라고 말한다. 세계 종교는 참 인간성에 관심을 기울이고 지구적 공공선을 적극적으로 추구하기 때문이다.

볼프가 종교의 초월성을 통해 지구화를 설명하는 이유가 몇 가지 있다. 일단 지구화가 가정하는 물질주의적 삶과 자본주의적 양상을 비판하기 위해서다. 세계 종교는 자신의 예언자적 사명에 따라 폭주하는 자본주의의 세계화를 막을 수 있다. 하지만 더 중요한 것은 그가 한스 큉(Hans Küng)처럼 종교 간 통합이나 화합을 도모하는 방식으로 지구화에 기여하는 것이 아니라, 오히려 각 종교가 가지고 있는 고유한 영역을 확고히 지키고 고수하는 방식으로 공존의 가능성을 말하기 때문이다.[66] 종교의 초월성은 타종교와 타협할 수 없는 고유한 전통과 역사이기 때문에 볼프는 공적 영역에서도 그 초월성이 그대로 유지되길 바란다. 이를 위해선 "폭력을 부추기지 않으면서 다원적 세계에서 자신이 믿는 보편적 비전을 지지

---

65   볼프, 『인간의 변영』, 67.

66   한스 큉은 세계 평화를 위해서는 종교 간 화해를 도모해야 하는데 이 과정에서 교리적 연대가 어느 정도 필요하다고 주장한다. 한스 큉, 『세계윤리구상』, 안명옥 옮김(왜관: 분도출판사, 1992).

하는 방법"을 배워야 한다.[67] 경쟁하는 비전들 사이에서 종교의 비전을 건설적으로 추구하는 방법을 배우라는 것이다. 종교는 사람들과 연대하면서 문화를 형성하고 일상의 삶의 구조를 새로운 방식으로 재전유한다. 따라서 모든 종교는 그 나름의 방식으로 일상의 삶을 긍정한다. 지구화에 대적하는 종교는 스스로 고립된 섬이 되고 말 것이다. 좋든 싫든 세계 종교는 지구화의 덕을 보고 싶어 한다. 그러므로 세계 종교는 자신의 종교가 어떤 교리를 가지고 있든 신과의 만남, 신과의 관계가 우리의 일상적 삶을 자유롭고 충만하게 해 준다고 믿어야 할 것이다.

지구화 시대에 근본주의 종교가 지속적으로 성장하고 종교 간 갈등과 전쟁도 적지 않은 상황에서 볼프는 오히려 세계 종교가 타 종교와 공존을 모색하고 인류의 번영에 기여할 수 있다고 주장한다. 그런 점에서 볼프의 신학적 비전은 상당히 과감하다.

> 세계 종교는 다른 종교와 비종교의 자유를 긍정하고 촉진할 수 있는, 다원주의를 정치적 프로젝트로 수용할 수 있는 내적 자원을 지니고 있다.[68]

볼프는 자신의 주장을 뒷받침하기 위해 존 로크(John Locke)의 『관용에 관한 편지』(*Epistola de Tolerantia*, 책세상 역간)를 자세히 소

---

67 볼프, 『인간의 번영』, 88.

68 볼프, 『인간의 번영』, 133.

개한다. 로크가 제시하는 기독교 신앙의 핵심 표지는 이웃 사랑이다. 여기서는 그리스도인이든 비그리스도인이든 상관없다. 모든 사람에게 자선과 선의를 베풀어야 한다는 것이 로크의 생각이다. 두 번째로 그는 강요된 신앙은 잘못된 신앙이라고 생각했다. 로크는 "자기 인생의 기본 방향과 자신의 영원한 운명에 대한 책임을 다른 사람에게 넘겨주어서는 안 된다"[69]고 생각했다. 어쩌면 이것이야말로 근대적 양심, 진정성의 탄생이라 할 수 있다. 자신의 생각, 자신의 결정, 자신의 양심에 따라 행동하고 선택하는 것만이 진정성 있는 신앙이다. 마지막으로 그리스도인은 서로 관용을 가져야 한다. 국가는 인간의 시민적·공적 측면에 관여하고, 교회는 인간의 종교적·사적 측면에 관여한다. 서로 다른 이 두 영역을 침범하지 않는 것이 바로 관용이다.[70]

하지만 볼프는 자신의 종교가 보편 진리라고 주장하는 이들이 동시에 다른 종교를 존중하려면 로크가 말한 관용을 넘어서야 한다고 말한다. 서로의 입장을 이해해 주는 것으로는 진정한 공존이 힘들다. 한 발 더 나아가 타인의 권리를 적극적으로 존중하는 태도가 중요하다.[71] 세계 종교가 자신의 정체성을 배신하지 않으면서 도덕 원칙과 다원적 정치 질서를 긍정할 수 있는 방법을 모색하려는 볼프의 기획은 롤즈가 『정치적 자유주의』에서 추구했던 정치철학적 기

69   볼프, 『인간의 번영』, 140.
70   볼프, 『인간의 번영』, 140.
71   볼프, 『인간의 번영』, 141.

획과 유사하다. 다만 그가 롤즈의 논의를 간단하게 언급하고 넘어가기 때문에 어느 정도까지 그의 개념과 철학을 수용하는지 분명하게 파악하기는 어렵다. 볼프는 존중의 정신은 존중의 체계를 통해 완성되어야 한다고 말하면서 롤즈의 중첩적 합의(overlapping consensus) 개념을 사용해 실천 방법을 제시한다.[72] 롤즈는 다원주의 상황 속에서 어떻게 포괄적 교리가 서로 합의를 이루면서 안정적인 관계를 유지할 수 있는지, 어떻게 공적 이성을 통해 중첩적 합의를 이끌어 낼 수 있는지 고민했다.[73] 롤즈는 시민들이 서로의 입장을 존중할 수 있는 관용의 근거를 제시하기 위해 **합리적인 것**(the rational)과 **합당한 것**(the reasonable)을 나눠서 설명한다. 합리적인 것이 자신의 이익을 추구하는 개인주의적 요소라고 한다면, 합당한 것은 공동체적 개념으로서 서로의 조건들을 수긍할 수 있다는 상호성(reciprocity)을 의미한다.[74] 여기서는 서로의 이야기를 경청하고 생각을 수용하기 위해 사회구성원들이 협력하고 연대하겠다는 의지와 시민성의 이상(the ideal of citizenship) 이 중요하게 부각된다.[75]

볼프는 세계 종교가 관용과 존중의 태도를 함양하기 위해 다음의 두 가지 중요한 물음에 응답해야 한다고 말한다. 첫째, 자신의 종교

---

[72] 오늘날 롤즈의 중첩적 합의와 이를 가능하게 하는 공적 이성은 지속적으로 논쟁이 벌어지는 개념이기 때문에 이를 신학적으로 더욱 정밀하게 연구하고 분석할 필요가 있다.

[73] 롤즈, 『정치적 자유주의』, 23.

[74] 롤즈, 『정치적 자유주의』, 142.

[75] 롤즈, 『정치적 자유주의』, 187.

가 보편 진리라고 주장하는 사람은 동시에 다른 종교를 존중할 수 있는가? 둘째, 종교적 배타주의는 정치적 다원주의를 수용할 수 있는가? 이 두 가지 질문에 답을 제시하기 위해 볼프는 성경의 황금률과 종교의 자유를 급진적으로 재해석한다. 먼저 누구든지 자신이 믿는 바를 증언하기 위해서는 동시에 남의 증언도 기꺼이 들을 준비가 되어 있어야 한다. 볼프는 세계 종교는 황금률을 핵심적 도덕 규칙으로 삼고 있다고 말한다. 즉 다른 사람이 자신에게 전하기 원하는 방식 그대로 종교를 전하고, 또한 자기가 말하고 전하는 만큼 다른 이의 목소리도 경청할 준비가 되어 있어야 한다.[76] 만약 이런 도덕 규칙을 지킬 수만 있다면, 우리는 비록 다른 종교나 다른 신념에 동의하지 않더라도 그들을 충분히 존중할 수 있다는 것이다.

볼프는 오랜 시간 다른 신앙을 가진 사람들과 어떻게 관계를 맺어야 하는지 고민해 왔다. 2004년 이후로 그는 유대교와 기독교, 이슬람과 기독교의 대화에 참여해 종교 간 대화를 이끌어 왔다. 그 결과가 『알라』(Allah)라는 책으로 나왔다.[77] 이 책은 이슬람과 기독교가 어떻게 평화적으로 공존할 수 있는지 탐구한다. 이슬람과 기독교가 공통의 신을 가지고 있는지, 이 둘이 서로 핵심 가치를 공유하고 있는지 조사한 것이다. 볼프는 기독교와 이슬람이 몇 가지 차이에도 불구하고 신의 도덕적 성품이라든가 인간적 가치에 대해서는 유사한 설명 체계를 가지고 있다고 말한다. 즉 창조주 하나님은 정

---

76   볼프, 『인간의 번영』, 153.

77   미로슬라브 볼프, 『알라』, 백지윤 옮김(서울: IVP, 2016).

의롭고 자비로우며 하나님은 그의 백성들에게 자신의 성품을 가지길 바란다는 것이다. 그러므로 이런 하나님을 믿는 두 종교는 서로를 존중할 수 있고, 적어도 서로에게 폭력을 행사하지 않고 갈등을 해결할 수 있는 내적 능력을 가지고 있다고 말한다.

하지만 이런 존중의 정신은 존중의 체계를 통해 뒷받침되어야 한다. 볼프는 종교적 배타주의가 얼마든지 정치적 다원주의와 양립할 수 있고 꼭 그래야 한다고 말한다. 일반적으로 배타주의자들은 "자기 신앙의 척도로 다른 모든 신앙의 진리"를 재려고 한다.[78] 그 결과 역사적으로 정치적 배타주의는 주로 종교로부터 그 정당성을 부여받기도 했다. 그래서 대부분 정치적 다원주의를 지지하려면 종교적 배타주의를 버려야 한다고 주장한다. 하지만 볼프는 단호하게 이런 전제를 거부한다. 그는 "일관된 종교적 배타주의자도 정치적 다원주의자가 될 수 있다"고 말한다.[79] 볼프는 16세기 청교도 신학자였던 토지 윌리엄스(Roger Williams)를 인용하면서 종교의 자유와 양심의 자유는 그리스도인에게 신념의 근원이자 행동의 동기이기 때문에 그 무엇으로도 이를 억압하거나 강요할 수 없다고 보았다. 따라서 그리스도인은 얼마든지 다원적 민주주의 미덕을 지키면서 성실하게 자신의 주장을 펼칠 수 있다. 볼프는 기독교의 핵심 가치와 덕목이 다원적 민주주의와 충분히 양립할 수 있다고 본 것이다. 예수 그리스도를 통해 계시된 자비로운 하나님의 성품은 타인의 자유와 신앙을 강압하지 않고 오히

---

78   볼프, 『인간의 번영』, 177.

79   볼프, 『인간의 번영』, 191.

려 존중해 준다.[80] 서로 다른 의견의 차이를 인정하고 모든 사람의 존엄성을 존중하면서 협상하는 것이 민주주의의 핵심 가치라고 한다면, 그리스도인들은 충분히 이를 긍정하고 지지할 수 있다.

VIII. 가교의 신학자 미로슬라브 볼프

볼프는 박사 논문과 교수자격취득 논문을 쓸 때만 해도 삼위일체 신학과 정치철학에 대해 상당히 전문적인 논문과 책을 저술했다. 학자로서 명성을 쌓아가는 과정이기 때문에 학술적 글쓰기에 전념했다고 할 수 있다. 그럼에도 그의 신학을 형성한 것은 다름 아님 그의 생생한 삶의 현장이었고, 따라서 그의 모든 글에는 실존적 고백과 자기만의 문제의식이 고스란히 녹아 있다. 반면 그가 예일 대학교에서 교수로 활동하는 시기에는 대중적인 글을 많이 썼다. 이 시기에 그가 쓴 글은 대부분 기존에 사용했던 학술적 개념을 대중적 언어로 다시 풀어낸 것이다. 공공신학자의 글쓰기는 대중을 위한 것임을 실제로 실천한 것이다. 어떤 이들은 더 이상 그의 책에서 학자로서의 치밀한 논증과 근거를 찾아보기 힘들다고 말할지 모르지만, 그는 의도적으로 전문적 논의를 뺐다고 말한다. 어쩌면 전문 연구를 대중의 언어로 풀어내는 것이 자신의 사명이라고 생각했는지도 모른다.[81]

---

80   볼프, 『인간의 번영』, 194-195.

81   Volf, "Faith, Pluralism, and Public Engagement: A Response", 814.

많은 학자가 그의 책과 글을 읽고 다양한 평가를 내린다. 그중에서 가톨릭 여성신학자인 다빌라(M. T. Dávila)는 볼프의 신학이 가지고 있는 두 가지 약점을 지적하는데, 첫째는 그의 신학에는 "의로운 분노"가 없다는 것이고, 둘째는 약자의 우선적 선택을 강조하는 해방신학의 실천이 미흡하다는 것이다.[82] 이 부분은 그가 쓴 『인간의 번영』에서도 극명하게 드러나는데, 볼프는 세계화로 인한 경제적 불평등과 부정의에 대해서는 거의 언급하지 않고, 세계화가 마치 인류의 번영에 이로운 방향으로만 전개될 것처럼 소개한다. 하지만 많은 학자가 세계화의 어두운 측면을 날카롭게 지적하고, 동시에 공공신학의 애매한 태도에 대해서도 비판하고 있다.[83] 이런 점에서 다빌라의 비판은 눈여겨볼 필요가 있다.

한편 가톨릭 신학자 줄리 핸론 루비오(Julie Hanlon Rubio)는 볼프의 『광장에 선 기독교』에 대한 비판적 논문에서 그의 기획이 현대 사회와 엇나가고 있는 지점을 날카롭게 지적한다. 첫째, 줄리는 오늘날 미국에서 탈교회 현상이 증가하고 있는 가운데 젊은 세대에게 신앙을 기반으로 한 정치적 행동이 얼마나 설득력을 가질 수 있는지 묻는다.[84] 이들은 종교가 정치적으로 개입하면서 쉽게 전체주의

82 M. T. Dávila, "The Gift We Bring: engaging Miroslav Volf's vision of religions in The Public Square", *Political Theology* 14.6 (2013), 760.

83 세계화에 대한 대표적인 비판으로는 레베카 토드 피터스, 『좋은 세계화 나쁜 세계화』, 방연상 · 윤요한 옮김(서울: 새물결플러스, 2012)을 참고하라.

84 Julie Hanlon Rubio, "Practicing Faith in Public Life: Beginning with the Local", *Political Theology* 14.6 (2013), 776-778.

로 빠지는 것을 보았다. 자연스럽게 이들은 종교와 정치에서 멀어졌다. 둘째, 줄리는 과연 그리스도인들이 다원주의를 진지하게 받아들일 수 있겠느냐고 묻는다. 볼프의 기대와 달리 오늘날 대부분의 그리스도인은 정치적 대화에서 상당히 거칠고 폭력적이다. 진보든 보수든 대부분 열광적이다. 하나님과 이웃에 대한 기독교의 진리는 그들이 공적 영역에서 인간의 번영에 기여한다고 생각하는 바를 매우 열정적으로 추구하도록 만드는 힘이 있다. 정당한 분노는 인간의 존엄성을 침해하는 폭력에 대한 저항이 될 수 있으며 자유와 해방을 위한 투쟁은 때론 갈등과 대립을 요구하기도 하는데, 볼프는 이 부분을 간과하거나 진지하게 다루지 않았다.[85] 셋째, 볼프는 증인으로서의 교회의 역할을 긍정한다. 동시에 교회가 자신의 역할을 충실하게 수행한다면 그것이 곧 공적 영역에서도 '세상을 치유하는' 방식으로 드러날 수 있다고 말한다. 즉 교회는 이 세계가 지닌 문제를 해결할 지혜를 가지고 있다는 것이다.[86] 하지만 볼프의 비전은 지나치게 낙관적이기 때문에 오히려 비현실적일 수 있다. 어쩌면 지금은 정치에서 물러나 다른 곳으로 에너지를 쏟는다면 더 효과적인 기독교 사회윤리를 만들 수 있지 않을까?[87] 이제 기독교는 정치

---

85 Rubio, "Practicing Faith in Public Life: Beginning with the Local", 779.

86 Rubio, "Practicing Faith in Public Life: Beginning with the Local", 781.

87 제임스 데이비슨 헌터(James Davison Hunter) 역시 기독교가 그동안 지나치게 정치에 관심을 기울인 나머지 오히려 공적 가치를 놓치는 우를 범했다고 말한다. 제임스 데이비슨 헌터, 『기독교는 어떻게 세상을 변화시키는가』, 배덕만 옮김(서울: 새물결플러스, 2014).

적 개입을 중단하고 사회적이고 문화적인 차원에서 현실적인 변화와 대안을 만들어야 한다. 줄리의 제안처럼 기독교는 이제 어떻게 하면 더 좋은 정치 참여를 할지 고민하기보다는 어떻게 하면 더 좋은 지역적 행동을 할지 고민해야 한다.[88]

기독교의 사회 참여는 그동안 정치라는 영역에 지나치게 몰입한 나머지 그 사이의 공간에는 거의 관심을 기울이지 못했다. 볼프처럼 다원주의와 포스트모던 사회 속에서 기독교가 단지 하나의 목소리에 불과하다고 말한다면, 우리는 세상으로부터 후퇴하지도 않지만 그렇다고 세상을 완전히 변혁하려 하지도 않을 것이다. 그렇다면 기독교의 사회적 실천은 정치라는 영역에서 자신의 비전을 실현하기보다는 문화적 차원과 지역 사회에서 자선과 선한 사업을 통해 인간의 번영을 증진해야 할 것이다.[89]

이런 비판에 대해 볼프는 그동안 자신이 살아온 삶의 궤적과 신학적 관심사를 다시 한번 환기시킨다. 그는 동료 신학자 사이에서 "가교의 신학자"(theologian of the bridge)로 불린다. 그가 언제나 적과 친구, 가해자와 피해자, 죄인과 의인 모두를 품는 포용의 신학을 추구해왔기 때문이다.[89] 볼프는 1960년대 이후 신학이 이른바 **교회의 신학**과 **정치신학** 혹은 **공공신학**으로 분열된 것은 불행한 일이라고 말한다. 볼프에 따르면 사실 이 둘은 서로 반대되는 개념이

88   Rubio, "Practicing Faith in Public Life: Beginning with the Local", 782.

89   Rubio, "Practicing Faith in Public Life: Beginning with the Local", 784.

90   Volf, "Faith, Pluralism, and Public Engagement: A Response", 822.

아니다. 특별히 오늘날과 같이 삶과 신앙이 복합적으로 작동하는 세속화 시대에는 어느 하나만을 선택할 필요가 없다.

공공신학은 그 근거로 교회의 신학을 필요로 한다. 공공신학은 교회의 신학을 전제로 하고, 교회의 신학은 공공신학을 통해 자신의 영역을 확장한다. 이 둘은 신앙 공동체의 생활에서 리듬과 같다. 그들은 예전을 위해 한 곳에 모이고, 다시 세상 속 일상생활을 위해 여러 곳으로 흩어졌다가 다시 모이고 또 흩어진다. 흩어져서 생활하는 것은 기독교 생활에서 필수적 부분이기 때문에 공적 참여를 피하는 것은 전혀 선택 사항이 아니다.[91]

볼프가 성경을 대하는 태도 역시 신학이나 교회를 대하는 태도와 동일하다. 그는 "텍스트는 사회적 관계"를 함축하고 있다는 전제 아래 신학을 전개한다.[92] 교회에서 사용하는 언어와 신학의 언어는 모두 사회적 관계 속에서 형성된 언어다. 인간의 구원과 그들이 관계를 맺고 있는 공동체 역시 촘촘한 사회적 관계 속에서 형성된다. 따라서 기독교 내부에서만 통용되는 언어라 하더라도 그것은 좀 더 넓은 사회적 관계망과 긴밀하게 연결되어 있다. 그래서 교회를 위한 신학과 공공을 위한 신학, 사적 언어와 공적 언어는 구분될 수 있으나 분리될 수 없다.

91   Volf, "Faith, Pluralism, and Public Engagement: A Response", 823.
92   볼프, 『하나님의 말씀에 사로잡혀』, 39.

하지만 무엇보다 볼프의 공공신학을 가능하게 만드는 것은 삼위일체 하나님의 종말론적 비전이다. 지금 여기에서 우리가 잠시나마 공존과 평화를 실천하며 적과 화해할 수 있는 것은 우리가 하나님의 미래를 엿보고 성령의 능력으로 이 현실을 견딜 수 있는 힘을 얻기 때문이다. 삼위일체 하나님이 서로에게 자신의 자리를 내어 주어 타자를 받아들인 것처럼, 우리도 그분을 본받아 이 세상에서 자신의 공간을 내어 주는 사역을 해야 한다. 사회 변혁은 이러한 신적 은혜를 경험한 그리스도의 제자들을 통해 가능해질 것이다. 예수 그리스도가 십자가에서 원수를 끌어안고 자신을 희생한 것처럼 우리도 그를 본받아 자신을 내어 주는 사역에 동참할 수 있다면 분명 세상은 달라질 것이다. 이렇게 볼프는 삼위일체 하나님의 존재 방식을 통해 역사 속 교회의 양태를 설명하고, 이를 다시 그리스도인의 실존 방식으로 설명한다. 그리고 그리스도의 십자가는 이러한 하나님의 자기 내어 줌이 가장 빛나는 장소였다. 성령 하나님은 그리스도를 따르는 이들이 지금 이곳에서 하나님의 종말론적 비전을 바라보며 현실을 변혁할 수 있는 능력을 공급한다. 삼위일체 하나님은 교회라는 울타리를 넘어 세상 속으로 들어가 하나님의 현실에 참여하도록 우리를 초대한다. 따라서 그리스도인들에게 교회의 신학과 공공신학은 동전의 양면과 같다.

더 읽을거리

『하나님의 말씀에 사로잡혀』

● 미로슬라브 볼프 지음, 홍병룡 옮김, 서울: 국제제자훈련원, 2012.

볼프의 모든 저서에는 성경에 대한 신선하고 새로운 통찰이 담겨 있다. 그는 성서신학과 조직신학이 분리되어 파편화된 현상을 안타까워하며 '신학적 성경 읽기'를 옹호한다. 이 책에는 그의 성경 읽기 방법론과 구체적인 적용이 들어 있다. 베드로전서를 통해 교회와 문화에 대한 신학적 통찰을 끄집어내고, 요한복음을 통해 현대의 다원주의를 설명한다.

『배제와 포용』

● 미로슬라브 볼프 지음, 박세혁 옮김, 서울: IVP, 2012.

볼프의 가장 대표적인 책으로, 그가 다루는 거의 모든 신학적 주제가 담겨 있다. 오늘날 중요한 철학자와 신학자의 사상을 활용해 '정체성'과 '타자성'에 대한 논의를 이끌어 간다. 궁극적 화해를 이루기 위한 이론적 모색뿐만 아니라 성경적이고 실천적인 방법까지 제시하고 있어 기독교 정치신학, 기독교 정의론 분야에서 가장 중요한 책으로 꼽아도 손색이 없다.

『광장에 선 기독교』

● 미로슬라브 볼프 지음, 김명윤 옮김, 서울: IVP, 2014.

볼프의 공공신학을 파악할 수 있는 가장 대표적인 책이다. 볼프는 오늘날 그리스도인들이 전체주의의 유혹과 사회로부터 후퇴하려는 근본주의적 태도를 넘어 기독교의 정체성을 분명히 하면서도 공적 영역에 적극적으로 참여하라고 독려한다. 현대 자유주의 정치철학의 한계를 넘어설 수 있는 대안도 제시한다는 점에서 앞으로 계속해서 논의할 주제를 던져 준다.

『인간의 번영』

- 미로슬라브 볼프 지음, 양혜원 옮김, 서울: IVP, 2017.

볼프의 최근 관심사를 알 수 있는 책이다. 그는 그동안 꾸준히 세계화와 종교의 공적 역할에 대해서 고민하고 연구해 왔다. 이 책에서는 종교가 인간의 번영과 세계 평화에 기여할 수 있다는 점을 부각하고 그 방법을 제시하고 있다. 종교가 실제로 갈등과 분열을 어떻게 막아 내고 연합과 용서를 실천할 수 있는지 설명한 책이다.

『신학, 정치를 다시 묻다』

- 윌리엄 T. 캐버너 지음, 손민석 옮김, 서울: 비아. 2019.

근대 정치이론들이 갖고 있는 신학적 성격을 분석하면서 오늘날 자유주의 정치 체제가 가지고 있는 문제를 날카롭게 비판한 책이다. 특별히 공공신학에서 중요하게 다루고 있는 시민 사회와 세계화를 급진정통주의의 시각으로 재해석한다. 볼프의 책과 비교해서 보면 좋다.

참고문헌

롤즈, 존. 『정치적 자유주의』. 장동진 옮김. 서울: 동명사, 2016.

볼프, 미로슬라브. 『광장에 선 기독교』. 김명윤 옮김. IVP, 2014.

_____. 『노동의 미래-미래의 노동』. 이정배 옮김. 천안: 한국신학연구소, 1993.

_____. 『배제와 포용』. 박세혁 옮김. IVP, 2012.

_____. 『베풂과 용서』. 김순현 옮김. 서울: 복있는사람, 2012.

_____. 『삼위일체와 교회』. 황은영 옮김. 새물결플러스, 2012.

_____. 『인간의 번영』. 양혜원 옮김. 서울: IVP, 2017.

_____. 『일과 성령』. 백지윤 옮김. 서울: IVP, 2019.

_____. 『하나님의 말씀에 사로잡혀』. 홍병룡 옮김. 서울: 국제제자훈련원, 2012.

큉, 한스. 『세계윤리구상』. 안명옥 옮김. 왜관: 분도출판사, 1992.

Dávila, M. T. "The Gift We Bring: engaging Miroslav volf's vision of religions in The Public square." *Political Theology* 14.6 (2013): 758-771.

Ford, David F. *Christian Wisdom: Desiring God and Learning in Love*. Cambridge Studies in Christian Doctrine vol. 16. Cambridge University Press, 2007.

Rubio, Julie Hanlon. "Practicing Faith in Public Life: Beginning with the Local." *Political Theology* 14.6 (2013): 772-785.

Shortt, Rupert. *God's Advocates: Christian Thinkers in Conversation*. Wm. B. Eerdmans Publishing, 2005.

Stout, Jeffrey. *Democracy and Tradition*. Princeton, NJ: Princeton University Press, 2009.

Volf, Miroslav. "'The Trinity Is Our Social Program': The Doctrine of the Trinity and the Shape of Social Engagement." *Modern Theology* 14.3 (1998): 403-423.

_____. "The Final Reconciliation: Reflections on a Social Dimension of the Eschatological Transition." *Modern Theology* 16.1 (2000): 91-113.

_____. "Faith, Pluralism, and Public Engagement: A Response." *Political Theology* 14.6 (2013): 813-834.

Wolterstorff, Nicholas. "An Engagement with Rorty." *The Journal of Religious Ethics* 31.1 (2003): 129-139.

_____. "Miroslav Volf on Living One's Faith." *Political Theology* 14.6 (2013): 721-726.

Walzer, Michael. *Thick and Thin: Moral Argument at Home and Abroad.* University of Notre Dame Press, 1994.

5. 세속의 시대를 탐색하는 정치철학자

찰스 테일러

손민석

"주문은 마법을 걸 때뿐만 아니라 깨뜨릴 때도 사용합니다.

백 년 가까이 우리를 사로잡아 온 세속주의라는 …

마법에서 깨어나려면 가장 강력한 주문이 필요합니다."[1]

I. 들어가는 글

20세기 초 막스 베버(Max Weber)는 서구 근대인이 비합리적인 것을 '탈신화화'하고 개인과 세계에 미치는 어떠한 힘도 본래부터 신비스럽거나 예측 불가능한 것은 아니라고 간주한 측면을 분석했다. 종교적 신앙이 총체적인 세계상을 제공해 주던 과거와 달리 '세계

---

1   C. S. Lewis, *The Weight of Glory* (New York: HarperOne, 1949), 31. 『영광의 무게』, 홍종락 옮김(서울: 홍성사, 2008).

의 탈주술화'(Entzauberung der Welt) 시대를 살아가는 근대인의 운명은 합리성의 굴레에 갇히게 되었다. 앎의 추구와 삶의 의미를 어떻게 통합해야 할지 모른 채 내적 분열을 경험하게 된 것이다.[2] 종교적 공간은 이제 내밀한 공간, 곧 신비주의적 삶과 은둔의 세계 혹은 일상의 소박하고 직접적인 관계로 퇴장하는 것처럼 보였다.[3]

21세기를 맞이하면서 종교적 근본주의자들의 테러가 세계 무대에 등장하고, 공적 종교의 귀환이 회자되면서 다양한 각도에서 세속 근대성의 의미를 다시 묻기 시작했다. 세계화 시대 '다중 근대성'(multiple modernities) 담론이 회자되면서 과거 특정한 시점과 지역에서 발전된 '세속주의 공론장' 모델만으로는 종교와 정치의 관계를 포괄적으로 이해하는 데 한계가 있다는 비판이 제기되었다. 또한 노동의 이동 및 분산로 야기된 종교적·문화적 세계관의 혼성화(hybrid)는 이전의 세속주의 모델에 균열을 가하고 있다. 가령 프랑스에서 일어난 '히잡 논쟁'(Hijab Controversy)은 무슬림 이민자 차별, 사회경제적 박탈 문제를 수면 위로 끌어올렸을 뿐만 아니라 프랑스식 근대 세속 공화주의 원칙에 대한 재검토를 요청했다. 서로 다른 종교적 세계관에 기초한 이들이 함께 정치 공동체를 구성할 때 헌정 질서의 원칙은 어떻게 구성되어야 하는지를 다시 묻게 된 것이다. 미국으로 시선을 돌려 보면 보수와 진보 양 진영에서

2   막스 베버, 『직업으로서의 학문』, 전성우 옮김(파주: 나남, 2006), 44-45. 막스 베버, 『프로테스탄티즘의 윤리와 자본주의 정신』, 김덕영 옮김(서울: 길, 2010), 365-366.

3   베버, 『직업으로서의 학문』, 85-87.

종교적·정치적 동원을 통해 문화 전쟁을 벌이는 상황을 관찰할 수 있다.

'공적 종교의 귀환' 현상과 세속주의 공론장을 둘러싼 다양한 쟁점은 현재를 실증적으로 연구하는 일뿐 아니라 역사적 선례 탐구와 철학적 성찰을 요청한다. 현재 당면한 문제를 초래한 사유 방식의 결함을 역사적 사례에서 되짚어 보는 한편, 당연시되던 관례와 전제들을 의문시함으로써 인식론적 전환의 계기를 만드는 건 현실적인 정치적 조정 못지않게 주요한 과제이기 때문이다.

이 글의 목적은 캐나다 출신의 정치철학자 찰스 테일러(Charles Taylor)가 분석한 근대 세속 시대의 역사적 전개 과정과 오늘날 다양한 형태로 나타나는 종교적 삶을 탐구하는 데 있다. 구체적으로 역사적 선례와 관련해서는 서구 근대 초기로 논의를 한정시켜 세계상의 변화에 영향을 미친 종교적 원천을 살펴보고, 이를 당대 정치사회 변동과 관련해서 검토한다. 아울러 테일러가 구상한 세 가지 유형론을 통해 종교적 삶과 정치적 삶이 맺는 관계의 변화 양상을 추적하고, 오늘날 그리스도교 영성 탐색과 관련한 테일러의 입장을 소개하고자 한다.

찰스 테일러는 학문의 파편화가 심화된 풍토에서 분과 학문의 경계를 넘나들면서 통전적 사유를 전개해 온 우리 시대의 대표적인 사상가로 평가받는다. 현대정치 담론에서 자유주의-공동체주의 논쟁, 다문화주의 및 연방주의 논쟁에 참여하면서 통찰력 있는 분석을 제시했을 뿐 아니라 근대의 자아 정체성 탐구를 비롯해 서구 근대 지성사를 다양한 측면에서 검토해 왔다. 1990년대 중·후반부터는 자신의 학문적 관심의 중심에 근대성과 그리스도교 신앙의 관계가 놓여 있고 그동안 작업해 온 정치철학 작업에 이러한 관심사가 반영되었다고 명시하기 시작했다.[4] 2000년대 이후에는 서구 근대 세계에 나타난 세속성의 의미를 되짚는 저작을 출간하면서 이와 관련된 주제를 폭넓게 다루었다.

글의 순서는 다음과 같다. 먼저 찰스 테일러의 지적 여정과 정치적 실천을 소개하고, 이어서 테일러가 제시하는 근대 세속 세계의 기원 논의를 그리스도교 전통의 영향력을 중심으로 탐색한다. 이를 위해 우선 종교 내부 개혁 운동의 흐름과 세계의 탈주술화의 상관관계를 설명한 뒤, 다음으로 종교개혁과 정치사회 변동을 규율사회의 등장이라는 맥락에서 문제화한다. 이후 근대 세계에서 정치적 정체성과 종교적 정체성의 상호 작용을 세 가지 유형론을 통해 검토하고 마지막으로 진정성의 시대에 논의되는 그리스노교 영성과 관련한 테일러의 입장을 살펴본다.

II. 찰스 테일러의 지적 · 정치적 여정

2008년 교토상(Kyoto Prize) 수상 기념 강좌에서 테일러는 자신의

---

4   Charles Taylor, *A Catholic Modernity?: Charles Taylor's Marianist Award Lecture*, ed. James L. Heft (New York: Oxford University Press, 1999), 13.

학창시절을 회고하면서, '실증주의' 사조가 만연했던 당시 학문적 풍토를 비판했다. 당시 수업은 세분화된 분과학문의 틀에 매몰되어 있었는데, 그는 이런 방식으로는 심원한 물음을 탐구하기 어렵다고 생각했다. 테일러에게 가장 깊고 중요한 물음은 '존재의 불가사의를 마주할 때 느끼는 경이로움'과 '삶에서 발견되는 당혹스러움' 같은 인생 질문이었다. 그가 탐색하려고 한 근원적인 질문은 두 가지였다. 한 가지는 궁극적으로 하느님으로 연결되는 경이로움으로 가득 찬 '보다 고귀한' 시공간에 대한 동경의 감각이었고, 다른 한 가지는 정치사회적인 쟁점과 씨름하면서 실현 가능한 변화를 모색하는 것이었다.[5] 본 절에서는 현대에 제기된 여러 문제와 씨름해 온 테일러의 삶의 이력을 살펴보면서 그의 학문적·정치적 여정을 간략히 그려보고자 한다.

1931년 캐나다 퀘벡주 몬트리올에서 출생한 찰스 테일러는 다원화된 세계에서의 정치적·종교적 문제의식을 함양하기에 좋은 환경에서 성장했다. 그의 집안 내력을 살펴보면 영어를 모국어로 사용한 부친은 개신교인이었고 모친은 프랑스어권 가톨릭 신자였다. 그의 조부는 반(反)성직주의 무신론자였다. 청소년기에 종교적 체험을 한 테일러는 가톨릭 신자로 활발하게 활동하면서 제2차 바티칸 공의회에 중요한 영향을 끼친 이브 콩가르(Yves Congar), 앙리 드 뤼박(Henri de Lubac) 등 '신신학'(新神學, nouvelle théologie) 저술

---

5   Charles Taylor, "What drove me to philosophy", *The 2008 Kyoto Prize Commemorative Lecture: Arts and Philosophy*, Inamori Foundation.

을 탐독했다. 이러한 성장 환경과 종교적 배경은 이후 테일러의 정치적·신학적 상상력의 원천이 되어 현대 학술 담론에 다양한 방식으로 기여한다.[6]

테일러에게 인간은 '자기-해석적 존재'(self-interpreting animal)다. "살아 있는 행위자로 존재한다는 것은 특정한 의미로 상황을 경험하는 것이다. 그런 다음 그의 삶에서 언어를 통해 이러한 의미를 다시 해석하고 형성해 나가게 된다."[7] 인간을 해석하는 다양하고 폭넓은 관점을 배우기를 원했던 테일러는 대학에서 정파적 이해관계에 따라 피상적이고 납작한 방식으로 인간을 다루는 수업에 실망했다고 회고한다. 그 와중에 그는 옥스퍼드 대학으로 유학을 떠났고 당시 철학 사조를 대표했던 유럽 대륙의 현상학 전통과 영미 분석철학 전통을 두루 섭렵했다.

옥스퍼드 대학은 당대 영미 분석철학의 전당으로 자리 잡고 있었는데, 테일러는 대륙철학 전통을 소개하는 역할을 하면서 일찍이 주목을 받았다. 가령 A. J. 에이어(Ayer)와 공동 집필한 논문에서 테일러는 일상 언어 분석이 형이상학적·존재론적 전제를 소홀히 하는 경향에 비판적 입장을 나타내고, 의식에 직접 주어진 현상을 기술하고 인간 행동의 지향성에 주목하는 현상학 전통에서 작

---

6   Daniel A. Robert, "Grace and the Secular: Reading Charles Taylor through Henri De Lubac", *Philosophy & Theology*, vol. 30 no. 1 (2018): 179-206.

7   Charles Taylor, "Interpretation and the Sciences of Man", *Philosophy and the Human Sciences: Philosophical Papers 2* (Cambridge: Cambridge University Press, 1985), 27.

업을 한다.[8] 테일러는 현상학과 해석학 전통을 섭렵하면서 인문주
의 전통을 이어 가고 있었다. 학위 논문 주제 역시 반(反)자연주의
적 인문과학에 관한 것으로 그는 인간에 대한 탐구를 근대 자연과
학의 틀로 환원시켜서 연구하는 자연주의(naturalism) 이론과 맞서
게 된다. 그의 학위 논문은 이후 『행동의 설명』(The Explanation of
Behavior)으로 출간되었다.[9]

  테일러가 철학 탐구와 정치적 참여를 동시에 수행하려는 모습
은 학위 과정을 마친 이후, 1960년대 캐나다 정치에 뛰어든 과정
을 통해 잘 드러난다.[10] 비록 선거에서 가시적으로 성과를 얻지는
못했지만, 1966-1971년 신민주당(NDP) 부의장, 정치평론가 활
동 등을 통해 그는 다문화 사회 구상에 관여한다. 당시 캐나다 정
치지형에는 과도한 탈(脫)중앙집권적인 흐름에 반대하는 자유주
의자 트뤼도(Pierre Trudeau)와 퀘벡주 독립을 지지하는 분리주의

---

8   Charles Taylor and A. J. Ayer, "Phenomenology and Linguistic Analysis",
     Proceedings of the Aristotelian Society, Supplementary, vol. 33 (1959): 93-124.

9   Naomi Choi, "Defending Anti-Naturalism After the Interpretive Turn: Charles
     Taylor and the Human Sciences", *History of Political Thought*, vol. 30 no. 4 (2009):
     693-718; Jason Blakely, "Returning to the Interpretive Turn: Charles Taylor and
     His Critics", *The Review of Politics*, vol. 75 no. 3 (2013): 383-406.

10   테일러는 옥스퍼드 재학 시절에도 정치운동 및 평론에 적극 가담했는데 여기에는
     1957년 창간된 *Universities & Left Review* (*New Left Review*의 전신)에서 스튜어트
     홀(Stuart Hall) 등과 함께 초대 편집인으로 활동한 이력이 포함된다. 테일러와 영국
     문화 연구 초창기 역사와 관련해서는 다음 논의를 참고하라. Marc Caldwell, "Charles
     Taylor and the pre-history of British cultural studies", *South-North Cultural and
     Media Studies*, vol. 23 no. 3 (2009): 342-373.

자 르베스크(René Lévesque)가 대립하고 있었다. 테일러는 연방정부에 집중하는 자유주의 모델과 퀘벡 분리 독립 주장을 모두 반대하면서 탈(脫)중앙집권적 사민주의 국가를 구상하면서 "민주적 통제(democratic control)가 이루어지는 대화 사회(dialogue society)"를 모색한다. 캐나다 정치에 대한 그의 성찰은 이후 다문화 담론이 전개될 때 "참여사회"(participatory society), "깊은 다원성"(deep diversity) 등의 형태로 새롭게 진술된다.[11] 한편 현실 정치에 참여하는 와중에 테일러는 과학 담론과 정치철학, 삶의 현실과 정치적 열정 사이에서 거대한 간극을 발견했다. 당시 북미에서 유행한 정치학은 개인의 이해관계를 통계로 환원하는 선거사회학에 영향을 받고 있었다. 테일러는 방법론적 개인주의와 계량주의 프레임만으로는 개인과 공동체 관계에 대한 정치적 물음을 포괄적으로 다룰 수 없다고 판단했다.

이후 테일러는 정치 일선에서 한걸음 물러나 정치철학 탐구에 매진했다. 그는 헤겔적 인륜(Sittlichkeit)의 조건을 추적하면서, 개인과 공동체 관계를 둘러싼 다양한 쟁점을 숙고했다. 이렇게 해서 1975년에 나온 저작이 『헤겔』(Hegel, 그린비 역간)이다. 테일러의 철학적 탐구는 이후 자유주의-공동체주의 논쟁에 다양한 방식으로 기여한다. 이를테면 1989년 출간된 『자아의 원천들』(Sources of the Self, 새물결

---

11   중앙 집중적 형태의 연방정부 구상을 둘러싼 트뤼도와 테일러의 입장에 대해서는 다음 논의를 참고하라. Hilliard Aronovitch, "Trudeau or Taylor? The Central Question", *Critical Review of International Social and Political Philosophy*, vol. 8 no. 3 (2005): 309-325.

역간)에서는 정체성과 좋음(good)을 연결해서 서구 근대적 자아를 형성한 도덕적 원천을 폭넓게 검토한다. 1991년에는 캐나다 방송 강연을 엮어서 『불안한 현대사회』(The Malaise of Modernity)를 출간했다(이 책은 얼마 지나지 않아 『진정성의 윤리』[The Ethics of Authenticity]라는 제목으로 재출간되었다). 테일러는 '나르시시즘의 문화'만으로 현 시대를 설명하는 관점이 충분하지 못하다고 지적하면서, 현대 사회의 도덕적 이상인 진정성의 윤리에 주목한다.

진정성의 윤리는 자기 폐쇄적인 삶과는 구분된다. 테일러는 자신에게 진실한 삶을 살기 위해서는 자기의 삶을 형성해 온 관계에 대한 탐구가 필요하다고 말한다. 자신의 정체성을 이해하는 작업은 독백이나 혼자만의 사색으로 이루어지지 않고, 의미 있는 타인들과의 대화를 통해 가능하다는 것이다. 심지어 위대한 철학자들 혹은 고대 예언자들과 시인들처럼 당대 주류 사회에 포획되지 않는 이들이라도 본질적으로 관계의 연결망에서 벗어나지는 않는다. '특정한' 사회에서는 고독한 존재로 간주되지만, 초(超)역사적 차원으로 확대해 보면 그들 역시 대화적 특징을 지니고 있다. 가령 철학자들이나 현인들의 경우 시대를 넘어 대화하는 '정신의 공동체'에 속해 있고, 예언자들은 하느님과의 '영적인 관계' 안에 있다. 테일러에게 인간은 대화적 존재이다.[12]

인간 존재의 대화적 특성은 '정체성의 정치' 맥락에서도 중요한

---

[12]   Charles Taylor, *The Ethics of Authenticity* (Cambridge, Mass.: Harvard University Press, 1991), 31-41. 『불안한 현대사회』, 송영배 옮김(서울: 이학사, 2019).

의미를 지닌다. 테일러는 1990년대 초 "인정의 정치학"(Politics of Recognition)을 주창하면서, '차이'를 인정하는 정치담론 활성화에 공헌했다. 그에 따르면 한 사람의 정체성은 타자에게 인정받는 과정을 통해 형성된다. 그렇기 때문에 한 사람을 형성해 온 관계의 맥락을 무시하거나 오인하는 것은 "잘못되고 축소된 모습, 왜곡된 모습으로 사람을 가두는 것이다." 테일러의 "인정의 정치학" 담론은 소수 집단의 정체성과 문화 다양성을 존중하고, 문화적 억압이나 경멸과 같은 문화적 불의(cultural injustice)를 해소하는 것으로, 사회경제적 불의 해소에 관심을 두는 '재분배의 정치학'과 상호 관계 속에서 후속 논의를 촉발시켰다.[13]

테일러는 1996년 『가톨릭 모더니티?』(Catholic Modernity?) 강연을 전후로 해서 자신의 신앙적 관점을 뚜렷하게 드러낸다. 1980년대 저작인 『자아의 원천들』 결론부에서도 초월적인 유신론을 수용할 때 인간이 보다 충만한 삶을 누릴 수 있다는 전망을 내비친 것은 사실이다. 하지만 테일러의 종교사상은 1990년대 중반 이후 본격적으로 나타나기 시작한다. 그는 『가톨릭 모더니티?』에서 하느님의 형상대로 창조된 인간, 자신의 업적과 무관한 신적 사랑과 은총에 대한 가르침, 나아가 사랑은 자신을 신적 사랑에 개방할 때

---

13 Charles Taylor, *Multiculturalism and "The Politics of Recognition"* (Princeton, N.J.: Princeton University Press, 1994), 25. 테일러는 2007년 퀘벡 정부의 요청을 받고 문화적 차이와 관련된 조정 업무 자문위원회에서 활동한다. Gerard Bouchard and Charles Taylor, *Building the Future: A Time for reconciliation* (Québec: Gouvernement du Québec, 2008).

가능하다는 그리스도교 가르침이 여타의 관점의 한계를 뛰어넘는
다고 주장했다.

1999년에는 기포드 강연에 초대받았는데, 이때 강연 주제는 "세
속의 시대를 살아간다는 것"(Living in a Secular Age)이었다. 그의 기
포드 강연은 이후 2002년 『현대 종교의 다양성: 윌리엄 제임스 재
고찰』(Varieties of Religion Today: William James Revisited, 문예출판사 역
간), 2004년 『근대의 사회적 상상』(Modern Social Imaginaries, 이음 역
간), 2007년 『세속의 시대』(A Secular Age)로 출간되었다. 그는 지난
500년 동안 서구 사회에서 진행되어 온 세속화의 기원과 전개 과정,
현재 처한 딜레마와 전환의 가능성을 탐색한다. 로버트 벨라(Robert
Bellah)는 『세속의 시대』를 자신의 '인생 책' 가운데 하나로 손꼽으
면서 테일러가 근대 세계에 미친 그리스도교 전통의 공적과 결함을
균형 있게 다루었다고 논평한 바 있다.[14]

2009년에는 "세속주의 체제의 필요성"(The Necessity of Secularist
Regimes)이란 주제로 두 번째 기포드 강연을 하게 되는데, 테일러
는 프랑스, 미국, 터키, 인도 등에서 다양한 방식으로 사용되는 세
속성, 세속주의 용례를 검토한다. 그는 세속주의 논의를 교회와 국
가 분리, 혹은 국가중립성 논의로 한정 짓지 않고, 제도적 배열을
통해 어떻게 하면 보다 바람직한 공존을 이끌어 낼 수 있을지를

---

[14]   Robert Bellah, "Secularism of A New kind", The Immanent Frame, October 19,
2007. https://tif.ssrc.org/2007/10/19/secularism-of-a-new-kind.

고심한다.[15]

테일러는 템플턴상(Templeton Prize)을 비롯해서 다수 기관에서 권위있는 상(賞)을 받으면서 학문적 업적을 인정받았다. 2019년에는 근대 세속화 문제를 다루는 탁월한 방식과 가톨릭 신앙에 끼친 공헌을 인정받아, 신학 및 인접 학문이나 종교 예술 작업에서 괄목할 만한 업적을 쌓은 이에게 수여하는 라칭거상(Ratzinger Prize)을 받았다. 프란치스코 교종(Pope Francis)은 테일러가 "근대의 성취와 결함을 세심하게 포착"할 뿐 아니라 "서구 문화 발전을 폭넓게 분석하면서 새로운 방식으로 영적인 삶을 살아갈 수 있도록" 초대한 것에 경의를 표했다. 프란치스코 교종에 따르면 테일러는 "서구 세속화에 나타난 빛과 그림자를 함께 다루면서 동시대 문화를 성찰할 뿐 아니라 우리 시대에 신앙을 살아 내고 증언하고 표현하고 선포하는 데 적합한 영적 태도를 취할 수 있도록" 하는 데 공헌했다.[16]

---

15 테일러는 1905년 이후 '종교에 적대적이었던' 프랑스 세속주의(laïcité)와는 달리 본래의 프랑스 혁명 '정신'에 따라 세속주의를 근원적으로 다시 규정하기를 제안한다. 주지하는 바와 같이 프랑스 혁명의 세 가지 모토는 자유(Liberté), 평등(Egalité), 우애(Fraternité)다. 우선, 자유의 원칙에 따라 누구도 종교 혹은 기본 신념 영역에서 강제되지 않아야 한다. 또한 다른 신앙, 혹은 신념을 지닌 이들은 평등한 관계를 맺어야 한다. 특정한 종교적 안목이나 비종교적 세계관이 특권적 지위를 누려서는 안 된다. 끝으로 유신론, 무신론, 회의론 등을 모두 포함해서 정신적/영적 집단(spiritual families)은 서로 경청하면서 어떤 사회를 만들어 갈지, 구체적인 실현 방안은 어떻게 구현해야 할지를 두고 상호 교류를 지속해야 한다. Charles Taylor, "Why We Need a Radical Redefinition of Secularism", *The Power of Religion in the Public Sphere*, eds. Eduardo Mendieta, Jonathan VanAntwerpen (New York: Columbia University Press, 2011), 34-59.

16 Pope Francis, "Address of His Holiness Pope Francis", *Conferral of the 2019 Ratzinger*

III. '세속성'(secularity)의 의미

『세속의 시대』는 라틴 그리스도교세계(Latin Christendom)로 불리는 서구 세계에서 지난 500년 동안 전개된 세계상의 변화를 다룬다.[17] 한 개인이 마주하는 곤경의 상당 부분이 그동안의 삶에서 겹겹이 쌓인 문제들과 깊이 관련되어 있는 것처럼, 테일러는 서구 근대인이 처한 정신적/영적 딜레마가 역사적으로 축적된 것이라고 말한다. 이 점에서 "우리가 어디에 있는지를 알기 위해서는 우리가 어떻게 여기에 오게 되었는지를 보는 것"이 필요하다.[18] 테일러는 이전 작업의 연장선에서 이 문제를 접근한다. 그는 『자아의 원천들』에서 "우리가 누구인지를 이해하고 삶의 의미를 부여하기 위해서는 좋음에 대한 방향 감각을 회피할 수 없다"라고 지적한 바 있다. 좋음에 대한 방향 감각을 갖추기 위해서는 여러 선택지 속에서 질적 차이를 식별하고 해석할 수 있는 판단 기준을 필요로 한다. 테일러는 좋음에 대한 의식을 삶의 서사(narrative)와 연결한다. '삶의 방향'이라는 문제는 삶을 이야기로 이해하는 작업과 결부되어 있다. "삶은 질문의 공간 안에서 존재하며, 정합성 있는 서사만이 이러한 질문

Prize (9 Nov. 2019). http://www.vatican.va/content/francesco/en/speeches/2019/november/documents/papa-francesco_20191109_premio-ratzinger.html.

17   근대 서구 세계 너머에 대한 테일러의 입장은 다음 논의를 참고하라. Charles Taylor, "Can Secularism Travel?" Beyond the Secular West, ed. Akeel Bilgrami (New York : Columbia University Press, 2016), 1-27.

18   Taylor, A Secular Age, 28-29.

에 답변할 수 있다."[19] 테일러가 논의 범위를 확장해서 세속의 시대를 분석할 때 역시 역사적이고 해석학적인 관점으로 접근한다.

세속의 시대를 살아간다고 할 때, '세속'(secular)의 의미는 무엇인가. 세속이라는 용어는 영원성 혹은 보다 고차원적 시간과 대비되는 '세대'(*saeculum*)에서 비롯되었다. 여기서 시간성은 '신적으로 충만한 영원성' 혹은 '영원의 배경' 안에서 포착된다. 중세에는 속세를 떠나는 수도사들의 '탈속'과 대비하여 '재속'(在俗)을 지칭하는 말로 사용되기도 했다. 이러한 맥락에서 사용되는 '세속'(secular)에는 비(非)종교적이거나 반(反)종교적인 함의가 없다.[20] 이에 반해 '세속주의'(secularism)라는 용어는 근대 세계의 공적인 장에서 종교적 영향력을 약화시키는 것이 바람직하다는 이념적 주장을 펼칠 때 종종 사용되곤 한다.[21] 혹자는 근대 분화 논리를 '세속화'(secularization) 과정으로 설명하면서 정교분리의 법제화와 같은 사회 제노의 새배열에 초점을 맞추기도 한다. 일부 세속화 이론가들은 근대 세계에서의 제도 분화 자체가 신앙의 쇠락을 가져왔다고 주장하지만 미국을 보면 그런

19 Charles Taylor, *Sources of the Self: The Making of the Modern Identity* (Cambridge, Mass.: Cambridge University Press, 1989), 47. 『자아의 원천들』, 권기돈 · 하주영 옮김(서울: 새물결, 2015).

20 Taylor, *A Secular Age*, 54-55.

21 강성 세속주의 모델은 정권과 사회 차원을 불문하고, 공적인 장에서는 종교가 어떤 방식으로든지 영향력을 끼쳐서는 안 된다는 주장을 담고 있다. 하지만 세속주의 모델에는 다양한 스펙트럼이 존재한다. Charles Taylor, "Foreword: What is Secularism", *Secularism, Religion and Multicultural Citizenship*, ed. Geoffrey Brahm Levey (Cambridge, UK: Cambridge University Press, 2009), xi-xxii

주장에 담긴 인과 관계가 분명하지 않으며, 신앙 형태에 따라 다르게 접근해야 한다는 반론도 존재한다.[22]

테일러는 '세속성'(secularity)이란 용어를 사용하면서 이를 세 가지로, 즉 공적 영역에서 종교의 퇴보(세속성 1), 신앙고백과 종교 공동체 활동에 참여하는 인구 감소(세속성 2), 근대 세계에서 신념의 조건들(the conditions of belief)의 변화(세속성 3)로 구분한다. 세 유형이 반드시 비례관계를 갖는 것은 아니다. 이를테면 공적 영역에서는 종교적 정체성을 내세우지 않으면서 사적 영역에서 신앙생활에 활발하게 참여할 수도 있다. 테일러가 주목하는 것은 신념의 조건들의 변화 양상(세속성 3)이다. 근대 서구 사회 신념의 기저에 놓인 조건은 신과 무관하게 서술되고 있는데, 이는 500년 전과 대비하면 거대한 변화를 나타낸 것이다. 과거에는 "신이 어떤 방식으로든지 사람들이 진지하게 대면하고 신뢰할 만한 도덕적 원천들과 관련이 있었다." 비유하자면 중력의 법칙에 따라 "무거운 물체가 땅으로 향하는 것처럼 인간의 정신과 지성, 갈망은 신을 향해 나아가는 경향이 있었다." 하지만 이제는 신을 향한 믿음을 고백하거나 신적 원리를 말하는 이들이 여전히 많은 사회에서조차 그와는 전혀 다른 조건에 놓이게 되었다.[23] 테일러는 "근대 초기인 1500년경에는 신에 대한 불신앙이 거의 불가능할 정도로 신에 대한 믿음이 도전받지 않았던 서구 세계에서, 어떤 과정을 통해 오늘날 2000년

<hr>

22   Taylor, *Sources of the Self*, 309.

23   Taylor, *A Secular Age*, 2-3; Taylor, *Sources of the Self*, 311-312.

대에는 독실한 신자라고 하더라도 신에 대한 믿음을 다양한 선택지 가운데 하나로 간주하는 사회로 이동했는지"를 검토한다.[24]

신과 초자연적인 것에 대한 믿음이 하나의 선택지가 된 상황이 도래하려면 "먼저 '자연적인 것'과 '초자연적인 것'을 명확하게 구분하는 문화가 발전해야 한다. 또한 '초자연적인 것'이 없더라도 삶을 온전히 사는 것이 가능해 보여야 한다."[25] 이와 관련하여 일각에서는 초자연적인 세계에 대한 지평을 소거하고 자기충족적인(self-sufficient) 자연주의 세계관이 등장하게 된 과정을 '필연적인' 도래로 설명하기도 한다. 과거 '암흑의 시대'(Dark Age)에는 종교적 몽매주의가 꾸며 낸 거짓된 환상 때문에 초자연적인 세계를 '믿었지만', 이제 '계몽의 시대'(Age of Enlightenment)에 합리성의 정신을 통해 초자연적인 세계관이 거짓이라는 명백한 사실을 '알게 되었다'는 주장을 펼치기도 한다.

근대 세계를 신앙과 이성의 대립 구도로 설명하거나 '과학의 발전이 신을 논파했다'는 식의 담론은 근대에 대한 역사적이고 분석적인 설명을 제시하기보다 논의를 과도하게 단순화시킨다. 또한 이러한 설명은 근대성이 "새로운 발명의 결실(the fruit of new invention)이며 새롭게 구축된 자기이해 및 이와 관련된 실천"임을 간과한다.[26] 테일

24   Taylor, *A Secular Age*, 25.

25   Charles Taylor, "Afterwords", *Varieties of Secularism in a Secular Age*, eds. Michael Warner, Jonathan VanAntwerpen, Craig J. Calhoun (Cambridge, Mass.: Harvard University Press, 2010), 304.

26   Taylor, *A Secular Age*, 22.

러는 근대적 자아 개념을 역사화하고, 근대에서 정치와 종교 관계를 범주화하면서 "서구 근대성이 그 자신의 고유한 정신적/영적 전망 (spiritual vision)으로 유지"된다는 점을 해명하고자 한다.[27]

테일러는 근대 세계의 탄생과 전개 과정에 관여한 다양한 전통을 검토한다. 인간 삶의 '충만함'(fullness)을 초월적인 종교 전통에서 발견하고 그 안에서 이루어진 개혁 운동의 흐름에서부터 초월적인 것을 거부하는 '배타적 인본주의'(exclusive humanism) 전망에 이르는 국면까지 포괄하면서 근대 세계를 다각도에서 분석한다. 인간이 충만한 삶을 영위하기 위해서 세계-초월적(world-transcendent) 지평이 필요하지 않다고 간주하는 자족적인 인본주의가 등장하게 된 과정은 '꼬불꼬불'(zig-zag) 복잡하게 진행되었다. 테일러는 초자연적인 것에 대해 '닫힌 세계 구조'(Closed World Structures)의 등장 과정을 단순화하는 시도에 비판적이다. 가령 초월적인 종교 전통이 내세만 강조한 나머지 현세를 등한시했다는 주장을 내세우면서 근대 세계에서 현세적 삶의 가치를 고취시킨 것은 초월이라는 닻줄을 인간 세계에서 끊어낸 '배타적 인본주의' 전망의 성과로만 이해하는 것은 근대의 궤적을 충분히 검토하지 못한 것이다.[28]

---

27 Charles Taylor, "Closed World Structures", *Religion after Metaphysics*, ed. Mark Wrathall (New York: Cambridge University Press, 2003), 60.

28 이와 동시에 테일러는 근대 초기 종교 재판과 같이 종교의 이름으로 자행된 잔혹한 시도에 대한 세속 인본주의자들의 비판이 정당했음을 지적하면서 "볼테르에게 감사의 표"(vote of thanks to Voltaire)를 건넨다. Taylor, *A Catholic Modernity?*, 18. 그는 '초월적' 종교전통과 종교 비판 담론이 '교차하는 압력'(cross-pressure)으로 작용하면서 근대의 가치를 형성했다고 말한다.

초자연적인 것에 개방된 세계에서 '세계-내재적'(inner-worldly) 삶을 긍정하며 일상생활에 활력을 더하는 시도는 종교적 개혁 운동의 열매였다. 쇄신의 작업은 종교적 양식을 변화시켰을 뿐 아니라 당대 정치세계의 구조 변동과 결부되어 있었다. 정치적·신학적 사유방식은 점차 변화되었고, 보다 많은 사람이 일상에서 사회를 상상하는 방식을 재정식화하는 과정에서 '근대의 도덕 질서'(Modern Moral Order)가 새롭게 수립되었다. 과거처럼 위계서열을 강조하는 신분 질서가 아니라 사회를 구성하는 개인들이 상호 존중 속에서 협력하는 이상을 그리게 된 것이다.[29]

사회를 질서정연하게 개조하는 근대 국가의 '문명화' 프로젝트, 개인의 권리를 강조하는 근대 자연법 담론 등은 새로운 규범 질서가 탄생하는 데 영향을 미쳤다. 그뿐만 아니라 근대 과학의 등장과 함께 변화된 우주론 역시 중요했다. 우주 질서에 작용하는 신의 섭리가 과거와는 다른 방식으로 이해되기 시작했다. 비인격적인 질서에 초점을 맞춘 이신론(理神論, deism)이 널리 퍼지게 된 것이다. 이 과정에서 신적 도움이 기적과 같은 신비로운 초자연적 개입을 통해서 주어진다는 관점은 현저하게 약화되고 대신에 신의 설계를 탐구하는 이성의 역할이 주목받게 되었다. 테일러에 따르면 '섭리적 이신론'(providential Deism)의 등장은 초월적인 신의 개입 없이 인간 내부의(intra-human) 도덕적 원천으로 온전한 삶을 영위하는

---

29   Charles Taylor, *Modern Social Imaginaries* (Durham: Duke University Press, 2004).『근대의 사회적 상상』, 이상길 옮김(서울: 이음, 2010).

'배타적 인본주의'(exclusive humanism) 전망이 현실적인 선택지(live option)가 되도록 매개했다. "먼저 섭리적 '이신론'이 등장하고 그다음에 초기 형태의 배타적 인본주의에 대한 구상이 등장했다."[30] 이후 서구 사회에서 배타적 인본주의는 그리스도교 신앙에 대한 중요한 대안 모델로 부각되었고, 근대인들은 초월적 세계 지평을 배제하는 '내재적 틀'(immanent frame) 안에 머무르게 되었다. 이처럼 배타적 인본주의의 발생사(Entstehungsgeschichte)를 검토해 보면 다양한 궤적을 그린다는 점을 알 수 있다.

여기에서 한 가지 물음이 제기된다. 그리스도교 전통은 특정 국면에서는 중요한 동력이 되거나 촉매제가 되지만 이후에는 종식을 고하는 '사라지는 매개자'(vanishing mediator)에 불과한가? 이 문제와 관련해서 테일러는 마르셀 고셰(Marcel Gauchet)의 논의를 비판적으로 참조한다. 테일러와 마찬가지로 고셰 역시 근대의 탄생이 "종교 외부에서 일어난 반동이 아니라 종교의 내적 논리에서 비롯되었다"는 점을 지적하면서 그리스도교 전통의 역할을 비중 있게 다룬다.[31] 고셰에 따르면 서구 종교의 정치사는 역사의 우여곡절 속에서 '초월과 내재 차원의 공간적 분리'를 부정하는 순수한 종교 단계에서 출발해서, 양자 사이의 공간적 분리가 점차 심화되고 종국

---

30 Taylor, *A Secular Age*, 221, 260.

31 Andre Cloots, Stijn Latré and Guido Vanheeswijck, "The Future of the Christian Past: Marcel Gauchet and Charles Taylor on the Essence of Religion and its Evolution", *The Heythrop Journal*, vol. 56 no. 6 (2015), 959.

에는 종교로부터 탈출하는 방향으로 진행되었다.[32] 고셰에게 그리
스도교 전통은 독특한 의미를 지닌다. 그리스도교의 특징은 계시종
교, 성육신 신앙, 해석의 종교라 할 수 있는데, 이러한 특성들이 독
특하게 결합하면서 종교 자체를 내부적으로 전복하는 힘을 지니고
있었다.[33] 이 점에서 그리스도교 전통은 '종교로부터 출발하는/떠
나는'(sorie de la religion) 종교다. 그리스도교 전통 내부에서 비롯된
'종교로부터의 이탈' 과정은 세속의 시대에 절정에 도달하게 된다.
고셰에 따르면 인간의 자율성이 획득되는 근대 세속의 시대는 '종

32 고셰에 따르면 '원시종교' 단계에서 세계의 모든 현상은 신들이 생성한 것으로 이해
된다. 신들은 '기원의 시간'(time of origins) 혹은 절대적 과거에 현재의 우주적 질서
를 확립했고, 인간 사회 전체는 저 신성한 관습을 보존하고자 한다. 이 단계의 종교
적 태도는 변혁의 능력을 부정하고 현실을 그대로 수용하는 것이다. 인간은 '자발적으
로' 자신의 창조력을 신들에게 "박탈"(dépossession)당하게 된다. 원시종교에는 특정
한 인물이 다른 이들보다 신에 더 가까이 존재한다는 관념이 부재했는데, '국가'의 출
현은 새로운 양상을 나타냈다. 인간이 '국가'를 형성하고 세계를 지배하고자 했을 때,
보이지 않는 성스러운 종교적 타자가 인간의 영역으로 들어와 인간 사이의 위계질서
를 형성한다는 관념도 발명되었다. 고대 이집트의 파라오나 메소포타미아 신들을 섬
기는 군주들 자신이 신의 아들 혹은 신들에게 위임받은 특별한 존재라고 주장하는 데
서 이를 발견할 수 있다. 비가시적인 성스러운 타자의 권위로 매개된 정치권력은 가시
적인 인간 세계의 위계 구도 안에서 최상층을 장악하게 된다. 이러한 상황이 다시 변
화를 맞이한 시기는 축의 시대였다. 축의 시대는 '비가시적인 것과 가시적인 것', '진정
한 세계와 외양의 세계'와 같은 존재론적 이원론 구도를 통해 국가 권력의 종교적 정
당화 담론에 균열을 낼 가능성을 열었다. 고셰는 동양에서는 존재론적 이원론 구도가
다시 일원론으로 복귀하는 흐름이 나타난 반면 서양 일각에서는 그와는 다른 방식으
로 혁신적 경로를 탐색하게 되었다고 지적한다. 고셰가 특별히 주목한 것은 그리스도
교 전통의 혁신성이다. Stijn Latré, "On the Religious Sources of Autonomy and Self
expression: Charles Taylor and Marcel Gauchet", *Amsterdam Law Forum*, vol. 2
no. 1 (2009), 144-148.

33 André Cloots, "Modernity and Christianity: Marcel Gauchet on the Christian Roots
of the Modern Ways of Thinking", *Milltown studies* 61 (2008), 13-21.

교의 종말'을 의미했다. 여기에서 "'종교의 종말'은 단순히 여러 부류의 종교적 경험이 소멸하는 것을 의미하지 않는다. 그것은 근대 이전에 알려진 모든 사회에서 사회적 공간을 구조화하는 의존의 원칙이 종식을 고했음을 의미한다."[34]

테일러는 근대 세계에서 종교의 구조적 가능성 자체가 종식되었다고 판단하지는 않지만, 그가 고셰의 논제에 공명하는 지점도 적지 않다.[35] 근대 세속의 시대에서는 공동체 설립의 토대를 구축할 때 전근대 사회처럼 신화적인 시간('아득히 먼 그때'[illud tempus])으로 거슬러 올라가거나 신적 세계나 영웅적 세계의 공간에 두지 않는다. 이러한 점에서 공적 공간의 세속성을 지적하는 것은 타당하며, 테일러 역시 '세속주의 체제의 필요성'을 주장한 바 있다. 그런데 체제 수립에 있어서 공동의 의지는 필수불가결한 요소이다. 테일러는 공동의 의지가 집결되는 정치적 정체성이 형성되는 과정에서, 종교를 위한 공간이 열리기도 한다는 점을 지적한다. "신은 정치적 정체성 안에서 강렬하게 등장할 수 있다."[36]

다음 절에서는 근대 세계의 탄생 국면에 나타난 종교적 영향력과

---

34 고셰는 그리스도교 전통에서 설정한 구조적 가능성의 발전사는 대략 1700년경에 종식을 고한다고 말한다. Marcel Gauchet, *The Disenchantment of the World: A Political History of Religion*, trans. Oscar Burge, with a Foreword by Charles Taylor (Princeton, N.J.: Princeton University Press, 1997), 162-164.

35 테일러는 아가페를 종교사의 진화 과정으로 환원하는 관점에 동의하지 않는다. Charles Taylor, "Foreward", *The Disenchantment of the World*, xiv-xv.

36 Taylor, *Modern Social Imaginaries*, 187, 193.

정치적 변화를 검토한다. 그리고 나서 테일러가 제시한 세 가지 유형론을 중심으로 근대 세계에 나타난 종교적 정체성과 정치적 정체성의 관계를 분석한다.

IV. 근대 세계의 탄생과 종교적 개혁 운동

앞 절에서 소개한 것처럼 근대 세계의 탄생 과정에서 종교 내부의 개혁 드라이브는 결정적인 변화를 불러일으켰다. 또한 일부 세속화 이론가들의 주장과는 달리 근대 세계의 전개 과정에서도 종교적 변혁 담론은 소진되지 않은 채 압력을 가하고 있었다. 나아가 초월적 세계 지평을 배제하는 '내재적 틀'(immanent frame)이 확고부동한 질서처럼 보이는 상황에서도 종교적 갈망은 대안을 제시하는 한 가지 선택지로 상존했다. 일례로 낭만주의 시인들은 '동질적이고 텅 빈 시간'의 틈새를 비집고 닫힌 경계를 넘어서고자 열망했는데, 제라드 맨리 홉킨스(Gerard Manley Hopkins) 같은 이들은 충만한 삶을 영위할 수 있는 더 깊고 높은 현실을 그리스도교 전통 안에서 발견했다.[37]

이 절에서는 근대 초기 국면으로 논의를 한정해서 세계의 탈주술화에 영향을 미친 종교적 개혁 운동을 보다 상세하게 살펴본다. 아울러 당대 종교적 · 정치적 엘리트의 개혁 작업이 근대 규율권력

37　Taylor, *A Secular Age*, 761.

의 등장과 연결되는 맥락을 추적한다. 탈주술화된 세계에서의 삶은 '주술에 걸린' 세계의 경우와 대비할 때 그 의미가 선명하게 드러난다. 테일러는 "투과적 존재"(porous selves)와 "완충된 존재"(buffered selves) 개념을 도입한다. 전자는 영(靈)의 세계에 열려 있으며, 이러한 세계에서는 "영들과 마법의 힘들은 마치 자연 현상처럼 즉각적으로 경험되는 것의 일부로 존재한다." 영적 세력들은 자연에서 활동할 뿐 아니라 인간의 도덕적·영적 조건에 공명을 불러일으킨다. 이에 반해 많은 근대인에게 해당되는 '완충된 존재'는 초월적 외부 세계와 격리되어 있는 자아를 대표한다. 이들은 "주술적 세계를 신념의 대상이 지닌 힘" 정도로 이해한다.[38] 질병을 예로 들어 보자. 전근대 세계의 주술은 단순히 의학 기술의 미진함을 보충하는 차원으로만 사용된 것은 아니었다. 주술은 "어떤 힘이 특정한 물질이나 발화 행위에 자리한다는 관점"에 의지했다. 근대 이후 탈주술화된 세계를 살아간다는 것은 "주술에 대한 진지한 믿음을 떠받치고 이를 가능하게 한 인간의 삶과 자연 안에서의 인간의 위치에 대한 이해 방식"이 와해되었음을 의미한다. 인간과 세계에 대한 근대의 새로운 세계관에서 보면 "주술의 세계는 섬뜩한 외부의 세력에 자

---

[38]   Charles Taylor, "Taylor's Response to A Roundtable Discussion of his Book A Secular Age", *Political Theology*, vol. 11. no. 2 (2010), 299-300. 근대 초기의 전환을 다루기 위해서 투과적 존재와 완충된 존재의 구분을 도입했지만, 테일러는 이 개념이 확대될 수도 있다고 말한다. 근대 낭만주의 시대의 중요한 주제 가운데 하나는 세계의 재주술화 담론이었다. 다만 근대 낭만주의 이후에 다루어지는 재주술화는 단순히 근대 이전의 주술에 걸린 세계와는 논의를 달리한다는 점을 분명히 한다.

아를 가두고 속박하는 것처럼 보인다. 심지어 자아의 도취 혹은 상실을 수반하는 것처럼 보인다."[39]

테일러는 근대 초기에 '세계의 탈주술화'가 진행된 것이 신앙의 성숙도 차이라기보다는 신앙적 헌신이 다른 방식으로 상상되었기 때문임을 강조한다. 여기에는 중세의 정치사회적 변동이 관련되어 있다. 십자군 원정 실패 이후 심화된 정치사회적 위기에 대응했던 그리스도교 휴머니즘과 개혁 운동은 중요한 의미를 지녔다. 이 운동의 주요 주창자들은 인간의 삶의 토대를 집단이 아닌 개인의 내면성에서 살피고 있었다. 테일러는 개인의 내면성을 강조하는 경건 운동이 초기 근대에 갑작스럽게 생겨난 것이 아니라는 점에 주목한다. 그는 16세기 개신교 운동 이전부터 장기적으로 지속된 중세 개혁 운동의 새로운 흐름을 추적한다.

아시시의 프란치스코가 활동하던 12-13세기부터는 예수 그리스도를 중심에 두는 신앙이 새로운 방식으로 환기되고 있었다. 신자 개인이 본받아야 할 예수의 인성에 초점을 맞추는 운동이 전개되고 있었고, 변화된 시대정신은 화폭에 담긴 그리스도의 모습에 표현되었다. 이전 세대에서는 세계를 다스리는 '전능자 그리스도'(Christ Pantocrator) 이콘이 지배적이었다면 12세기 이후에는 예수의 인간성을 강조하는 성화(聖畵) 역시 주목을 받기 시작한 것이다. 십자가에 달려 고난 받는 그리스도의 모습, 예수의 얼굴을 그린

---

39   Taylor, *Sources of the Self*, 191-192.

성화가 유럽에 확산되어 갔다.[40] 개인의 내면적 경건을 중심에 둔 운동의 연장선에서 공동생활형제단(Brethren of the Common Life)과 같은 운동이 전개되고 있었다.

테일러는 이 과정에서 집단적인 차원의 의례 준수보다도 점차 개인의 책임과 헌신이 강조되고 있다는 점을 관찰한다. 급진적인 개혁 세력은 한걸음 더 나아가 가톨릭교회의 전례를 평가 절하했다. 테일러는 이러한 태도가 위클리프의 개혁 노선을 따른 롤라드파에서 이미 나타났다는 점을 지적한다.[41] 롤라드파는 1395년 의회에 12결론을 청원하면서 다음과 같이 주장했다. "포도주, 빵, 양초, 물, 소금과 기름과 향, 제단석, 심지어는 제복, 제관, 십자가, 순례자 지팡이에 대해 교회 내에서 퇴마의례와 성별을 행하는 것은 거룩한 신학의 실천이라기보다 흑주술(黑呪術) 실천에 가깝다."[42] 개혁 운동은 명시적인 이교적 관습뿐 아니라 빵과 포도주의 실체 변화를 포함한 가톨릭의 성사까지도 주술적 관행에 포함시키면서 맹공을 가하고 있었다.

16세기 개신교의 탄생은 세계의 탈주술화 과정에서 새로운 단계로의 진입을 의미했는데, 이는 이신칭의 선언과 관련이 있다. 테일러는 루터가 '오직 믿음'(sola fide)을 주창했을 때 심판과 저주, 두려움과 구원이라는 "당대의 신경학적 주제를 중심 화두로 제시하면

---

40   Taylor, *A Secular Age*, 93.

41   Taylor, *Sources of the Self*, 191-192.

42   키스 토마스, 『종교와 마술 그리고 마술의 쇠퇴』, 이종흡 옮김(파주: 나남, 2014), 119

서 민중들을 움직일 수 있었다"고 평가한다. 면벌부 판매가 심판에 대한 공포로 주도되었다면 루터는 두려움이라는 주제를 정면으로 마주하면서 이를 전복했다는 것이다.[43] 종교개혁 신학자는 당대 가톨릭교회가 내린 처방이 근본적으로 무용한 것이라고 비판하면서, 그리스도와 개인적이고 인격적인 연합을 강조했다. 이는 전례에 참여하는 외적인 신앙실천의 가치를 재평가한 것이었다.

테일러는 교회를 신성함이 머무르는 처소이자 매개체로 보는 관점이 가치절하된 것과 주술적 세계관이 와해되는 것 사이에 상관관계가 있다고 말한다. 그는 집단 의례보다 개인의 내면성에 초점을 맞춘 교리의 변화가 서구 세속화의 중요한 추동력으로 작용했다고 평가한다. 개신교 사회와 아우구스티누스의 은총 교리를 심화시킨 얀센주의에 영향을 받은 가톨릭 사회에서 부각된 새로운 경건성은 세계의 탈주술화 논의를 수반했다는 것이다.[44]

테일러는 개신교 종교개혁 신학의 특징인 '만인사제주의'와 '일상생활의 긍정'(Affirmation of Ordinary Life)이라는 가르침에 주목한

---

43 Taylor, *A Secular Age*, 75.

44 이안 헌터는 테일러가 근대초기 세속화 담론을 구성할 때 19세기 이후 발전된 역사철학 담론을 소급해 부과했다고 지적한다. 가령 '역사적인 성례전 종교'를 '순수한 이성의 종교'(pure religion of reason)에서 골라낸다는 점에서 테일러 서사는 칸트 역사철학의 전도된 이미지(inverted image)다. Ian Hunter, "Charles Taylor's a Secular Age and Secularization in Early Modern Germany", *Modern Intellectual History*, vol. 8 no. 3 (2011), 629. 한편 로널드 티먼은 테일러가 종교개혁자들의 성사적 실재론에 충분한 관심을 기울이지 못했음을 지적한다. Ronald Thiemann, "Sacramental Realism: Relocating the Sacred", *Reforming Reformation*, ed. Thomas F Mayer (Farnham, UK: Ashgate, 2012), 65–80.

다. 기도하는 성직자, 싸우는 전사, 일하는 농민으로 위계를 구분하는 중세에서 성직자와 수도사들은 일반 평신도들보다 영적으로 우위를 점하고 있었다.[45] 루터는 속세를 떠나 금욕적인 삶을 사는 이들을 더 완전하게 보는 관점이 그릇되었다고 단언한다. "왜냐하면 완전과 불완전은 행위에 있는 것이나 그리스도인들 가운데서 구별되는 외적 질서를 이루고 있는 것이 아니라 마음, 곧 믿음과 사랑에 있기 때문이다." 종교개혁자는 "남자든 여자든, 제후든 농노든, 수도사든 평신도든 완전한 자들"이라는 점을 강조한다. "사랑과 믿음은 분파와 외적 차이를 낳지 않기 때문이다."[46] 무슨 일을 하는지가 아니라 어떤 마음으로 그 일에 임하는지가 직무의 성스러움을 결정한다는 것이다.

일상생활에 영성이 스며든다는 주장은 창조 교리를 긍정하는 유대-그리스도교 전통에서는 유구한 신학 주제였다. 테일러는 종교개혁자들이 오래된 테마를 급진적인 방식으로 끌어냈다고 평가한다. 관조적 삶을 우위에 두는 영적 엘리트주의를 공격한 종교개혁자들은 노동과 가족, 즉 '생산과 재생산'에 신성한 지위를 부여했다. 이는 영성의 강도를 낮춘 것이 아니었다. 그것은 세계 무대에서 경건생활을 총체적으로 구현하려는 야심찬 시도였다.[47] 베버가 지적한 것처

---

45 조르주 뒤비. 『세 위계: 봉건제의 상상세계』, 성백용 옮김 (서울: 문학과지성사, 1997).

46 마르틴 루터, "세속권세: 어느 정도까지 복종하여야 하는가", 『루터 저작선』, 존 딜렌버거 편집, 이형기 옮김 (고양: 크리스챤다이제스트, 2002), 440-441.

47 Taylor, *A Secular Age*, 266.

럼 "금욕주의가 수도원의 골방에서 나와 직업 생활 영역으로 이행함으로써 세속적 도덕을 지배하기 시작했다."[48] 주류 종교개혁 지도자들이 사회질서 자체가 완전히 신성화될 수 있다는 관점을 지닌 것은 아니지만 이들은 교회와 세계를 강력하게 재형성하고자 했다. 칼뱅주의 운동에 '전투적 행동주의'(militant activism)의 특징이 나타난다는 점은 잘 알려진 사실이다.[49] 하지만 종교적 가르침이 당대 정치적 의제와 맞물리면서 사회 변동을 일으킨 것은 비단 특정 개신교 교파의 상황에 한정되지 않았다. 가톨릭의 대항 종교개혁(Counter-Reformation)을 추진하는 이들 역시 사회를 안정적이고 합리적인 질서로 변화시키려는 움직임을 나타내고 있었다. 응집력이 강한 질서로 사회를 개조하려는 노력은 도처에서 발견되었다.

V. 종교적 개혁 운동과 근대 규율사회의 등장

근대로의 전환기에 변혁의 바람은 개인의 삶뿐만 아니라 전체 사회에 미치고 있었다. 테일러는 근대 초 사회 변화를 다루면서 르네상스

---

48 베버, 『프로테스탄티즘의 윤리와 자본주의 정신』, 365. 밀뱅크는 금욕주의가 '현세(this world)'로 이양된 것보다 특정한 방식으로 구축된 '신학적 발명'(theological invention)에 주목한다. 그는 "현세를 인간이 신으로부터 넘겨받아 자신의 도구적 조작의 영역으로" 간주하는 신학적 창안을 강조한다. John Milbank, *Theology and Social Theory*, (Oxford, UK: Blackwell Pub., 2006), 91. 『신학과 사회이론』, 서종원 · 임형권 옮김(서울: 새물결플러스, 2019).

49 Taylor, *Sources of the Self*, 227.

기 이후 문명성(civility) 개념의 발전을 검토한다. 도시(civitas)를 의미하는 라틴어 어원에서 알 수 있는 것처럼 문명화된 삶은 도시 밖, 숲 속에서의 삶을 지칭하는 야만인(savage)의 삶과 대비된 삶의 양식으로 예절사회(polite society)를 향하고 있었다. 17세기 프랑스와 같은 신흥 근대 국가는, 자신들은 탁월성과 품위가 있으며 미개한 삶의 양식과는 달리 매너를 갖춘 문명국가(état policé)임을 선전했다. 이와 함께 공공복리의 실현을 위해 정부는 '경찰' 역할을 담당하고 시민들은 질서에 따라 통치되어야 한다는 논의가 수반되었다.[50] 지배 엘리트들은 미덕을 고취시키면서 아직 길들여지지 않는(야생적인) 생활방식을 통제하고자 했다. 귀족들의 결투뿐 아니라 카니발과 같은 민중들의 관습 역시 무질서하고 비정상적인 것으로 간주되었다.

종교적 개혁 운동은 사회를 문명화하는 근대 국가 프로젝트와 맞물려 움직였다. 가톨릭과 개신교 교파를 불문하고 사회 개혁과 '질서를 향한 열망'에 관여했다. 이들에게 영적 갱신과 시민적 훈육은 동전의 양면과 같았다. 16세기 개신교 진영에서 널리 알려진 것이 제네바에서 활동한 칼뱅의 작업이었고, 가톨릭에서는 밀라노 대주교가 된 가롤로 보로메오의 개혁 작업이 주목을 받았다. 그는 카니발과 같은 민중 문화를 맹렬하게 공격할 뿐 아니라 빈민에 대한 규율 프로그램에도 관여했다. 종교적 교훈은 공공질서 쇄신에서 중요한 역할을 담당했다. 정부의 입장에서 종교는 훈육에 중요한 원천

---

50   Taylor, *A Secular Age*, 100.

이었다. 다른 한편에서 보면 종교개혁자들은 질서정연하고 규율 잡힌 삶을 진정한 의미의 회심에 필수적인 것으로 간주했다.[51]

미풍양속과 군사적·경제적 효율성을 재정비하는 근대 국가는 종교적 개혁 세력과 함께 새로운 프로그램을 출범시켰다. 가령 구빈법이 새롭게 법제화되었는데, 과거와 달리 구호에 의존할 수밖에 없는 이들은 물자를 제공받는 대신에 통제된 조건에 놓인 시설에 놓이게 되었다. 테일러는 푸코의 『광기의 역사』(Folie et déraison, 나남출판 역간)를 참조하면서 구호물자를 지급하거나 재활 과정을 통제하는 방식을 통해 '대감호'(le grand renfermement) 시기가 도래했음을 지적한다. 아울러 정치적·종교적 엘리트 집단은 민중 문화를 강력하게 비판하고 있었다. 경제를 통제하고 전통 관습을 폐지하는 작업은 이후 국가 권력을 강화하는 경찰국가를 이상으로 삼는 방향으로 이어졌다.[52]

테일러는 근대의 신-스토아주의(neo-Stoicism)가 사회를 재조직하는 데 큰 영향력을 행사했음을 상기시킨다. "신-스토아주의는 정치 및 군사엘리트가 다양한 영역에서 새로운 형태의 규율을 보다 넓고 엄격하게 적용하려는 광범위한 운동과 관계되어 있었다."[53] 일반적인 차원에서 그리스도교와 고전적 스토아주의는 근본 지점에서 화해 불가능해 보인다. 전자가 '긍휼'(σπλαγχνίζεσθαι)에 마음이

51   Taylor, A Secular Age, 104.

52   Taylor, A Secular Age, 108-112.

53   Taylor, Sources of the Self, 159.

움직이는 인격신을 제시하고 은총에 의지하는 삶을 강조한다면, 후자는 이성적 절제와 정념의 동요를 받지 않는 '부동심'(ἀπάθεια)을 강조하기 때문이다. 하지만 윌리엄 부스마(William Bouwsma)가 지적한 것처럼 스토아 사상은 "르네상스 사상이 진동하는 두 이념의 극" 가운데 하나였다.[54] 가령 칼뱅의 경우 신이 멀리 떨어져 존재한다는 스토아 철학에 동의하지는 않았지만, 세네카의 스토아 철학 안에서 공명하는 지점을 발견했고, "회심 이후에는 그 개념을 그리스도교화하려 했다."[55] 이후 근대의 경로를 살펴보면 신-스토아주의 사상이 이신론의 방향으로 점차 이동하고 결국 초월적인 것을 배제하는 '배타적 인본주의' 전망으로 전환되었던 것은 사실이다. 하지만 테일러는 근대 세계의 탄생이 종교 전통 외부의 전망을 통해 형성되었다고 판단하는 것은 시대착오임을 상기시킨다. 립시우스에게서 볼 수 있는 것처럼 근대 초기 신-스토아주의는 그리스도교 형태를 취하는 스토아주의였다. 그것은 문명성의 이상에 대한 요청과 새로운 정치 질서 건설에 부합하는 형태였다.[56]

54 William J. Bouwsma, "The Two Faces of Humanism: Stoicism and Augustinianism in Renaissance Thought", *Itinerarium Italicum: The Profile of the Italian Renaissance in the Mirror of Its European Transformation*, eds. Heiko A. Oberman and Thomas A. Brady, Jr. (Leiden: Brill, 1975), 20.

55 브루스 고든, 『칼뱅』, 이재근 옮김(서울: IVP, 2018), 75.

56 Taylor, *A Secular Age*, 114. 립시우스의 그리스도교 스토아주의는 종교전쟁을 배경으로 이해할 필요가 있다. 정치적 스토아주의에 관해서는 다음 논의를 참고하라. Christopher Brooke, *Philosophic Pride: Stoicism and Political Thought from Lipsius to Rousseau* (Princeton, N.J. : Princeton University Press, 2012).

질서정연하게 사회 전체를 개조하는 프로젝트는 근대 이전 세계의 '상보성'(complementarity) 원리의 종식을 요청했다. 근대 이전의 세계에서는 지배적인 사회적 규범과 이를 일시적으로 와해시키는 정지가 상호 보완적으로 작동하고 있었다. 가령 중세 유럽에서 카니발과 축제의 시간은 지배 규범을 일시적으로 전복하는 시간이었다. 많은 경우 민중 문화는 "그리스도교 전통 이전의 것, 다시 말해 기원에서는 그리스도교 전통 외부의 것이었지만, 그것이 그리스도교 전통에 적대적이라고만 생각할 필요는 없다고 간주되어 왔다." 구조는 반(反)-구조를 필요로 한다는 인식 때문이었다.[57] 또한 중세 유럽에서는 그리스도교가 지배적인 종교였지만, 복음서에 나타난 급진적 도전만 부각된 것은 아니다. 세속적인 복을 뛰어넘어 자기부인(self-denial)을 강조하는 고등종교에 더욱 헌신하는 이들과 기복신앙에 만족하는 이들이 공존하고 있었다. "(베버의 용어를 사용하자면) 소수의 헌신된 종교의 거장들과 기복신앙을 간직하면서 사회적 성스러움을 간직하는 대중들"의 차이가 존재했다. 양자는 '위계적인 상보성'(hierarchical complementary) 관계를 맺었는데, 이는 서로 다른 가치 지향으로 인해 긴장을 불러일으킬 때도 있었지만, 소수 종교인들의 신앙은 우월한 것으로 간주하고, 대중들의 욕망 역시 전면적으로 부정하지 않는 방식으로 타협점을 이루기도 했다.[58]

57　Taylor, *A Secular Age*, 124.

58　Taylor, *A Secular Age*, 154.

근대 종교개혁과 만인사제주의 사상, 도덕적·영적 개혁을 향한 거침없는 전진은 전근대 세계의 상보성을 소멸하는 방향으로 세계를 재형성했다. 규범과 상충하는 지점에 대한 여지를 남기지 않는 전면적인 개혁에 대한 테일러의 입장은 양가적이다. 그는 근대 세계의 탄생을 추동한 종교적 원천이 품격 있는 삶을 향한 고투라는 점을 일정한 수준에서 승인한다. 동시에 개혁의 과정에서 상실한 지점과 뒤틀린 결과 역시 함께 숙고한다. 가령 영적 엘리트주의에 대한 공격은 세대를 거듭하면서 특권 사회의 '명예'(honor)가 아니라 보다 평등한 시민의 '존엄성'(dignity)이 증진되는 데 기여했다. 일상생활의 성스러움을 확언하는 삶은 "위계서열 개념과 충돌할 수밖에 없었는데, 처음에는 소명과 직업에서 그러했고, 이후에는 사회적 신분 제도에" 영향을 미치게 되었다.[59]

다른 한편 종교적 전망 속에서 개혁을 단행했던 근대 세계는 점차 '반(反)-구조'를 상실하게 되었다. 오늘날에도 일상의 리듬에서 벗어나서 모든 것을 일시적으로 '전복하는' 시간은 존재한다. 하지만 테일러는 근대와 이전 시대에는 차이가 있다고 말한다. 그것은 "반-구조의 필요성이 사회 전체 수준과 사회의 정치적·법적 구조와 관련해서 공식적으로 인정되지 않는다는 점이다."[60] 근대초기 개혁자들은 영적인 맥락에서 반-구조를 품어 내기보다 지배적인 규범 강화에 초점을 맞추고 있었다. 나아가 새롭게 문명화된 질서

---

59   Taylor, *Sources of the Self*, 221.

60   Taylor, *A Secular Age*, 50.

는 이후에 그리스도교 질서를 내재화하는 결과를 낳았다. 품위 있는 문명 질서를 그리스도교 질서와 동일시하게 된 것이다. "그리스도교의 이러한 모습은 스스로 '초월적' 성격을 지우고 근대의 도덕 질서로 부를 수 있는 좋은 질서에 대한 이해로 이행하게 된다."[61]

종교적 개혁 운동이 문명화 프로젝트 안으로 포섭되면서 발생한 거대한 퇴보는 아가페 영성이 '규범 물신주의'(code fetishism)로 환원된다는 점이다. 테일러는 그리스도교 신앙이 법제화될 때 나타나는 어두운 그림자를 숙고한다. 그는 근대 국가의 등장 전까지 서구의 역사에서 교회가 고아원이나 병원과 같은 봉사 기관을 세우고 공공복지를 증진시킨 점이 중요한 공헌이라고 인정한다. 근대 세계에서도 복지국가 담론을 형성한 그리스도교의 유산 역시 무시하기 어렵다. 문제는 그리스도교의 아가페 정신을 관리하고 법제화하기 시작할 때 나타난다. 테일러는 선한 사마리아인 비유에 대한 이반 일리히(Ivan Illich)의 관점을 설명하면서 그의 통찰에 깊이 공명한다. 일리히는 13세기부터 19세기까지 이 본문을 다룬 설교를 조사했는데, 대부분은 이 일화의 핵심을 우리가 이웃에게 어떻게 할 것인지를 담은 행동 준칙과 윤리적 의무의 관점으로 제시하고 있었다.[62] 많은 근대인은 선한 사마리아인 비유가 민족의 경계와 무관하게 곤경에 빠진 이웃을 돕는 것이라고 간주하고 이를 일반화시켜

---

61   찰스 테일러, "독자들에게", 이반 일리히, 『이반 일리히의 유언』, 데이비드 케일리 엮음, 이한 · 서범석 옮김(서울: 이파르, 2010), 9.

62   일리히, 『이반 일리히의 유언』, 94.

모든 인류에게 차별 없이 윤리적으로 행하기를 지시하는 보편주의 도덕의 범례로 삼는다는 것이다.

테일러는 일리히를 좇아 선한 사마리아인 이야기의 핵심은 "일련의 보편주의 규범"이 아니라 "새로운 동기와 새로운 공동체를 포함하는 다른 형태의 존재 양식"에 관한 것이라는 점을 상기시킨다. 강도 만난 유대인, 상처 입은 존재에 사마리아인은 마음이 동했고, 새로운 관계를 맺는 행동을 취했다. 그것은 허용된 '우리'라는 범주를 뛰어넘는 '나'의 자발적 행위다. 나의 자유라고 말할 때 그것은 본래적으로 스스로 생성할 수 있는 무엇이라기보다 상처 입은 자가 촉발한 데 따른 응답이다. 그것은 또한 "당위의 원칙이 아닌 상처 입은 존재 자신에 의한 것이다." 사마리아인과 유대인은 그렇게 '비대칭적 균형'(dissymmetric proportionality) 안에서 새로운 종류의 어울림을 이루어가게 된다. "사마리아인이 유대인과 관계를 맺는 아가페의 네트워크를 통해 신의 육화(enfleshment)가 확산되어 가고, 우리는 이를 교회라고 부른다."[63]

아가페의 네트워크는 상호 관계를 규범화하고 제도화하는 방식으로 환원할 때 타락한다. 일리히는 이를 두고 그리스도교의 '부패'(corruption)라고 말한다. 그것은 "자신이 선택한 모든 이의 얼굴에

---

63 Taylor, *A Secular Age*, 738-739. 이반 일리히는 사마리아인 비유에 나타난 비대칭적 균형을 다음과 같이 설명한다. "사마리아인은 유대인으로부터 사랑, 아가페의 초청을 받았다고 할 수 있다. 그 초청은 균형을 파괴하지 않고, 오히려 그 균형을 이전에는 생각지도 못했던 높은 수준으로 올려놓는다. 사랑하라는 초대는 당신의 텔로스, 당신의 궁극적인 목적, 존재의 목표를 가르쳐 준다." 일리히, 『이반 일리히의 유언』, 315-316.

서 예수의 얼굴을 보도록 하는, 그 제안을 수락한 개인의 선택일 뿐인, 본질적으로 그래야 할 것"에 관해서 "권력과 조직, 관리와 조작을 통해 사회적 실재로 만들어내려는 시도"이기 때문이다.[64] 테일러는 근대 초기 개혁 운동을 출범시킨 동기를 이해하고자 한다. 개혁운동은 "그리스도교 영성의 요구에 보다 일치할 수 있도록 '세속' 권력의 장을 변화시키고 정결하게 만드는 노력"을 위해서 때로는 권력과 맞서기도 하고, 때로는 문명화 과정에 참여하기도 했을 것이다. 하지만 테일러는 개혁 운동이 시행착오라고 치부하기에는 너무도 뼈아픈 결과를 초래했다고 말한다. "하느님의 나라를 훈육을 통한 강제로 이룰 수 있다는 발상 자체에 모순이 있을지 모른다. 도스토옙스키가 대심문관 전설에서 본 것처럼, 결국 권력을 향한 유혹은 너무나 강렬했다. 여기에 부패가 있다."[65] 그는 사랑의 반대는 '증오'라기보다 권력에의 중독이라는 점을 상기시킨다.

오늘날 그리스도교세계(Christendom)의 종언이 회자된다. 하지만 테일러에게 그리스도교세계의 쇠락이 그리스도교 신앙의 종식을 의미하지는 않는다. 도리어 그리스도교 신앙은 그리스도교세계모델의 한계를 드러낸다.[66] 종교적 귀속성(belonging)과 정치적 귀

64 일리히, 『이반 일리히의 유언』, 102.

65 Taylor, *A Secular Age*, 158.

66 테일러는 그리스도교 문명세계의 '위대함과 비참함'(grandeur et misère)을 동시에 언급한다. 한편에서는 "문학, 예술, 음악, 성당 건축물과 같은 위대한 세계문화유산, 서구문명사에서 전사적 충동을 길들이고 보다 인간적인 사회를 향한 모색" 등 위대함이 존재한다. 다른 한편에서는 "종교 재판, 획일성 강요, 권력 남용, 자기만족적 역사"

속성의 관련성이 줄어드는 상황은 복음의 가치를 새롭게 성찰하는 기회이기도 하다.

VI. 근·현대 종교의 다양성과 그리스도교 영성 탐색

테일러는 서구 근대 세계에 나타난 종교적 귀속성과 정치적 귀속성의 상호 관계를 추적한다. 그의 관심사는 "종교적 삶이 유지되는 사회적 모체(social matrix)와 이러한 삶이 구성하는 영성의 형식"이라는 관점에 있다.[67] 종교사회학자 에밀 뒤르켐(Émile Durkheim)이 고전적으로 정의한 종교는 "성스러운 사물들, 다시 말해 구별되고 금지된 사물들과 관계된 신앙과 의례가 결합된 체계다." 그는 "이러한 신앙과 의례는 이를 충실하게 따르는 모든 이를 교회로 불리는 단일한 도덕 공동체 안에 통합한다"고 설명했다.[68] 테일러는 종교를 집합적인 것과 결부시킨 뒤르켐 논의를 전유해서 세 가지 이념형을 제시하는데, '고(古)-뒤르켐'(paleo-Durkheimian) 유형, '신

등 비참함 역시 자리하고 있다. Charles Taylor, "Shapes of Faith Today", *Renewing the Church in a Secular Age: Holistic Dialogue and Kenotic Vision*, eds. Charles Taylor, Jose Casanova, George McLean, Joao Vila-Cha (Washington, D.C: Council for Research in Values & Philosophy, 2016), 275.

67   Taylor, *A Secular Age*, 438.

68   Émile Durkheim, *The Elementary Forms of Religious Life*, trans. Karen Fields (New York: Free Press, 1995), 44. 『종교 생활의 원초적 형태』, 노치준·민혜숙 옮김(서울: 한길사, 2020).

(新)-뒤르켐'(neo-Durkheimian) 유형, '탈(脫)-뒤르켐' 혹은 '비(非)-뒤르켐'(post-Durkheimian, non-Durkheimian) 유형이 그것이다.

첫째, 고-뒤르켐 유형은 구체제(ancien régime) 모체에서 전개된 것이다. 이 국면에서는 "국가가 신과 더 고차원적 시대에 존재적으로 의존한다는 감각이 여전히 생생하게" 살아 있다.[69] 구체제 형식에서는 교회 구성원이 되는 것과 국민, 특히 지역 공동체 일원이 되는 것의 차이가 없다. 위계적인 상보성의 질서가 널리 퍼진 민속종교(folk religion)가 이러한 유형에 속한다. 또한 근대 세계에서는 왕권신수설을 내세우는 구체제 프랑스 혹은 나폴레옹의 몰락 이후 복고주의 시대의 프랑스가 이 모델에 부합한다고 할 수 있다. '반-그리스도교 이데올로기'를 제시한 프랑스 혁명주의자들에 대한 반동으로 일어난 가톨릭 복고주의자들은 "전체 그리스도교 사회 재건"을 목표로 '왕좌와 제단의 동맹'을 시도했다. 왕권신수설을 제시하고 주술에 걸린 세계를 상상하는 '바로크'(baroque) 가톨릭 세계는 "교회를 모든 사람이 반드시 속해야 하는 전체 사회와 동일시" 하고 있었다. 혁명 이후 복고주의적인 움직임과 이에 맞서는 자유주의자들과 급진주의자들의 각축전은 계속되고 있었다. 도시화와 산업화의 진전은 구체제 형식의 붕괴에 결정적인 영향을 미쳤다.[70]

둘째, 대략 1800년에서 1950-1960년대에 걸쳐 점차 지배적인 흐름으로 등장한 신-뒤르켐 유형은 우주적 질서와 정치 체제의 변

---

69   Taylor, *A Secular Age*, 455.

70   Taylor, *A Secular Age*, 438-445.

화와 관련을 맺고 있다. 근대 과학혁명의 전개와 함께 우주적 질서
는 새로운 방식으로 이해되었다. 뉴턴의 세계관에서도 "하늘이 하
느님의 영광을 선포한다"는 감각은 여전히 존재했다. 하지만 점차
"고차원적 의미가 우주에 직접 현시(顯示)"된다고 간주한 유기론적
인 '우주 모형'(Model of the Universe)은 폐기되어갔다. 신의 존재는
설계(design)를 통해 알려진다는 인식과 함께, 규칙적인 패턴을 추
적하는 작업이 부각되었다. 정치영역에서도 이에 상응하는 변화가
일어났다. 신의 현존은 신적 설계를 따르는 사회질서 안에서 발견
된다. 또한 인간은 우주적 질서 및 사회와 연결되어 있고, 이를 반
영하는 존재라기보다 본질적으로 사회에 포섭되지 않은 독립적인
존재로 상정된다. 독립적인 개인은 상호이익을 위해 사회를 구축하
면서 '근대의 도덕질서'를 수립한다.[71]

　신-뒤르켐 유형에서는 점차 "종교적 충성이 자발적인 방식으로
만 정당화되는 것처럼 보였다." 이러한 점에서 자신의 선택과 무관
하게 종교적 정체성과 정치적 정체성이 결합된 형태를 띠는 고-뒤
르켐 유형과는 구별된다. 다만 이 단계에서도 여전히 종교적 정체성
과 정치적 정체성의 연결고리는 강력하게 유지된다는 점에서 '변주
된 뒤르켐 유형'이라고 할 수 있다. 신-뒤르켐 유형은 '동원의 시대'
(Age of Mobilization)에 부합하는 종교적 삶이다. 정치 및 종교 엘리
트들은 "새로운 형식의 사회적 · 종교적 결사체로 사람들을 설득하

71　Taylor, *A Secular Age*, 446-448.

고 압박"하면서 대중들을 유도하는데, 이러한 방식으로 이루어지는 동원은 "새로운 구조를 채택하는 데 머무르지 않고, 사회적 상상과 합법성에 대한 감각까지도 어느 정도는 바꾸어 놓는다."[72]

웨슬리의 감리교 운동에서 나타난 자발적 결사체 형태의 교회는 이러한 유형에 속한다고 할 수 있다. 테일러는 국가교회가 아닌 '교단'(denomination) 형태의 신앙생활에 특별히 주목한다. 교단 형태로 나타난 종교적 정체성은 미국의 시민종교에서 나타나는 정치적 정체성과 부합한다. 특정 교단이 교회 전체를 독점하고 있지는 않다는 점에서 교단은 국가교회가 될 수 없다. 동시에 상호 승인하는 교단의 신자들은 "자신들의 국가를 형성하고 유지하는 것이 신의 명령을 따라 행동하는 것이라는 감각을 가지고 '신 아래에서'(under God) 국민들을 조직한다." 19세기 이후 잉글랜드 성공회의 경우 한 가지 이념형이 실제 현실을 모두 포괄하기 어렵다는 점을 보여 주는 사례다. 그것은 공식적으로 국교회 형태를 띠고 있으며 전례의 양식 역시 고전적 형태를 취한다. 하지만 앞서 말한 고-뒤르켐 유형과 같은 '왕좌와 제단의 동맹'이라고 말하기는 어렵다. 다만 영국인들에게 "그리스도교 신앙은 오랫동안 '품위'(decency)라는 도덕규범과 동일시되었다. 영국은 이 사상을 전 세계에 탁월하게 운반하는 역할을 한다고 간주되었다." 이 시기 영국의 애국주의는 그리스도교 전통을 중심에 두고 "'확립된 종합'(established synthesis)으로

---

72 Charles Taylor, *Dilemmas and Connections: Selected Essays* (Cambridge, Mass.: Belknap Press of Harvard University Press, 2011), 147.

지칭되는 신앙과 규범의 복합체를 기반으로 세워졌다."[73]

이 시기의 종교적 동원과 정치적 동원은 다양한 방식으로 연결되어 있었다. C. L. 브라운(Brown)이 『도덕자본』(*Moral Capital*)에서 설명하는 것처럼 웨슬리와 같은 복음주의자들의 비판 담론은 노예제 폐지라는 정치적 변화에 중요한 원동력이 되었다.[74] 테일러는 복음주의가 "기본적으로 위계서열에 반대하는 세력이었고, 민주주의를 위한 추진력의 일부"였다고 말한다.[75] 한편 개혁의 동력을 제시한 종교 전통은 훈육과 관련해서 근대 초기 상황과 유사한 결과를 낳기도 했다. '놀라운 은혜'(Amazing Grace)로 인해서 '거듭남'(born again)을 체험한 이들은 무질서한 삶에서 벗어날 것과 이를 위해 훈련하는 삶을 요청받았다. 또한 근대 산업사회가 전개되는 와중에 다양한 사회문제가 제기되자 빅토리아 시대 종교인들은 절제(temperance)를 강조하고 가족 중심의 질서를 구축하고자 했다.[76] 이처럼 다양한 방식으로 전개되기는 했지만 신-뒤르켐 유형의 교

---

73 Taylor, *A Secular Age*, 449-456.

74 Christopher L. Brown, *Moral Capital: Foundation of British Abolitionism* (Chapel Hill: North Carolina University Press, 2006).

75 Taylor, *A Secular Age*, 451.

76 테일러는 20세기 급성장한 '복음주의 개신교'(evangelical Protestantism)와 관련해서도 비슷한 평가를 내린다. 그는 산업화가 진척되는 와중에 공동체가 붕괴되는 다수 세계(Majority World) 상황에 주목한다. "사람들은 도시 생활에 내팽개쳐지지만, 지원체계는 없고 혼란스러운 상황에서" 복음주의 개신교의 급성장이 이루어졌다. Charles Taylor, *Varieties of Religion Today: William James revisited* (Cambridge, Mass.: Harvard University Press, 2002), 38. 『현대 종교의 다양성』, 송재룡 옮김(서울: 문예출판사, 2015).

회는 도덕과 문명의 수호자를 자임하고 있었다.[77]

셋째, 탈-뒤르켐 유형은 종교적 귀속성과 정치적 귀속성을 명시적 차원에서 결부하지 않는 방식이라고 할 수 있다. 테일러는 '묶임과 풀림'(bundling and unbundling)의 역학을 통해 탈-뒤르켐 시대의 영성을 탐색한다. 앞서 살펴본 것처럼 고-뒤르켐 단계에서는 전체 사회의 귀속성과 종교적 귀속성이 견고하게 묶여 있었다. 이 과정에서 개인의 의향은 부차적인 것으로 취급되었다. 신-뒤르켐의 세계에서는 개인의 선택이 점차 부상하기 시작했다. 하지만 여전히 이 시기에도 종교는 집합적인 것으로 상상되었고, 종교적 정체성과 정치적 정체성 역시 연결되어 있었다. 탈-뒤르켐 시대에는 개인의 선택이 전면에 부각된다. 현재는 신앙 공동체에 참여하더라도, 언제든지 '탈(脫) 교회' 신앙으로 전환될 수 있는 양식이다. 또한 종교적 귀속성과 정치적 귀속성의 연결망 역시 명시적 차원에서는 풀리기 시작했다.[78]

탈-뒤르켐 유형의 종교적 삶은 1960년대 문화적 혁명을 겪으

---

77 테일러는 신앙과 도덕질서와 관련해서 두 가지 점을 숙고한다. 첫째는 신앙을 특정한 규범 질서와 지나치게 밀착시킬 경우 도리어 신앙을 약화시킬 수 있다는 점이다. 종교적 삶에서 자기 지배력 강화에 지나치게 초점을 맞추는 과정에서 자신의 무력함을 깊이 인식하는 겸허함을 망각할 수 있다는 점을 지적한다. 아울러 사회 주류규범에 포섭된 채로 정치적으로 세를 과시하면서 사회 소수자를 향한 아가페 정신을 잃어버릴 수 있음을 경계한다. 둘째는 일부 세속화 이론가들의 주장과 달리 근대 세계의 변혁 담론에서 종교적 동기가 강력하게 작동되고 있음을 무시하기 어렵다는 점이다. Taylor, *A Secular Age*, 451-452.

78 Taylor, *A Secular Age*, 489.

면서 나타난 "'진정성'의 문화"(culture of 'authenticity')를 배경으로 한다. 19세기 낭만주의 시대에 소수의 엘리트들이 진정성 있는 삶의 양식을 모색하면서 자신을 표현했던 흐름('표현적 개인주의')은 점차 대중적으로 확산되었고, 1960년대에는 '개성화하는 혁명'(individuating revolution)에 이르게 되었다.[79] 진정성의 문화가 배경이 된 영적 탐구는 개인의 내면에서 공명하는 신앙을 선택하고, 자신에게 영감을 불러일으키는 영성 추구로 이어진다.

1960년대 이후 종교적 삶을 탈-뒤르켐 혹은 비-뒤르켐 세계로 전망했지만, 이는 '이념형'(ideal type)이며, 실제 현실은 이보다 훨씬 미묘하고 복잡한 양상을 드러낸다. 우리 사회의 압축적 근대화 과정을 예로 들어보자. 어릴 적 일제강점기, 나아가 왕조 시대를 경험한 증조부 세대 중 어떤 이들은 '주술에 걸린 세계' 안에서 고-뒤르켐 유형의 신앙생활을 한다. 다음 세대인 조부 혹은 부모 세대는 '합리적으로' 판단한다고 말하면서도 자신의 종교적 정체성을 정치적 정체성과 긴밀하게 결부시키고 시민종교 의식을 고취한다. 3세대 혹은 4세대의 경우 (증)조부, 부모 세대처럼 종교적 정체성과 정치적 정체성을 명시적으로 연결하는 모습을 부정적으로 바라본다. 서로 다른 시간을 살아가는 이들이 동시적 공간 안에 존재하고 있는 것이다. 물론 이 역시 하나의 가상적인 사례를 제시한 것이며 현실에서 종교적 정체성과 정치적 정체성의 관계는 더 복잡하게 얽혀 있다.

79   Taylor, *A Secular Age*, 473-475.

한편 진정성의 시대에는 정치적 정체성과 종교적 정체성의 관계뿐 아니라 종교적 귀속성을 어떻게 이해할 것인지에 대해서도 다양한 입장이 나타난다. 이와 관련해서 로버트 우스나우(Robert Wuthnow)는 주거의 영성과 구도의 영성을 구분한 바 있다. "주거 (dwelling)의 영성은 거주(habitation)를 강조한다. 신은 우주에서 명확한 장소를 차지하고 인간 역시 살 수 있는 성스러운 공간을 창조한다. 성스러운 공간에 사는 것은 그 영토를 알고 안정감을 느끼는 것이다. 구도(seeking)의 영성은 교섭(negotiation)을 강조한다. 개인은 신이 존재한다는 확신을 강화하는 성스러운 순간을 탐색한다. 하지만 이러한 순간은 잠깐이다. 사람들은 새로운 영적 전망을 탐구하며, 영성의 복잡하고 혼란스러운 의미들 사이에서 교섭을 해야 할지도 모른다."[80] 테일러는 우스나우의 거주자와 구도자 구분과 함께 '교회의 권위와 개인적 경험', '한결같은 자연법과 유동하는 역사성' 사이의 교차 지점을 숙고한다.

진정성의 문화에 살고 있는 '구도자'(seeker)는 제도 종교의 가르침을 맹종하지 않는다. 특히 영적 탐구에 중요한 질문을 제기하지만, 제도 교회 안에서는 의미 있는 열린 대화가 불가능하다고 판단하게 될 경우 구도자들은 제도권 바깥의 공간으로 나와 진정성 있는 삶을 탐색하게 된다.[81] 적지 않은 구도자들은 여전히 환영받지

---

80 Robert Wuthnow, *After Heaven: Spirituality in America Since the 1950s* (Berkeley, Calif.: University of California Press, 1998), 3-4.

81 구도의 길은 단순히 제도 교회 바깥 신앙의 여정에 국한되지 않는다. 인본주의적 철학의

못하고 있으며, 교회가 그들의 실존적 문제와 접속하지 못한 채 수
세적 태도만 취한다고 느낀다. 또한 교회의 폐쇄적 구조는 종종 심
각한 '영적학대'(spiritual abuse)로 이어지기도 한다. 테일러는 교회
가 교도권만을 앞세우고 표층적 수준의 가르침에 안주하기보다 존
재의 수수께끼와 신앙의 신비에 대한 감각을 회복하고 구도자의
여정을 존중하자고 호소한다.[82]

개인과 공동체의 관계는 다양한 층위와 맥락에서 검토가 요청된
다. 한편으로 테일러는 개인주의 신앙을 유보 없이 승인하거나 모
든 형태의 주관주의에 정당성을 부여하지는 않는다. 그는 특히 근
대 소비자본주의와 관료사회가 야기한 '원자주의'(atomism)와 파

여정 역시 대안으로 제시되기 때문이다. (1) 신앙의 순례 여정을 하는 구도자는 비록 현
재 어느 길로 가는지 알지 못하지만, 결국 본향으로 귀환하게 되리라는 기대를 품고 있
는 존재다. (2) '회의적'(zetetic) 철학 여정을 하는 구도자는 궁극적으로 도달할 길이 있
음 그 자체도 알지 못한 채 끝없는 탐구를 수행하는 존재다. 그는 신이라는 작업가설을
제외하고, 의미를 발견하는 유일한 원천을 인간에게 두기를 끝까지 포기하지 않는다.
제임스 사우스는 두 입장을 아우구스티누스의 관점과 몽테뉴의 관점으로 대비하고, 테
일러를 아우구스티누스적 유형에 위치시킨다. James South, "Seekers and Dwellers:
Some Critical Reflections on Charles Taylor's Account of Identity", *Seekers and
Dwellers: Plurality and Wholeness in a Time of Secularity*, eds. Philip J. Rossi
(Washington, D.C.: The Council for Research in Values and Philosophy, 2016), 47-
73.

82   테일러는 가톨릭 신자로서 교도권을 존중한다. 다만 가르치는 내용은 신앙의 문제로 존
중받아야 하지만 그 내용을 가르치는 방식에는 많은 제약이 따른다고 지적한다. 교도권
의 권위를 인정하더라도 교도권의 행사방식에 관해서는 보다 개방적인 태도를 취해야 한
다는 것이다. "도덕적 결정을 내리기 위해서는 원리와 목표만으로는 부족하고 그것이 적
용되는 상황을 함께 다루어야 한다. 그런데 상황을 이해하는 것은 신앙 그 자체에서만 연
유하는 것이 아니기 때문"이다. Charles Taylor, "Magisterial Authority", *The Crisis of
Authority in Catholic Modernity* (Oxford: Oxford University Press, 2011), 259-269.

편화된 개인주의에 대해 비판적이다. 또한 가톨릭 신자인 테일러
는 신적인 생명이 인간에게 전달되고 풍성해지는 매개로서 교회
의 삶을 중요하게 다룬다. 그에게 그리스도교 신앙은 "사랑 안에
서 함께 살도록 부름받은 공동체적 신앙"이다. 사랑의 실천으로 부
름받은 교회는 성찬의 신비를 통해 형성되는 '성사적 친교 공동체'
(sacramental communion)이다.[83]

다른 한편으로 테일러는 자기폐쇄적인 개인주의와 진정성의 윤
리를 모색하는 개인주의를 구분한다. 그는 진정성을 추구하는 '개
인성'(individuality)에 가치를 부여하고, 구도자들이 진실한 대화에
열린 공동체를 요청하는 것은 정당하다고 말한다. 이와 관련해 테
일러는 떼제 공동체(Taizé Community)에 나타난 대안적 형식을 살
펴본다. 그는 경직된 방식의 가르침 대신 구도자의 탐색에 진지하
게 귀를 기울이면서 사신들이 준비한 개방된 기도회에 초대하여
영성을 형성하는 방식을 추천한다.[84]

교회와 세계에는 구도의 영성을 추구하는 이들만 존재하는 것
이 아니다. 유구한 교회 전통의 교훈에 이끌려 신앙생활을 하는 '거
주자'(dweller) 역시 존재한다. 누군가는 삶의 혼돈에 빠져 있는 상
황에서 교회가 명확하게 신앙 규범을 제시해 주기를 바라기도 한

---

83 Taylor, *Varieties of Religion Today*, 23-25.

84 Charles Taylor, "The Church Speaks—to Whom?", *Church and People: Disjunctions in a Secular Age*, eds. Charles Taylor, José Casanova, George F. McLean (Washington D.C.: The Council for Research in Values and Philosophy, 2012), 17-20.

다.[85] 이런 상황을 염두에 둘 때 진정성 있는 개인의 삶과 진실한 공동체의 삶의 조화가 쉽지 않은 것은 분명해 보인다. 테일러는 성사적 연합과 '성인의 통공'(성도의 교제, *Communio Sanctorum*)의 본래적 의미를 상기시킨다. 성찬에 참여하는 이들은 서로 이질적이고, 적대적이기까지 한 존재들이었다. 그리스도의 살과 피를 먹고 마시는 성찬의 신비는 이들을 하나로 연합시킨다. 아울러 하느님을 향한 여정에서 온전한 삶을 살아간다는 것은 완벽한 삶을 살아간다는 것과 다르다. 베드로의 삶이 그러했듯이 여기에는 배반의 순간과 회복의 순간, 지도력을 발휘하는 순간과 책망을 받고 돌이켜야 하는 순간이 모두 담겨 있다.[86] 개인과 공동체의 삶에서도 깨어짐은 불가결하다. 동시에 교회는 폐허 속에서, 폐허 너머에서 희망이라는 이름으로 방문하시는 하느님을 기다린다.

구도자와 거주자를 이념형으로 구분했지만 테일러는 실제 삶의 여정에서는 이러한 구분이 잠정적임을 인식할 필요가 있다고 말한다. 한 사람의 여정은 깔끔하게 구획을 나누기 어렵다. 많은 경우 한 사람의 영적 순례를 돌아보면 10년 전에 자신이 믿고 실천했던 모습과 현재의 모습이 동일하지 않음을 발견하게 된다. 이러한 점을 고려할 때 거주의 영성과 구도의 영성을 반드시 배타적 관계로 이해할 필요는 없다. 가령 외면적으로 거주의 영성을 나타내 보인다고 하더라도 그 안에 다양한 신앙 양식이 존재한다. W. H. 오든(Auden)의 표현을 빌

---

85   Taylor, "The Church Speaks - to Whom?", 20-21.

86   Taylor, *A Secular Age*, 754-755.

리자면 "무언가를 여전히 믿고 있는 것과 다시 믿는 것 사이에는 커다란 차이가 존재한다." 니사의 그레고리오스나 아우구스티누스 같은 교부들이 보여 준 것처럼 "신앙은 여정이다."[87]

테일러는 그리스도교 신앙이 단순히 한 세대에 국한되지 않음을 강조한다. 우리 세대의 관점과 다른 시대의 관점을 연계하면서 숙고할 때 그리스도교 신앙은 보다 충만해진다는 것이다.[88] 전통과 현대를 어떻게 연계해서 이해할 수 있는가? 가령 19세기에 개최된 제1차 바티칸 공의회와 그로부터 100년 뒤 개최된 제2차 바티칸 공의회를 "기억의 연쇄 속에서" 이해한다는 것은 무엇을 의미하는가? 의제가 상호 충돌하는 것처럼 보이는 상황에서는 다음과 같은 질문이 떠오른다. 이것과 저것 중에서 "궁극적으로, 그리고 전적으로 가톨릭 신앙에 대한 올바른 이해는 어디에 놓여 있는가?"[89] 소위 '혁신파' 신자들은 무지몽매한 '과거' 세대가 인습만 고집하고 억지를 부리다 보니 명백한 진리를 깨닫지 못한다고 말할 것이다. 이에 반해 '전통파' 신자들은 도덕적 쇠락이 가속화되고 있는 이 시대에 교회마저 세속의 흐름에 굴복하고 교회 본연의 가치를 저버렸다고 한탄할 것이다.

87 Taylor, "Shapes of Faith Today", 280.

88 Charles Taylor and Ron Kuipers, "Religious Belonging in an 'Age of Authenticity': A Conversation with Charles Taylor (Part Two of Three)", *The Other Journal: An Intersection of Theology & Culture* (June 23, 2008). https://theotherjournal. com/2008/06/23/religious-belonging-in-an-age-of-authenticity-a-conversation-with-charles-taylor-part-two-of-three.

89 Taylor, *A Secular Age*, 752.

테일러는 양측의 입장이 모두 자신들이 인식론적 특권을 가지고 전체 진리를 식별할 수 있다는 전제에서 비롯되었음을 지적한다. 물론 테일러 자신도 특정한 입장을 지니고 있다. 예컨대 그는 근대 민주주의와 인권에 대한 비오 9세(Pope Pius IX)의 반동적인 관점은 잘못된 것이었다고 지적한다.[90] 테일러는 교회가 세계를 향해 나타내야 할 모범적인 '전투태세'는 현재 교종인 프란치스코의 모습에서 발견할 수 있다고 말한다. 교회는 '야전병원'(field hospital)이 되어 세계의 상처를 치유하는 일에 담대하게 나서야 한다는 것이다.[91] 테일러는 교회 전통을 둘러싼 해석 경쟁이 치열하게 이루어질 수밖에 없고, 길고 고된 투쟁 역시 불가피하다는 점을 인정한다. 그럼에도 불구하고, '완장'을 차고 전체 진리를 식별할 수 있다고 판단하는 삶만큼은 경계한다. 그는 완고한 독선에 사로잡혀 자신의 입장을 절대시하는 '그릇된 신성화'(false sacralization)라는 잘못을 저지르지 말아야 한다고 지적한다.[92]

테일러는 익숙한 것을 낯설게 하고 서로 다른 통찰을 어떻게 조화시킬 수 있는지를 씨름하는 작업을 계속하기를 제안한다. 가령

---

90   Taylor, *A Secular Age*, 753.

91   Taylor, "Shapes of Faith Today", 280.

92   테일러는 특정 시대에 특정한 형태로 주어진 교회 가르침을 신앙의 핵심으로 간주하려는 태도가 '그릇된 신성화' 작업에 동참할 수 있다고 지적한다. 그는 로완 윌리엄스의 『과거의 의미』(*Why Study Past?*, 서울: 비아, 2019)를 살펴보면서 "그리스도교 황금시대를 추적하는 시도를 통해 특정 시대를 특권화하는 방식"을 비판적으로 숙고한다. Taylor, *A Secular Age*, 850.

"과거에 시행된 교회가 검열했던 의제나 그 방식을 거부한다고 하더라도, 그것이 영적 순종이 특정 조건에서 매우 의미 있는 가치를 지닌다는 것까지 부인하지는 않는다"고 지적한다. 대화를 위해서는 그러한 통찰이 나오게 된 정치사회적 · 지적 · 도덕적 · 영적 맥락에 대한 면밀하고 수고스러운 검토가 반드시 수반된다. 황금시대의 재건을 꿈꾸면서 특정한 세대를 과도하게 추켜세우거나 이전 세대가 고투했던 작업을 그저 낡은 것으로 치부하면서 현재에 안주할 수는 없다. 우리 세대에 주어진 중요하고 시급한 과제를 마주하기 위해서는 서로 다른 입장에 선 이들 모두 "이해하려고 애쓰지 않았다면 영원히 알려지지 않았을지도 모르는 그러한 목소리에 귀를 기울이는 것이 낫다." 테일러에게 지금은 최고의 전성기도 아니고, 최악의 퇴폐기도 아니다. 밝은 면과 어두운 면을 함께 대면하면서 서로에게 경청해야 할 시기다.[93]

귀기울임은 지난한 과제이다. 그것은 저마다 가진 인식의 사각지대와 삶의 근원적 부조리를 인정할 것을 요구한다. 익숙한 자기 세계가 뒤흔들리는 경험 속에서 낯선 문제의식을 고통스럽게 끌어안는 작업이기도 하다. 다만 귀담아듣는 와중에 우리 삶이 "그토록 오래되고 그토록 새로운 아름다움"[94]이신 그분을 경축하는 기쁨을 누리기를 희망한다.

93   Taylor, *A Secular Age*, 752-753.

94   Augustine, *Confessions*, trans. Henry Chadwick (Oxford: Oxford University Press, 1998), 201. 『고백록』, 제10권 27.38.

더 읽을거리

『자아의 원천들: 현대적 정체성의 형성』

● 찰스 테일러 지음, 권기돈 · 하주영 옮김, 서울: 새물결, 2015.

서구 근대적 자아 정체성 담론을 포괄적으로 다룬 책으로 당시 자유주의-공동체주의 학술 논쟁을 한 차원 끌어올린 것으로 평가받는 대작이다. 근대적 자아 정체성을 내면성, 일상생활의 긍정, 자연의 소리라는 세 국면을 중심으로 논의를 전개한다. 플라톤, 아우구스티누스에서 데카르트, 루터, 로크, 몽테뉴 등 서구 철학 전통뿐 아니라 종교사, 문화사를 넘나들면서 근대적 자아의 도덕적 원천을 풍성하게 제시하고 있다. 1부에서 논의하는 방법론 역시 주의 깊게 살펴볼 필요가 있다.

『세속화와 현대문명』

● 찰스 테일러 지음, 김선욱 외 옮김, 서울: 철학과현실사, 2003.

2002년 다산 기념 철학 강좌에서 발표한 네 편의 원고 및 테일러를 소개한 글과 인터뷰가 포함된 책이다. 1999년 기포드 강연 주제인 근대 세속화 문제를 다루고 있으며, 주요 내용은 근대의 시간 의식과 사회적 상상, 계몽주의와 낭만주의, 현대 종교의 다양성 논의를 포함하고 있다. 국내에 소개된 문헌으로 세속화 문제에 대한 테일러의 입장을 살펴보고자 하는 이들에게 도움이 되는 책이다.

A Secular Age

- Charles Taylor, Cambridge, Mass.: Belknap Press of Harvard University Press, 2007.

근대 세속의 시대를 산다는 것의 의미를 질문하고, 서구 근대 세계에서 신념의 조건이 변화하는 양상을 추적하는 또 하나의 대작이다. 출간되자마자 철학, 역사학, 종교학, 정치학, 사회학 등 분과 학문의 경계를 넘어 수많은 저널에서 특집호로 관련 논의를 다루었을 만큼 영향력 있는 책이다. 근대성과 그리스도교의 관계, 세속화 문제에 관심을 가진 이에게는 필독서다.

Dilemmas and Connections: Selected Essays

- Charles Taylor, Cambridge, Mass.: Belknap Press of Harvard University Press, 2011.

『세속의 시대』 출간 이후 후속 논의를 이어간 책으로, '가톨릭 모더니티', '탈주술화와 재주술화', 종교적 폭력의 문제, '종교적 과거의 미래' 등이 포함되어 있다. 민족주의, 민주적 배제의 문제, 인권 담론, 종교적 동원과 같은 주제도 다루고 있어서 정치철학자로서 테일러의 일면을 함께 살펴볼 수 있다.

참고문헌

루터, 마르틴.『루터 저작선』. 존 딜렌버거 편집. 이형기 옮김. 고양: 크리스챤다이제
    스트, 2002.

베버, 막스.『직업으로서의 학문』. 전성우 옮김. 파주: 나남, 2006.

베버, 막스.『프로테스탄티즘의 윤리와 자본주의 정신』. 김덕영 옮김. 서울: 길,
    2010.

일리히, 이반.『이반 일리히의 유언』. 데이비드 케일리 엮음. 이한·서범석 옮김. 서
    울: 이파르, 2010.

테일러, 찰스.「독자들에게」.『이반 일리히의 유언』. 데이비드 케일리 엮음. 이한·
    서범석 옮김. 서울: 이파르, 2010.

Aronovitch, Hilliard. "Trudeau or Taylor? The Central Question." *Critical
    Review of International Social and Political Philosophy* 8 no. 3 (2005).

Augustine. *Confessions*. Trans. Henry Chadwick. Oxford: Oxford University
    Press, 1998.

Bellah, Robert. "Secularism of A New Kind." *The Immanent Frame*, Oct. 19,
    2007. https://tif.ssrc.org/2007/10/19/secularism-of-a-new-kind.

Blakely, Jason. "Returning to the Interpretive Turn: Charles Taylor and His
    Critics." *The Review of Politics* 75 no. 3 (2013).

Bouchard, Gerard and Taylor, Charles. *Building the Future: A Time for
    Reconciliation*. Québec: Gouvernement du Québec, 2008.

Bouwsma, William J. "The Two Faces of Humanism: Stoicism and
    Augustinianism in Renaissance Thought." In *Itinerarium Italicum:
    The Profile of the Italian Renaissance in the Mirror of Its European
    Transformation*. Eds. Heiko A. Oberman and Thomas A. Brady, Jr.
    Leiden: Brill, 1975.

Brooke, Christopher. *Philosophic Pride: Stoicism and Political Thought from*

Lipsius to Rousseau. Princeton, N.J.: Princeton University Press, 2012.

Brown, Christopher L. *Moral Capital: Foundation of British Abolitionism*. Chapel Hill: North Carolina University Press, 2006.

Choi, Naomi. "Defending Anti-Naturalism After the Interpretive Turn: Charles Taylor and the Human Sciences." *History of Political Thought* 30 no. 4 (2009).

Cloots, Andre and Latré, Stijn, Vanheeswijck Guido. "The Future of the Christian Past: Marcel Gauchet and Charles Taylor on the Essence of Religion and its Evolution." *The Heythrop Journal* 56 no. 6. (2015).

Cloots, André. "Modernity and Christianity: Marcel Gauchet on the Christian Roots of the Modern Ways of Thinking." *Milltown Studies*, 61 (2008).

Durkheim, Émile. *The Elementary Forms of Religious Life*. Trans. Karen Fields. New York: The Free Press, 1995. 『종교 생활의 원초적 형태』. 노치준·민혜숙 옮김. 서울: 한길사, 2020.

Gauchet, Marcel. *The Disenchantment of the World. A Political History of Religion*. Trans. Oscar Burge. Princeton, N.J.: Princeton University Press, 1997.

Hunter, Ian. "Charles Taylor's a Secular Age and Secularization in Early Modern Germany." *Modern Intellectual History* 8 no. 3 (2011).

Latré, Stijn. "On the Religious Sources of Autonomy and Self expression: Charles Taylor and Marcel Gauchet." *Amsterdam Law Forum*, 2 no. 1 (2009).

Lewis, C. S. *The Weight of Glory*. New York: HarperOne, 1949. 『영광의 무게』. 홍종락 옮김. 서울: 홍성사, 2008.

Milbank, John. *Theology and Social Theory*. Oxford, UK: Blackwell Pub., 2006. 『신학과 사회이론』, 서종원·임형권 옮김. 서울: 새물결플러스, 2019.

Pope Francis. "Address of His Holiness Pope Francis." *Conferral of the 2019*

Ratzinger Prize (9 Nov. 2019). http://www.vatican.va/content/francesco/
en/speeches/2019/november/documents/papa-francesco_20191109_
premio-ratzinger.html.

Robert, Daniel A. "Grace and the Secular: Reading Charles Taylor through
Henri De Lubac." *Philosophy & Theology* 30 no. 1 (2018).

South, James. "Seekers and Dwellers: Some Critical Reflections on Charles
Taylor's Account of Identity." In *Seekers and Dwellers: Plurality and
Wholeness in a Time of Secularity*. Ed. Philip J. Rossi. Washington, D.C.:
The Council for Research in Values and Philosophy, 2016.

Taylor, Charles and Ayer, A. J. "Phenomenology and Linguistic Analysis."
Proceedings of the Aristotelian Society, Supplementary 33 (1959).

Taylor, Charles and Kuipers, Ron. "Religious Belonging in an 'Age of
Authenticity': A Conversation with Charles Taylor (Part Two of Three)."
The Other Journal: An Intersection of Theology & Culture (June 23, 2008).
https://theotherjournal.com/2008/06/23/religious-belonging-in-an-age-
of-authenticity-a-conversation-with-charles-taylor-part-two-of-three.

Taylor, Charles. *A Catholic Modernity?: Charles Taylor's Marianist Award
Lecture*. Ed. James L. Heft. New York: Oxford University Press, 1999.

_____, *A Secular Age*. Cambridge, Mass.: Belknap Press of Harvard
University Press, 2007.

_____. "Afterwords." In *Varieties of Secularism in a Secular Age*. Eds.
Michael Warner, Jonathan VanAntwerpen, Craig J. Calhoun. Cambridge,
Mass.: Harvard University Press, 2010.

_____. "Can Secularism Travel?" In Bilgrami, Akeel. *Beyond the Secular
West*. New York: Columbia University Press, 2016.

_____. "Closed World Structures." In *Religion after Metaphysics*. Ed. Mark
Wrathall. New York: Cambridge University Press, 2003.

_____. *Dilemmas and Connections: Selected Essays*. Cambridge, Mass.: Belknap Press of Harvard University Press, 2011.

_____. "Foreword: What is Secularism." In *Secularism, Religion and Multicultural Citizenship*. Eds. Geoffrey Brahm Levey and Tariq Modood. Cambridge, UK: Cambridge University Press, 2009.

_____. "Interpretation and the Sciences of Man." *Philosophy and the Human Sciences: Philosophical Papers 2*. Cambridge: Cambridge University Press, 1985.

_____. "Magisterial Authority." *The Crisis of Authority in Catholic Modernity*. Ed. Michael J. Lacey. Oxford: Oxford University Press, 2011.

_____. *Modern Social Imaginaries*. Durham: Duke University Press, 2004. 『근대의 사회적 상상』. 이상길 옮김. 서울: 이음, 2010.

_____. *Multiculturalism and "The Politics of Recognition."* Ed. Amy Gutmann. Princeton, N.J.: Princeton University Press, 1994.

_____. "Shapes of Faith Today." In *Renewing the Church in a Secular Age: Holistic Dialogue and Kenotic Vision*. Eds. Charles Taylor, Jose Casanova, George McLean, Joao Vila-Cha. Washington, D.C: Council for Research in Values & Philosophy, 2016.

_____. "Taylor's Response to A Roundtable Discussion of his Book A Secular Age." *Political Theology* 11. no. 2 (2010).

_____. "The Church Speaks - to Whom?" In *Church and People: Disjunctions in a Secular Age*. Eds. Charles Taylor, José Casanova, George F. McLean. Washington D.C.: The Council for Research in Values and Philosophy, 2012.

_____. *The Ethics of Authenticity*. Cambridge, Mass.: Harvard University Press, 1991. 『불안한 현대사회』, 송영배 옮김. 서울: 이학사, 2019.

_____. *Varieties of Religion Today : William James revisited*. Cambridge,

Mass. : Harvard University Press, 2002. 『현대 종교의 다양성』, 송재룡 옮김. 서울: 문예출판사, 2015.

_____. "What drove me to philosophy." *The 2008 Kyoto Prize Commemorative Lecture: Arts and Philosophy*. Inamori Foundation.

_____. "Why We Need a Radical Redefinition of Secularism." In *The Power of Religion in the Public Sphere*. Eds. Eduardo Mendieta, Jonathan VanAntwerpen. New York: Columbia University Press, 2011.

Thiemann, Ronald. "Sacramental Realism: Relocating the Sacred." *Reforming Reformation*. Ed. Thomas F Mayer. Farnham, UK: Ashgate, 2012.

Wuthnow, Robert. *After Heaven: Spirituality in America Since the 1950s*. Berkeley, Calif.: University of California Press, 1998.

6. 약한 신학의 모험

존 카푸토

윤동민

I. 들어가며

익숙하게 언급되면서도 여러 이유로 국내에 그 사유의 정수가 소개된 적 없는 사상가들 중 한 사람, 존 카푸토(John David Caputo). 그는 일반적으로 프랑스 철학자 자크 데리다(Jacques Derrida)의 사상에서 종교적 측면에 대한 권위 있는 해석자로, 또는 데리다의 해체 사상에 강하게 경도되어 종교철학, 해석학, 윤리학 등의 영역에서 철학의 다양한 근본 문제를 다룬 철학자로 알려져 있다. 하지만 또한 부인할 수 없는 그의 주요한 학술적 업적 중 하나는 그리스도교 사상과 관련한 연구이며, 특별히 영미권에서 '약한 신학'(Weak Theology)이라는 이름으로 언급되는 운동(movement)이다. 이 글에서는 특별히 약한 신학에 대한 그의 학술적 작업을 중심으로 그가 그리스도교 사상에 독특하게 기여한 부분의 밑그림을 제공하고자 한다.

II. 생애와 이력

존 카푸토는 1940년 10월 26일, 미국 펜실베이니아주 필라델피아에서 태어났다. 그는 이탈리아 이민자 2세대 가정에서 가톨릭 신앙의 가르침을 받으며 자랐으며, 이러한 영향으로 고등학교를 마친 후 라살 그리스도교 교직 형제회(De LaSalle Brothers of the Christian Schools)에 들어갔다. 그리고 형제회의 가르침을 바탕으로 라살 대학교(당시에는 칼리지)에서 고등학생 수준의 영어와 종교를 가르칠 수 있는 역량을 키우면서 신학 예비 교과 과정을 이수했다. 하지만 그는 영어나 종교보다는 철학을 가르치고 싶어 했으며 학자의 길을 걷길 원했다. 형제회는 진로와 관련한 엄격한 규율이 있었기에 결국 그의 이러한 입장을 받아들이지 않았다. 이 때문에 그는 형제회와 갈등을 빚게 되었고, 결국 1962년에 학사를 마치면서 형제회를 나가게 된다.[1] 이후 그는 근처에 있었던 빌라노바 대학교(M. A, 1964)와 브린 모어 대학교(Ph. D, 1968)로 자리를 옮겨 원하던 철학을 공부한다.

이후에 그는 특별히 마르틴 하이데거(Martin Heidegger)의 철학을 중심으로 현상학(Phenomenology)과 해석학(Hermeneutics) 공부에 몰두하는 한편, 당시 영미권에 현대 유럽철학 보급에 힘쓰면

---

1   참고. Katharine Sarah Moody, "John D. Caputo", *The Palgrave handbook of Radical Theology*, ed. Christopher D. Rodkey, Jordan E. Miller (New York: Palgrave Macmillan, 2018), 95.

서 새로운 사유를 모색하는 작업들을 시도한다. 그는 빌라노바 대학교에서 1968년부터 2004년도까지 철학을, 시라큐스 대학교에서는 2011년 은퇴할 때까지 종교와 철학을 가르쳤는데, 이 시기에 그가 주최하고 이끌어 간 컨퍼런스, 이를테면 빌라노바에서 매년 두 번씩 개최했던 "종교와 포스트모더니즘" 컨퍼런스나 시라큐스에서 개최한 "포스트모더니즘, 문화 그리고 종교" 컨퍼런스는 자크 데리다나 장-뤽 마리옹(Jean-Luc Marion)과 같은 유럽 대륙철학자들의 사유와 저서를 대중들에게 소개하는 데 혁혁한 공을 세웠다고 평가받는다. 자크 데리다의 사상에 대한 입문서로 널리 알려져 있는 『해체 입문: 자크 데리다와의 대화』(Deconstruction in a Nutshell: A Conversation with Jacques Derrida) 또한 카푸토를 중심으로 이루어진 1994년 빌라노바 대학교의 박사 학위 프로그램의 결과물이다.[2]

이러한 작업들과 더불어 오랜 기간 교육과 학술적 업적에 힘쓴 그에게 빌라노바 대학교에서는 1993년 명예로운 데이비드 쿡 교수직(the David R. Cook chair)을 주었으며, 시라큐스 대학교에서도 토마스 왓슨(the Thomas J. Watson) 교수직을 부여했다. 현재는 은퇴하고 두 학교에서 명예교수로 있으면서 활발하게 저술과 강연에 힘쓰고 있다.

앞서 언급한 것처럼, 존 카푸토는 일반적으로 미국에서 활동하는 철학자로 이름이 알려져 있으나 영미권 학풍을 따르기보다는 현대

---

2   참고. Christina M. Gschwandtner, *Postmodern Apologetics?: Arguments for God in Contemporary Philosophy* (New York: Fordham University Press, 2013), 243.

유럽 대륙철학(Continental Philosophy)과 그 사유를 바탕으로 다양한 실험적 사유에 힘써 온 학자이다. 특히 자크 데리다의 사상에 기반을 둔 해체주의(deconstructivism)을 표방하되, 단지 데리다의 사상만을 연구한다기보다는 데리다의 사상과 그 함의들을 해석학, 윤리학, 종교의 영역으로 전유하여 새로운 사유를 감행한다고 말할 수 있다.

하지만 초창기에 학자로서 카푸토는 자신의 종교적 전통인 로마 가톨릭의 영향으로 토마스 아퀴나스를 위시하여 주로 중세철학을 연구하였다. 현상학과 해석학의 연구 결과물들이 특별히 토마스 아퀴나스와 마이스터 에크하르트의 사상을 비교 고찰하는 연구들(*The Mystical Element in Heidegger's Thought*, 1978; *Heidegger and Aquinas*, 1982; *Demythologizing Heidegger*, 1993)로 이루어진 것은 이 때문이다.

그러나 1997년 자크 데리다와의 운명적 만남을 통해 그의 사상의 전회가 일어난다. 처음에는 이러한 만남이 그에게 굉장한 고민거리였으나 이때 그의 사상적 영웅이라 할 수 있는 쇠얀 키에르케고어(Søren A. Kierkegaard)의 생각이 자신에게 상당한 도움을 제공했다고 한다.[3] 그는 키에르케고어의 연구를 통해 신학과 철학의 길이 해석학적으로 교차 가능함을 배웠다. 그래서 철학과 신학이 서로 종속되거나 반대되는, 혹은 대결해야 하는 관계로만 사유되는 것이 아니라 우정으로 서로 가르치고 배울 수 있는 학문임을 깨닫게 된다. 우리

---

3   참고. Štefan Štofaník, *The Adventure of Weak Theology: Reading the Work of John D. Caputo through Biographies and Events* (New York: SUNY Press, 2018), 34.

는 이러한 그의 입장을 『포스트모던 시대의 철학과 신학』(*Philosophy and Theology*, 2006; CLC 역간, 2016)에서 두 학문의 관계를 연합이나 종속, 반대나 대결을 의미하는 'and'가 아니라 우정을 의미하는 'as'로 정의하는 사유를 통해 만나게 된다.

이러한 사유를 발판으로, 그는 애초의 중세 신비주의 사상에 대한 연구 노선을 철회하고 당시 영미권에서 주목받기 시작했던 데리다를 연구하였으며, 이를 계기로 자크 데리다 연구자로 먼저 자신의 이름을 알리게 된다. 1997년에 출판된 데리다에 대한 두 연구서, 『자크 데리다의 기도와 눈물』(*The Prayers and Tears of Jacques Derrida*)과 『해체 입문: 자크 데리다와의 대화』는 많은 찬사를 받았는데, 특별히 『자크 데리다의 기도와 눈물』은 데리다의 이른바 『할례고백』(*Circumfession*)에서 찾아볼 수 있는 해체 사상의 종교적이고 신학적인 차원을 해석해 내고 드러낸 역작으로 평가받는다.

하지만 캐서린 켈러(Catherine Keller)의 표현처럼, 한 사람의 '신학자'로서 이름을 알리고 그리스도교 사상에 내재하는 독특한 사유를 보여 준 것은 2006년에 출간한 『신의 약함: 사건의 신학』(*The Weakness of God: A Theology of the Event*)을 통해서다. 여기서 그는 복음서와 바울 서신을 가로지르며 신을 강한 힘의 이름(Name)이 아닌 약한 힘으로서의 사건(Event)으로 사유하는 길을 보여 준다. 그가 이후 연작으로 제시하는 저서들, 이를테면 2013년에 출간된 『신의 강요: 아마도의 신학』(*The Insistence of God: A Theology of Perhaps*), 2015년에 출간된 『신의 어리석음: 비조건적인 것의 신학』(*The Folly* of God: A Theology of the Unconditional), 2019년에 출간된『십자가와 우주: 어려운 영광의 신학』(Cross and Cosmos: A Theology of Difficult Glory) 모두 '약함'을 추구하는 그의 기본적인 사상의 연장선에서 이루어진 작품들이라 할 수 있다.

또한 그는 탈형이상학적 혹은 포스트모던 철학자/신학자로서 이론적인 작업에 자신의 일을 국한시키지 않았는데, 이러한 그의 태도를 명시적으로 가장 잘 보여 준 작품이 그의 은퇴작이라 불리는『희망에 반대하는 희망: 포스트모던 순례자의 고백록』(Hoping Against Hope: Confessions of a Postmodern Pilgrim)이다. 여기서 그는 자신의 여정을 돌아보며, 포스트모던 시대에 순례자로 살아간다는 것에 대해 폭넓게 이야기한다.

한국어로 소개된 그의 책은 총 4권으로『마르틴 하이데거와 토마스 아퀴나스』(Heidegger and Aquinas, 시간과공간사 역간, 1993), 『How to Read 키르케고르』(How to read Kierkegaard, 웅진지식하우스 역간, 2006),『종교에 대하여』(On religion, 동문선 역간, 2003),『포스트모던 시대의 철학과 신학』이 있다.

III. 신학과 반성 그리고 사건

우리가 '약한 신학'이라는 운동을 조망하기 위해서는 우선 카푸토가 생각하는 신학 개념을 분명히 이해해야 한다. 카푸토에게 신학이란 단순하게 그리스도교에서 전통적으로 탐구되는 조직신학적 담론, 이를테면 일련의 신앙 공동체가 성서를 기반으로 어느 정도의 일치와 합의를 이룰 수 있고 신조나 계명, 교리들로 표현될 수 있는 신에 대한 체계적 담론이 아니다. 그에게 신은 인격적 존재자를 뜻하는 어떤 이름이 아니며, 신에 대한 담론도 논증이라기보다는 그러한 사건에 대한 해석학이자 일종의 기도다.

1. 공동체적 고백으로서의 신학과 근본적 반성으로서의 신학

카푸토는 기본적으로 신학이 "공동체의 믿음을 개념화하고, 그 믿음의 실천을 규제하며 공동체와 공동체의 전통을 정의하는 성서에 대한 지도적 해석, 비판적 읽기를 주관하는 것"이라고 생각한다.[4] 하지만 그에 따르면 이것은 반쪽짜리 정의다. 신학은 다른 한편으로 '반성'이어야 한다. 일련의 신앙 공동체는 기본적으로 "스스로를 인식하기 위해" 신학적 반성을 요구하며, 또한 "신학적 반성은 공동체 자체를 반성해야 한다."[5] 그렇기에 한편으로 신학은 공동체에 기초하지만, 다른 한편으로는 공동체 자체를 자신의 반성의 대상으로 삼아야 한다. 그렇기에 신학은 때로는 특정 공동체의 인증이나

---

4   John D. Caputo, "Theopoetics as Radical Theology", in *Theopoetic Folds: Philosophizing Multifariusness*, ed. Roland Faber and Jeremy Fackenthal (New York: Fordham University Press, 2013), 126.

5   Caputo, "Theopoetics as Radical Theology", 126.

비준, 보고를 염두에 둘 필요가 없으며, 또한 해당 공동체의 분열이나 갈등과 상관없이 묻고 따질 권리가 있다.[6] 이런 점에서 신학은 교회의 신학이면서도 철학적/합리적 신학이기도 하다.[7]

카푸토는 분명하게 후자에 훨씬 더 많은 관심을 기울이며, 나아가 신학이 단순히 공동체의 고백을 넘어 일종의 철학적 신학, 즉, 공동체와 신학이 기초하고 있는 일종의 심연에 대한 탐구로 대체되어야 한다고 생각한다. 신학은 어느 정도 일치와 합의를 이루는 공동체적인 성서 읽기나 신조 반복을 넘어 그러한 고백을 일으켰던 공동체의 어떤 체험, 곧 '사건'에 대한 사유로 이동해야 한다는 것이다.[8]

2. 철학적 신학과 근본적 신학

'철학적 신학'이라는 용어는 실은 이점에서 적절하지 않다. 왜냐하면 카푸토가 말하는 이 심연에 대한 탐구로서의 신학은 전통적 의

---

6   Caputo, "Theopoetics as Radical Theology", 126.

7   추후에 다시 논의하겠지만, 카푸토는 이러한 신학적 구분을 고백 신학(Confessional Theology)과 근본 신학(Radical Theolgoy)이라는 말로 구분한다. 또한 이 근본 신학이 단순히 카푸토에서 시작하는 것이 아니라 임마누엘 칸트를 위시하여 오랜 역사적 맥락을 가지고 있다는 점이 강조되어야 할 것이다. 참고. Jordan E. Miller and Christopher D. Rodkey, "Chronology of Radical Theology" in *The Palgrave handbook of Radical Theology*, ed. Christopher D. Rodkey, Jordan E. Miller (New York: Palgrave Macmillan, 2018), 33-40.

8   Caputo, "Theopoetics as Radical Theology", 125.

미에서의 철학적 혹은 합리적 신론이 아니기 때문이다. 수아레즈 (Francisco Suarez, 1548-1617)의 형이상학 분류 이후, 전통적으로 철학에서는 이른바 자연신학 혹은 이성적 신학(rationale Theologie)이라는 이름으로 '무규정자'(Unbedingte) 또는 이성적으로 증명될 수 있는 신(神)을 다루어 왔다. 우리가 익숙하게 아는 것처럼, 중세 교부 중 한 사람인 안셀무스(1033-1109)의 존재론적 신 존재 증명과 같은 것이 이러한 이성적 신학의 한 예이다.

그러나 이미 칸트의 비판에서 볼 수 있는 것처럼, 신이란 이와 같이 개념적으로나 논리적으로 증명될 수 있는 것이 아니다. 여기서 논리적으로 증명될 수 있는 것이 아니라는 말은 칸트처럼 신의 존재가 경험적 직관에 주어질 수 있는 바가 아니기 때문에 인식론적으로 '존재'한다고 말할 수 없음을 의미할 수도 있지만, 카푸토에게는 그 의미가 조금 다르다. 마르틴 하이데거의 존재신론 (ontotheology) 비판을 자신의 문제의식으로 전유하고 있는 카푸토에게, 논리적이라는 것은 '근거 관계 속에서 무언가를 이해하는 일종의 지향'을 말한다.[9] 하이데거에 의하면, 우리는 하나의 습관을 가지고 있는데, 그것은 존재자들을 늘 근거 혹은 근거 관계 속에서 파악하려는 것이다. 그런데 여기서 갑자기 "신이 철학 속으로 들어와 문제로 등장한다."[10] 왜냐하면 전통적으로 그 자신은 근거 지

---

9 참고. 마르틴 하이데거, 「형이상학의 존재-신-론적 구성틀」, 『동일성과 차이』, 신상희 옮김(서울: 민음사2000), 62-63.

10 하이데거, "형이상학의 존재-신-론적 구성틀", 48.

어지지 않되 모든 것을 근거 짓는 것은 신이기 때문이다. 신은 존재자들을 '일반적으로' 또는 '전체적으로' 사유할 수 있도록 만들어주는 최종 심급, 일종의 사유의 통일점으로 이해된다. 서구 형이상학에서 신이 최고 완전한 존재자(summum ens) 내지는 자기 원인(causa sui)으로 사유되었던 것이 바로 이러한 예라 할 수 있다. 그러나 우리에게 신은 존재자들을 전체적으로 사유할 수 있도록 만들어주는 일종의 아르키메데스 점인가? 이 신은 신다운 신이라 할 수 있는가? 어째서 우리는 신을 존재자들과의 관련성에서 사유해야 하는가? 게다가 존재하는 모든 것은 어째서 하나로, 통일적으로 사유되어야 하는가? 바로 이런 점 때문에, 카푸토는 이른바 근거 관계에서 무언가를 사유하는 논리로는 신을 신답게 사유할 수 없다고 생각한다.

물론 카푸토는 여기서 한 걸음 더 나아간다. 하이데거는 형이상학의 존재신론적 구성틀에 대한 비판을 통해서 진정한 존재 사유를 위해서는 신론과의 결별이 필요하다고 주장한다. 즉 하이데거는 신 없이 존재를 사유하길 원했다.[11] 그러나 카푸토는 이와는 정반대의 길을 모색한다. 바로 존재 없이, 혹은 존재 너머에서 신을 사유해 보려는 것이다. 사실 하이데거의 존재신론 비판에는 이와 같은 사유의 단초가 이미 깔려 있었다. 앞서 말한 것처럼, 하이데거는 기존의 형이상학은 존재신론적 구성틀을 가지고 있다고 주장하는

---

11   참고. Gert-jan van der Heiden, *Ontology After Ontotheology* (Pittsburgh: Duquesne University Press, 2014), 9-21.

데, 이것은 근거 관계 속에서 존재론과 신론이 서로 긴밀하게 통합되어 있음을 의미한다. 존재 일반을 사유하기 위해서 존재 일반을 근거 짓는 것으로서 신을 사유하고, 신을 사유하기 위해 존재자들을 근거 지어질 수 있는 하나의 통일적인 것으로 사유했던 것이 바로 서구 형이상학의 숨겨진 구성틀이었다. 그런데 이것은 결국 존재도 신도 그 자체로 사유하는 것과는 거리가 멀다. 한편으로 존재는 신에 오염되고, 다른 한편으로 신이 존재에 오염되기 때문이다. 어째서 그러한가? 신에 대한 사유에 입각하여 생각해 보면, 존재론에 기반하여 신을 사유하는 것 또는 신을 존재론과 연관시켜 사유하는 것은 결국 신을 존재에 종속시키는 것이기에 그러하다. 그렇다면, 이렇게 사유된 신을 우리는 신적인 신이라 말할 수 있는가? 이를테면 자기 원인이 바로 우리가 생각하는 그 신이 맞는가? 카푸토는 이런 생각에 반대한다. 하이데거의 말처럼 "이러한 신에게 인간은 기도할 수 없고 제물을 바칠 수도 없기" 때문이다.[12] 그렇기에 그는 존재 없이 신을 사유하려는 것이다.

그러나 신을 논리적으로도 존재론적으로도 사유하지 않는다면, 신은 어떻게 사유되어야 하는가? 흥미롭게도 카푸토는 이 물음에 대답하며 신을 '사건'으로 사유하자고 제안한다. 여기서 신을 사건으로 사유한다는 것은 어떤 의미인가? 사건이란 무엇인가?

12　하이데거, 「형이상학의 존재-신-론적 구성틀」, 65.

3. 사건[13]

카푸토는 자신이 이야기하는 사건(Event)을 이름(Name)과의 대조를 통해 8가지 특징으로 설명한다. 카푸토에 의하면 이름은 사건을 담고 있다. 그러나 이 이름은 사건을 온전히 수용하지 못한다. 이른바 이 수용불가능성(uncontainability)이라는 특징은 이름이 우연적일 수밖에 없는 "어떤 언어와 문화의 특정한 역사적 환경들"에 의해 발생하기 때문에 주어진다. 하지만 이름이 담고 있는 사건은 그러한 역사적 조건들에 종속되지 않는다. 그러한 사건은 다른 이름을 가지고 다른 조건, 다른 시간, 다른 문화에서 등장할 수 있다.

그렇다고 이것이 일종의 플라톤주의에서 신체와 영혼과의 관계처럼 이해되어서는 안 된다. 이름은 사건의 감옥이 아니다. 카푸토는 오히려 이렇게 말한다. "사건은 그 이름이라는 신체의 자식이며, 이름 없이는 사건도 존재하지 않을 것이다."[14] 즉, 사건은 이름으로 환원될 수 없이 이름을 능가하는 것이지만, 그럼에도 이름을 통해서만이 그러한 사건은 사유될 수 있다.

그러나 하나의 사건에 하나의 이름이 정확히 대응되는 것은 아니다. 오히려 사건에 대해 이름은 무한하게 달라질 수 있다. 그 이

---

13 이하의 내용은 John D. Caputo, *The Weakness of God: A Theology of Event* (Bloomington: Indiana University Press, 2006) 서론의 "Name and Event" 절, 즉 카푸토가 사건에 대해 서술한 내용을 정리 및 요약한 것이다.

14 Caputo, *The Weakness of God*, 2.

유는 사건이 단순히 나타남이 아니라 이름이 의미하고자 하는 바이며, 그 의미는 이름이 가지는 "내적인 본질"이 아니라 이름들이 그들 스스로를 거기"에로 내어 나르게(trans-ferre)" 만드는 어떤 것이기 때문이다.[15] 그래서 사건은 다양한 이름을 가질 수 있음을 의미함과 동시에 이름은 사건으로 내어 날라지는 가능성을 가지며, 카푸토는 이러한 면모를 변환성(translatability)이라고 정의한다.

다시 한번 강조할 수밖에 없지만, 그렇다고 해서 이 사건이 이름들로 환원될 수는 없다. 앞서 언급한 것처럼 사건은 이름을 능가한다. 그렇기에 사건은 고정된 하나의 개념으로 환원되지 않는다. 오히려 이름들이 사건으로 환원되어야 한다. 왜냐하면 사건이야말로 이름들이 우리에게 드러내고자 하는 어떤 것이기 때문이다. 이런 점에서 사건은 이름들을 탈문자화(deliteralization)한다.[16]

사건을 특징짓는 또 하나의 성격은 바로 초과(excess)이다. 카푸토에 의하면, 사건은 우리에게 일어나지만 우리를 완전히 능가하는 어떤 것이다. 여기서 능가한다는 말은 특별히 이것이 우리가 다룰 수 있는 있는 어떠한 대상이 아니라는 말이다. "철학이 '대상'이라고 부르는 것의 측면에서 사건은 수용 불가능한 발견(l'invention)이다."[17]

---

15 Caputo, *The Weakness of God*, 3.

16 흥미롭게도 이런 점 때문에 카푸토는 우리가 만일 신을 사건으로 사유한다면 신에 대한 사유가 신앙고백이나 신조의 형태로 고착화되어서는 안 된다고 주장한다. 오히려 사건으로서의 신에 대한 사유는 "다양한 고백의 차이들을 가로지른다." Caputo, *The Weakness of God*, 4.

17 Caputo, *The Weakness of God*, 4.

그렇기에 오히려 상황은 정반대다. 사건 앞에서 우리는 대상이 된다. 우리는 사건에 대해 말할 수 없다. 오히려 사건이 우리로 하여금 말하게 한다.

또 한편으로, 초과라는 성격은 사건이 우리의 "기대 또는 참여의 지평을 요구한다"는 점을 지시한다.[18] 하지만 사건이 이러한 지평 속에 온전히 머무는 것은 아니다. 말 그대로 사건은 이러한 지평을 초과해 버린다. 그렇기에 카푸토는 사건이 우리에게 '복된 소식'이 아니라고 말한다. 우리의 기대를 초과해 버린다는 것은 사건이 한편으로는 생각지도 못하게 우리에게 주어지는 선물일 수 있으나 또한 다른 한편으로는 당연하게 되돌아와야 할 보상이 주어지지 않는다는 점에서 기대를 저버리는 악(evil)이기 때문이다. 사건은 경제적이지 않다. 오히려 "경제학의 닫힌 순환들을 찢어 버리는 것", 그것을 초과해 버리는 것이다.[19]

또한 이 초과는 앞서 언급했던 것처럼 신을 신답게 사유하는 것으로서 존재적-존재론적 질서를 넘어섬을 의미하며, 따라서 존재 너머(beyond being)를 의미하기도 한다. "사건은 실제적 존재나 존재자를 언급하거나 존재 그 자체를 나타내는 것이 아니라 존재자들의 이름들과 동시에 존재의 이름 안에서 끓고 있는 충동이나 염원, 출산하기 위해 신음 소리를 내는 어떤 것, 존재나 존재론적 질

18   Caputo, *The Weakness of God*, 4.

19   Caputo, *The Weakness of God*, 4.

서로 완전히 제한될 수 없는 어떤 것을 나타낸다."[20]

또한 사건은 한편으로 진리와 관계한다. 그러나 이것은 절대 불변하는 어떤 것이나 혹은 절대적인 어떤 운동과 같은 것, 또는 모든 존재자의 의미를 규정하는 어떤 지평이라기보다는 사건 그 자체의 가능성을 의미한다. 카푸토는 사건이 예견 불가능하고, 끝이 없는 미래로서 우리의 기대를 저버릴 수도 있어 때로는 나쁜 소식이 될 수도 있는 것이지만 그럼에도 우리가 진심으로 대할 필요가 있는 어떤 것이라 설명한다. 그에 의하면, 진리는 빛보다는 어둠과 밤에 더 가까운 것이고 그것이 약속하는 만큼 또한 지켜지지 않을 수도 있는 가능성을 지니는 사건이다. 이 때문에 카푸토는 사건은 인식론적 진리를 의미하는 것이 아니라 우리로 하여금 잘되기를 기도할 수밖에 없는 종교철학적 진리임을 시사한다.[21]

마지막으로 사건은 시간과 관련해서 묘사되어야 한다. "사건은 환원불가능한 시간적 특징을 갖는다. 사건을 겪는다는 것은 시간적으로 살아가는 방식이며 시간화하는 방식이다."[22] 그러나 사건은 마치 연대기적이고 선형적인 시간의 관점에서 어떤 시점으로 특정할 수 있는 것처럼 이해되어서는 안 된다. 사건은 시계로 측정할 수 있는 어떤 것이 아니다. 오히려 그것은 "우리를 현전의 손아귀로부

---

[20]   Caputo, *The Weakness of God*, 5.

[21]   카푸토는 이와 관련하여 창세기 1장의 "좋았더라"라는 문구를 종교철학적 기도의 맥락에서 새로이 해석한다. 참고. Caputo, *The Weakness of God*, 66-75.

[22]   Caputo, *The Weakness of God*, 6.

터 해방시키고 새로운 탄생, 새로운 시작, 우리 자신의 새로운 발견을 가능하게 만드는 방식으로 미래를 개방하는, 그렇게 순간을 변형시키는 일에 관한 것이다."[23] 그래서, 이를테면, 시간이 사건을 통해 측정되며, 사건에 기반하여 우리의 삶이 측정된다.[24] 카푸토는 이런 면모를 아주 멋지게 "신의 나라에는 시계가 없다"라는 말로 묘사한다.[25]

IV. 약한 신학

그렇다면, 사건이 이런 것일 때, 사건으로서의 신은 어떻게 사유되어야 하는가?

1. 강한 신학과 약한 신학

카푸토는 우선 사건 자체가 갖는 연약함에 주목한다. 사건 자체는 우리 앞에 뚜렷한 현전으로 등장하지 않는다. 오히려 늘 저 사태 자체는 우리의 시야에서 빠져나가기에, 그것은 "보다 희미하고 가냘

---

23   Caputo, *The Weakness of God*, 6.

24   Caputo, *The Weakness of God*, 2-6. 참고. John D. Caputo, "Spectral Hermeneutics: On the Weakness of God and the Theology of the Event", *After the Death of God*, ed. Jeffrey W. Robbins, (New York: Columbia University Press, 2007) 47-48.

25   Caputo, *The Weakness of God*, 156.

푼 것이며, 속삭임이거나 약속, 숨 또는 정신"과 같은 것이다.[26] 만약 분명하고 뚜렷한 것이 있다면 그것은 이름이지 사건이 아니다.

카푸토는 이러한 사건 자체가 갖는 약함이라는 성격에 근거하여 신학을 크게 두 가지로 구분한다. 신학은 한편으로 강한 신학이다. 신학은 창조주 하나님과 그의 전지함, 완전한 선함, 무엇보다 그의 전능함을 다룬다. 그러나 신학은 다른 한편으로 데리다가 말하는 "종교 없는 종교", 쟌니 바티모(Gianteresio Vattimo)가 말하는 "약한 사상", 발터 벤야민(Walter Benjamin)이 말하는 "메시아의 약한 힘"과 같이 약한 것이다.[27] 흥미롭게도 카푸토가 보기에 이 점에서 신학에는 이 양극적 면모가 동시에 있다. 마치 이름과 사건처럼 말이다. 더 정확히 말하면, 신학은 이러한 "강함의 높음과 약함의 깊음" 사이에서 조울증을 앓고 있으며, 어찌할 바를 모르고 서성이고 있는 것이다.[28]

그러나 신을 사건으로 보고 약하게 보는 것은 전능하신 창조주에 대한 모독 아닌가? 그리스도교 사상에서 신은 무엇보다 가장 강력한 능력을 가진 존재로서 특별히 무로부터의 창조를 이루는 존재이지 않은가? 이런 점에서 카푸토는 그리스도교 사상으로부터 벗어나는 것은 아닌가? 하지만 카푸토는 무엇보다 이러한 신학의 약함이라는 성격을 사도 바울에게서 찾고 있다. 카푸토에 따르면, 사도 바

---

26   Caputo, *The Weakness of God*, 7.

27   Caputo, *The Weakness of God*, 7.

28   Caputo, *The Weakness of God*, 7-8.

울은 고린도전서 1:23-28에서 신의 약함을 진술하고 있다.[29]

물론 이러한 바울의 독해는 카푸토가 데리다를 통해서 바울을 읽는 방식이긴 하다. 하지만 데리다가 가르쳐 주는 것처럼, 이것은 또한 "약한 것을 통해 강한 목소리를, 비주류의 목소리를 통해 주류 텍스트를 합선시키는" 하나의 읽기 방식으로, 카푸토가 보고자 하는 강한 신학적 사유 이면에 존재하는 약한 사상이기도 하다.[30] 앞서 우리가 살펴보았던 것처럼, 이름에서 이름 속에 담긴 사건으로 시선을 전환하는 일종의 "유사-현상학적 환원"을 통해서, 카푸토는 바울에게서 약한 신학의 면모를 찾고자 한다.[31]

2. 십자가 신학에 대한 카푸토의 해석

이에 대한 일례로 카푸토가 제시하는 것은 바울로부디 출발하는

---

29 "우리는 십자가에 달리신 그리스도를 전합니다. 그리스도가 십자가에 달리셨다는 것은 유대 사람에게는 거리낌이고, 이방 사람에게는 어리석은 일입니다. 그러나 부르심을 받은 사람에게는, 유대 사람에게나 그리스 사람에게나, 이 그리스도는 하나님의 능력이요, 하나님의 지혜입니다. 하나님의 어리석음이 사람의 지혜보다 더 지혜롭고, 하나님의 약함이 사람의 강함보다 더 강합니다. 형제자매 여러분, 여러분이 부르심을 받을 때에, 그 처지가 어떠하였는지 생각하여 보십시오. 육신의 기준으로 보아서, 지혜 있는 사람이 많지 않고, 권력 있는 사람이 많지 않고, 가문이 훌륭한 사람이 많지 않았습니다. 그런데 하나님께서는, 지혜 있는 자들을 부끄럽게 하시려고 세상의 어리석은 것들을 택하셨으며, 강한 것들을 부끄럽게 하시려고 세상의 약한 것들을 택하셨습니다. 하나님께서는 세상에서 비천한 것들과 멸시받는 것들을 택하셨으니 곧 잘났다고 하는 것들을 없애시려고 아무것도 아닌 것들(τὰ μὴ ὄντα)을 택하셨습니다"(고전 1:23-28, 새번역).

30 Caputo, *The Weakness of God*, 12.

31 Caputo, *The Weakness of God*, 13.

십자가 신학이다. 십자가 신학이란 예수의 십자가 사건을 바탕으로 신의 본성과 행위들을 사유하는 것을 말한다. 카푸토는 십자가의 말씀들을 대체적으로 신의 힘에 대한 어떤 이야기로 읽는 것을 지적한다. 실은 무한한 힘을 가진 존재가 자신의 힘을 억제한 이야기라든가 사람들의 눈에는 마치 십자가에 매달린 것처럼 보인 것뿐이라는 식으로 말이다. 왜냐하면 전통 신학의 접근처럼 만약 신이 전능한 존재라면 신이 십자가에 달린다는 사실은 명백한 모순이기 때문이다. 전능한 존재가 어떻게 "패배와 죽음을, 굴욕적인 처형을, 그러한 정점에 놓여있는 십자가형을 당할 수 있단 말인가!"[32]

예수는 정말 십자가에서 내려올 수 없었는가? 아니면 그렇게 보일 뿐인가? … 우리는 이 무력한 인간이라는 틀 뒤에서 그가 무한한 힘을 억제하고 있다고 생각해야 하는가? 우리는 그가 내려올 수 있지만 단지 그가 (자신의 무죄) 주장이 정당하다는 것을 보여 주고자 했기에 원하지 않는다고 생각해야 하는가? 그는 정말 거기에 못 박혔는가, 아니면 그것은 단지 가상이거나 외관상 그렇게 보인 것뿐인가? 힘을 숨기는 그의 이 약한 행위는 훨씬 더 큰 힘의 과시인가?[33]

---

32   Caputo, *The Weakness of God*, 43.

33   Caputo, *The Weakness of God*, 43.

하지만 카푸토는 바로 이 십자가에 신성함이 존재한다고 주장한다. 그는 "예수의 진정한 신성은 (십자가에서 내려올 수 있는) 마법에 대한 요청에 거리를 두고, 그의 무력함에, 그리고 버려짐에 대한 그의 울음 속에, 그리고 무엇보다 그가 말한 용서의 말들에서 드러난다"고 말한다.[34] 이것은 한편으로는 "우리를 구원해 줄 거대한 신은 더 이상 없음을, 그래서 우리는 우리의 삶을 살아가야 함"을 의미하지만, 다른 한편으로는 "바로 그러한 버려짐에 기독교의 본질이 놓여 있음"을 의미한다.[35] 그렇다면 그 본질이라는 것은 무엇인가? 바로 약한 힘이다. 상대방을 무릎 꿇리거나 내가 당한 것을 동일하게 또는 몇 배나 더 크게 돌려주는 그런 강한 힘이 아니라, 그러한 강한 힘 앞에서 오히려 무릎 꿇는 힘, 그래서 고통받는 힘이며, 혹은 그런 고통에 공감하여 같이 아파하는 힘이 바로 약한 힘이다. 강한 힘을 멈출 수 있을 것이라는 확신을 갖게 만드는 동일한 폭력의 힘이 아닌, 폭력 자체를 멈춰 달라 호소하고 기대하며 기도하는 약한 힘 말이다. 그래서 카푸토는 이렇게 말한다. "십자가 위의 부서진 몸에서 존재로부터 독립된 신의 무력함이 구체화된다. … 신의 힘은 이교적인 폭력이나 짐승 같은 힘, 또는 천박한 마술이 아니다. 그것은 무력함의 힘이며 부름의 힘이고, 무고한 고통에서 나와서 그것을 반대하며 소리치는 저항의 힘이고, 부정의한 고통에 대해 **아니요**라고 말하는 힘이며, 궁극적으로 무고한 고통과 함께-고통받는(sym-pathos)

34   Caputo, *The Weakness of God*, 42-43.
35   Caputo, *The Weakness of God*, 43.

힘으로, 이는 아마 기독교의 핵심 상징일 것이다."[36]

이 때문에 카푸토는 예수가 십자가 위에서 망설이지 않았다고 주장한다. "나의 설명에서, 예수는 십자가에 매달려 죽은 사람이지 망설인 사람이 아니다. 그는 거기서 못 박혔고 처형당했다. 그의 의지와 신의 의지에 매우 반대로 말이다. 그리고 그는 그가 (십자가에서) 그의 피로 세계를 구속하고 있었다는 기독교의 숭고한 생각에 대해 전혀 듣지 못했다."[37] 이런 점에서 볼 때, 예수는 그의 의지와 신의 의지에 반하여 십자가에서 처형당한 것이다. 그가 약한 힘의 소유자였기 때문에 말이다.

흥미롭게도 카푸토는 이런 점에서 십자가를 바로 신의 초월과 연결시킨다. "신의 이름은 박해와 폭력, 그리고 희생시킴에 대한 신성한 거절(no)의 이름이다. 따라서 우리가 논증한 것처럼, 전통적인 위에서 아래로의 신의 '초월'은 그것의 모든 자원이 초라함과 멸시를 위해 배치되는 것과 같은 방식으로 다시 인식되어야 한다. 신의 초월을 말하는 것은 현전을 초-현전으로 뒷받침하고 마무리하는 것이 아니라, 현전을 차이로 어지럽히고 가장 낮은 이들로 하여금 신성한 광채 속에서 일어나도록 만드는 것이다."[38] 그렇기에 신은 십자가에서 보이듯 폭력이 아닌 방식으로 불의를 거절하며, 억울한 고통과 무고한 희생자들에 대해 그들의 고통에 같이 아파하는 분이다. 또한

---

36 Caputo, *The Weakness of God*, 42-43.

37 Caputo, *The Weakness of God*, 44.

38 Caputo, *The Weakness of God*, 45.

"바울이 고린도전서에서 아무것도 아닌 것들(τὰ μὴ ὄντα)이라 부른, 작은 것들, 존재하지 않는 자, 아무도 아닌 자들에 의해 세계 속에 형성된 틈들에 거주"하는 분이다.[39] 이런 점에서 카푸토는 이제 우리가 신의 '초월'(transcendence)을 말하기보다는 신의 '내월'(in-scendence)이나 무리한 요구(insistence)를 말해야 한다고 주장한다.

V. 신의 사건으로서의 신의 왕국

그러나 왜 무리한 요구인가? 그것은 사건이 근거 관계 속에서 무언가를 사유하는 것으로는 파악될 수 없는 것처럼, 사건 자체가 우리로 하여금 무언가를 근거 관계 속에서 사유하지 않기를 요구하기 때문이며, 마치 예수가 보여 준 것 같이 무조건적인(Unconditional) 태도로의 전회를 요구하기 때문이다. 카푸토는 이것이 바로 그리스도교 사상에서 신의 왕국(Kingdom of God) 또는 하나님 나라라는 이름으로 수행되는 것이며, 특별히 '환대(hospitality)'라 주장한다.

1. 신성한 무질서 상태

예수의 다양한 비유와 말씀을 통해 제시되는 신의 왕국 선포는 당

---

39   Caputo, *The Weakness of God*, 45.

시의 제자들에게, 그리고 성서를 읽는 우리들에게 주어진다. 이 왕국은 우리가 살아가는 오늘날의 세상과는 완전히 대비되는 나라로서 우리 가운데 발생하고 우리에게 무언가를 요청한다. 그런데 세상과 완전히 반대되는 이 신의 왕국이 출현한다는 것은 무엇을 말하는가? 카푸토는 앞서 사건의 다양한 묘사를 바탕으로 이 나라를 신성한 무질서 상태(Sacred Anarchy)라 부른다.[40] 그는 일종의 성스러운 혼란으로 신의 이름을, 사건을 사유하길 원한다. 왜냐하면 신의 왕국이라는 사건은 기존의 존재하는 질서들과는 완전히 다른 질서를, 이른바 역전된 질서를 보여 주기 때문이다. 조금 길지만, 아주 극적으로 이러한 신성한 무질서 상태를 보여 주는 대목을 인용해 보자.

누가 신의 왕국에 들어가는가? 만일 신의 왕국이 신의 사람들로 구성되어 있다면, 누군가는 신의 사람이고 누군가는 신의 사람이 아닌 것인가? 만일 신의 왕국이 메시아의 평화와 용서의 시간이라면, 그것이 거듭남의 시간이며 모든 것이 새로워지는 시간이라면, 나는 어디에 해당하는가? 입장 요건은 무엇인가? 누가 안으로 들어가고 누가 밖에 남는지를 결정하는 자는 누구인가? 들어갈 자리는 한정적인가? 거기에는 경계, 즉 안과 밖이 있는가? 경계를 지키는 경비병들이 있는가? 그들은 거기서 불법 이민자들과 마찰을 겪는가? 나는 그리스도교인이 되어야 하

---

40 Caputo, *The Weakness of God*, 13 이하.

는가? 아니면 유대인이 되어야 하는가? 혹은 이슬람교도가 되어야 하는가? 거기서 나는 신을 믿어야 하는가? 내가 배워야 하는 공식 언어가 있는가?

당신이 자격 조건 관련 지침을 얻으려고 왕국 텍스트들을 살펴보면, 그 결과는 아주 놀라울 것이다―물론 이제는 아주 놀라운 것이 아니다. 왕국에서는 세상이 아니라 신이 다스린다는 사실을 기억하라. 그러니까 거기서는 인간적인, 너무나 인간적인 입장 요건, 에티켓, 인간적인 환대가 아무런 영향력을 행사하지 못한다는 말이다. 순전히 인간의 관점에서는 그곳 전체가 약간 미친 것 같아 보이거나, 아수라장이 된 것(all hell has broken loose)처럼―물론, 거룩한 지옥―무질서해 보인다.

예수는 다음과 같이 말했다. "당신이 점심 식사나 저녁 만찬을 가질 때, 당신의 친구나 형제, 친척이나 부유한 이웃을 초대하지 마라. 그렇게 하면 그들도 당신을 도로 초대하고 네게 보답할 것이다. 그러니 만찬을 가질 때는 가난한 사람들과 지체에 장애가 있는 사람들과 다리 저는 사람들과 눈먼 사람들을 불러라"(눅 14:12-14). 당신은 실제로 그러한 것들을 상상할 수 있는가? 이것은 그냥 미친 것, 완전히 정신 나간 것이다. 신의 왕국은 초대받은 손님들이 모두 온갖 변명을 늘어놓고 양해를 구하며 퇴짜 놓은 저녁 만찬과 같다. 이 거절의 결과, 주인은 모두에게 문을 개방하라 명령한다. "어서 시내의 거리와 골목으로 나가, 가난한 사람들과 지체에 장애가 있는 사람들과 눈먼 사람들과 다리 저는 사람들을 이리로 데려오라." 그러고 나서도 빈자리를 발견하자, 주인은―거의 웃기는 소리 같겠지만―오가는 사람들을 억지로라도 데려다가 만찬을 나누라고 명령한다(눅 14:15-24). 일을 하다가 혹은 단지 우연히 지나다가 억지로 길에서 저녁 만찬으로, 마태복음에서는 결혼식 피로연으로(마 22:1-14), 끌려가 먹고 마시고 축하하게 되는 것에 대해 생각해 보라! 내가 신랑과 신부와 건배를 해야 한다면, 적어도 나는 그들의 이름이라도 알아야 하지 않겠는가? 누가 그러한 터무니없는 저녁 만찬을, 그러한 믿기 어려운 결혼식 피로연을, 그러한 불가능한 환대를 상상할 수 있겠는가? 만일 당신이 이 장면을 마음속으로 그려 본다면, 그것은 『이상한 나라의 앨리스』에 나온 어느 모자 장수(해터)의 파티만큼이나 난장판이거나 정신 나간 어떤 것이리라.[41]

카푸토에 따르면, 예수가 전하는 신의 왕국은 황당하다 못해 정신 나간 곳이다. 거기는 내가 길을 가다 거의 납치를 당하다시피 끌려간 축하연과 같은 곳이며, 그러한 상황의 축하연에서 먹고 마시며 축하를 하게 되는 약간 정신 나간 곳이다. 심지어 이름도 모르는 신랑과 신부를 위해서 말이다. 흥미로운 것은 만찬의 주최자도 내 이름을 모른다는 것이다. 나는 본래 초대받은 사람이 아니다. 나는 그의 친족이나 친구, 이웃이 아니다. 나는 길을 가던 중 오게 된 불

---

41 Caputo, *The Weakness of God*, 259-260.

청객인 것이다. 실제로 이러한 만찬은 없다. 보통은 예수가 초대하지 말라고 했던 그런 사람들과 같이하는 것이 만찬이다. 가까운 사람, 익숙한 사람, 위험하지 않고 어느 정도 예측과 계산이 되는 사람들과의 시간을 갖는 것 말이다.

하지만 이 미쳐 버린 만찬이 바로 신의 왕국과 같다. 아무런 대가가 없는, 심지어 보답조차 불가능한 환대가 벌어지는 곳, 서로 어떠한 정보도 없는 상황에서 환대가 일어나는 기이한 공간. 그것이 바로 신의 왕국이라는 것이다. 그래서 그는 "그러한 환대에는 신의 이름 안에서 [사람들을] 휘젓는, 신이 다스리는 왕국으로 [사람들을] 집결시키는 사건의 … 모든 특징이 있다"[42]라고 말한다.

2. 신의 왕국은 어떤 조건을 요구하지 않는다

그렇기에 신의 왕국으로 들어가는 데는 어떠한 자격도 필요하지 않다. 다만 필요한 것이 있다면 초대의 부름에 응답하는 것뿐이며, 그래서 일종의 마음을 여는 것뿐이다.

카푸토에 의하면, 예수는 이것을 매우 특별하게 체득했다. 그는 실제로 신의 왕국의 들어가는 데 있어 필요한 외적 조건은 아무것도 없다고 생각했다. 그래서 그는 제자들에게 마치 하나님 나라에 들어가는 데 필요한 것처럼 보이는 순결함이 마음의 문제라고 가르쳤다.

---

42   Caputo, *The Weakness of God*, 260.

"너희는 모두 내 말을 듣고 깨달아라. 사람 밖에서 사람 안으로 들어가 사람을 더럽히는 것은 없지만, 사람에게서 나와 사람을 더럽히는 것은 있다"(막 7:14-15). 그것은 무조건적인 진술이었다. 즉 순수함에 대한 세속적인 규칙들, 외부의 독립적인 환경들, 저 왕국을 나타내는 세상의 표지가 없다는 '원칙'이었다. 사회, 국적, 젠더, 복장 또는 식습관 중에서 사람을 불결하게 만드는 자리는 없다. 부정함은 불순한 마음에서만 나온다. 우리는 우리 자신을 오직 죄로만 더럽힌다.[43]

그러나 바로 다음 구절에 예수가 자신의 딸을 치료해 달라는 시로페니키아 출신의 여인을 만나는 장면이 나온다. 여기서 예수는 신의 왕국은 '우선' 유대인의 것이라는 일종의 조건을 내세운다. "나는 오직 이스라엘 집의 길을 잃은 양들에게 보내심을 받았다"(마 15:24). 그러곤 그녀와 그녀의 딸을 개에 비유하는 모욕적인 언사를 행한다.

하지만 "그녀는 겸손하고 능숙한 솜씨로, 예수로 하여금 모든 말을 삼키게 한다. '주님, 그러나 상 아래에 있는 개들도 자녀들이 흘리는 부스러기는 얻어먹습니다'(막 7:28)."[44] 카푸토에 의하면, 예수는 이러한 여인의 언행으로 자신이 그 전에 말하던, 자격을 필요로 하지 않는 왕국을 분명하게 이해하게 된다.

---

43   Caputo, *The Weakness of God*, 260.

44   Caputo, *The Weakness of God*, 261.

우리를 불결하게 ―또는 "개"로― 만드는 외적 상황은 없다. 다만 오직 마음으로부터 나오는 것이 우리를 불결하게 만든다 ― 그리고 이 비-유대인 여인의 마음은 예수를 누그러뜨린다. 예수는 그가 왕국에 대해 말하고 있었던 것, 진정 중요한 것은 오직 마음이라는 것을 실천하지 않을 수 없게 되었다. 내가 말하는 바는, 거기서 "마음"은 그 이름이 무엇이든지 간에 사건에 대한 우리의 응답을 의미한다. … 함의는 분명하다: 우리가 유대인이든 비유대인이든, 주인이든 종이든, 남성이든 여성이든, 그것은 어떤 차이도 만들지 않는다. 왕국은 모두의 왕국이다.[45]

한편으로 예수는 아쉽게도 그 스스로가 말하던 것과는 다르게 왕국에 대해 일종의 특정한 조건이 있다고 생각하고 있었다. 즉, 신의 왕국은 우선은 유대인의 것이라는 조건이다. 이것은 한편으로는 비유대인을 개에 비유할 정도로 비유대인에 대한 경멸을 동반하는 것이었는지도 모른다. 그러나 비-유대인 시로페니키아 출신의 여인은 이 선입견에 정면으로 대항한다. 하지만 독설과 경멸의 방식은 아니다. 그것은 마음에서 우러나오는 겸손함의 방식이다. 예수는 이에 자신의 모순됨을 들여다보게 된다. 마음이 문제라 말하던 자신은 실제로 마음이 아닌 출신을 문제 삼았다. 더 나아가 그 스스로 독설을 행하는 불순한 마음을 먹기도 했다. 이 점에서 그는

---

45 Caputo, *The Weakness of God*, 261.

신의 왕국을 보다 분명하게 이해하게 되지만, 그것은 또한 카푸토의 말처럼 아마 모든 말을 삼킬 수밖에 없는 부끄러움을 동반한 이해이기도 했을 것이다.

3. 환대, 그 무조건적인 것

그러나 조건이 없다 하여도 결과는 있다. 신의 왕국에서는 역전이, 안과 밖의 역전이 일어난다. 세상과 대비되는 곳인 신의 왕국에서는 세상 구조의 역전이 일어난다. 이를테면, 신의 왕국 "**안**으로 들어가는 사람들은 **밖**에 있는 사람들이다. 한편으로 결국 밖에 남는 사람들은 마음의 초대를 받아들이지 않은, 안에 있는 사람들이다."[46] 세상에서는 이른바 '안'을 점유하지만, 신의 왕국에서 그들은 밖을 점유한다. 이는 그들의 삶의 방식인 '안'이 신의 왕국에서 추구되는 삶과 정반대이기 때문이다.

이것을 아주 잘 보여 주는 것이 신의 법칙인 '환대'다. 물론 환대라는 것은 이른바 세상에도 존재한다. 하지만 카푸토는 신의 왕국에서의 환대는 "세상에서 환대가 의미하는 것과는 아주 반대로, **다르게** 환영하는 것(*other* welcome)을 의미한다"고 주장한다.[47] 세상의 환대는 앞서 잠깐 언급한 것처럼 "엄격한 조건들 아래서 조심스럽게 계산되고 실천되는 것"이며, 이것은 "초대받은 손님들의 리스

---

46   Caputo, *The Weakness of God*, 262.

47   Caputo, *The Weakness of God*, 262.

트 안에 있는 사람들만을, 화답할 것으로 생각할 수 있는 선별된 이웃과 친구들만을" 그 대상으로 삼는 환대다.[48] 그렇기에 그것은 타자가 아닌 동일자, 이를테면 상호성의 관계를 성립시킬 것으로 가정되는 사람들만을 포함하며, 따라서 그것은 한편으로 강한 힘의 추구라 할 수 있다.

세상에서 환대는 모든 종류의 다른 사람들이 신청할 필요가 없는 내부자들의 친밀한 집단으로, 사교 단체의 규칙들로 구성된다. 세상에서 환대(hospitality)는 강한 힘으로—*hostis* + *potens* [적을 지배하는], 즉, 손님에 대해 집주인이 힘을 갖는 것—우리가 타자의 반갑지 않은 침범에 맞서 우리 스스로를 확고히 하는 힘이다. … 우리는 "공동체"(community)의 의미 중 하나가 타자의 침입을 막기 위해 그 자신 주위에 요새화된 집단을 만드는 것 (*com* + *munis*[함께 + 돌보는])이라는 점을 상기해야 한다.[49]

하지만 신의 왕국에서의 환대는 이와 다르다. 거기서 환대는 한편으로는 예상할 수 없고 다른 한편으로는 반갑지 않을 수 있는 그러한 타자들에 대한 환대다. 그것은 마치 앞서 저녁 만찬에 대한 예수의 비유에 나온 주인이 그랬던 것처럼 누구인지 모르는 행인에게 베푸는 환영이며, 누구인지 모르기에 돌려받거나 되갚을 것을

---

48 Caputo, *The Weakness of God*, 262.

49 Caputo, *The Weakness of God*, 262.

예상할 수 없는 것으로 말 그대로 무조건적일 수밖에 없다. 그렇기에 저 왕국에서의 환대는 자신을 공고히 할 수 없다. 되갚음, 상호성을 기대할 수는 없다. 이런 점에서 "저 왕국에서 환대는 자신을 완전히 무방비 상태로 두는 약한 힘이다."[50] 이 환대는 환대하는 대상을 알지 못하며, 환대가 환대로 되돌아올 것을 전혀 기대할 수 없다는 점에서 스스로를 위험에 노출시키는 일이기 때문이다.

4. 불가능한 환대, 그리고 기도

그러나 이것은 불가능하다. 이것은 카푸토가 말하는 것처럼 말 그대로 정신 나간(mad) 것이기 때문이다. 누구도 상호성을 염두에 두지 않고 타자를 환영하지 않을 것이며, 그런 의미에서 진정으로 타자를 추구하지 않을 것이다. 저녁 만찬을 베푸는 주인은 초대한 손님들이 오지 않아 화가 나 이성을 잃은 것뿐이다.

하지만 어째서 우리는 이것을 불가능하다고 말하는가? 앞서 말한 것처럼 그것이 근거 관계에서 사유될 수 없는 것이기에 불가능한 것인가? 혹은 이른바 상호성의 원리라는 근원(arche)에서 벗어나 사유한 적이 없기 때문에 그것을 불가능하다고 여기는 것인가?

환대는 논리 형식이 아니다. 카푸토는 환대를 신의 법칙으로 말하지만, 그것은 분명하게 "타자를 환영하는 비논리적 형식", 곧 아

---

50   Caputo, *The Weakness of God*, 262.

포레틱스(aporetics)이다.[51] 이것은 비논리적인 것인 만큼 근거 관계에서 사유되지 않는다. 환대는 환대를 근거 짓는 것을 가지지 않는다. 만약 환대를 근거 짓는 것이 있다면, 이때 환대는 환대가 아니라 "선물 교환"일 뿐이다.[52] 그리고 환대는 기초하는 것이 없다. 그래서 그것은 근원을 가지지 않는다(anarche). 마찬가지로 근원에 근거한 질서도 없다. 그렇기에 존재하는 것들의 질서(hierarchy)로 나타나는 것이 아니라 **무**질서(hieranarchy)로 나타난다. 그렇기에 환대는 논리적으로 불가능하다.

하지만 앞서 언급한 것처럼, 카푸토는 신을 사건으로 사유하려한다. 이런 이유로 그에게 신은 논증이나 개념으로 사유되는 것이 아니라 사건에 대한 해석학으로 사유되고 신의 왕국이 임하기를 비는 기도가 된다. 그가 자신이 생각하는 신학(radical Theology)을 신-시론(Theo-poetics)으로 말하는 것은 바로 이런 섬 때문이다.

VI. 나오며: 평가와 전망

카푸토가 『신의 약함: 사건의 신학』의 집필을 마무리하던 2004년 크리스마스 다음 날, 인도네시아에서는 이른바 세계 역사상 2번째로 강력한 대지진인 남아시아 대지진이 발생했다. 당시 카푸토는

---

51   Caputo, *The Weakness of God*, 262.

52   Caputo, *The Weakness of God*, 262.

종교를 가진 많은 이가 재해를 "이해할 수 없는(mystical) 신의 섭리로, 혹은 우리가 죄인임을 일깨우는 동시에 인류에 필요한 처벌과 같은 것으로 이해하고자 노력"하는 것을 목격한다.[53] 그들이 그럴 수밖에 없었던 것은 우리에게 신이 전지·전능·전선한 존재이기 때문이다.

그러나 카푸토는 이러한 이해를 비판하며 "세 살배기 어린 딸을 손에서 놓쳐 버린 아버지, 딸이 바다를 향해 울부짖었던 것처럼 공포에 떨었던 아버지"에게 그렇게 말해 보라고 제안한다.[54] 상처받고 고통받는 이에게 그것이 인류의 죄에 대한 처벌이었다고, 어쩔 수 없는 신의 결정이었다고 말해 보라고 한다. 이런 이해에서 신은 전지하고 전능할 수는 있겠으나, 타인을 자신의 뜻대로 하기 위해 몽둥이를 든 폭력배, 혹은 애처롭고 안타까운 시선으로 어쩔 수 없다고 말하며 불가피한 범죄를 행하는 이의 모습으로 등장한다. 카푸토는 이런 이해가 "신성모독적"(blasphemous)이라고, "강한 힘을 가진 이로 신을 사유하는 것의 파산 상태"를 보여 주는 명백한 예라고 주장한다.[55]

카푸토가 제안하는 약한 신학의 배경에는 바로 이러한 기존의 우리 신앙과 신학의 파산 상태가 놓여 있다. 우리는 이른바 신의 전지·전능·전선함을 신조로 삼는 고백적인 강한 신학으로는 더 이

---

53   참고. Caputo, *The Weakness of God*, xi.

54   Caputo, *The Weakness of God*, xi.

55   Caputo, *The Weakness of God*, xi.

상 사유가 불가능한 지점에 와 있다. 그러나 문제는 실제로 이러한 파산 상태가 아니라 어쩌면 이러한 상태에도 불구하고 다르게 사유할 수 없는 처지다. 파산 신고서를 손에 들고 있지만, 우리는 여전히 서성이고 있다. 신에 대한 다른 사유를 상상한 적도, 시도해 본 적도 없기 때문이다. 생각해 보라. 신을 상상할 수 있는 가장 강한 힘을 가진 존재로 이해하는 것이 신성모독이라면, 그래서 더 이상 신을 앞으로 발생할 모든 것을 알고 있는 전지한 존재로 생각하거나 그 어떤 경우에도 완전한 행위를 하는 선한 존재로 생각하지 않는다면, 신이란 누구인가? 우리는 신을 어떻게 생각해야 하는가?

나는 카푸토의 저술과 사상이 우리에게 의미 있는 것일 수 있는 가장 우선적인 부분이 바로 이것이라 생각한다. 즉 그의 약한 신학은 우리에게 신학적 사유의 '다른 방식'을 명백하게 보여 준다. 이를테면, 그는 신을 전능한 존재로 상정하지 않으면서 천지창조의 엘로힘 기사를 어떻게 이해해야 하는지 보여 준다.[56] 여기서 창세기는 한편으로 무로부터의 창조에 대한 이야기로 이해할 수 있지만, 다른 한편으로는 혼돈과 공허와 깊음에 기반하여 예술 작품의 창조를 보여 주는 일종의 시학으로도 이해해 볼 수 있다.[57]

그뿐만 아니라 우리는 카푸토에게서 그리스도교 사상을 사건에 대한 사상으로 이해하고 이러한 사건을 중심으로 성서 텍스트를 해석하는 해체적 독법을 발견할 수 있다. 이것은 한편으로 힘에 대

---

56 참고. Caputo, *The Weakness of God*, 55-84.

57 참고. Caputo, *The Weakness of God*, 3장과 4장.

한 지향에 물들어 있는 우리들의 문자주의적 독법을 깊이 반성하게 해 주면서도, 더 나아가 다른 한편으로 성서 텍스트가 담고 있는 문자 너머의 사건으로 우리의 시선을 전환하도록 도와준다.

무엇보다도 카푸토의 약한 신학이라는 운동은 작금의 한국 교회 상황에도 적실한 도움을 제공할 수 있으리라 생각한다. 지나친 집단주의를 보이면서도 개교회 중심의 세력 확장을 목표로 하는 한국 교회 현실에서, 카푸토가 제시하는 사건의 신학은 우리로 하여금 끊임없이 동일자가 아닌 타자를 지향하는 것이야말로, 내부자들이 아닌 낯선 이들을 찾아 내고 환영하는 것이야말로 신의 부름에 응답하는 것임을 다시금 상기시키기 때문이다.

참된 신앙의 삶과 그 여정은 이런 점에서 내부자들과 함께하는 안전한 탑을 쌓는 것이 아니다. 그것은 아브라함처럼 끊임없이 떠나는 것이되, 늘 낯선 이를 찾아 나서는 모험이다. 이런 점에서 카푸토는 우리에게 신학이란 진정 모험임을 아주 진지하게 일깨워 준다.

더 읽을거리

『포스트모던 시대의 철학과 신학』

● 존 D. 카푸토 지음, 박규철 · 김완종 옮김, 서울: CLC, 2016.

포스트모던이 종교와 신학에 긍정적 영향을 제공하고 있는 현재의 상황에
서 철학과 신학의 관계를 새로이 갱신하려는 카푸토의 기획을 담은 저서
다. 기존의 철학과 신학의 관계를 종속 또는 경쟁의 방식으로 이해했던 역
사를 간략하게 돌아보고, 아우구스티누스와 데리다 독해를 통해 포스트모
던적 전회라는 맥락에서 철학과 신학이 동료로 새로이 관계 맺을 수 있는
가능성을 모색한다.

『종교에 대하여』

● 존 D. 카푸토 지음, 최생열 옮김, 서울: 동문선, 2003.

이 책은 카푸토가 아우구스티누스의 물음, "내가 나의 신을 사랑할 때 나
는 무엇을 사랑하는가"를 전유하여 이에 대한 대답으로 신과 종교적 행위
를 사유하는 에세이다. 특별히 자크 데리다의 "종교 없는 종교" 개념을 차
용하여 우리 인간 경험의 근본적인 종교적 경험들을 설명하고 오늘날 포
스트모던적 상황에서 종교적으로 살아가는 하나의 방식을 제시한다.

The Weakness of God: A Theology of the Event

● John D. Caputo, Bloomington: Indiana University Press, 2006.

명실공히 카푸토의 주저라고 할 수 있다. 카푸토로 하여금 한 사람의 신학

자로서 발돋움하게 해 준 저서이자 차후 등장하는 다양한 신학적 저서의 길잡이가 되는 책이다. 신의 이름을 사건으로 사유한다는 것, 그래서 필연적으로 신을 약함으로 사유할 수밖에 없다는 그의 기획이 돋보이는 역작으로, 힘을 숭상하는 기존의 신학적 흐름을 강한 신학적 지향으로 비판하면서 그리스도교 사상에 숨겨진 약함에 대한 사유를 보여 준다.

Hoping Against Hope: Confessions of a Postmodern Pilgrim

● John D. Caputo, Minneapolis: Fortress Press, 2015.

카푸토의 은퇴작으로, 자신의 학문적 여정을 돌아보면서 포스트모던 시대에 한 사람의 순례자로 살아간다는 것에 대해 폭넓게 이야기한다. 특별히 카푸토의 이론적 작업이 아닌 다양한 실천과 그 함의를 엿볼 수 있다.

참고문헌

김이석. 「종교적 시간으로서의 사건 연구: 존 카푸토의 일상주의」. 『한국조직신학
　　논총』 제38권(2014년 6월), 373-398.

김이석. 「후기구조주의의 종교철학적 가능성 연구: 존 카푸토(John D. Caputo)의 자
　　크 데리다(Jacques Derrida) 연구 중심으로」. 『종교와 문화』 제 32권(2017년 6월),
　　29-60.

이윤일. 「존 카푸토의 포스트모던 해석학과 해석적 실천으로서의 '약한 신학' 연
　　구」. 『기독교사회윤리』 제 44권(2019년 8월), 339-366.

카푸토, 존 D. 『마르틴 하이데거와 토마스 아퀴나스』. 정은해 옮김. 서울: 시간과공
　　간사, 1993.

_____. 『How to Read 키르케고르』. 임규정 옮김. 서울: 웅진지식하우스, 2006.

_____. 『종교에 대하여』. 최생열 옮김. 서울: 동문선, 2003.

_____. 『포스트모던 시대의 철학과 신학』. 박규철 · 김완종 옮김. 서울: CLC,
　　2016.

하이데거, 마르틴. 「형이상학의 존재-신-론적 구성틀」 『동일성과 차이』. 신상희 옮
　　김. 서울: 민음사, 2000.

Caputo, John D. "From Radical Hermeneutics to the Weakness of God: John D.
　　Caputo in Dialogue with Mark Dooley." *Cross and Khora: Deconstruction
　　and Christianity in the Work of John D. Caputo*. Ed. Ian Leask, 327-348.
　　Eugene: Pickwick. 2010.

_____. "Spectral Hermeneutics: On the Weakness of God and the
　　Theology of the Event." *After the Death of God*. Ed. Jeffrey W. Robbins,
　　47-85. New York: Columbia University Press, 2007.

_____. *The Weakness of God: A Theology of Event*. Bloomington: Indiana
　　University Press, 2006.

_____. "Theopoetics as Radical Theology." *Theopoetic Folds: Philosophizing*

Multifariusness. Ed. Roland Faber and Jeremy Fackenthal, 125-141. New York: Fordham University Press, 2013.

Gutting, Gary. "Deconstructing God." https://opinionator.blogs.nytimes. com/2014/03/09/deconstructing-god(2020. 2. 3. 최종 접속).

Gschwandtner, Christina M. *Postmodern Apologetics?: Arguments for God in Contemporary Philosophy*. New York: Fordham University Press, 2013.

Heiden, Gert-jan van der. *Ontology After Ontotheology*. Pittsburgh: Duquesne University Press, 2014.

Heidegger, Martin. *Kant und das Problem der Metaphysik*. Frankfurt am Main: Vittorio Klostermann Gmbh, 1991. 『칸트와 형이상학의 문제』. 이선일 옮김. 서울: 한길사, 2001.

Miller, Jordan E. and Rodkey, Christopher D. "Chronology of Radical Theology." *The Palgrave handbook of Radical Theology*. Ed. Christopher D. Rodkey and Jordan E. Miller, 33-40. New York: Palgrave Macmillan, 2018.

Moody, Katharine Sarah. "John D. Caputo." *The Palgrave handbook of Radical Theology*. Ed. Christopher D. Rodkey and Jordan E. Miller, 95-116. New York: Palgrave Macmillan, 2018.

Štofaník, Štefan. *The Adventure of Weak Theology: Reading the Work of John D. Caputo through Biographies and Events*. New York: SUNY Press, 2018.

Wolfe, Judith. *Heidegger and Theology*. New York: Bloomsbury, 2014.

7. 계시 현상의 신비에 천착한 현상학자*

장-뤽 마리옹

김동규

I. 생애와 저술

세계적인 철학자로 명성이 자자하지만, 우리에게 마리옹이라는 이름은 인문학에 관심이 있는 이들에게조차도 여전히 생소한 상태로 남아 있다. 이에 독자들의 이해를 돕고자 마리옹이 어떤 인물인지 그의 학문적 이력을 중심으로 간략하게나마 소개하려고 한다. 나는 이미 그의 생애와 이력을 『선물과 신비』 1장에서 상세하게 나타낸 바 있기에,[1] 여기서는 최소한의 정보만 전달하는 형식을 취할 것이다. 마리옹이라는 인물을 더 깊이 이해하려는 분들은 『선물과 신비』를

---

*   이 글은 인천대학교 인문학연구소에서 발간하는 『인문학연구』에 수록된 다음 논문을 수정, 보완, 확장한 것이다. 김동규, 「장-뤽 마리옹의 현상학에서 계시와 인식: 계시에 대한 현상학적-인식론적 접근과 해석학의 문제」, 『인문학연구』 제31집, 2019년 6월, 341-374.

1   김동규, 『선물과 신비』(서울: 서강대학교출판부, 2015).

참고하면 좋겠다.

1946년 7월 3일 프랑스 파리 중심부에서 베르사유 궁전으로 향하는 길목에 위치한 뫼동이라는 작은 마을에서 태어난 마리옹은 파리의 가장 오래된 고등학교 중 하나인 리세 콩도르세 시절부터 본격적으로 철학에 심취하기 시작하여, 당시 이 학교 철학 교사였던 장 보프레(Jean Beaufret)로부터 서양 형이상학을 하이데거(Martin Heidegger)의 시선으로 볼 수 있는 관점을 얻는다. 이후 그는 낭테르 대학교, 소르본 대학교, 고등사범학교에서 본격적으로 철학을 공부한다. 고등사범학교에서는 그 당시 학생들의 교수자격시험 준비를 도와주던 조교(caïman)인 루이 알튀세르(Louis Althusser)와 특별히 자크 데리다(Jacques Derrida)에게서 많은 것을 배웠고, 1980년에 마침내 소르본 대학교에서는 데카르트 연구의 대가인 페르디낭 알키에(Ferdinand Alquié)의 지도 아래 박사 학위를 취득한다. 이후 푸와티에 대학교, 낭테르 대학교 등에서 가르치다가 1996년에 소르본 대학교에서 철학 교수로 부임하면서 학계의 거장으로 자리 잡기 시작한다. 마리옹은 특별히 2004년부터 2010년까지 폴리쾨르의 후임으로 시카고 대학교 존 누빈 석좌교수(John Nuveen Professor)로 재직하면서 비단 프랑스어권만이 아니라 영어권에 이르기까지 폭넓은 명성을 얻는다. 이런 와중에 그의 주요 저서가 거의 대부분 영어로 번역되어 전 세계적으로 소개되어 있고, 현재까지 그의 사상에 대한 다수의 석·박사 논문 몇 연구서가 출간되면서 마리옹 철학 전반에 관한 심도 있는 연구가 이루어지고 있다.

마리옹의 학문적 업적은 2000년대 이후 국제적으로 권위 있는 여러 기관을 통해 일종의 공식적 인증을 받는데, 2008년 프랑스 학술원(l'Académie française)의 종신회원으로 선출된 것이 그 대표적인 예이고, 같은 해 하이델베르크시와 하이델베르크 대학교에서 당대의 최고 사상가들에게 수여하는 칼야스퍼스상(Karl-Jaspers-Preis)을 받은 것 역시 중요한 업적으로 평가될 것이다(이 상의 역대 수상자로는 에마뉘엘 레비나스[Emmanuel Levinas], 한스-게오르크 가다머[Hans-Georg Gadamer], 폴 리쾨르[Paul Ricœur] 등이 있다). 그리고 2014년에는 종교 관련 분야에서 큰 기여를 한 학자들을 선별해서 초청하는 기포드 강연의 연사로 선정되어 영국 글래스고 대학교에서 "주어짐과 계시"(Givenness and Revelation, 이 강연은 같은 제목으로 2016년 옥스퍼드 대학교 출판부에서 단행본으로 간행되었다)라는 주제의 강연을 한다. 소르본 대학교에서 은퇴한 다음에도 2011년부터 2016년까지 세계적으로 저명한 가톨릭 교육 및 연구 기관인 파리 가톨릭 대학교에서 도미니크 뒤바르(Dominique Dubarle) 석좌교수직에 올라 학생들을 가르쳤으며, 현재는 20세기 영미 신학의 한 페이지를 장식한 인물 중 하나인 데이비드 트레이시(David Tracy)의 후임으로 시카고 대학교 신학대학원 앤드루 토마스 그릴리&그레이스 맥니콜스 그릴리(Andrew Thomas Greeley and Grace McNichols Greeley) 석좌교수로 왕성한 활동을 이어 가고 있다. 그는 1968년 소르본 대학교에서 만난 그의 친구이자 프랑스 가톨릭교회 추기경을 역임한─선종하기까지 그와 변함없는 자신과 우정을 유지했던─장-

마리 뤼스티제(Jean-Marie Lustiger, 1926-2007)가 맺어 준 아내 코린 (Corrinn)과 함께 살고 있고, 슬하에는 두 명의 아들이 있다.[2]

특별히 근래에는 제네바 대학교에서 열린 〈칼 바르트(Karl Barth) 의 『로마서』 출간 100주년 기념 학회〉에서 "변증법과 계시: 신학에 서의 논리"(Dialectique et Révélation: la logique en théologie)라는 주 제의 강연을 하는 등 이전에는 그리 직접적으로 가담하지 않았던 신학 및 신학자에 대한 연구를 시행하는 모습도 보여 주고 있다. 필 자도 2017년 8월 말에 벨기에 루뱅 대학교에서 열린 〈아카데미에서 의 신앙〉(Faith in the Academy) 컨퍼런스에서 주강사로 초청된 마리 옹의 특강을 이틀 동안 직접 들을 기회가 있었는데, 그 당시 그의 발 표 주제는 "내가 말할 수 있는 한에서: 학문적 중립성의 한계 안에 서의 신앙과 신학"(As Far as I Can Say —Faith and Theology Within the Limits of Academic Neutrality)이었다. 발표 제목에 나타나 있듯이, 해 당 강연에서 마리옹은 학문적 중립성이 요구되는 학계에서 중립적 이지 않은 신앙과 신학을 어떻게 논의할 수 있는지에 대한 생각을 펼쳤다. 그는 신학 역시 학문의 장에서 논의되기 위해서는 그것이 아무리 특수한 학문이라 하더라도 논증을 기반으로 삼는 학술적 보 편성의 형식을 추구해야 한다고 주장했다. 하지만 이와 더불어 신 학은 불가능한 것을 다루는 학문이기에 이성이나 체계의 가능한 한 계에 갇힐 수 없음을 잊지 말아야 한다는 점을 거듭 강조했다. 이처

---

2   참고. Jean-Luc Marion, *Discours de réception de Jean-Luc Marion a l'Académie francaise et réponse de Mrg Claude Dagens* (Paris: Grasset, 2010), 74.

럼 그의 최근 관심은 그가 (되도록 암시적인 형태로) 평생 욕망한 주제
이기도 한 신앙과 신학에 초점이 맞춰지고 있는 것 같다. 하지만 이
렇게 마리옹 스스로 신학으로 기울어지는 가운데서도 그 밑바탕에
는 역시나 그의 철학, 특별히 본 논고에서도 논의될 그의 고유한 사
상으로서의 주어짐의 현상학이 자리하고 있다는 데 주목해야 한다.

　그의 저술 가운데 그리스도교 사상과 관련해서 대표적인 것을
꼽자면 우선 1982년에 출간한『존재 없는 신』(Dieu Sans l'être)을 들
수 있다. 이 책을 통해 마리옹은 전통 형이상학의 존재신론을 개
념적·역사적으로 꼼꼼하게 비판한 다음, 존재론적 규정성을 벗어
난 신비적 신을 말하기 위한 가능성을 모색한다. 또한 그의 철학
의 가장 독창적인 층위인 주어짐의 현상학의 요체가 들어있는 현
상학 삼부작,『환원과 주어짐』(Réduction et donation),『주어진 것』
(Étant donné),『과잉에 관하여』(De surcroît, 그린비 역간)는 프랑스 현
상학의 전통에서 메를로-퐁티의『지각의 현상학』(Phénoménologie
de la perception)이나 레비나스의『전체성과 무한』(Totalité et Infini)
을 잇는 기념비적 저작이다. 이 삼부작에서 마리옹은 후설(Edmund
Husserl)과 하이데거로 대변되는 전통 현상학이 주어짐으로서의 현
상을 대상성으로 환원시키거나(후설) 존재사건의 지평으로 환원시
키는(하이데거) 잘못을 범했음을 밝혀 내고, 순수한 주어짐으로만
환원된 현상의 특성이 무엇인지 오롯이 기술한다. 또한 그러한 현
상의 순수성을 가장 잘 함축하는 탁월한 현상을 포화된 현상이라
고 규정하면서, 이 개념을 기반으로 삼아 계시 현상의 나타남을 기

술하는 모험을 감행한다.

나는 이미 다른 책에서 이런 마리옹 철학의 전개를 폭넓게 다루었다.[3] 그래서 여기서는 그리스도교 사상가로서의 마리옹의 사상을 드러내려는 의도에서 계시 현상에 관한 그의 최근의 논의에 초점을 맞추고자 한다.[4]

II. 포화된 현상의 발견

유대교와 이슬람교처럼 그리스도교에서도 계시를 신앙 형성의 핵심으로 간주해 왔다. 특별히 그리스도교에서는 말씀이 육화했다는 요한복음에서의 표현에서 보듯이 계시 자체의 나타남을 예수 그리스도의 나타남과 동일시하는 가운데 신앙과 신학의 고유성을 구축해 왔다. 그리고 그렇게 신학적 담론이 된 계시는 때로는 성서의 문자로, 때로는 교회 전통 속에서 이루어진 결의와 타협의 산물로서의 교리나 교도권의 유권적 해석과 동일시되는 가운데 우리의 신앙을 일으키고 유지시키는 지침으로 받아들여진다. 그런데 마리옹은 일차적으로 계시를 현상학적 맥락에서, 문자적 텍스트나 전통의 산물이 아닌

---

3   자세하게 다룬 글은 김동규, 『선물과 신비』(서울: 서강대학교출판부, 2015), 간략하게 다룬 글은 「장-뤽 마리옹: 주어짐의 현상학」, 『프랑스 철학의 위대한 시절: 현상학의 흐름으로 보는 현대 프랑스 사상』, 한국현상학회 기획(서울: 반비, 2014), 245-267이다.

4   지금까지 서술한 마리옹의 생애는 마리옹의 『과잉에 관하여: 포화된 현상에 관한 연구』(서울: 그린비, 2020)에 실린 필자의 옮긴이 해설 일부를 수정, 보완한 것이다.

우리의 인식의 초과를 일으키는 포화된 현상(phénomène saturé)으로
간주하면서, 다른 이들과 구별되는 계시에 관한 독창적 사유를 보여
준다. 여기서 우리가 맨 처음 가장 크게 주목해야 할 개념이 바로 포
화된 현상인데, 이것은 마리옹의 현상학에서 최고의 발견으로 평가
됨과 동시에 계시 현상을 해명하기 위한 기초 개념으로 작동한다.

  이런 점에서 우리는 계시 현상에 관한 본격적인 논의를 펼치기 전
에, 그 바탕이 되는 포화된 현상 개념을 이해해야 할 것이다. 구체적
으로 말해서, 마리옹에게 "포화된 현상"은 "개념(의미작용, 지향성, 의
도 등)이 미리 볼 수 있고 보여 줄 수 있는 것을 초과함으로써 [자신
을] 주는"[5] 현상을 뜻한다. 이런 정의가 등장할 수 있는 배경은 다음
과 같다. 전통적으로 현상은 우리에게 주어지고 나타나는 어떤 것 내
지 어떤 일이다. "사태 그 자체로!"(zu den Sache selbst!)라는 애매하
기 그지없는 말은 현상을 개념화 하거나 모종의 형이상학적 전제를
상정한 상태로 인식하기 전에 우리에게 주어지는 것과 주어짐 그 자
체의 작용으로 돌아가자는 뜻이다. 예를 들어 우리에게 주어지는 것
을 '신의 피조물'이라고 규정해 보자. 이는 이미 고-중세 형이상학의
개념적 규정성을 거친 그리스도교 신학의 전제를 설정했을 때만 이
해될 수 있는 정의다. 후설의 현상학은 현상을 바로 저런 식의 의문
시되지 않은 형이상학적 전제에서 해방된 사태 그 자체로 보았던 것

---

5   Jean-Luc Marion, *De surcroît: Études sur les phénomènes saturés* (Paris: Presses
Universitaites de France, 2001), 135. 『과잉에 관하여』, 김동규 옮김(서울: 그린비,
2020), 198. 인용문의 번역서가 있는 경우 원서와 번역서의 면수를 병기하였으며, 이
경우 인용문은 모두 원문과 번역문을 대조하여 인용한 것이다.

이다. 이러한 현상을 보는 길이 바로 그러한 전제들에 오염되지 않기 위한 방법적 조치로서의 현상학적 환원이다. 후설은 이 환원을 이미 규정된 모든 세계의 존재자에 대한 소박한 판단을 중지하고 우리의 태도를 변경하는 작용으로 보는데, 이 작업을 수행함으로써 우리는 순수 의식이라는 현상학적 잔여(Residum)를 얻게 되고, 이를 통해 비로소 사태 그 자체의 주어짐으로서의 현상에 접근한다. 그렇다면 이 의식의 특색은 무엇인가? 여기서 후설은 그 유명한 '지향성'이라는 개념을 도입하는데, 이 '어떤 것을 향함'으로서의 지향성을 본질적 특색으로 갖는 의식 안에서 현상은, 의식 주체의 지향과 그 지향된 것의 충족이라는 구도 속에서 인식되는 것으로 나타난다.

그런데 마리옹은 이런 후설의 지향-충족의 도식 아래서는 더 이상 현상이 그 자체로 나타나는 것이 아니라 어쩔 수 없이 의식 주체, 곧 순수 의식을 담고 있는 순수 자아(das reine Ich)의 체험 지평 안에서 구성되는 대상으로 전락한다고 본다. 왜냐하면 후설에게 현상은 언제나 의식의 직관적 충족으로 인해 파악되어야 하는 인식의 현상과 다름없기 때문이다. "주어짐이란 그것이 그저 표상된 것이거나 참된 존재자거나 실재적인 것이거나 그렇지 않으면 이념적인 것, 그리고 가능하거나 불가능한 것에서 알려지는 것이라고 해도, 언제나 인식의 현상 속에, 가장 넓은 말로 하면 **인식의 현상 속에 있는 주어짐**이다."[6] 현상이 인식의 현상이라면, 당연히 그 현상

---

6   Edmund Husserl, *Die Idee der Phänomenologie: Fünf Vorlesungen*, Husserliana II, ed. Walter Wiemel (Den Haag: Martinus Nijhoff, 1973), 61. 「현상학의 이념」, 이

을 인식하는 주체가 이 작용의 중심부에 올 수밖에 없다. 실제로, 후설에게서 인식의 주체로서 **"판단하는 자는 대상을 향해 있으며"**, 바로 그 "판단하는 자가 이러한 대상성에 대해 개체적이든 일반적이든 다양한 '그것이 어떤 상태에 있음'을 획득한다."[7] 그리하여 이 세계의 현상은, 실상은 "나에 **대한** 존재(Sein *für* ein Ich)"로 이해되고,[8] 이 "나"의 "순수 의식이 **후험적인**(*a posteriori*) 모든 존재와 관련해서 '절대적 우위성'을"[9] 점한 자가 된다. 그렇다면 현상학에서 가장 근본적인 것은 우리에게 주어지고 나타나는 사태 그 자체로서의 현상이 아니라 그 현상을 규정하는 순수 의식의 주체다.

결국 후설의 현상학에서 현상은 의미지향과 충족이라는 의식 작용의 기본적인 틀 안에서, 순수 의식을 담고 있는 자아의 체험 지평 안에서 지향된 대상의 대상성으로 파악될 운명에 처하게 된다. 마리옹은 의식 주체의 매개를 반드시 거쳐야 하는 대상성으로의 환

영호 옮김, 『현상학의 이념 · 엄밀한 학으로서의 철학』, 이영호 · 이종훈 옮김(서울: 서광사, 1988), 115.

7 Edmund Husserl, *Formale und transzendentale Logik. Versuch einer Kritik der logischen Vernunft*, Husserliana XVII, ed. Paul Janssen (Den Haag: Martinus Nijhoff, 1974), § 42, d), 120 [102]. 『형식논리학과 선험논리학』, 이종훈 · 하병학 옮김 (파주: 나남, 2010), 207, 208.

8 Edmund Husserl, *Ideen zu einer renen Phänomenologie und phänomenologischen Philosophie. Erstes Buch. Allgemeine Einführung in die reine Phänomenologie*, Husserliana Ⅲ/1, ed. Karl Schuhmann (Den Haag: Martinus Nijhoff, 1976), §44, 92 [81]. 『순수 현상학과 현상학적 철학의 이념들 1』, 이종훈 옮김(파주: 한길사, 2009), 156.

9 Jean-Luc Marion, *Réduction et donation: Recherches sur Husserl, Heidegger et la phénoménologie* (Paris: Presses Universitaires de France, 1989), 234.

원이 현상의 다양한 층위를 밋밋하게 만들어 버린다고 보고 나의 체험 지평으로 환원되지 않는 현상의 현상성을 규명하려고 하는데, 이것이 바로 포화된 현상의 현상성이다. 물론 그가 모든 현상이 직관상에서 초과된 주어짐을 일으킨다고 주장하는 것은 아니다. 분명 현상들 가운데는 개념적 파악의 대상이 되기에 적합한 일반적이고 공통적인 현상들이 있다. 다만 그가 강조하려는 바는 현상의 모든 계열이 그러한 공통-법칙적 대상성에 종속되지 않는다는 것이고, 이에 현상학자의 임무는 보편적이지는 않지만 최소한 평범한 (banal) 가능성의 차원에서 나의 지평으로 귀속시킬 수 없는 현상의 주어짐을 정당화하고 기술하는 것이다.

　마리옹이 직접 제시한 다음과 같은 예시가 포화된 현상을 이해하는 데 도움을 줄 것이다. 2001년 9월 11일 미국 제2무역센터에서 일어난 테러 사건은 아무도 예견할 수 없었던 사건이었다. 그 일은 갑작스레 우리에게 도래했고, 그 사건 자체가 담고 있는 정보의 '양'이 너무 거대해서 우리가 이 사건을 직관적으로 포착하고 개념화하는 일은 불가능에 가깝다. 물론 이 사건에 어떠한 사전적 정의 따위를 부여할 수 있겠지만, 그것 역시 사건을 이해하려는 몸부림의 일환이지 총체적 해석이나 파악일 수는 없다. 오히려 사람들은 이러저러한 방식으로 9·11의 끔찍함을 기억하고 해석하며 애도한다. 또한 해당 사건에 대한 정치적·문화적·윤리적 해석 등은 모두 일의적 개념 규정에 실패한 채 이루어지는 사후적인 의미 이해 시도에 불과하다.

사건과 더불어 우리가 예견할 수 없는 어떤 것이 일어난다. 따라서 2011년 9월 11일의 공습은 (명백히) 예견할 수 없는 것이었다. … 사건은 … **우리의** 가능한 지평 바깥에 남겨진다. 우리는 직관의 (이를테면 어떤 규범의 부재로서의) 거대함에 대한 어떤 충전적 개념을 가지기 못하기에 그것을 파악할 수 없는 것이라고 말하고자 한다. 따라서 이러한 사건에서는 매우 이상한 일이 일어난다. … 그 사건의 가능성을 파악하는 것은 계속해서 불가능하지만, 그럼에도 그것으로부터 가능한 것을 다시 정의하는 일이 가능하게 된다. 결과적으로, 새로운 시작이 열린다.[10]

이 말은 포화된 현상을 역-설(para-doxa, παρά[against]-δόξα [opinion]), 즉 기대에 반하여 일어나는 일로 보는 마리옹의 의도를 잘 보여 준다. 특별히 마리옹은 사건의 역설적 성격을 칸트의 범주적 도식을 빌려 와서 양의 포화를 일으키는 주어짐으로 간주한다. 칸트에게 "모든 현상들 일반은 연속적인 크기들[연속량]"인데 특별히 "직관의 면에서는 연장적 크기들"[11]을 갖는다. 다시 말해 그는 공간 및 시간과 관련해서 우리에게 나타나는 현상이 연속체로서의 양적 크기를 반드시 가져야 우리에게 인식 가능하다는 일종의

---

10 Jean-Luc Marion, *La rigueur des choses: Entretiens avec Dan Arbib* (Paris: Flammarion, 2012), 145-146.

11 Immanuel Kant, *Kritik der reinen Vernunft* (1781; 1787), hrsg. Jens Timmermann (Hamburg: Felix Meiner, 1998), A170/B212. 『순수이성비판 1』, 백종현 옮김(서울: 아카넷, 2006), 405.

경험과 인식의 원칙을 규정한 것이다. 그런데 앞서 마리옹이 예로 든 그러한 포화된 현상으로서의 사건은 그 사건의 거대함으로 인해 인간 주체가 감당할 수 없는 정보량으로 도래하여 인식의 좌절을 초래하고 만다. 하지만 사건의 주어짐을 겪는 우리는 우리의 기대에 반하는 그런 현상에 좌절함으로써 새로운 해석과 이해를 끊임없이 시도할 수 있게 되는 역설적 가능성을 얻는다. 다시 말해 포화된 현상의 양적 거대함에서 비롯되는 이해의 불가능성 덕분에 사건에 대해 다양한 것을 말할 수 있는 가능성—불가능성의 가능성—이 열리게 된 것이다.

사건의 현상성에 대한 이런 기본적 이해를 구심점 삼아 마리옹은 포화된 현상의 다른 유형들을 심도 있게 기술한다. 이 맥락에서, 그는 연이어 칸트의 범주표를 따라 포화의 현상성을 설명하는데, 사건이 양에서 초과를 일으킨다고 할 때 우상은 (성)질에서 초과하고, 살은 관계의 초과이며 아이콘은 양태에서 초과를 일으키는 현상으로 기술한다. 여기서 자연스러운 의문이 생긴다. 스스로 현상학의 전통을 오롯이 계승한다고 보는 마리옹이 왜 굳이 근대의 아들인 칸트의 도식에 의존해야 할까? 이는 그가 칸트를 일종의 원형-현상학자로 간주하는 데서 비롯한 논증 방식이다. 잘 알려진 대로, 칸트에게 인식의 성립에 관한 기본 정식은 개념과 직관의 대응에서 수립된다. "그러므로 직관과 개념들이 모든 우리 인식의 요소를 이룬다. 그렇기에 그것들에 어떤 방식으로 대응하는 직관 없이는 어떠한 개념들도, 또한 개념들 없이는 어떠한 직관도 인식을 제공할 수 없다."[12] 여기서 감성의 형식인 직관으로 주어진 것이 개념에 상응한다는 것은, 그것이 순수지성개념으로서의 범주에 상응한다는 것을 뜻한다. 다시 말해 칸트의 인식 판단의 범주에서 네 가지 상위 항목인 양, 질, 관계, 양태가 감성적 주어짐에 각기 대응함으로써 그 분류를 따라 상이한 판단이 가능하게 되는 것이다.

그런데 여기서 후설이 지적한 것처럼, 현상학의 인식의 원리가 **"원본적으로 부여하는 모든 직관"**[13]에 있다면, 인식이 이루어지기 위해서는 일차적으로 주어짐에 의존해야 한다. 다만 이 직관이 개념적 파악을 회피하는 것이 아니라 개념적 파악과 판단으로 귀결되어야 한다면, 현상학에서 직관이 개념에 우위에 있다고 하더라도 그것은 결국 지성의 개념 부과를 통한 판단이라는 칸트적 틀을 벗어나지 못한다. 왜냐하면 범주는 다른 것이 아닌 **나**의 순수지성의 개념이고, 이 **나**의 가능한 인식 조건 아래 주어짐이 정돈되기 때문이다. "이런 점에서" 직관이 인식의 근본 원리가 된다는 "'모든 원리 중의 원리'는 여전히 모든 주어짐이 … 자아를 수용해야만 한다는 것을 전제하고 있다."[14] 이처럼 직관이 자아를 전제로 한다면,

12   Kant, *Kritik der reinen Vernunft*, A50/B74. 『순수이성비판 1』, 273.

13   Husserl, *Ideen zu einer renen Phänomenologie und phänomenologischen Philosophie*, Husserliana III/1, §24, 51 [43-44]. 『순수현상학과 현상학적 철학의 이념들 1』, 107.

14   Jean-Luc Marion, "Le phénomène saturé", *Phénoménologie et théologie*, présentation de J.-F. Courtine (Paris: Criterion, 1992), 88.

그 자아의 개념적 · 범주적 판단을 회피할 수 없게 된다.[15]

이 점을 염두에 두면서 다시 포화된 현상의 다른 유형들에 대한 마리옹의 기술을 살펴보자. 이미 언급했듯이, 마리옹은 우상을 질의 포화를 일으키는 현상으로 바라본다. 칸트의 범주에서 질은 기본적으로 강도를 갖는 것으로 설명된다. "우리가 모든 질(곧 현상들의 실재적인 것)에서는 그것들의 밀도적 **양**, 곧 그것들이 하나의 강도를 갖는 것 외에는 아무것도 선험적으로 인식할 수 없다는 것은 주목할만한 일이다."[16] 칸트에게 현상적으로 나타나는 것에 대해서 우리는 그것을 질적으로 인식할 때 어떤 강도를 갖는다는 것만 미리 인식할 수 있을 뿐이다. 여기서 강도적 초과나 질적으로 압도하는 경험은 언급되지 않는다. 반면에 마리옹은 우상의 현상이 발산하는 강도는 우리가 시선으로 포착할 수 있게끔 견딜 수 없는 수준에 이른다고 본다. "우상 앞에서, 나의 지향은 곧 (질적) 강도를 견딜 수만 있을 뿐이며, 나는 그 강도를 스스로 회피해 버릴 수 있음과 동시에 이러한 회피는 나를 짓누르는 것에게로의 접근만을 남

---

15 칸트와 후설의 연관성에도 불구하고, 그리고 자아가 직관에 대한 개념적 판단을 일으킨다고 해도, 반드시 다른 무엇도 아닌 칸트의 범주표를 활용해야만 하는 이유가 생기는 것은 아니다. 현상의 주어짐이 자아의 체험 지평에 준거한다는 것이 반드시 칸트적 인식 범주로의 회귀를 뜻하지는 않기 때문이다. 그래서 셰인 맥킨레이는 다음과 같이 마리옹을 비판한다. "마리옹은 칸트의 범주표에서의 네 가지 분류를 따르는 포화된 현상의 가능한 종류를 상세히 설명하지만, 이 특수한 구성틀을 왜 선택하는지에 대해서는 별다른 설명을 제시하지 않는다." Shane Mackinlay, *Interpreting Excess: Jean-Luc Marion, Saturated Phenomena, and Hermeneutics* (New York: Fordham University Press, 2010), 66.

16 Kant, *Kritik der reinen Vernunft*, A176/B218.『순수이성비판 1 · 2』, 410.

길 수 있을 뿐이다."[17] 그는 이러한 우상의 예로 그림을 든다. 그림
은 색이나 선, 면과 같은 요소, 대상성이 없는 질적 요소를 통해 인
간의 시선을 사로잡는 매혹적인 현상을 일으키고, 감상자는 이런
질적인 것의 주어짐을 겨우 견뎌 가며 이러저러한 감상을 내놓지
만 결국 그림은 일의적 규정을 넘어서 지속적으로 주어진다. "따
라서 그림(우상)의 현상성의 탁월성은 언제나 관조라는 특수한 계
기, 그림에 이끌리는 이러한 경험적 시선을 능가한다. 그림이 전
개하는 강도는 거의 무규정적인 시선의 연속체를 요구한다. … 색
의 섬광이나 빛깔의 조화는 하나의 주어진 시선(재빠른 정신[mens
momentanea]), 선의 분출이나 형태의 힘, 빛의 방사를 통해 연결된
여러 점의 망을 충족시키기에 충분하다."[18] 이렇게 우상은 우리의
시선으로 포착할 수 없는 질적 강도들을 발산하며 모든 개념화를
회피하는 가운데 주어진다. 여기서 우리의 반응이란 견딜 수 없는
우상의 주어짐을 받아 내며 당혹스러워하고 경탄하는 것이다.

다음으로, 살의 현상이 있다. 마리옹은 이 살의 체험을 자기-촉발
로 이해하는데, 이는 다른 사람이 대신할 수 없고 타자로 치환 불가
능한 각자성(Jemeinigkeit)의 계기 안에서의 체험을 가리킨다. 한 예
로 나의 고통, 나의 쾌락, 나의 나이 듦과 같은 체험은 남이 대신할
수 있는 것이 아니다. 타인이 나의 고통이나 쾌락, 그리고 나의 나이
듦의 순간들을 어느 정도 이해하고 공감해 줄 수는 있겠지만, 고통

---

17 Marion, *De surcroît*, 135. 『과잉에 관하여』, 199.

18 Marion, *De surcroît*, 85. 『과잉에 관하여』, 131.

받는 것, 쾌감을 느끼는 것, 나이 듦을 체험하는 것은 오롯이 나 자신이다. 이 과정에서 나의 이성적 의식보다 더 빠르게 다가오고 느껴지는 이러한 삶의 체험들을 마리옹은 살의 체험으로 간주한다. 이를테면 나이가 들어가는 현상은 나에게 주어진다. 나는 나이가 들기 전에 늙어가는 나의 모습을—요즘 유행하는 예측 프로그램이나 애플리케이션을 통해서, 혹은 타인의 나이 듦에 비추어—예견해 볼 수 있을지 모른다. 하지만 나이가 들어가고 있는 현상 자체는 나의 대상화되지 않는 신체로서의 내 살의 경험 가운데 그저 주어지고, 나는 그것을 그저 수용해야만 한다. 여기서 마리옹은 나의 살로서의 얼굴에 새겨지는 시간의 축적을 예로 든다. "특별히, 나의 살이 더욱 숨김없는 표면—나의 얼굴—을 형성하는 데 시간의 무게가 축적된다. 실제로, 시간이 흔적을, 시간의 흔적을 남기기에 좋은 것이 나의 얼굴이다. … 우리는 같은 얼굴을 절대 두 번 보지 못한다. 왜냐하면 축적된 것으로서의 시간이 얼굴에 나타나는 바로 그만큼 얼굴을 왜곡시키기 때문이다. 얼굴에서만 시간이 그려지기 때문에 시간만이 얼굴의 초상을 그릴 수 있다."[19] 우리가 얼굴의 나이 듦을 방지하기 위해 어떤 노력을 하더라도 매번 주어지는 살의 변화의 체험을 막아낼 수 없다. 그 살의 현상이 나를 촉발시키고 나를 불러낸다. 바로 이런 점에서 살은 다른 "모든 관계로부터의 사면(absolus)"[20]을 일으키는 나의 절대적(absolute) 체험이라는 점에서,

---

[19] Marion, *De surcroît*, 115. 『과잉에 관하여』, 172.

[20] Marion, *De surcroît*, 119. 『과잉에 관하여』, 178. 방면, 사면을 일컫는 absolus라

마리옹은 살을 관계상에서 포화된 현상이라고 부른다. "모든 공통 현상은, 칸트의 원리들을 따라 선행하는 것들과의 관계를 미리 허용함으로써(실체의 내속성, 인과성, 혹은 실체들 간의 공통성) 경험, 곧 시간이라는 규칙의 경로 속에 기입되어야 하지만, 살은 느껴진 것과 느낌의 불가분한 통일성 안에서 절대로 그 자신에게만 준거할 뿐이다. … 살은 … 관계와 같은 것 내지 관계와 동등한 것과 관련하지 않으면서, 하나의 절대성 안에서 … 모든 관계를 회피한다."[21]

마지막으로 양태에서 포화하는 아이콘의 현상이 있다. 마리옹의 아이콘의 현상성에 대한 이해 역시 칸트의 양태와 견주어서 해명된다. 여기서 양태는 **인식 능력과의 상관성**과 관련하는데, 칸트에게 그 원칙은 "그 밖에는 아무것도 언표하지 않는 사물(곧 실재적인 것)의 개념에다 그 개념이 거기서 생겨나고 거기서 자신의 자리를 얻은 인식 능력을 덧붙이는 것이다. … 지성 중에서 경험의 형식적인 조건들과 연결되어 있다면 그것의 대상은 가능적이라고 일컫고, 만약 그것이 지각(곧 감관의 질료인 감각)과 연관되어 있고 이 지각을 통해 지성에 의해 규정된다면 그 대상은 현실적이다. 또 만약 그것이 지각들의 연관을 통해 개념들에 따라 규정된다면 그 대상은 필연적이라고 일컬어진다."[22] 이처럼 양태의 원칙은 **나**라는 인식 주체가 경험과 구체적으로 관계

는 말의 어원은 라틴어 *absolvere*(풀어놓다, 분리하다)이다. 또한 이 말에서 절대적 (absolute)이라는 말이 나왔다. 그러므로 살의 체험의 절대성은 모든 관계에서 분리되었음을 뜻하고, 마리옹은 이런 언어적 맥락을 염두에 두고 absolus라는 말을 사용한다.

21 Marion, *De surcroît*, 120-121. 『과잉에 관하여』, 180.

22 Kant, *Kritik der reinen Vernunft*, A234/B286. 『순수이성비판 1 · 2』, 467.

맺는 방식을 나타낸다. 바로 이 맥락에서 마리옹은 칸트의 양태 개념이 합치의 이념을 전제하고 있다고 본다. 즉, 칸트에게 양태의 범주에서의 판단 형식은 위에서 언급되고 있듯이 가능적인 것, 현실적인 것, 필연적인 것으로 분류되는데, 여기서 우리에게 주어지는 현상들은 주체의 경험의 형식적 조건, 지각, 지각들의 연관들을 따라 규정된다. 이런 점에서 칸트의 양태의 원칙에서 쟁점은 우리에게 나타나고 주어진 것이 "도대체 어떻게 인식 능력과 결합되는가"[23] 하는 것뿐이다. 마리옹에 의하면, 이 경우 칸트의 "현상은" 겨우 "경험의 형식적 조건과 합치하는 엄밀한 차원에서 가능하고", 그 "현상의 가능성은 궁극적으로" 인식 주체로서의 "나에게로의 환원에 의존한다."[24] 왜냐하면 현상을 가능하게 하는 "경험 일반의 형식적 조건"은 나라는 인식 주체의 조건과 다름없기 때문이다. 이런 점에서 양태상의 포화는 인식 주체의 조건에 불합치를 일으킴으로써 주체의 시선을 위반하는 역설 내지 역-경험(contre-expérience)을 일으키는 현상이 된다. 이 역-경험의 탁월한 예가 다름 아닌 아이콘인데, 특별히 마리옹은 레비나스에 의존하여 타인의 얼굴을 아이콘으로 간주한다. 왜냐하면 레비나스가 말하는 타인의 얼굴은 나의 시선에 사로잡히는 자가 아니라 나에게 역으로 윤리적 명령을 부과하는 가르침으로서의 언어를 전달하는 자이기 때문이다. 즉, 얼굴은 경험의 형

---

23 Kant, *Kritik der reinen Vernunft*, A235/B287. 『순수이성비판 1·2』, 468.

24 Jean-Luc Marion, *Étant donné: Essai d'une phénoménologie de la donation* (Paris: Presses Universitaire de France, 1997; 3e éd. 2005), 297.

식적 조건으로 환원되지 않고, 나의 인식의 기대에 반하는 명령을 부과한다. 마리옹은 이렇게 말한다. 레비나스의 "요컨대, '너는 살인하지 말라!'고 하면서 나타나는 얼굴은 끝없이 다양한, 모든 가능한, 잠정적인, 불충분한 의미들을 일으킨다. 얼굴은 그 자체로 구성되기를 용납하지 않지만, 자기의 현상을 나에게 부과하기 때문에 얼굴로 있다. 그것은 마치 응시할 수 없는 것처럼, 시선으로 바라보는 것이 불가능한 것으로 나타난다."[25] 이렇게 볼 때, 우리는 아이콘으로서의 타인의 얼굴을 다음과 같이 정의할 수 있을 것이다. 즉, 아이콘은 보이는 것(살과 피를 지닌 얼굴의 표현)에서 보이지 않는 것(윤리적 명령)으로 나의 시선을 전도시키는 현상이다.

요컨대, 우리는 마리옹의 다음과 같은 명쾌한 진술을 통해 칸트의 범주를 전도시키는 포화된 현상의 특성을 총괄하여 정리할 수 있다.

우리는 칸트가 정의한 지성의 범주를 따라 포화된 현상에 대한 기술을 제시할 것이다. 그런데 포화된 현상은 현상에서 직관이 개념을 능가해버리기 때문에, 이러한 (원리들만이 아니라) 범주들을 초과한다. 따라서 우리는 그 범주들을 전도시키면서 범주들을 따를 것이다. 포화된 현상은 양을 따라서는 보이지 않으며, 질을 따라서는 견뎌 낼 수 없으며, 관계를 따라서는 절대적이고, 양태를 따라서는 응시할 수 없는 것으로 기술될 것이다.[26]

25   Marion, *De surcroît*, 142. 『과잉에 관하여』, 207-208.
26   Marion, *Étant donné*, 280.

III. 계시 현상의 탁월성과 해석학

이렇게 마리옹은 포화된 현상을 사건, 우상, 살, 아이콘이라는 유형으로 파악한 다음, 계시를 그 네 가지 유형의 특징을 모두 포괄하는 가장 탁월한 현상으로 제시하며 이에 대한 기술을 시도한다. 특별히 최근에 마리옹은 계시에 대한 섬세한 구별을 위해 종교적 계시와 비-종교적 계시의 차이에 관해 다음과 같이 언급한다. 우선 그는 일반적인 드러남으로서의 계시(revelation) 역시 포화된 현상으로 간주될 수 있다고 이야기한 바 있다. 이를테면 스포츠 활동이나 에로스의 현상처럼 그것은 "이전에는 나에게 접근 가능하지 않았고 금지되었던" 것이었다가 (특정 스포츠 활동의 규칙이나 법칙을 익히고, 사랑하는 대상이 사랑을 허락함으로써) "접근 가능한 것으로 **자신을 드러내고**", (일상적 공간을 스포츠 활동의 공간으로 변경시키며, 사랑 없는 밋밋한 공간이나 관계를 사랑을 통해 갱신된 공간이나 관계로 만들면서) "나에게 또 다른 세상을 **드러내며**", (이전에 특정 스포츠를 위한 몸짓을 몰랐거나 사랑을 몰랐던 나에서 이제 그런 것을 아는) "나를 나 자신에게 드러낸다."[27] 이에 비해 종교적 현상으로서의 계시를 마리옹은 대문자 R을 사용해서 표기하면서 다음과 같이 구별한다. "계시(Revelation)라는 용어는 종교들 사이에서 기준의 우수성을 구성하게 될 정도로 차별화된 것이다. … 오직 계시만이 계시 스스로 드러낸 것과 자신에게 계시

---

27   Jean-Luc Marion, "Thinking Elsewhere", *Journal for Continental Philosophy of Religion*, vol. 1, no. 1 (Leiden: Brill, 2019), 7-8.

가 드러난 이들 사이의 이러한 간극을 채울 수 있다. 하지만 우선 계시는 이 차이를 표시하고 확대하는 기능과 효과를 갖는다. 계시는, 정확히 공통의 이해를 능가하는 것을 나타내기 때문에, 아무도 자신의 척도를 따라 그것을 충전적으로 지각하거나 수용할 수 없다는 점을 함축한다."[28]

여기서 마리옹에게 계시는 신의 자기-계시 그 자체인 그리스도의 나타남을 뜻한다. 더 구체적으로 말해서, 계시로서의 그리스도란 단지 명사적 지시체가 아니라 스스로 자신을 현시하는 그리스도의 나타남과 주어짐의 사태 전체를 가리킨다. 마리옹은 다음과 같이 말한다. "그리스도교 계시는 실재적으로 그리고 참으로 '십자가의 스캔들', 즉 그리스도가 신의 육화라는 사실에 … 의존한다."[29] 그는 이러한 계시의 포화의 의미를 구체적으로 보여 주기 위해 성서의 복음서에 등장하는 그리스도의 나타남을 범례로 삼아 계시 현상을 기술해 낸다.[30]

우선 이 계시는 사건의 현상성을 함축한다. 복음서에 기록된 그리스도는 우리가 예측할 수 없는 방식으로 갑작스레 도래하며 우리가 기록할 수 없을 정도로 방대한 사건의 양을 수반하며 나타난다. 마리옹에 의하면, 실제로 그리스도는 자신이 도래함이 그것을 보는 자들의 입장에서는 예측할 수 없는 사건임을 다음과 같이 주

---

28 Marion, "Thinking Elsewhere", 15.

29 Marion, *La rigueur des choses*, 174.

30 성서 인용은『공동번역 성서 개정판』(대한성서공회, 1999)을 따른다.

지시킨 바 있다. "그때가 언제 올는지 모르니 조심해서 항상 깨어 있어라"(막 13:33). 이러한 도래는 비단 아직 오지 않은 일로서 우리의 체험의 기대 지평을 넘어서는 사건이 된다. 한 예로 부활 사건은 그리스도를 흠모한 이들의 체험 지평조차 넘어서는 압도적인 사건이었고, 부활을 경험한 이들은 그 사건을 사후적으로 해석할 뿐 선취하거나 개념화해 낼 수 없었다. "따라서 그리스도의 표징은 완벽히 예측 불능이라는 역설의 성격을 제공한다. … 그것은 사건의 탁월성과 관련한다."[31]

다음으로, 그리스도는 질에서 포화를 일으킨다. 실제로 그리스도는 색을 통해서 상대방의 시선을 압도하는 힘을 보여 준 바 있다. "엿새 후에 예수께서 베드로와 야고보와 요한만을 따로 데리고 높은 산으로 올라가셨다. 그때 예수의 모습이 그들 앞에서 변하고 그 옷은 세상의 어떤 마전장이도 그보다 더 희게 할 수 없을 만큼 새하얗고 눈부시게 빛났다"(막 9:2-3). 그리스도의 변화 가운데 일어난 흰 옷의 빛남은 세상의 색감으로 설명될 수 없을 만큼 압도적인 것이었다. 이런 식으로 질적인 포화와 더불어 나타나는 그리스도를 보는 자는 자신의 고유한 시선으로 그것을 절대 포착해내지 못하여 놀람이나 감탄, 경이의 정서로 대변되는 당혹감에 빠지고 만다. 마리옹의 말처럼, 질적으로 포화를 일으키는 우리에게 "견딜 수 없는 것은 들음과 봄의 차이를 넘어 지각 일반을 유보시킨다. 왜냐하면

---

31 Marion, *Étant donné*, 330-331.

그것은 그리스도의 표징의 총체적 포화의 결과이기 때문이다."[32]

그리스도의 살의 체험은 자기-촉발로서의 관계에서의 포화를 잘 보여 준다. 마리옹은 특별히 그리스도의 죽음에서 이것이 잘 드러난다고 보는데, 이 죽음은 곧 개별화된 그리스도의 현상학적 사실성 안에서 일어난다. 그리고 그 죽음은 오직 그리스도만이 겪은 것으로, 다른 누군가가 대신할 수 없는 사건이었다. "… 살은 더 철저하게 자신의 최후 가운데 스스로 촉발되고, 오직 그 살만이 고통을 겪고, 죽으며, 그러므로 살 수 있다."[33] 중요한 것은 대신할 수 없는 이 죽음의 사건의 무규정성이다. 그리스도의 죽음이 오직 그의 살의 **각자성** 안에 일어났으므로 그것을 보는 자들은 그 사건을 일의적으로 규정할 수 없고, 그렇기에 살의 현상은 어떤 개념화도 거부하도록 모든 관계로부터 사면되는(absolvere) 분리의 절대성(absoluité) 안에서 우리에게 절대 완결될 수 없는 해석만을 요구하게 된다.[34]

마지막으로 양태의 포화를 일으키는 아이콘으로서의 그리스도가 나타난다. 마리옹은 이 아이콘의 성격이 그리스도의 포화된 현상의 고유성을 가장 잘 보여 준다고 본다. "그리스도께서는 보이지 않는 하느님의 아이콘(εἰκών)이시며"(골 1:15)라는 표현에서 보듯이, 아이콘의 정의는 곧 보이는 것에서 보이지 않는 것으로 우리의 시선을 이행시킨다. 다시 말해 그것은 그리스도라는 보이는 아이

32 Marion, *Étant donné*, 331-332.

33 Marion, *Étant donné*, 332-333.

34 앞의 각주 20 참조.

콘을 통해 보이지 않는 성부에게로 이끄는 효과를 갖는다. 이 맥락에서 마리옹은 앞서 언급했던 타인의 얼굴이라는 보이지 않는 도덕적 명령의 역-경험을 그리스도의 아이콘이 함축한다고 본다. 이를테면 마가복음 10:17-22에 잘 나오는 것처럼, 부자 청년을 마주한 그리스도는 단지 보이는 것으로 그저 우상처럼 질적인 봄이나 소리를 통해 상대방을 압도하는 자가 아니다. 그는 당장 우리의 시선으로는 나타나지는 않는 가난한 자들에 대한 의무를 부자 청년에게 부과한다. 이것이 다름 아닌 레비나스가 말한 도덕적 명령으로서의 가르침의 성취다.[35] 그리스도의 얼굴은 그리스도 자신을 표현하지만 그의 얼굴은 단지 그리스도 자신의 질적인 주어짐과 더불어 도덕적 가르침을 상대방에게 전달하는 것으로 주어진다. 마리옹은 여기서 일어나는 시선의 역전을 동반하는 "역-지향성"(contre-intentionnalité)[36]의 명령의 부과라는 역설적 효과에 주목한다. 먼저 그리스도를 보고 가르침을 청한 자는 부자 청년이다. 그런데 부자 청년은 자신의 관점(율법)으로 그리스도의 가르침을 포섭하려고 했으나, 역으로 그리스도가 "그를 유심히 바라보시고 대견해하시며 … 가서 가진 것을 다 팔아 가난한 사람들에게 나누어 주어

---

35 "얼굴 속에서의 타인의 현현과 함께 일어나는 나에 대한 문제 제기, 우리는 이것을 언어라 부른다. 언어가 오는 높이, 우리는 그것을 가르침(enseignement)이라고 지칭한다." Emmanuel Levinas, *Totalité et Infini: Essais sur l'extériorité* (La haye: Martinus Nijhoff, 1961; Deuxième édition, 1965), 146. 『전체성과 무한: 외재성에 대한 에세이』, 김도형·문성원·손영창 옮김(서울: 그린비, 2018), 253.

36 Marion, *De surcroît*, 136. 『과잉에 관하여』, 200.

라"(막 10:21)라고 하는, 그 청년이 전혀 기대하지 않은 윤리적 명령을 부과한다. 이렇게 해서 부자 청년(또는 나)은 "보이지 않는 시선의 무게, 그 침묵의 부름으로 말미암아 멀리서 나를 부르고 붙잡고 있다는 것을 내가 느끼기 때문에"[37] 아이콘에서 비롯한 역-경험의 사태로 들어가게 된다. 이에 이 사태에 들어간 자는 그리스도를 따라서 "우리는 가난한 자의 시선을 존중해야 하며, 가난한 자에게 다다르기 위해서는, 응시할 수 없는 그리스도의 시선 앞에 다가서야 한다."[38] 이처럼 그리스도의 아이콘이 주어지면서 내 시선이 타자의 시선에 역으로 사로잡혀 버리는 역설이 경험된다.

마리옹의 포화된 현상 이론과 이 이론을 기반으로 삼아 전개된 그의 계시 이해는 많은 찬사를 받았다. 한 예로 메롤드 웨스트팔(Merold Westphal)은 마리옹의 이론이 최소한 "종교" 현상에 관한 함의를 풍성하게 만들어 줌으로써 "현상학의 두 번째 혁명"을 선도했다고 극찬했다.[39] 특별히 그는 마리옹의 아이콘에 대한 논의에서 보듯, 지향성이 현상을 규정하는 것이 아니라 그것이 오히려 나로서의 지향적 주체를 규정해 버리는 "역-지향성" 내지 "전도된 지향성"[40]이라는 효과를 나타냄으로써, 현상학의 핵심 개념 중 하나

---

37   Marion, *De surcroît*, 143. 『과잉에 관하여』, 210.

38   Marion, *Étant donné*, 335.

39   웨스트팔이 제시하는 또 다른 한 축은 레비나스로 대변되는 윤리를 통한 현상학의 확장이다. Merold Westphal, "The Second Great Revolution in Phenomenology", *Journal of Speculative Philosophy*, vol. 26 no. 2 (2012), 344.

40   Westphal, "The Second Great Revolution in Phenomenology", 343.

인 지향성 개념을 갱신시킴과 동시에 종교적 현상의 강렬함을 잘 나타낼 수 있게 해 주었다는 평가를 내린다. 하지만 다른 한편으로, 일군의 학자들은 마리옹의 현상학에 중요한 난점이 있다고 보았다. 이 맥락에서 가장 많이 회자되는 것이 다름 아닌 해석학적 물음이다. 우리 시대 철학적 해석학의 영역에서 가장 탁월한 학자들로 인정받는 장 그레슈(Jean Greisch), 장 그롱댕(Jean Grondin), 리처드 카니(Richard Kearney)[41]가 바로 마리옹의 현상학에서 해석학적 방법의 필요성이 결여되어 있음을 지적한 대표적인 인물이다.[42] 이 가운데 카니는 마리옹과의 대담에서 포화된 현상으로서의 계시 현상과 관련하여 우리에게 해석학이 필요함을 다음과 같이 매우 직접적으로 언급한 바 있다.

> 당신의 접근은 더욱 엄밀하게 현상학적이라는 인상을 나에게 줍니다. 왜냐하면 당신에게 '포화된 현상'은 근본적으로는 **보이지 않는 것으로**, '나' 또는 매개자가 없는, 지평이나 맥락이 없는 순수 사건이기 때문입니다. … 여기서 당신은 해석학적 반응

---

41 한국어로는 통상 리처드 커니로 알려져 있지만, 그는 아일랜드인으로 보통 아일랜드 영어 발음에 입각해 '카니'라고 발음한다.

42 마리옹의 해석학적 문제와 관련한 그레슈와 그롱댕의 비판은 다음 문헌을 참고하라. Jean Greisch, "L'herméneutique dans la 'phénoménologie comme telle', Trois questions a propos de Réduction et Donation", *Revue de metaphysique et de morale*, vol. 96, no. 1 (1991): 43-63; Jean Grondin, "La tension de la donation ultime et de la pensée herméneutique de l'application chez Jean-Luc Marion", *Dialogue*, vol. 38, no. 3 (1999): 547-559.

의 가능성을 인정하는 것처럼 보이지만, 내가 보내는 혐의가 잘
못된 것이라면 나를 교정해 주길 바라면서 묻자면, 당신이 특권
화한 예—계시—는 **순수 사건의 순수 현상학**을 요구합니다.
반면에 나는 순수 현상 자체는 없으며, 나타남 … 에는 언제나
이미 어떤 종류의 해석이 개입된다고 주장하고 싶습니다.[43]

카니의 이 지적은 매우 날카롭다. 실제로 마리옹은 계시 현상을
자신의 주어짐의 현상학에 철저하게 연관시켜 기술한다. 물론, 마리
옹 역시 계시나 다른 포화된 현상에 대해 우리는 그 "뒤를 쫓아감으
로써 끝없이 다양화되고 변형되는 의미들을 통해 끝없는 해석학을
추구할 수 있을 뿐"[44]이라고 인정한 바 있다. 이러한 해석학에 대한
그의 기본 생각은 카니와의 대화에서도 구체적으로 나타나 있다.

만일 우리가 해석학을 갖는다면, 그것은 끝없는 해석학이 되어야
만 합니다. 해석학의 필요가 일어나는 자리에서, 우리가 언제라도
하나의 충전적인, 최종 개념을 얻을 수 있다고 상상하는 것은 전적
으로 불가능합니다. … 해석학의 물음은 피할 수 없는 것입니다.[45]

---

43   Jean-Luc Marion and Richard Kearney, "The Hermeneutics of Revelation", *Debates
in Continental Philosophy: Conversations with contemporary thinkers*, ed. Richard
Kearney (New York: Fordham University Press, 2004), 15-16.

44   Marion, *De surcroît*, 135. 『과잉에 관하여』, 199.

45   Marion and Kearney, "The Hermeneutics of Revelation", 16.

그런데 여기서 의문이 생긴다. 이처럼 마리옹 스스로가 해석학의 필요성을 인정했다면, 여기에 뒤따르는 물음은 그러한 해석학이 대체 무엇이냐는 것이다. 실제로 그의 현상학의 주요 저술에는 해석학의 작동 원리나 현상학과 해석학의 관계에 대한 상세한 언급이 거의 등장하지 않는다. 이러한 문제와 관련해서 마리옹은 해석학의 필요성을 인정한지 약 10여년이 흐른 다음에야 비로소 나름의 해석학적·인식론적 접근을 내놓기에 이르는데, 그 핵심을 보여 주는 저술이 바로 그의 2014년 기포드 강연을 기반으로 삼아 출간된 『주어짐과 계시』다.[46] 특별히 이 저작은 마리옹이 가장 최근에 도달한 자신의 입장을 잘 나타내고 있다는 점에서 매우 중요하다. 지금부터 이 저작에 대한 독해를 중심으로 논의를 전개해 보겠다.

IV. 계시에 대한 현상학적-인식론적 접근

1. 회심의 해석학

마리옹은 『주어짐과 계시』에서 자신의 해석학의 요점을 다음과 같이 명확하게 나타낸다. "계시는 나에게 해석학을 통해서 … 한 지향

---

[46] Jean-Luc Marion, *Givenness and Revelation*, trans. Stephen E. Lewis (Oxford: Oxford University Press, 2016). 본서의 프랑스어판은 아직 출간되지 않은 상태다. 조만간 약간의 보완을 거쳐 프랑스어로도 출간될 예정이다.

성의 다른 지향성으로의 **회심**(conversion)을 통해서 일어난다."[47] 마리옹은 이러한 회심의 해석학을 두 가지 방향에서 전개한다. 하나는 해당 문제를 다루는 그리스도교 전통의 권위 있는 텍스트에 대한 접근이고, 다른 하나는 성서 텍스트에 등장하는 그리스도의 계시 현상의 나타남에 대한 기술을 통한 접근이다. 역사적-텍스트적 전거와 관련해서 마리옹은 다른 누구보다도 아우구스티누스(Augustinus)와 생-티에리의 기욤(Guillaume de Saint-Thierry; William of Saint-Thierry)에 의존한다. 우선 마리옹은 아우구스티누스가 『요한복음 강해』에서 밝힌 계시 이론에 주목한다. "이 계시, 그것은 끌어당김이다"(*Ista revelatio, ipsa est attractio*).[48] 말하자면, 우리가 계시를 선택하는 것이 아니다. 물론 우리는 어느 순간 계시 체험에 대해 자신의 마음을 변화시키고자 결단할 수 있다. 하지만 그 결의가 순전히 나에게서 비롯한 것은 아니다. 왜냐하면 나를 끌어당기는 매력으로서의 계시의 주어짐이 결의에 앞서 일어나기 때문이다. 즉, 끌어당기는 힘으로서의 계시가 나를 변화시키기 위한 내용과 구성을 가지고 있으며, 나는 오직 이것을 기반으로 삼아 계시를 보고 그것을 수용하고자 결의

---

47   Marion, *Givenness and Revelation*, 42.

48   Augustine, *Commentaire de l'évangile de Jean*, ed. H. F. Berrouard, "Bibliothèque Augustinienne", vol. 72, Paris: Desclée de Brouwer, 1977, XXVI, 5, 496. 이 구절에 대한 다른 번역은 『교부들의 성경 주해』 시리즈에서 볼 수 있다. "이 계시 자체가 하나님의 이끄심입니다." Joel C. Elowsky (ed.), *John 1-10. Ancient Christian Commentary on Scripture: IVa*, Downers Grove: IVP Academic, 2006, 233. 『교부들의 성경 주해: 신약성경 V(요한 복음서 1-10장)』, 조엘 C. 엘로브스키 엮음, 정영한 옮김(칠곡: 분도출판사, 2013), 375.

한다. "계시는 하나의 줄거리 구성을 가정한다. 이 구성 안에서 끌어당기는 매력이 우선 의지에 작용하고, 이성이 달리 보려고 하지 않는 것을 보게끔 선택하게 한다. 봄은 보기 위한 결의의 결과이고, 또 이 결의는 나로 말미암아 만들어지지만, 그럼에도 그것은 다른 곳에서 나에게 도래한다. … 계시는 다른 곳에서 나에게 도래한다."[49]

그렇다면 나를 끌어당기는 계시를 받아들이기로 수동적으로 결의하게 된 그 수용자에게는 구체적으로 어떤 일이 일어나는가? 그것은 다름 아닌 믿음과 사랑의 작용이다. 마리옹이 아우구스티누스 철학의 계승자로 간주하여 자기 철학의 전거로 받아들이는 생-티에리의 기욤은 이렇게 말한다. "이 학문은 신앙으로부터 적절하게 파생하는 것들을 수용하기 위한 정신의 태도나 성향으로만 나타난다."[50] 그런데 신앙이 일어나기 위해서는 그와 동시에 사랑의 작용이 필요하다. 왜냐하면 "신과 관련된 것들에서, 정신이 그것들에 이르게 해 주는 감각은 사랑"[51]이기 때문이다. 마리옹은 이러한 견해를 받아들여 다음과 같이 주장한다. "결과적으로 우선 믿고, 우선 사랑하는 것이 필수적이다. 왜냐하면 동일한 작용이 동일한 행위(idipdum) 속에서 작용 중에 있기 때문이다. … 믿지 않는 한 그 누

---

49   Marion, *Givenness and Revelation*, 41.

50   Guillaume de Saint-Thierry, *Speculum fidei (La miroir de la foi)*, *Deux traites de la foi: La miroir de la foi*, L'enigma de la foi. Bibliotheque des textes philosophiques, Paris: J. Vrin, 1959, §50, 66.

51   Guillaume de Saint-Thierry, *Speculum fidei*, §64, 76.

구도 열어 밝혀지는 계시(ἀποκάλυψις)를 볼 수 없다"[52]

이런 관점 아래 생-티에리의 기욤은 아우구스티누스의 끌어당기는 매력으로서의 계시에 대한 믿음의 작용을 다음과 같이 발전시킨다. "당신이 믿기를 의욕하지 않으면 당신은 믿지 않는다. 당신이 믿기를 의욕하면 당신은 믿는다. 다만 당신이 먼저 은총의 도움을 받지 못하는 한 당신은 믿기를 의욕하지 못할 것이다. … 당신은 성부에 의해 이끌리지 않는 한 믿지 못할 것이다. 또한 당신이 믿을 것이라면, 그것은 성부가 당신을 이끌었기 때문에 그렇게 될 것이다."[53] 여기서 그는 믿음을 앎에 앞서는 의지의 문제로 간주하고 있다. 이 의지는 성부가 믿음의 대상자를 끌어당기는 은총이 가해질 때 작용한다. 바로 이 맥락에서 사랑이 개입된다. "이 의지는 어떤 점에서 이미 그리스도의 사랑이다."[54] 이러한 생-티에리의 기욤의 믿음, 의지, 사랑의 관계에 대한 주장을 기반으로 삼아 마리옹은 세 요소의 관계를 다음과 같이 규정한다. "믿지 않는 한 그 누구도 열어 밝혀지는 계시(ἀποκάλυψις)를 볼 수 없다. 하지만 그것을 의욕하지 않으면 아무도 믿을 수 없고, 또 **믿는 것을 사랑하지 않고 의욕하기를 의지하지 않는 한 아무도 그것을 의욕할 수 없다.** … 그렇다면 사랑하지 않는 한 아무도 볼 수 없다—따라서, 결국 **계시**(ἀποκάλυψις,

---

52   Marion, *Givenness and Revelation*, 42-43.

53   Guillaume de Saint-Thierry, *Speculum fidei*, §12, 34.

54   Guillaume de Saint-Thierry, *Speculum fidei*, §12, 36.

uncovering)의 상황에서, 안다는 것은 사랑하는 것과 같다."[55]

정리해 보자. 마리옹이 아우구스티누스와 그의 계승자 생-티에리의 기욤의 계시와 믿음에 대한 이해에서 얻고자 하는 것은 무엇인가? 여기서 마리옹은 일차적으로 자신의 계시 이론과 해석학이 교부들의 전승에 뿌리내리고 있음을 보여 주고 있다. 계시를 이해하는 것은 오직 믿음을 통해서 가능한데, 이 믿음은 이해하기 위한 의지와 다름없다. 그런데 이 의지는 나의 순수한 능동적 지향이 아니라 계시의 끌어당기는 매력에서 비롯한다. 그러므로 믿기 위한 의지는 계시의 매력에 이끌린 것으로서, 아우구스티누스의 계승자인 생-티에리의 기욤은 이 이끌림 자체를 그리스도의 사랑의 작용이라고 보았다. 종합해 보면, 믿음은 사랑에 이끌린 것이고 내 바깥의 다른 데서 부과된 형태의 의지로서, 이런 식의 의지가 없다면 계시 인식이 불가능하다는 결론이 도출된다. 곧 회심의 해석학은 사랑에 이끌린 의지적 결의에서 비롯한 믿음이 계시 이해의 전제가 됨을 함축한다.

마리옹은 교부들의 통찰을 반복하는 데 만족하지 않고, 회심의 해석학을 현상학적으로 정당화하려고 한다. 이는 자기 자신을 신학자가 아닌 철학자로 규정하는 마리옹이 교부 전통에 의존하면서도 신학이라는 제한된 영역을 넘어 그보다 더 넓은 일반적 차원의 논의가 될 수 있는 철학(현상학)의 영역에서 계시를 이해하려는 시도다. 이에 그는 회심의 해석학을 주어짐의 현상학에서의 계시 이해

---

55   Marion, *Givenness and Revelation*, 45.

에 적용하는데, 여기서 계시의 범례는 여전히 신의 자기-계시로서의 그리스도의 나타남, 즉 포화된 현상으로서의 그리스도다. 회심의 해석학은 바로 이 그리스도의 나타남을 이해하는 길과 다름없다.

마리옹에 의하면 계시의 나타남으로서의 그리스도는 "그 충만한 현상성 안에서 자신을 보여 주며", 동시에 "포화된 현상으로서 근본적으로(radically) 다른 곳에서 일어나기 때문에 그리스도의 드러남은 그리스도 안에 있는 의미의 결핍을 야기하는 직관의 초과를 부과한다."[56] 이러한 직관상에서의 초과로 인해 계시를 받아들이는 자는 그에 대한 개념적 파악에 이를 수 없다. 그럼에도 우리는 그리스도를 알거나 믿는다고 말하지 않는가? 마리옹은 이 일이 "내(I)가 증인의 지위를 떠맡는"[57] 경우에만 가능하다고 본다. 여기서 증인은 봄을 통해 규정되는 자로서, 본 것을 준거 삼아 어떤 것을 말할 수 있는 자다. 이 경우 봄은 나의 예상이나 선취, 기대를 어긋난 사건에 대한 봄이며, 이런 방식으로 그리스도를 봄으로써 그를 증언하겠다고 결의한 자는 자신의 기대나 예상, 개념적 파악으로 그리스도를 구성하는 자가 아니라 그의 나타남을 봄으로 인해 역으로 증인으로 규정되는 자다. 이런 점에서 증인의 계시 경험은 자신의 기대에 반하여 일어나는 역-설 내지 역-경험에 속한다. 결국, 증인이 진술 또는 기술하는 것은 이러한 그리스도에 대한 역-경험이다.

그런데 이렇게 직관을 초과하면서 주어지는 그리스도의 나타남

---

56 Marion, *Givenness and Revelation*, 48, 52.

57 Marion, *Givenness and Revelation*, 52.

을 기술하는 증인이 되기 위해서는 그리스도의 신비를 볼 수 있는 시선의 전환이 일어나야 하는데, 마리옹은 이러 시선의 전환을 곧 회심으로 이해한다. 이 대목의 이해를 위해서 마리옹의 회심의 해석학의 근간이 드러나는 그의 발언을 길게 인용해 보자.

열어 밝혀지는 **신비**(μυστήριον)를 보기 위해서 ⋯ 우리의 정신에서 신의 정신으로 이행하는 일이 반드시 일어나야 한다. 이것은 다음과 같은 지향성의 전복과 다름없다. **신비**에 대한 직관 앞에서 우리의 지향성을 유지하기를 요구하는 것 대신에, 신에게서의 신의 지향적 시선을 취하는 것이 바로 그것이다. 나는 다른 데서 이러한 지향성의 전복이나 전이를 왜상(anamorphosis)이라고 확인한 바 있다. 이것은 자신을 주는 것으로서의 현상과 관련해서, 우리가 자신의 대상으로 초월적으로 구성해낼 수 있는 중립적이고 지배하는 관찰자의 핵심 지위를 견지할 때 취할 수 있는 데서 비롯하는 관점과 일치하지 않는 관점을 취하는 데 이른다. ⋯ 자신을 현상화하려고 시도하는 일이 신에게서 비롯한다는 입장에서 왜상을 탐구하는 것은, 따라서 하나의 가설로서, 이 시선을 견디는 **나의 회심**을 함축하는 지향적 시선의 변경을 가정한다. 신의 **신비**와 관련해서, (영으로의 정신의) 회심은 왜상을 정의한다. 즉, 주어지는 것으로서만 보일 수 있고 수용될 수 있는 신의 고유한 현상에 관한 신의 지향성, 신의 해석, 신의 구성을 통하지 않는 한, 신의 **신비**와 관련한 봄, 해석, 구성은 가능한 것이 되지 못한다.[58]

신을 이해하기 위해서는 스스로를 내보여 주는 현상으로서의 신적 계시를 내가 보아야 한다. 하지만 신적 계시를 본다고 해서 모두 다 회심을 통한 신앙에 이르는 것은 아니다. 그 시선이 그리스도로 인해 압도된 자는 신을 자신의 체험 지평의 수준에서 구성해내는 것이 아니라 자신의 관점을 신의 관점으로 전환시켜—왜상 효과—신의 아들 그리스도를 보게 된다. 마리옹은 이 점이 특히나 그리스도를 부정한 복음서의 유대인들과 그리스도를 따르는 자들 사이에 일어나는 "해석들의 갈등"[59]에서 극명하게 나타난다고 본다. 즉, 회심 없이 그리스도를 자기의 시선으로 보는 유대인들은 그리스도를 "요셉의 아들"(요 6:42)로 해석하고, 회심함으로써 시선이 전환된 이들은 "아들을 성부의 아들로 본다."[60]

그렇다면 이러한 해석들의 갈등, 곧 계시에 대한 이해의 불일치는 어디에서 비롯한 것일까? 이는 철저히 비밀로서의 계시에 의존한다. 앞서 언급한 것처럼 계시의 매력에 (수동적으로) 이끌린 자들에게는 시선의 전환이 일어나지만 그렇지 않은 이에게는 그런 지향성의 전환이 일어나지 않는다. 이런 점에서 회심, 곧 시선의 전환의 시발점이 되는 것은 포화된 현상으로서의 계시 그 자체의 힘이다. 우리는 여기서 자연스럽게 은총을 떠올릴 수 있다. 자신을 언제나 철학자로 규정하는 것을 선호했던, 그래서 신학적 용어를 직접

58 Marion, *Givenness and Revelation*, 64-65.

59 Marion, *Givenness and Revelation*, 66.

60 Marion, *Givenness and Revelation*, 87.

제시하기를 꺼려했던 마리옹은, 바로 이 맥락에서 삼위일체의 현시 안에서 주어지는 선물로서의 은총의 역할을 직접적으로 언급하기에 이른다. "아이콘은 그것이 보여야 할 그대로 보게끔 신이 그것을 보는 은총, 기술, 방식을 주는 경우에만, 또한 보여 주는 이가 신이기 때문에 아이콘 안에서는 보이지 않는 자로 남아 있는 자로서의, 곧 성령으로서의 은총을 선사하는 경우에만 아들을 성부로 보여 준다."[61] 논의의 초점을 계시 인식과 해석으로 좁히기 위해, 이 인용구에서 분명하게 드러나는 계시의 삼위일체적 작용의 문제까지 언급하지는 말자.[62] 단, 여기서 알 수 있는 것은, 우리가 아이콘인 그리스도를 통해 보이지 않는 성부를 볼 수 있는데, 성부를 보는 봄의 방식을 일으키는 것은 내 안의 봄의 능력, 시선의 구성 같은 것이 아니라 은총이라는 사실이다. 이로서 마리옹에게 계시를 인식하게 해 주는 근원이 되는 회심은 사실상 내 바깥에서 주어진 은총으로서의 선물이라는 점이 밝혀진다. 특별히 그는 그리스도를 신의 아들이라고 고백한 베드로에게서 이 은총의 근원성을 확증해낸다. 즉, "베드로"

---

61 Marion, *Givenness and Revelation*, 105-106.

62 마리옹은 계시의 삼위일체적 현시를 현상학적으로 정당화하는 데 분명 많은 품을 들이고 있으며, 이런 점에서 자신의 현상학이 신학적 논의에 기여할 수 있는 가능성을 이전보다 더 크게 확장시킨다. 그의 삼위일체에 관한 논의는 Marion, *Givenness and Revelation*, 89-115를 보라. 이 글은 계시와 인식의 문제에 초점을 맞추고 있기 때문에 다루지 않았지만 『주어짐과 계시』에서의 신학적인 맥락과 삼위일체론을 다룬 최근의 논의로 다음 글을 참고할 수 있다. Cyril O'Regan, "The Return of the Theological in the Thought of Jean-Luc Marion: A Reading of Givenness and Revelation", *Nova et vetera*, vol. 16, no. 3 (Summer 2018): 995-1007. 국내에도 이 문제를 꼼꼼하게 다룬 다음과 같은 문헌이 나와 있다. 김현직, 『장-뤽 마리옹의 삼위일체적 계시 이해에 대한 비판적 연구』(서강대학교 신학대학원: 신학과 석사 학위논문, 2019).

는 "선생님은 살아 계신 하느님의 아들 그리스도이십니다"(마 16:16) 라는 고백을 통해 "'나를 보았으면 곧 아버지를 본 것이다'(요 14:9) 라는 규칙을 입증하는, 예수라는 아이콘의 이중적 가시성을 수행하는 데 성공한 첫 번째 제자다. … 예수는 이 고백 자체를 은총으로 여긴다. … 그것은 아이콘의 현상적 기능(이중적 가시성)을 성취하기 위해서 … 은총을 갖는 것이 필연적이라는 점을 지적한다."[63]

이처럼, 아이콘인 보이는 성자를 봄으로써 보이지 않는 성부를 보게 해 주는 이 이중적 가시성이 성취되기 위해서는, 아이콘 자체에 매료되게끔 하는 은총의 역할이 반드시 필요하다. 마리옹의 계시에 대한 현상학적-인식론적 접근의 근간이라고 할 수 있는 회심의 해석학의 근저에는 나를 계시의 증인으로 이끄는 신의 은총이 자리한다.[64]

2. 신앙주의의 귀환

이제 마리옹이 제안한 계시 인식의 방법, 회심의 해석학을 비판적으로 검토해 보자. 마리옹의 계시에 대한 인식론적-해석학적 접근

---

63 Marion, *Givenness and Revelation*, 105.

64 유리 스흐레이버르스는 마리옹의 철학에서 주어짐의 선물과 은총 사이의 관련성이 잠재해 있음을 지적한다. "혹은 … 마리옹의 주어짐의 현상학에 관심을 가진 이들이 이 무거운 신학적 작업을 쉬쉬하지 않고 읽을 수 있을까? 그의 주어짐의 현상학이 은밀한 신학이었건 그렇지 않건, 최근 마리옹에 대한 이차문헌들에 점철된 이러한 의문은 이제 마리옹 자신에 의해 분명하게 대답된 것처럼 보인다. … 그렇다. 주어짐은 창조와 연결될 수 있고, 선물은 은총과 전혀 다르지 않다." Joeri Schrijvers, "In (the) Place of the Self: A Critical Study of Jean-luc Marion's 'Au lieu de soi. L'approche de saint Augustin'", *Modern Theology*, vol. 25, no. 4 (October 2009), 679-680.

방식은 가히 '신앙주의의 귀환'이라고 불릴 만하다. 여기서 신앙주의는 신학에만 부과되는 명칭은 아니고 아우구스티누스나 파스칼과 같은 위대한 철학자들이 제안했듯이[65] 철학적 인식에 마음의 변혁 내지 신앙의 회심의 원리를 도입한 데서 비롯한 하나의 철학적 방향이라고 이해해야 한다.[66] 이들은 참된 인식에 이르기 위해서는 어떤 합리적 방법을 따르는 이성의 사용이 아니라 마음의 질서의 변화가 우선해야 한다고 보았다. 인간 실존의 내면의 심중이 변화함으로써 진리와 비-진리에 이르게 되는 길이 나뉘고, 계시를 포화된 현상으로 수용하거나 외면하는 일도 일어나게 된다. 다시 말해 마리옹의 회심의 해석학은 계시에 이르기 위해 계시 자체에 사로잡힘으로써 일어나는 마음과 시선의 전환이 이해와 해석의 참된 시발점이 된다고 주장하는 아우구스티누스와 파스칼의 유산을 계승한 것이다.[67]

65 마리옹은 아우구스티누스와 파스칼의 계승자라고 해도 과언이 아니다. 그는 아우구스티누스에 관해 두터운 연구서를 남기기도 했지만, 또한 그는 이미 오래전 파스칼에 관해서도 긴 지면을 할애하여 데카르트식의 근대적 이성주의를 극복한 선구적 철학자로서의 면모를 논증적으로 보여 준 바 있다. Jean-Luc Marion, *Sur le prisme métaphysique de Descartes* (Paris: Presses Universitaire de France, 1986; 2ᵉ éd. 2004), 5장 참조.

66 스티븐 에반스는 신앙주의의 철학적 함의를 다음과 같이 설명한다. "신앙주의는 이성이 한계들, 곧 다양한 종류의 한계들을 지님을 인정하는 것이다. 이 한계들 가운데 몇몇은 우리의 유한성이나 피조물다움에 기인한다. 또 다른 한계들은 인간의 죄성에 기인한다." Stephen Evans, "Externalist Epistemology, Subjectivity, and Christian Knowledge: Plantinga and Kierkegaard", *Kierkegaard on Faith and the Self: Collected Essays* (Waco: Baylor University Press, 2006), 204.

67 이 맥락에서 도미니크 자니코(Dominique Janicaud)가 비판한 현상학의 신학적 전회라는 혐의가 생길 수 있다. 자니코는 마리옹이 현상학의 중립성을 위반한 채 신학적 전

하지만 이런 식의 신앙주의적 인식론 내지 해석학이 계시 이해를 위한 하나의 좋은 방향일 수는 있겠지만, 이는 여전히 어떤 한계를 갖는다. 이 문제와 관련해서 유리 스흐레이버르스(Joeri Schrijvers)의 신앙주의에 대한 비평을 주목할 필요가 있다. "따라서 우리는 여전히 신앙주의의 고유한 위상을 정립해야 한다. … 믿음의 정신에 적합한 진리나 통찰이 단적으로 존재하고, 이를 '보기 위해' 필요한 것은 '신앙의 눈'이다. … 요점은 이러한 논증이 신학과 신학의 논증에 여전히 특정한 취향을 가지고 있는 이들에게만 타당하다는 것이다."[68] 스흐레이버르스가 잘 지적한 것처럼, 신앙주의는 어떤 특정한 전통이나 관습을 공유하는 이들에게만 설득력을 갖는다. 계시의 충격에서 비롯하는 우리 마음의 변화가 진리 이해의 기반이 될 수 있다는 점을 인정한다고 해도, 이것이 어떤 보편적인 인식 원리가

제로부터 현상학을 전개하여, 현상학이 견지해야 할 중립성을 위반했다고 본다. 하지만 마리옹은 이 문제에 다음과 같이 답한다. "그러나 후설에서부터 현상학의 장은 더 넓어지게 되고, 하이데거, 셸러, 레비나스, 메를로-퐁티, 가다머, 리쾨르, 앙리와 더불어 현상학은 철학이 거의 들어가지 않았던 장을 정복했다. … 현상학에서 철학이 '신비적' … 이라고 기술했던 영역을 포착하는 일은 매우 일반적인 것이었다. 혹자는 이것이 현실성과 논리를 가지고 있다는 것을 부정할 수도 있지만, 현상학자들은 합리주의의 지배를 벗어난다. … 현상학에서 신학적 전회는 아예 없었다." Marion, *La rigueur des choses*, 204. 마리옹은 현상학이 우리에게 나타나고 주어지는 것이라면 그 어느 것도 배제하지 않는 철학이라는 점에서, 그것이 처음부터 종교적 현상에 개방되어 있었다고 주장한다. 더 깊은 논의를 위해서는 다음 글을 참고하라. 김동규, 「현상학을 통해 신-담론으로: 프랑스 현상학의 신학적 전회에 대한 검토-자니코, 레비나스, 그리고 마리옹」, 『철학탐구』 제46집(2017년 5월), 129-174.

68   Joeri Schrijvers, *Between Faith and Belief: Toward a Contemporary Phenomenology of Religious Life* (Albany: State University of New York Press, 2016), 344, n. 34.

되기에는 어려운 점이 있다. 왜냐하면 '신앙'(faith)이나 '믿음'(belief)
이 종교적 계시나 신학적 해명과 결부된다면, 이것을 순전한 철학적
논증의 차원에서 수용하고자 하는 경우 결국 특정한 신앙 배경을 염
두에 둘 수밖에 없기 때문이다. 실제로 계시의 범례를 그리스도로
설정한 데서 보듯이, 마리옹의 계시 해석학은 그리스도교 철학 전통
의 오랜 유산에 동의하지 않는 이들에게는 설득력을 가지기 힘들다.
인식의 차원에서 어떤 특수한 전통 내에서 공유되는 신앙의 우위성
에 대한 인정이 전제되어야만 신앙적 회심이 인정될 수 있다. 이런
맥락에서, **최소한**『주어짐과 계시』에서의 마리옹은 제임스 스미스
(James K. A. Smith)의 다음과 같은 비판을 ("완전히 가톨릭적"이라는 과
도한 표현만 제외한다면[69]) 피하기 힘들다. "마리옹은 종교와 종교적 현
상을 너무 그리스도교적인 것으로 **특수화한다.** 기껏해야 유일신적
이거나 최악의 경우에는 완전히 가톨릭적이기까지 하다. (결국에, 일
단 현상학의 한계 너머로 들어가면, 포화된 현상은 아브라함, 이삭, 야곱의 신,

---

69   그 이유는 마리옹이 다른 종교에서의 포화된 현상으로서의 계시 현상의 가능성을 인정
하기 때문이다. "나는 신에 관한 물음이 너무 거대하여, 어느 정도는, 성서적 유산에 대해
명백하게 이질적인 것을 담고 있는 다른 모든 전통이 신에 대한 어떤 말을 하는 데 필요
하다는 것을 인정해야 한다고 생각한다. 불교는 계시 현상 이전에 또는 그 곁에서 무한
의 경험을 살아 내는 방식이다. 불교는 우리가 '자연 계시'라고 부를 수 있는 것에 그 자
체로 관여되어 있다. 그리고 이것 역시 필요하다. 이는 계시의 물음을 다른 방식으로 다
루는 것과 같다. … 여기서 쟁점이 되는, 곧 인간 존재는 계시의 물음을 제기하는 **우리**
라는 의미에서 동일한 존재이기 때문에 전적으로 다를 수가 없다. 계시는 다르게 일어
났을 수 있지만 언제나 인간 경험의 공통 구조 안에서 야기된다. 무한의 경험은, 계시와
더불어서나 그렇지 않거나, 이 또는 저 전통을 선택하도록 우리에게 강요하지 않는다."
Richard Kearney and Jean-Luc Marion, "The Hermeneutics of Revelation", 19.

심지어는 십자가의 신으로 인식될 것이다.) 이러한 **특수화**는 또 다른 종류의 환원(reduction)인데, 곧 로마 가까이에 벽을 치고 다른 사람이 들어갈 수 없게끔 왕국의 규모를 줄이고(reduces) 만다."[70]

그럼에도 이러한 한계에 들어가기를 거부하지 않는 마리옹의 입장은, 압도적인 현상으로서의 계시로 인해 일어나는 자기성의 극단적 변혁이라는 차원을 현상학적으로 해명해낸다는 점에서는 분명 큰 의미를 갖는다. 이해의 선-구조 내지 선입견을 기반으로 삼는 철학적 해석학과 비교할 때 그 차이가 확연하게 드러난다. 하이데거와 가다머로 대변되는 해석학적 사유는 선입견과 전통이라는 해석학적 전제 없는 이해를 인정하지 않는다. 모든 이해와 해석은 우리가 알게 모르게 습득한 선입견과 편견들을 기반으로 삼는 유한한 지평 가운데 이루어진다. 하지만 마리옹은 계시의 압도적 힘이 이러한 선입견과 편견도 무효화시켜 버릴 수 있으며, 그런 힘으로 인해 전환되는 신앙의 주체성을 잘 드러내 준다.

이 맥락에서, 비교적 최근에 해석학적인 입장에서 마리옹에 대한 섬세한 비판적 연구를 보여 준 크리스티나 그슈반트너(Christina M. Gschwandtner)의 입장을 살펴보는 것이 논점을 첨예화하는 데 도움을 줄 수 있다. 그녀는 성체성사(Eucharist)에서 일어나는 전통과 선입견의 차이에서 비롯된 이해의 차이에 관한 예를 제시하면서, 마리옹의 계시 체험이 이러한 해석학적 편견 내지 선입견, 전통의 영향력

---

[70] James K. A. Smith, *Speech and Theology: Language and the Logic of Incarnation* (London and New York: Routledge, 2002), 98.

을 제대로 고려하지 않았다고 비판한다.[71] 종교개혁자 울리히 츠빙글리(Ulrich Zwingli)의 입장을 따르는 공동체는 성찬을 그리스도에 대한 기억으로 간주할 것이다. 반면에 빵과 포도주의 실재적인 성변화를 믿는 가톨릭 전통이나 "천상의 축제에 공동체가 참여하는 것"으로까지 보는 "정교회"[72] 전통을 따르는 공동체라면, 성찬례의 경험은 계시에 대한 실질적 체험이 된다. 따라서 마리옹은 "이러한 공동체의 정체성과 자기-이해에 관해서 상이한 어떤 것을 말하는 상이한 공동체에서 그 의미도 상이해지는 중요한 양식을 놓치고 있다."[73]

그슈반트너는 우리가 벗어날 수 없는 허물 같은 해석학적 전통과 공동체의 자기-이해의 차원에서 마리옹의 입장을 잘 비판하고 있다. 하지만 마리옹이 의도하는 계시와 이해는 어떤 허물이나 껍질과도 같은 편견이나 전제, 선입견, 전통마저도 (최소한 일시적으로라도) 무화시킬 수 있는 가능성을 함축한다. 한 예로, 사울이 다메섹에서 그리스도의 나타남을 체험함으로써 바울로 개종한 사건을 우리는 알고 있다. 이것은 바울이 크게 의존하던 유대교 신자로서의

---

71 마리옹은 자신의 철학에서 성찬례를 계시 이해가 이루어지는 절정으로 간주한 바 있다. "성찬례만이 해석학을 완성한다. … 왜냐하면 성찬례 자체가 해석학을 위한 장소 같은 것을 그 자체로 제공하기 때문이다." 이런 점에서 "신학은" 성찬례 안에서 체험되는 "말씀(Verbe)으로의 그 고유한 전환 이외의 다른 진보를 지향할 수 없으며, 신학자는 공동의 성찬례 안에서 … 한 사람의 가련한 신자가 된다." Jean-Luc Marion, *Dieu sans l'être* (Paris: Fayard, 1982; 2ᵉ éd. Presses Universitaire de France, 2002), 212, 221.

72 Christina M. Gschwandtner, *Degrees of Givenness: On Saturation in Jean-Luc Marion* (Bloomington and Indianapolis: Indiana University Press, 2014), 183.

73 Gschwandtner, *Degrees of Givenness*, 184.

전제와 편견이 단숨에 포기되어 버린 압도적 경험을 나타낸다. 마리옹은 이런 바울의 회심 사건처럼 계시가 포화된 현상이라는 우리 인간의 유한한 인식의 체험 지평을 압도하는 현상의 층위로 다루어질 수 있고 우리의 인식이 개념적 파악이나 전제와 선입견이라는 제한된 틀을 벗어날 수 있는 가능성을 잘 해명했다. 바로 이 점이 구성하는 '자아'가 포화된 현상으로 인해 증인의 시선으로 전환되는 차원에 대한 현상학적 기술이다.

물론, 이런 함의에도 불구하고 앞서 언급했던 신앙주의의 문제가 해소되지는 않는다. 회심에서 일어나는 시선의 전환을 기반으로 삼는 마리옹의 계시 인식의 현상학과 해석학은 모든 이가 공유할 수 있는 논증을 제시해 주지 못하며, 마리옹 본인도 그러한 논증의 보편성을 상정하는 데는 별 관심이 없는 것처럼 보인다. 이런 점에서 마리옹의 계시 현상학과 해석학은 그 스스로도 인정했던 것처럼, 포스트모던 종교 현상학의 성격을 명확하게 함축한다.[74] 어떤 절대적 진리나 이해 가능성을 보편적으로 납득시키는 것은 그의 관심이 아니다. 계시 자체가 절대적이라고 하더라도 신비의 사건이 굳이 모든 사람에게 보편적으로 수용될 필요는 없는 것이다. 그렇다고

---

[74] 『존재 없는 신』의 영어판 서문에서 그는 "포스트모던"에 관해 언급한다. "나는 신을 그의 가장 신학적인 이름—사랑—을 따라 쏘아 올린다. 나의 과제는 이런 점에서 '포스트모던'에 머무르며, 바로 이 의미에서 데리다에 가깝게 머무른다." Jean-Luc Marion, "Preface to the English Edition (1991)", *God Without Being: Hors-Texte*, trans. Thomas A. Carlson, Chicago and London: The University of Chicago Press, 2012, xxiii.

이런 입장이 계시에 관한 이해라면 그것이 무엇이든지, '어떤 것이 든 다 좋다'(anything goes)는 식의 무차별적인 상대주의가 되는 것 은 아니다. 오히려 마리옹의 입장은 계시를 체험한 어떤 이들이라 면 누구든지 회심된 신앙 아래 그것의 절대성을 이해할 수 있는 가 능성을 갖는다는 의미에서 상대적인 절대성을 보여 준다. 이 맥락 에서 마리옹이 제안하는 '평범성'(banalité)이란 말에 주목할 필요가 있다. "포화된 현상의 평범성은, 전부는 아니더라도, 현상의 다수가 그것들에서의 개념이나 의미작용에 대해서 직관의 초과를 통한 포 화를 **겪을 수 있다**는 점을 제안한다."[75] 즉, 포화된 계시 자체는 가 능성과 평범성 가운데 일어나는 현상이다. 다시 말해 계시 현상에 대한 체험은 누구에게나 일어나는 일이 아니라, 어떤 누구에게는 **일 어날 수도 있는 일**이다. 이런 점에서 계시를 통한 신앙의 회심 역시 누구에게나 일어나는 일이 아니라 **어떤 누구에게나 일어날 수도 있는 일**이 된다. 적어도 이렇게 계시―그리스도의 나타남―를 체 험한 이들에게는 다른 이들과는 달리 절대적인 계시 신앙의 수용에 **이를 수 있다**. 결국, 마리옹의 "현상학적 해석학"[76]은 어떤 보편적 해석 원리라기보다, 계시라는 포화된 현상과 신앙적 회심의 평범성

---

75   Jean-Luc Marion, "La banalité de la saturation", *Le visible et le révélé* (Paris: Éditions du Cerf, 2005), 155-156.

76   Jean-Luc Marion, *Givenness and Hermeneutics*, trans. Jean-Pierre Lafouge (Milwaukee: Marquette University Press: 2012), 62-63. 본서는 영어-프랑스어 대역 본 형태로 간행되었다. 마리옹은 자신의 현상학이 하이데거와 가다머의 존재론적인 현 상학적 해석학의 영향 아래 있다고 논증하면서 저 표현을 사용하지만, 그는 그 둘만큼 포괄적인 해석학으로 전회하지 않는다. 바로 뒤에서 이 문제를 살필 것이다.

이라는 상대적 가능성의 차원에 속한 담론으로 간주되어야 한다.

V. 평가와 전망: 여전히 필요한, 더 포괄적인 해석학

이처럼 마리옹이 제안하는 회심의 해석학은 계시 인식을 가능하게 하는 근본 원리로서의 신앙주의의 의미를 현상학적으로 되새길 수 있게 해 준다. 하지만 이를 긍정적으로 수용하더라도 여전히 다음과 같은 문제가 제기될 수 있다. 계시 인식에서 아이콘으로서의 그리스도에게로 우리의 시선이 전환되면 모든 해석은 종결되는가?

아쉽게도, 마리옹은 계시 해석학을 내세우면서도 총체적인 해석학적 전환을 시도하지는 않는다. 그는 오직 계시 현상의 절대적 주어짐과 그 체험의 순간의 경험, 태도 변경에만 초점을 맞춘다. 이 지점에서 우리는 마리옹의 해석학이 가지는 난점을 본다. 사울이 바울로 변한 것처럼, 절대적인 태도 변경의 계기가 회심에 있고, 이것이 계시를 이해하게 해 주는 통로인 것은 맞다. 하지만 회심으로 해석은 종결되는 것이 아니라 또 다른 계기들을 경유하는 가운데서 지속된다. 그리스도의 현시와 회심을 통한 믿음의 고백이 계시에 대한 참된 이해를 보여 준다고 하더라도, 계시를 경험한 이는 그러한 계시 체험과 절대적 인식 이후의 삶 속에서 그 체험을 의심하기도 하고 확장하기도 한다.

마리옹도 앞서 자신의 논증 과정에서 언급했던 베드로로 돌아가 보자. 그는 그리스도를 성부의 아들로 고백함으로 칭찬을 받기도

하지만, 그리스도를 전면적으로 거부하기도 한다. 또한 그리스도를 외면하려고 시도하기도 하고, 다시 부활한 그리스도를 만나자 자신의 신앙을 새롭게 고백한다. 그리고 그리스도가 떠나자 그는 자신의 계시에 대한 이해를 확장해서 자기가 본 것을 확장해서 전달하고 선포한다. 이 과정에서 베드로의 계시 이해는 동일하게 유지되었는가, 아니면 변경되었는가? 회심을 통한 시선의 전환으로 인해 계시에 대한 결정적 앎이 지속되었다고 해도, 그 앎의 성격은 동일하게 남아있지 않고, 여러 부침을 겪을 수 있다. 그것은 어떤 경우 (그리스도가 잡힌 후 세 차례나 행했던 것처럼) 계시 이해에 대한 부정으로, 또 다른 경우 (부활 후 나타난 그리스도에 대한 세 차례의 사랑 고백처럼) 계시 이해에 대한 확장으로 나타난다. 회심이 결정적 계기일 수는 있지만 이해가 회심만으로 완성되지는 않는다.

그런데 대체 왜 마리옹은 이토록 당연해 보이는 계시 이해의 확장과 변경의 차원에 관심을 두지 않는 것일까? 이는 그가 해석학을 수용한다고 밝혔음에도, 포화된 현상과 그것에 대한 응답의 구조만 밝히는 데 관심을 둔 나머지 세계-내-존재의 삶에서 이루어지는 끊임없는 이해와 해석의 실행이라는 해석학적 삶의 연속성을 의도적으로 외면한 결과다. 마리옹과 마찬가지로 하이데거와 가다머의 해석학 노선을 계승하고 대변하는 리쾨르를 예로 들자면, 그에게 인간 주체는 우리 시대의 문화적 표현이나 상징, 기호, 텍스트를 매개로 삼아 해석학적 순환성 안에서 자기-이해를 확장해 갈 가능성을 갖는다. 그 과정에서 신적 계시 앞에 선 주체는 계시에 대한 갱신된 이해와 자기비판에 개방된다.[77] 안타깝게도 마리옹에게서는 그의 최근 입장이 개진된 『주어짐과 계시』에서조차도 이런 심화된 해석학을 발견하기 어렵다.

결론적으로, 우리는 마리옹의 계시 해석학을 다음과 같이 평가할 수 있다. 그의 계시 해석학은 계시가 일으키는 믿음과 회심이라는 충격적이고 절대적인 이해의 전환의 계기를 탁월하게 드러낸다는 점에서 매우 큰 의의를 갖는다. 특별히 그리스도교의 계시 체험은 사울이 바울로 회심한 것처럼 옛 사람을 새 사람으로 만들어 버리는 압도적인 현상의 도래로 이해해도 좋을 만한 근거들을 내포하고 있다. 사울이 젊은 유대교 신자로서 가지고 있던 여러 선입견들이 바울로 회심한 순간에는 무효화되거나 적어도 일시 유보된 것에서 보듯, 그리스도의 계시 현상은 마리옹이 말한 것처럼 우리의 시선을 완전히 전도시켜 버리는 효과를 낳고 증인이라는 새로운 주체성을 부과하는 출발점이 된다. 하지만 마리옹의 계시 해석

---

77 이 주제에 관한 리쾨르의 입장을 이해하기 위해서는 그의 다음 발언에 주목하는 것이 필요하다. "그런데 해석학은 다시 다음과 같이 말한다. 성서적 신앙은 언어 차원으로 고양되는 해석의 운동과 분리될 수 없다. … 만일 절대 의존이 구약성서의 출애굽이나 신약성서의 부활과 같이 문자를 통해 알려진 기호로서의 사건에 대해 끊임없이 반복된 재해석에 준거하지 않았다면, 절대 의존도 공허하게 되었을 것이다. 이러한 구속 사건들은 가장 고유한 나 자신의 자유의 가능성을 열어 주고 밝혀 주며, 결국 나를 위한 신의 말이 된다. 이것이 신앙 그 자체에 대한 해석학적 구성이다. 또 … 해석학적 반성은 '텍스트 앞에서 자신을 이해하는' 자기이해의 핵심 속에서 밝혀낸 거리두기에서 나왔다. 이러한 자기이해를 텍스트의 사태의 '자기묘사'(Selbstdarstellung, présentation par soi)에 종속시킨다면, 주체의 환영에 대한 비판은 '텍스트 앞에서의 자기이해'의 행위 속에 포함된다고 할 수 있다." Paul Ricœur, "Herméneutique philosophique et herméneutique biblique" (1975), *Du texte à l'action: Essais d'herméneutique II* (Paris: Éditions du Seuil, 1986), 131.

학은 회심 이후의 증인의 삶을 기술할 만한 기초를 제공해 주지 못한다. 왜냐하면 증인의 삶은 회심 이후에 의심이나 비판을 통해 변경되고 재확증될 수 있는데, 마리옹의 계시 해석학은 회심의 해석학으로 국한되기 때문이다. 이런 점에서 우리에게 필요한 것은 계시를 통한 회심 이후의 삶, 반복적으로 이해되고 해석되어야 할 계시와 계시 앞에 선 인간에 대한 더 포괄적인 해석학이 아닐까? 이 것은 어쩌면 마리옹이 멈춰 선 지점에서 새롭게 논의를 진전시킬 또 하나의 사유의 단초로 작동할 수 있을 것이다.

더 읽을거리

Dieu sans l'être

• Jean-Luc Marion, Paris: Fayard, 1982; 2ᵉ éd. Presses Universitaire de France, 2002.

『존재 없는 신』은 유럽 대륙철학의 자장 내에서 종교철학 분야에 가장 큰 영향을 미친 책 가운데 하나로 손에 꼽힐 만한 작품이다. 여기서 마리옹은 하이데거의 존재신론 비판을 확장하여 자신이 속한 가톨릭 전통에서의 형이상학적 신론에 대해서까지 비판의 잣대를 들이댄다. 지금까지 논의된 철학의 신에게는 찬양도 기도도 할 수 없다고 하면서 존재론적 규정성 너머의 신을 제안하는 것이 '신다운 신'을 사유하는 길이라고 주장한다.

Étant donné: Essai d'une phénoménologie de la donation

• Jean-Luc Marion, Paris: Presses Universitaire de France, 1997; 3ᵉ éd. 2005.

『주어진 것』은 마리옹의 독창적인 현상학이 집대성되어 있는 책이다. 여기서 그는 후설과 하이데거로 대변되는 전통 현상학이 주어짐을 순수하게 사유하기보다 형이상학적 대상성이나 존재사건의 지평 아래 가두었다고 비판한다. 이런 한계를 극복하기 위해 그는 대상이나 존재로 환원되지 않는 순수한 선물이 순수한 주어짐의 모형일 수 있다고 제안하며, 이와 관련한 사유와 논증을 발전시킨다. 또한 마리옹은 이 책에서 선물의 주어짐을 가장 잘 성취하는 포화된 현상의 이론적인 근거를 그 특유의 해박한 철학적 지식을 기반으로 삼아 상세하게 제시한다.

『과잉에 관하여: 포화된 현상에 관한 연구』

• 장-뤽 마리옹 지음, 김동규 옮김, 서울: 그린비, 2020.

『주어진 것』에서 미진하다고 생각했던 내용들을 더 상세하게 풀어낸 책으로, 마리옹의 주어짐의 현상학에 대한 여러 비판에 응답하는 책이다. 특별히 『주어진 것』에서 충분치 않았던 그의 포화된 현상의 현상성 일체에 대한 현상학적 기술이 시도된다는 점에서 그의 현상학적 사유의 깊이를 엿볼 수 있다. 또한 데리다 반박을 통해 신비신학을 현상학적으로 긍정하는 것 또한 그리스도교 신론을 반성하려는 이들에게는 흥미로운 대목이다. 마리옹의 다른 주저에 비해 비교적 분량이 짧아 접근하기 쉬우며 현재 유일하게 우리말로 읽어 볼 수 있는 마리옹의 작품이라는 점에서 독자들이 마리옹의 사유의 심연으로 비교적 쉽게 들어갈 수 있는 통로가 될 것이다.

『선물과 신비: 장-뤽 마리옹의 신-담론』

• 김동규 지음, 서울: 서강대학교 출판부, 2015.

국내 대학출판부 가운데 가장 꾸준하게 다양한 인문사회학 연구서를 출간하고 있는 서강학술총서 시리즈의 75번째 책이다. 마리옹의 철학을 그의 신-담론에 초점을 맞추어 총체적으로 재구성하고 그 의의를 논했다. 마리옹에 대한 다른 우리말 연구서가 아직 나오지 않은 현재 실정을 감안할 때 그의 철학 전반을 개괄하려고 하는 이들에게는 거의 유일한 길잡이가 되는 책이다. 향후 이 책을 넘어서는 더 포괄적이고 심도 있는 마리옹 연구서가 나오기를 기대한다.

참고문헌

『공동번역 성서 개정판』. 대한성서공회. 1999.

김동규. 『선물과 신비: 장-뤽 마리옹의 신-담론』. 서울: 서강대학교 출판부, 2015.

_____, 「장-뤽 마리옹의 현상학에서 계시와 인식: 계시에 대한 현상학적-인식론적 접근과 해석학의 문제」. 『인문학연구』 제31집 (2019년 6월), 341-374.

_____, 「장-뤽 마리옹: 주어짐의 현상학」. 『프랑스 철학의 위대한 시절: 현상학의 흐름으로 보는 현대 프랑스 사상』. 한국현상학회 기획. 서울: 반비, 2014. 245-267.

_____, 「현상학을 통해 신-담론으로: 프랑스 현상학의 신학적 전회에 대한 검토-자니코, 레비나스, 그리고 마리옹」. 『철학탐구』 제46집 (2017년 5월), 129-174.

김현직. 『장-뤽 마리옹의 삼위일체적 계시 이해에 대한 비판적 연구』. 서강대학교 신학대학원: 신학과 석사 학위논문, 2019.

Augustine. *Commentaire de l'évangile de Jean*. Sous la direction de H. F. Berrouard. "Bibliothèque Augustinienne." vol. 72. Paris: Desclée de Brouwer, 1977.

Evans, Stephen. "Externalist Epistemology, Subjectivity, and Christian Knowledge: Plantinga and Kierkegaard." *Kierkegaard on Faith and the Self: Collected Essays*, 183-208. Waco: Baylor University Press, 2006.

Elowsky, Joel C. (ed.). *John 1-10. Ancient Christian Commentary on Scripture: IVa*. Downers Grove: IVP Academic, 2006. 『교부들의 성경 주해: 신약성경 V(요한 복음서 1-10장)』. 조엘 C. 엘로브스키 엮음. 정영한 옮김. 칠곡: 분도출판사, 2013.

Greisch, Jean. "L'herméneutique dans la 'phénoménologie comme telle.' Trois questions a propos de Réduction et Donation." *Revue de metaphysique et de morale*. Volume 96:1 (1991): 43-63.

Grondin, Jean. "La tension de la donation ultime et de la pensée herméneutique de l'application chez Jean-Luc Marion." *Dialogue.* Volume 3: 3 (1999): 547-559.

Gschwandtner, Christina M. *Degrees of Givenness: On Saturation in Jean-Luc Marion.* Bloomington and Indianapolis: Indiana University Press, 2014.

Guillaume de Saint-Thierry. *Speculum fidei (La miroir de la foi). Deux traites de la foi: La miroir de la foi, L'enigma de la foi. Bibliotheque des textes philosophiques.* Paris: J. Vrin, 1959.

Husserl, Edmund. *Die Idee der Phänomenologie: Fünf Vorlesungen.* Husserliana II. Edited by Walter Wiemel. Den Haag: Martinus Nijhoff, 1973, 61. "현상학의 이념." 이영호 옮김. 『현상학의 이념 · 엄밀한 학으로서의 철학』. 이영호 · 이종훈 옮김. 서울: 서광사, 1988.

_____. *Formale und transzendentale Logik. Versuch einer Kritik der logischen Vernunft.* Husserliana XVII. Edited by Paul Janssen. Den Haag: Martinus Nijhoff, 1974. 『형식논리학과 선험논리학』, 이종훈 · 하병학 옮김, 파주: 나남, 2010.

_____. *Ideen zu einer renen Phänomenologie und phänomenologischen Philosophie. Erstes Buch. Allgemeine Einführung in die reine Phänomenologie* (1913). Husserliana III/1. Edited by Karl Schuhmann. Den Haag: Martinus Nijhoff, 1976. 『순수현상학과 현상학적 철학의 이념들 1』. 이종훈 옮김. 파주: 한길사, 2009.

Kant, Immanuel. *Kritik der reinen Vernunft* (1781; 1787). Herausgeber von Jens Timmermann. Hamburg: Felix Meiner, 1998. 『순수이성비판 1 · 2』. 백종현 옮김. 서울: 아카넷, 2006.

Kearney, Richard and Marion, Jean-Luc. "The Hermeneutics of Revelation." *Debates in Continental Philosophy: Conversations with contemporary thinkers.* Edited by Richard Kearney, 15-32. New York: Fordham University Press, 2004.

Levinas, Emmanuel. *Totalité et Infini: Essais sur l'extériorité*. La haye: Martinus Nijhoff, 1961; Deuxième édition, 1965. 『전체성과 무한: 외재성에 대한 에세이』. 김도형 · 문성원 · 손영창 옮김. 서울: 그린비, 2018.

Marion, Jean-Luc. *De surcroît: Études sur les phénomènes saturés*. Paris: Presses Universitaites de France, 2001. 『과잉에 관하여: 포화된 현상에 관한 연구』. 김동규 옮김. 서울: 그린비, 2020.

_____. *Discours de réception de Jean-Luc Marion a l'Académie francaise et réponse de Mrg Claude Dagens*. Paris: Grasset, 2010.

_____. *Dieu sans l'être*. Paris: Fayard, 1982; 2ᵉ éd. Presses Universitaire de France, 2002.

_____. *Étant donné: Essai d'une phénoménologie de la donation*. Paris: Presses Universitaire de France, 1997; 3ᵉ éd. 2005.

_____. *Givenness and Hermeneutics*. Translated by Jean-Pierre Lafouge. Milwaukee: Marquette University Press: 2012.

_____. *Givenness and Revelation*. Translated by Stephen E. Lewis. Oxford: Oxford University Press, 2016.

_____. "Preface to the English Edition (1991)." *God Without Being: Hors-Texte*. Translated by Thomas A. Carlson with a Foreword by David Tracy and a New Preface by Jean-Luc Marion, xxi-xxvii. Chicago and London: The University of Chicago Press, 2012.

_____. "La banalité de la saturation." *Le visible et le révélé*, 143-182. Paris: Éditions du Cerf, 2005.

_____. *La rigueur des choses: Entretiens avec Dan Arbib*. Paris: Flammarion, 2012.

_____. "Le phénomène saturé." *Phénoménologie et théologie*. Présentation de J.-F. Courtine, 79-128. Paris: Criterion, 1992.

_____. *Sur le prisme métaphysique de Descartes*. Paris: Presses Universitaire de France, 1986; 2ᵉ éd. 2004.

_____. "Thinking Elsewhere." *Journal for Continental Philosophy of Religion*. Volume 1:1 (2019): 5-26.

Mackinlay, Shane. *Interpreting Excess: Jean-Luc Marion, Saturated Phenomena, and Hermeneutics*. New York: Fordham University Press, 2010.

O'Regan, Cyril. "The Return of the Theological in the Thought of Jean-Luc Marion: A Reading of Givenness and Revelation." *Nova et vetera*. Volume 16:3 (Summer 2018): 995-1007.

Ricœur, Paul. "Herméneutique philosophique et herméneutique biblique" (1975). *Du texte à l'action: Essais d'herméneutique II*, 119-133. Paris: Éditions du Seuil, 1986.

Schrijvers, Joeri. *Between Faith and Belief: Toward a Contemporary Phenomenology of Religious Life*. Albany: State University of New York Press, 2016.

_____. "In (the) Place of the Self: A Critical Study of Jean-luc Marion's 'Au lieu de soi. L'approche de saint Augustin.'" *Modern Theology*. Volume 25:4 (October 2009): 661-686.

Smith, James K. A. *Speech and Theology: Language and the Logic of Incarnation*. London and New York: Routledge, 2002.

Westphal, Merold. "The Second Great Revolution in Phenomenology." *Journal of Speculative Philosophy*. vol. 26:2 (2012): 333-347.

8. 신의 죽음 이후의 신을 다시 상상하는 해석학의 후예*

리처드 카니

김동규

I. 리처드 카니는 누구이며, 왜 지금 카니인가?

리처드 카니(Richard M. Kearney)는 누구인가? 그리고 왜 지금 우리는 카니를 거론하는가? 카니는 영어권에서 명성을 드높이고 있는 여러 유럽 대륙철학 연구자들 가운데서도 독특한 위상을 갖는다. 여러 유수의 학자들이 각자 고유한 방식대로 대륙철학의 성과를 계승하고 발전시키고 있지만, 그 가운데서도 카니는 다른 이들과 구별되는 독특한 공부 이력과 정체성을 가지고 있다. 나는 무엇보다 이 점을 그의 삶의 이력을 쫓아가며 부각시켜 보고자 한다.

영어권 철학자라고 하면 우리는 알게 모르게 해당 인물이 응당

*　　이 글은 삼육대학교 신학연구소에서 발간하는 『신학과 학문』에 수록된 다음 논문을 수정, 보완, 확장한 것이다. 김동규, 「리처드 카니의 재신론적 신앙에 관한 비판적 고찰」, 『신학과 학문』 제21권 3호(2019년 12월), 139-173.

영국이나 미국 출신인 것처럼 생각하는 경향이 있다. 그런데 카니는 영국도 미국도 아닌 아일랜드 출신의 철학자다. 동아시아 사람이라고 해도 한국, 중국, 일본, 몽골이 각기 다른 문화와 역사를 가지고 있듯이, 카니에게도 아일랜드에서 나고 자랐다는 것은 그의 학문과 인격, 신앙을 형성하는 데 매우 큰 영향을 미쳤다. 1954년 아일랜드 코크에서 태어난 카니는, 제1차 세계대전 당시 적십자 소속 의사로 참전하여 전쟁이 끝난 후에도 참상의 트라우마에 시달린 아버지와 독실한 가톨릭 신자인 어머니의 품에서 어린 시절을 보냈다. 이에 자연스럽게 카니는 아버지의 고통으로부터 전쟁과 트라우마, 삶의 비극에 대한 관심을 가지게 되고, 어머니의 소박하고 성실한 신앙의 삶과 성사에의 정기적 참여를 통해 가톨릭 신앙을 받아들이게 된다. 하지만 카니는 가톨릭 신앙을 어린 시절 교회에서 가르쳐 주는 그대로 받아들이지 않았다. 교회의 여러 실천에서 긍정적인 것과 부정적인 것을 모두 경험한 그는 "신앙의 '첫 번째 소박함'은 끝났고 나는 그리스도교가 최고의 종교이자 최악의 종교도 될 수 있다는 교훈을 결코 잊지 않게 되었다"[1]라고 고백한다. 이것은 그 당시 유럽에서도 굉장히 강고한 가톨릭 문화가 새겨져 있던 아일랜드의 가톨릭교회가 가진 보수적 경향을 몸소 체험한 결과다.

---

1   Richard Kearney, "Where I speak from: A short intellectual autobiography", *Debating Otherness with Richard Kearney: Perspectives from South Africa*, ed. Yolande Steenkamp (Cape Town: AOSIS, 2019), 33-34.

이렇게 불만 가득한 그의 신앙에 새로운 전기를 일으켜 준 것은 13세에 들어간 베네딕토 수도회에서 운영하는 글렌스탈 수도원(Glenstal Abbey) 기숙학교에서의 경험이었다. 여기서 그는 베네딕토 수도회의 개방적 태도와 가르침을 통해 회의하는 신앙과 무신론에 대한 열린 태도 등을 체험한다. 특별히 그는 이곳에서 한편으로 사르트르와 니체 등의 무신론 철학을, 다른 한편으로 제2차 바티칸 공의회의 분위기 속에 대두되던 "새로운 신학"(Nouvelle théologie)의 흐름, 에큐메니칼에 대한 지향, 그리고 마르셀, 부버 같은 심원한 유신론 철학자들의 사유를 배우게 된다. 이러한 폭넓은 공부 경험은 앞서 언급한 아일랜드의 보수적인 가톨릭 문화로 점철된 시대적 분위기와 충돌하며 그에게 바람직한 종교의 모습이 무엇인지에 대한 매우 크나큰 고민을 안겨 준다. 다시 말해서, 베네딕토 수도회의 개방적 분위기 속에서 경험한 새로운 형태의 신앙은 당시 아일랜드 가톨릭이 보여 주었던 개신교에 대한 배타성과 낙태나 이혼, 미혼모 문제, 성소수자 문제에 대한 교리적인 반대 및 금지의 분위기와 갈등을 일으킬 수밖에 없었다. 이에 더하여 아일랜드와 북아일랜드, 그리고 잉글랜드까지 엮인 종교 간, 국가 간 갈등은 향후 카니가 발전시키는 평생의 철학적 과제의 씨앗이 된다. 실제로 다음과 같은 고백은 그러한 그의 철학적 문제의식의 형성을 확증한다. "신에 대한 논쟁은 20세기의 마지막 수십 년을 살고 난 다음, 9·11이라는 대재앙과 중동 전쟁이 다시 발발하기 직전에 미국으로 건너온 젊은 철학자인 내게 특히나 중요한 문제였다. 내

관심은 철학적인 것이면서 동시에 정치적인 것이었다. 또 아일랜드에서 폭력으로 점철된 30년의 시기 동안 우리 아일랜드 섬 북부에서 가톨릭과 개신교 신자들이 서로를 불구로 만들고 있다는 뉴스 보도를 매일 들으며 성장했다는 사실도 부담으로 가중되었다."[2]

이런 부담을 가지고서, 그는 아일랜드 더블린 칼리지 대학교(UCD) 철학과에 진학하는데, 이때 그는 자신의 가장 중요한 스승 중 한 명으로 현상학과 특별히 모리스 메를로-퐁티(Maurice Merleau-Ponty) 철학의 전문가인 패트릭 매스터슨(Patrick Masterson)을 만난다. 그가 학부 과정을 마친 시기인 1975년 어간, 그가 공부하던 곳에는 유럽 청년들의 마음을 사로잡은 1968년 5월 혁명의 유산이 깊이 내재되어 있었다. 이런 분위기와 맞물려 매스터슨이 소개해 준 당대의 최고 철학자들인 메를로-퐁티, 에마뉘엘 레비나스(Emmanuel Levinas), 폴 리쾨르(Paul Ricœur)의 사상은 향후 그의 철학함의 방법과 방향을 설정해 주었다. 학부 졸업 후 카니는 캐나다 몬트리올에 소재한 맥길 대학교에서 찰스 테일러(Charles Taylor)라는 또 다른 뛰어난 철학자 밑에서 공부하는 행운을 누린다. 이 시기 그는 "유럽 대륙철학 전통"과 더불어 "분석철학(오스틴, 비트겐슈타인) 전통을 함께" 배우며 스승인 "테일러가 보여 준" 태도, 즉 "어떻게 하면 실천적인 가톨릭 신자가 되면서 정치적으로 참여하는 사상가가 될 수 있는지를" 은연중에 체득하게 된다.[3]

2   Richard Kearney, *Anatheism: Returning to God after God* (New York: Columbia University Press, 2010), xi-xii.

이후 박사 과정 공부를 위해 카니는 프랑스로 건너가는데, 현존하는 또 다른 유럽철학의 대가들인 존 카푸토나 메롤드 웨스트팔, 케빈 하트(Kevin Hart) 등이 유럽 대륙철학에 정통한 철학자임에도 불구하고 유럽 현지에서 직접 대가의 철학을 전수받은 경험은 없는 반면, 카니는 해석학적 철학의 거장 폴 리쾨르의 지도 아래 박사 학위 논문을 쓰고 자신의 학위논문 심사자 중 한 명인 에마뉘엘 레비나스와 자연스럽게 교류하며 자신의 학문적 역량을 갈고 닦을 수 있게 된다. 아울러 그 당시 프랑스에서 심도 있게 다뤄진 주제였던 하이데거와 신, 종교에 대한 관계를 규명하는 저명한 학술회의를 조직하고 참여하는 등[4] 여러 방면에서 활발하게 활동하며 당대의 다른 여러 탁월한 철학자들의 가르침도 함께 받는다. 물론 다른 누구보다도 그에게 절대적인 영향을 미친 사람은 리쾨르였다. 특별히 카니는 리쾨르와 공부하던 시기 그가 본인의 대학원 수업에서 학생들에게 처음 던지는 물음을 자기 철학의 중요한 이정표로 삼게 된다. "철학자 폴 리쾨르와 함께 연구하기 위해 1977년 파리

---

3   Kearney, "Where I speak from", 35. 실제로 찰스 테일러는 캐나다에서 정당 정치 및 다문화주의 정책 입안에 참여하는 현실 참여적 지식인이었다. 본서 5장에서 다룬 테일러의 생애를 참고하라.

4   그 결과물이 바로 다음 문헌인데, 이것은 프랑스에서 하이데거의 종교철학적 기여와 그 한계를 극복하여 신에 대한 새로운 사유로 도약하려는 시도의 집약체라고 평할 수 있는 중요한 자료다. 카니는 여기서 장 보프레(Jean Beaufret), 장-뤽 마리옹, 장 그레슈(Jean Greisch), 스타니슬라스 브르통(Stanislas Breton) 등과 교류하고 토론하며 논의의 결과물을 모으는 역할을 담당했다. *Heidegger et la question de Dieu*, recueil prepare sous la direction de Richard Kearney et Joseph Stephen O'Leary (Paris, Grasset, 1980).

에 도착했을 때, 그가 자기의 세미나 시간에 참석한 모든 이에게 던진 첫 물음은 이것이었다. '당신은 어디에서 말하고 있습니까?'(d'où parlez-vous?)"[5] 이 물음의 의미에 대해 가톨릭 신학자 마리안느 모이어아르트(Marianne Moyaert)는 다음과 같이 설명한다. "이 물음은 카니가 서 있는 전통에 대한 증언을 담고 있다. 이는 우리가 처음부터 아무 자리에서나 사태를 볼 수 있는 것이 아니며 항상 [특정한] 장소에서부터 말한다는 것을 인정하는 물음이다. … 우리는 다양한 전통에 의해 특징지어지고 영향을 받는다. 이것은 그렇게 문제가 되지 않는다. [오히려] 선입견은 반성하는 과정에서 받아들여지지 않을 때 이의를 제기하거나 비판을 받을 수 없게 되어 문제가 된다. '당신은 어디에서 말하고 있습니까?'라는 물음은 우리의 특수한 관점을 명명하기 위한 것일 뿐만 아니라, 그러한 관점을 논의의 일부로 만들기 위한 것이다."[6]

이 상세한 해설에서 보듯, 리쾨르는 우리 모두가 자신을 형성한 특정한 전통이나 선입견에서 말하고 사유한다는 것을 학생들에게 깨우쳐 주려고 했고, 카니 역시 그런 리쾨르의 가르침을 기반으로 삼아 자신이 서 있는 자리가 어디인지를 늘 생각하며 본인의 고유한 사유를 발전시킨다. 파리 제10대학교(낭테르 대학교)에서 리쾨르

5   Kearney, *Anatheism*, xi.

6   Marianne Moyaert, "Anatheism and Interreligious Hospitality", *Richard Kearney's Anatheistic Wager: Philosophy, Theology, Poetics*, eds. Chris Doude van Troostwijk and Matthew Clemente (Bloomington: Indiana University Press, 2018), 165-166, note 1.

의 지도를 받으며 공부한 박사 과정 시기의 결과물로 카니는 『가능한 것의 시학: 형상화에 대한 현상학과 해석학』[7]이라는 논문을 완성시키고 출판하는데, 지금 시점에서 이 저술을 돌아보면 우리는 이 책에 그의 향후 작업 방향이 거의 대부분 망라되어 있음을 알 수 있다. 실제로 그는 『가능한 것의 시학』이 나온 다음, "『상상력의 깨어남』(The Wake of Imagination, 1988)부터 『존재할 수도 있는 신』(The God Who May Be, 2001)까지 영어로 쓴 이후의 책들은 기본적으로 이 작품의 번역이자 그것을 상세하게 다듬는 작업이었다"[8]고 밝힌다. 이 책은 기본적으로 텍스트나 현상학적 사태의 형상의 변형 내지 변모(transfiguration)의 가능성을 현상학적이고 해석학적으로 해명한다. 여기서 그 변모를 가능하게 하는 것이 다름 아닌 상상력의 작용이다. 카니는 이 상상력의 힘을 자기 철학의 무대만이 아니라 철학사의 무대 전면에 내세우는 데 많은 공을 들인다. 이 주제에 대해 간략하게 말하자면, 카니는 상상력을 이데아의 모상을 모방하는 문학적 기능(플라톤)으로 보거나 감성적인 것과 지성적인 것을 매개하는 힘(칸트) 정도로 보는 관점은 상상의 작용을 우리 마음에 일종의 상을 만들어 내거나 우리 마음의 다른 능력들에 협력하는 부차적 기능 정도로 격하시킨다고 비판한다. 이에 그는 자신의 스승 리

---

[7]   Richard Kearney, *Poétique du possible: Phénoménologie herméneutique de la figuration*, (Paris: Beauchesne, 1984).

[8]   Allina N. Feld and Richard Kearney, "Thinking in Action: An Interview with Richard Kearney", *Review of Contemporary Philosophy* 16 (2017), 153.

쾨르의 철학적 노선에 입각해 "상징이 사유할 것을 준다"[9]는 입장을 계승하면서, 이렇게 상징을 통해 촉발되는 사유는 그것을 다시 이성의 체계에 조직해 내는 것이 아니라 우리의 고유한 맥락에 상상을 부과하며 이야기로 전유해 내야 비로소 새로운 활력과 의미를 창조해 내는 방향으로 전개될 수 있다고 본다.

실제로 의미를 창조하는 힘으로서의 상상의 역할에 대한 강조는 그의 종교철학에도 오롯이 적용된다. 그가 차후 가능한 것의 신이나 가능한 것의 종말론적 실현을 이야기할 때, 상상은 그런 종말론적인 새로운 의미를 창조하는 해석학적 이야기를 구성하는 힘이 되며, 이런 점에서 신이나 종교에 대한 담론도 엄밀한 학(Science)이 아닌 시학적(poetic) 이야기로 전개되어야 한다는 것이 그의 방법론상 기본 입장이다. "'가능한 것의 시학'은 우리가 형성화하는 창조(시)의 놀이를 지시한다. 이러한 시학이 존재와 신을 마주치게 하는 가능성을 열어 주지 않겠는가? 아마도."[10]

9 Paul Ricœur, *De l'interprétatione: Essai sur Freud* (Paris: Seuil, 1965), 46. 『해석에 대하여: 프로이트에 관한 시론』, 김동규·박준영 옮김(고양: 인간사랑, 2013), 86. 인용문의 번역서가 있는 경우 원서와 번역서의 면수를 병기하였으며, 이 경우 인용문은 모두 원문과 번역문을 대조하여 인용한 것이다. 다른 책이나 논문에서 "상징은 생각을 불러일으킨다"는 식으로 번역되는 이 중요한 문장을 위와 같이 번역하여 인용한 데는 이유가 있다. 이는 리쾨르가 다음과 같이 말했기 때문이다. "상징은 준다. 그리고 그 상징이 준 것은 언어라는 선물(le don)이다. 즉 이 선물은 나에게 생각할 의무, 철학적 담론에 착수해야 한다는 의무를 형성시키는 것으로, 그것은 언제나 담론에 선행하고 담론에 토대가 되는 것이다." 리쾨르는 상징이 사유와 담론을 위해 우리에게 주어진 선물이라고 본다. 이는 프랑스어 donner(주다)가 don(선물)에서 유래했다는 데 착안한 것이기도 하다. 그런데 "불러일으킨다"는 번역은 이런 의미를 살리지 못한다. Ricœur, *De l'interprétatione*, 46. 『해석에 대하여』, 86-87.

박사 학위를 마친 후, 카니는 자신의 모교인 더블린 대학교 철학과 교수로 재직하면서 1988년부터 2000년대 초반까지 박사 학위 논문에서 벼리어 낸 상상에 대한 재정립과 20세기 유럽철학에 대한 해설, 탁월한 철학자들과의 대화를 통해 자신의 철학을 예리하게 다듬어 간다. 이 시기 대표적인 저술로는 앞서 언급한 『상상력의 깨어남』, 『상상력의 시학: 근대와 탈근대』(*Poetics of Imagining: Modern and Postmodern*), 현대 유럽철학에 대한 해설로서 『현대유럽철학의 흐름』(*Modern movements in European philosophy*), 당대의 주요 사상가들과의 대화를 담은 『현대 사상가들과의 대화』(*States of Mind: Dialogues With Contemporary Thinkers*)가 있다.[11]

이런 그가 본격적으로 자기 철학을 보여 준 것은 이른바 "한계에서의 철학"(Philosophy at the Limit) 삼부작을 내기 시작한 2001년 이후부터다.[12] 또한 이 시기 그는 1999년부터 현재까지 재직하고 있

10   Kearney, *Poétique du possible*, 272.

11   『현대유럽철학의 흐름』(임헌규·곽영아·임찬순 옮김)과 『현대 사상가들과의 대화』(김재인·임재서·전예완 역)는 각각 한울(1992)과 한나래(1998)를 통해 우리나라에 소개되었다. 원문 서지 사항은 다음과 같다. Richard Kearney, *Modern movements in European philosophy* (Manchester: Manchester University Press, 1987); *States of Mind: Dialogues With Contemporary Thinkers* (New York: New York University Press, 1995). 후자의 경우 마리옹을 비롯한 다른 주요 사상가들과의 인터뷰를 담아 다음과 같은 새로운 형태의 인터뷰집으로 출간되었다. Richard Kearney, *Debates in Continental Philosophy: Conversations with Contemporary Thinkers* (New York: Fordham University Press, 2004).

12   카니는 "한계의 철학" 삼부작을 설명하면서 이 기획에 대한 정의를 다음과 같이 내린다. "한계의 철학" 3부작에 속하는 "작품 각각은 각기 상이한 방식으로 말함과 존재의 새로운 가능성을 상상하기 위한 노력으로, 우리의 전통적 이해의 가장자리에 존재하는 극

는 보스턴 칼리지의 찰스 시릭 석좌교수직(Charles Seelig Professor)
에 올라 안정적으로 연구에 집중한다. 예수회에서 설립한 보스턴
칼리지는 이전부터 미국을 포함한 영어권 대학 가운데 유럽 대륙
철학을 심도 있게 연구하는 기관으로 정평이 나 있는 곳으로, 카니
가 이 학교에 재직하게 된 것은 아일랜드를 비롯한 유럽을 넘어 세
계 전역에 그의 사유를 전하는 좋은 계기가 된다. "한계에서의 철
학"과 더불어 2000년대 이후 그는 현상학과 해석학의 통찰을 기반
으로 삼아 자신만의 고유한 종교철학을 전개하는 데 집중한다. 바
로 이 맥락에서, 그는 자신의 초창기 철학적 통찰을 확장시켜 '가능
한 것의 신', 재신론, 그리고 재신론적 신앙을 발전시킨 종교 간 대
화를 위한 상상과 환대의 가능성을 정립하는 작업을 전개한다. 이
러한 종교철학적 성과는 최근 학계에서도 큰 반향을 불러일으키
고 있는데, 2018년 중국 베이징에서 열린 제24회 세계철학자대회
(XXIV World Congress of Philosophy)의 기조 강연자 중 한 명으로 "재
신론의 도전"(The Challenge of Anatheism)이란 강연을 했다는 것은
이런 반향을 입증하는 좋은 예시다.[13]

단적 경험을 가지고 이성만의 엄밀한 경계를 넘어서는 현상을 다룬다. 이 세 권의 책은
우리가 명백하게 설명할 수 없고 생각할 수 없는 것에 직면했을 때 **이야기가 중요해진
다**는 확고한 신념을 공유하고 있다." Richard Kearney, *On Stories* (London and New
York: 2002), 157, note 2. 이 기획에 대한 더 상세한 설명으로는 다음 문헌을 참고하
라. Michael Dunne, "Richard Kearney's 'Philosophy at the Limit'", *Tijdschrift voor
Filosofie*, 67ste Jaarg., Nr. 2 (Tweede Kwartaal 2005), 307-323.

13 　이 대회의 다른 기조 강연자로는 한스 율리우스 슈나이더(Hans Julius Schneider), 주
　　디스 버틀러(Judith Butler) 등이 있었다.

특별히 이런 그의 활발한 학문적 활동과 더불어 내가 강조하고 싶은 것은 카니가 책과 논문을 쓰는 데만 만족하지 않고, 새로운 신앙과 종교에 대한 관심을 실제적인 신앙과 종교 간 대화의 실천으로 확장한다는 것이다. 이를 위해 그는 직접 인도로 건너가 불교 승려들을 만나 그들의 수양 방식을 배우거나 이슬람 학자들을 만나 대화하는 등 다양하게 작업하고 있다. 이런 점에서 그에게 종교철학적 작업은 단지 이론이 아닌 실천 가운데 이루어져야 할 우리 몸의 변형과 몸들의 대화와 관련이 있다.[14] 또한 이런 대화는 단지 종교 간 대화나 교파들의 대화를 넘어, 갈등과 폭력의 사태에 직면해 있는 이들끼리의 화해와 치유를 위한 대화와 대안을 마련하는 학술대회나 콘서트, 영상제작, 이야기 나눔의 활동으로도 이어지고 있다. 특별히 이런 운동은 보스턴 대학의 후원 아래 2008년부터 "게스트북 프로젝트"(Guestbook Project)라는 이름으로 매우 적극적으로 진행되고 있다.[15] 바로 이러한 실천들로 인해 우리는 비단 지금까지만이 아니라 앞으로 더 폭넓게 전개될 카니의 열정적인 지혜의 운동을 기대해도 좋을 것이다.

---

14 이런 점에서 그의 철학에는 모리스 메를로-퐁티의 영향이 강하게 새겨져 있다. 더 나아가 그는 육체의 대화를 발전시키기 위한 철학의 방법으로서 육의 해석학 (Carnal Hermeneutics)을 발전시키고 있다. Richard Kearney, "What is Carnal Hermeneutics?", *New Literary History* 46 (2015): 99-124.

15 이 프로젝트의 소개 영상을 볼 수 있다(https://www.youtube.com/watch?v=91L2se RnXLg, 2020. 2. 4. 최종 접속). 카니가 직접 해당 프로젝트를 소개하는 이 영상에서 독도와 다케시마가 언급되는 것은 우리에게도 매우 흥미로운 대목이다.

II. 어떤 신을 믿을 것인가: 가능-존재로서의 신과 존재-종말론

이제 카니의 종교철학을 하나하나 따져 보자. 그는 리쾨르로부터 배운 현상학과 해석학을 기반으로 삼아, 그리고 '가능한 것의 시학'이라는 초창기 자기 철학의 방향 설정에 입각해서 가능-존재(*posse esse*)로서의 신 개념을 고안하는 방향으로 신-담론을 전개한다. 이런 신-담론의 정립은 종교에 대한 물음, 특별히 그리스도교를 비롯하여 아브라함 전통을 공유하는 유일신교가 다른 무엇보다도 신에 관한 물음을 경유해야 그 전체 내용을 갱신할 수 있다는 문제의식에서 비롯된 것이다.

이러한 시도는 일단 그의 철학적 우군이자 경쟁자라고 할 수 있는 마리옹, 카푸토, 웨스트팔 등이 공유하는 기본적인 문제의식, 곧 존재신론(ontotheology)에 대한 극복을 함축한다. 하이데거에게서 유래한 이 말의 의미는 다음과 같다. 서구의 형이상학은 신을 신 그 자체로 사유하기보다 존재자 일반에 대한 사유를 기반으로 삼아 신을 사유함으로써 "신다운 신"(der göttliche Gott)을 잃어버리고, 존재 역시 형이상학의 특수한 체계 아래 자기-원인과 같은 최고 완전한 존재자의 규정성 아래 기입되어 있어 사실상 존재 그 자체가 아니라 존재자에 대한 사유로 전락한다. 더 구체적으로 말해서, 데카르트나 헤겔이 사유한 것처럼 신이 최고 완전한 존재자나 자기원인으로 규정되면, 이것을 규정하기 위한 전제로서 존재자나 원인 개념이 전제되어야 한다. 이 경우 신은 전통 형이상학의 개념에 종속되고, 존재자나 원인 개념 역시 그 개념의 체계를 완성시키기 위해 부동의 원동자(아리스토텔레스)나 자기원인(데카르트, 스피노자, 헤겔) 같은 개념으로서의 신에 의존해야 한다. 그러므로, "형이상학은 내 어나름(Austrag)의 통합하는 통일성에서 보았을 때, 통일적으로 존재론(Ontologie)인 동시에 신론(Theologie)이다."[16] 이러한 존재신론 안에서 파악되는 신은 완전성, 불변성, 부동성 등의 고전 형이상학의 속성 개념들을 통해 파악될 뿐이므로, 정작 우리 "인간은 이런 신에게 기도할 수 없고 제물을 바칠 수도 없다."[17]

이렇게 존재신론에 종속된 신을 극복하기 위해 카니가 제안하는 것은 존재-종말론(onto-eschatology)으로 사유되는 가능-존재로서의 신이다. 카니는 이를 다양한 각도에서 사유하는데, 여기서는 그 가운데 가능-존재라는 개념이 가장 명확하게 드러나는 그의 출애굽기 3:14에 대한 독해 부분을 집중적으로 살펴보고자 한다. 그는 자신의 독해를 분명하게 "종말론적 독해"라고 소개한다. "나의 종말론적 독해에 의하면, ἐγώ εἰμι ὁ ὤν에고 에이미 호 온(나는 존재하는 그다)이라는 그리스어 번역은 히브리어 표현의 독창적 역동성을 너무 많이 놓치고

---

16 Martin Heidegger, *Identität und Differenz* (Pfullingen: Günther Neske, 1957), 64, 63. 『동일성과 차이』, 신상희 옮김(서울: 민음사, 2000), 65, 63. 여기서 "내어나름"은 존재와 신이 존재자의 사유의 논리 아래 서로에게 기대고 서로를 떠받쳐 주는 운동을 표현한 말이다. 『동일성과 차이』에서 내어나름(Austrag)은 존재와 존재자 서로에 대한 안과 바깥으로의 상호적 운반을 의미한다." John D. Caputo, *Heidegger and Aquinas: An Essay on Overcoming Metaphysics* (New York: Fordham University Press, 1982), 161. 『마르틴 하이데거와 토마스 아퀴나스』, 정은해 옮김(서울: 시간과공간사, 1993), 200.

17 Heidegger, *Identität und Differenz*, 64. 『동일성과 차이』, 65.

있으며, 헬레니즘적 존재론에 너무 많은 것을 넘겨주고 만다."[18] 그렇다면 존재론적 독해를 넘어서기 위해 우리는 어떤 계기에 주목해야 하는가? 여기서 카니는 약속(promise)에 초점을 맞춘다. 이것은 출애굽기 3:15 이하를 보면 곧장 확인할 수 있다. "그리고 하느님께서는 다시 모세에게 말씀하셨다. '너는 이스라엘 백성에게 이렇게 일러라. "나를 너희에게 보내신 이는 너희 선조들의 하느님 야훼시다. 아브라함의 하느님, 이사악의 하느님, 야곱의 하느님이시다." 이것이 영원히 나의 이름이 되리라. 대대로 이 이름을 불러 나를 기리게 되리라. … 그리고 너희를 이집트의 억압에서 끌어내어…'"[19] 이 것은 불타는 떨기나무에서 울려 퍼지는 목소리를 통해 모세에게 이집트에서의 탈출을 명령하고 해방을 약속하는 장면이다. 그러므로 3:14의 "내가 있다"는 선언은 약속을 성취하는 자로 신이 존재하리라는 것을 말한다. "이 종말론적 약속은 (모세와 신의) 나-너(I-Thou) 관계 내에 부여되며, 따라서 그 약속의 두 측면, 즉 인간적**이면서** 신적인 측면이 나타남을 여기서 반복할 필요가 있다."[20] 여기서 말하는 신-인의 이중적 관계성이 이 신-담론의 독특성이다. 인간의 입장에서 볼 때, 곧 "모세는 가까이 다가가기 위해 소환되지만, 또한 신발을 벗고 거리를 유지하도록 소환된다. 안전한 거리, 신성한 보

---

18 Richard Kearney, *The God Who May Be: A Hermeneutics of Religion* (Bloomington and Indianapolis: Indiana University Press, 2001), 27-28.

19 출애굽기 3:15, 17. 번역은 『공동번역 성서 개정판』(1999)을 따른다.

20 Kearney, *The God Who May Be*, 28.

호구역"[21]을 지키기 위해서 말이다. 반면 신은 인간에게 무조건적 종속을 강요하는 것이 아니라 그러한 거리 속에서 인간에게 응답함으로써 약속을 실현시키는 방식으로 자신과 인간과의 관계를 설정한다. "내가 너희에게 말한다. 그 약속은 그것을 받은 사람들이 미래에 대한 잠재성을 저버리지 않으면 **실현될** 수 있다."[22]

카니는 이 맥락에서 신의 이름 자체를 어떻게 규정하느냐는 문제를 넘어 새로운 신-인의 관계성이 도래하고 있음에 주목한다. 인간은 신의 자리를 대체하지 않지만 약속 안에 거리를 유지하며 신에게 다가서고, 신은 그러한 인간이 약속의 성취를 기대하며 자신의 약속 안에 머무르길 원한다. 그러므로 카니에게 존재-종말론적으로 신을 사유한다는 것은 신과의 관계가 어떤 약속의 성취 아래 유지되기를 갈망한다는 것을 뜻한다. 이런 점에서 신은 그 스스로 존립함으로써 신인 것이 아니라 미래의 약속을 인간과의 실천적 대화 속에 현실화함으로써 신이 되는 것이다. 여기서 카니는 자신이 의존하는 마이스터 에크하르트와 니콜라우스 쿠자누스의 존재 이해, 그리고 브르통의 철학적 성서 주해와 에크하르트 해석에 의존하면서 출애굽기 3장 14절에 대한 형이상학적 해석을 해체한다.[23]

---

21 Kearney, *The God Who May Be*, 28.

22 Kearney, *The God Who May Be*, 29.

23 예수회 출신의 신부이자 뛰어난 철학자이며 신학자인 브르통은 그리스 형이상학과 유대-그리스도교 전통을 횡단하면서 관계론적인 존재에 대한 사유, 신의 초월성과 세계의 내재성을 연결시키는 모험을 감행한 인물이다. 그의 철학적 성서 주해 역시 이런 사유의 맥락에서 이루어진다. 안타깝게도 우리에게는 거의 알려지지 않았지만, 20세기에 빼놓을 수 없는 가톨릭 철학자이자 신학자 중 한 사람이다.

에크하르트에 의하면, 해당 구절에서의 **"나는 존재한다"**(*sum*)
는 "불타는 덤불의 무규정성"[24]과 다름없다. 브르통은 이 무규정성
을 "우상파괴주의의 정화장치로서의 불"[25]에서 비롯한다고 이해한
다. 즉, "신은 여기서 자기 자신을 모든 술어로부터 해방시킨다."[26]
이 말은 신에게 어떤 제한된 규정성을 부여하는 모든 시도를, 불타
는 덤불 가운데서 스스로 존재하는 자로서의 신이 거부하고 있다
는 말이다. 그러므로 우리는 스스로 존재하는 신을 형이상학적인
개념 규정의 형태로 읽어 내지 말아야 한다. 오히려 카니는 에크하
르트의 신의 존재에서 "순수한 **선물**"[27]로서의 신을 읽어 낸다. 왜냐
하면 모든 술어로부터 해방되었기에 신의 "존재가 가장 높고 가장
순수하다"는 점에서 이 "신 자신이 스스로를 내주지 않으면 아무도
존재를 부여할 수 없기 때문이다."[28] 다시 말해 이런 식이 신은 이
떤 개념 규정에도 갇히지 않은 채 자신을 스스로 내어 줌으로써만
그 자신을 우리에게 알려 주는 존재다. 에크하르트가 말하는 자기-
비움 역시 이런 맥락에서 이해되어야 한다. 즉, 그에게 신의 존재는
어떤 이론적 교설과 신학적 진술에 갇히지 않은 채로 자신을 내어
주는 자기-비움의 존재다.

24   Kearney, *The God Who May Be*, 36.

25   Stanislas Breton, "'Je Suis (celui) qui Suis' (Ontologie et Metaphysique)", *Libres Commentaires* (Paris: Les Éditions du Cerf, 1990), 64.

26   Kearney, *The God Who May Be*, 35.

27   Kearney, *The God Who May Be*, 36.

28   Kearney, *The God Who May Be*, 36.

카니는 이런 에크하르트의 자기-비움의 신을 다음과 같이 풀이한다. "그의 유명한 정식, '나는 신이 나를 신으로부터 제거하기를 기도한다'는 정식은 결국 이행에 대한 명령의 반향으로 읽힐 수도 있다. 존재론 저편으로의 운동은 … 신의 궁극적인 약속을 향해 신의 본질을 능가해 버리는 운동을 필연적 귀결로 삼는다. 이러한 지혜에서 출애굽의 형이상학(존재-말-심연)은 형이상학의 출애굽이 된다. 자기 자신을 넘어서는 형이상학의 자기-비움의 운동 말이다."[29] 이런 "자기-비움의 운동"을 염두에 둘 때, 에크하르트의 출애굽기 3:14에 대한 이해도 더 잘 이해될 수 있다. 그에 의하면, "'나는 존재하는 나다'라고 두 번 반복해서 말하는 것은 모든 부정을 배제하는 긍정의 순수성이다. … 그것은 자기로의 그리고 자기에 대한 어떤 재귀적 전환을 나타내며, 자기 자신 안에 자신을 고정시키는 구획(또는 부동의 상태)을 나타낸다. 더욱이, 그것은 특정한 … 자기 탄생을 나타낸다. 사실, 이 존재는 자기 내부에서 팽창하고 자기 자신 위로 부글부글 끓어오르는 열정을 감추고 있다. 빛 안에 있는 빛은 온전히 그리고 총체적으로 모든 것을 관통한다."[30] 이처럼 에크하르트는 스스로 존재하는 자로서의 신의 존재 방식이 부동의 원동자와 같은 고정된 원인자 역할을 할 필요가 없다고 본다. 브르

---

29   Kearney, *The God Who May Be*, 37.

30   Meister Eckhart, *In Exodum 3:14, Lateinische Werke II*, 21. 다음 문헌에서 재인용.
Breton, "Je Suis (celui) qui Suis'", 61-62. 카니는 에크하르트를 철저히 브르통에 의존해서 인용하고 해석한다. 이에 여기서도 카니가 활용하는 바를 따라 브르통의 번역을 인용했다.

통이 말한 대로, "모든 교설을 뒤흔드는 신, 심지어 존경할 만한 **자존적 존재**도 뒤흔드는 신"[31]이다. 이 경우에 에크하르트에게 형이상학적 신의 해체 이후 남겨진 것은 이 불타는 덤불의 빛의 존재로서의 신의 존재이다.

그런데 우리는 이런 독특한 신 존재 이해를 보면서 한 가지 물음을 떠올릴 수 있다. 어떤 술어로도 신을 규정할 수 없다면, 신의 이름은 그저 무(無)나 아님(Nicht)이 되는 것인가? 만일 이렇게 답한다면 여전히 신의 신비를 부정적 진술 방식에 국한해서 이해하고 있는 것이다. 이 맥락에서 카니는 브르통을 따라 에크하르트의 신 존재 이해를 더 급진적으로 해석하는 길로 들어선다. 즉, 에크하르트의 서술될 수 있는 존재에 대한 부정이 신의 존재를 단적으로 부정하는 것이 아니라 이런 단적인 부정을 배제함으로써 또 다른 긍정으로 나아가는 것이라면, 신의 이름은 오히려 하나가 아닌 여러 가지 이름으로 지칭될 수 있다는 것이다. 이를테면, 우리는 "아브라함 전통에서" 신이 "엘로힘, 야훼, 아바, 퀴리오스, 알라"[32]로 다양하게 불렸던 것을 상기해 볼 수 있다. 그는 이것을 "브르통을 따라", 신에 대한 "모든 이름의 지명가능성(omni-namability)"[33]이라고 해석한

---

31   Breton, "Je Suis (celui) qui Suis", 66.

32   Richard Kearney and Chris Doude van Troostwijk, "A Conversation after God", *Richard Kearney's Anatheistic Wager: Philosophy, Theology, Poetics*, 46.

33   Richard Kearney and Chris Doude van Troostwijk, "A Conversation after God", 46; Stanislas Breton, "Kearney's The God Who May Be", *Research in Phenomenology* 34:1 (January 2004), 258, 262.

다. 불타오르는 신의 존재는 그 불 속에 여러 불꽃을 피워 내듯 여러 이름으로 약동하고 있다는 것이다.

그렇다면 우리는 이런 식으로 존재를 넘어선 존재이자 다른 모든 이름으로 **일컬어질 수도 있는** 가능-존재로서의 신과 어떤 식의 관계를 맺을 수 있을까? 바로 여기서 카니는 에크하르트의 존재에 대한 브르통의 해석에서 얻은 통찰을 쿠자누스의 가능-존재 개념을 통해 확증하려고 한다. 그는 에크하르트에게서 조금은 불명확한 형태로 등장하는 약속을 이행하는 절대 존재로서의 신이 쿠자누스에게서는 훨씬 더 분명하게 가능-존재로서 드러난다고 본다. "그래서 영원한 절대적 **가능**(posse)은 영원성이며 절대 가능의 영원한 **존재**(esse)는 오직 절대 가능으로부터 존재한다는 것을 내가 이해하는 것처럼, 그렇게 나는 영원한 가능이 판명한 존재를 가지고 있고 그 자체로 존재한다고 믿는다."[34] 여기서 보듯, 쿠자누스는 매우 명확하게 가능-존재의 절대성에 대해 말하고 있다. 카니는 이러한 가능-존재로서의 신의 이념을 따라 출애굽기 3:14을 재해석하며, 자신이 추구하는 신의 존재를 더욱 명징하게 제시한다.

신의 **존재**는 자신을 놀랍게도 극적으로 **가능**으로 드러낸다. 출애굽기 3:14에서 신과 모세의 교환은 내가 제안하는 바와 같이

---

[34] Nicholas of Cusa (Cusanus), *Trialogus de possest* (Latin and English), *A concise introduction to the philosophy of Nicholas of Cusa*, trans. Jaspers Hopkins (Minneapolis: University of Minnesota Press, 1978), 120-121. 강조는 필자.

어떤 비밀스러운 이름의 현시로서가 아니라, 약속을 변함없이 지키겠다는 서약으로서 유용하게 다시 읽힐 수 있다. 신은 천사를 가장하여 스스로를 변모시킨 불타는 덤불을 통해 말하고(per-sona), 이와 같이 다음과 같은 말을 하는 것처럼 보인다. **만일 네가 내 약속을 지키고 정의가 도래하기 위해 투쟁하다면 나는 존재할 수도 있다**(I am who may be). 호렙산에서 자신을 드러내는 신은 존재하는 것도 존재하지 않는 것도 아니다. 이 신은 우리에게 **아직** 존재하지 **않는** 존재로 도래하기 위해 언제나 다시 돌아오기를, 다시 생성하기를 약속하면서 말장난을 하고, 동어를 반복하며, 타오르다 침잠하는 그런 신이다. 이 신은 존재할 수도 있는 도래하는 신이다. … 이 출애굽의 신은 광야에서 속삭이고 우는 아직은 작은 목소리의 이름으로 무신론의 독단론과 유신론의 독단론이라는 극단을 배제한다. 아마도.[35]

카니가 제안하는 이러한 신은 어떤 특징을 갖는가? 나는 이 특징을 크게 세 가지 정도로 간추려 볼 수 있다고 생각한다. 먼저 관계성이 드러난다. 여기서 신은 모세와의 관계, 인간과의 관계에서 약속을 통해 자신을 드러냈다. 이런 점에서 사람들 간의 신뢰와 믿음이 약속을 준수함에 따라 증진되듯이 신과 인간 사이의 믿음 역시 약속을 통해 맺은 관계를 따라 증진되거나 쇠락할 것이다. 다음

---

35   Kearney, *The God Who May Be*, 37-38.

으로, 윤리의 문제가 개입되어 있다. **"정의가 도래하기 위해 투쟁한다면"**이라는 조건은 이 점을 매우 잘 보여 준다. 가능-존재로서의 신의 약속은 윤리적·사회적 정의의 구현을 따라 그 성취 여부를 이해할 수 있게 된다. 이 맥락에서 우리는 출애굽의 약속이 억압으로부터의 해방이라는 점을 고려해야 한다. 즉, 존재할 수도 있는 신은 윤리적 정의의 도래 안에서 기대되는 신이다. 세 번째로, 신은 역사적 시간성 안에서 약속의 성취를 갈망하는 신이다. 종말론적 관점은 과거로부터 있어 온 존재와 현재 약속을 받은 자와의 약속이 성취되길 기대하며 미래로 향하는 존재를 긍정한다. "존재할 수도 있는 신은 우리에게 불가능해 보이는 것이 외견상으로만 그러하다는 것을 상기시킨다. 일단 신에 의해 변형되면, 역사적으로 불-가능했던 것에 잠복하여 기입된 종말론적 잠재성을 드러내면서 모든 것이 다시 가능하게 된다."[36] 더 나아가 역사 속에서 "변형하는 신(The transfiguring God)은 한순간의 신이 아니라 과거의 약속들을 기억하는 자임과 동시에 종말론적 미래 속에서 그 약속들에 신실하게 머무르는 기억하는 자다."[37] 즉, (브르통을 경유한) 에크하르트를 따라서, 신이 다양한 이름으로 말해질 수 있다는 것은 윤리적 정의의 도래 가운데, 다양한 역사적 상황 속에서 다양한 방식으로 신의 약속이 성취되는 가운데 이루어지는 신에 대한 말(God-talks)이 된다.

36　Kearney, *The God Who May Be*, 5.

37　Kearney, *The God Who May Be*, 25.

그런데 이 세 가지 특징을 종합적으로 고려할 때 이런 약속의 성취는 비단 신-담론만을 새로 정립해서 가능해지는 과업은 아닐 것이다. 정의와 윤리에 대한 신적 약속은 세계-내-존재로서의 인간들의 삶 속에서 현실화될 수밖에 없다. 바로 이 지점이 카니가 가능-존재로서의 신에 대한 성찰을 거쳐 우리의 신앙의 갱신과 책임으로 나아가는 지점이 된다. 정통주의 신학의 관점에서 볼 때는 오해의 소지가 다분하겠지만, 카니는 가능-존재로서의 신의 약속이 인간들의 책임과 협력 속에서 이루어진다는 점에서 신과 인간의 관계를 펠라기우스주의 재생으로—아마도 이는 그가 신학자가 아닌 철학자이기 때문에 가능한 도발적 제안일 것이다!—이해해야 한다고 본다. "이제 우리는 모두 펠라기우스주의자다! 어떤 의미에든지 말이다. 우리는 은총을 받고, 그 은총을 가지고 하는 어떤 일에 대해 우리 모두 책임이 있다. 이런 점에서 나는 여전히 마음 속 깊이 실존주의자다."[38] 즉, 가능한 신, 종말론적 약속으로 성취되는 신은, 인간과 맺은 약속 가운데 성취되는 신이며 우리는 신에게 부여받은 약속으로 인해 구원과 환대의 책임을 져야 하는 존재로 정립된다. 이처럼 카니의 신-담론은 신에 대한 새로운 이해를 제시하는 데 그치지 않고 신앙의 갱신과 곧장 연동된다. 이런 신앙의 갱신은 곧 재신론의 도전으로 이어진다.

---

38   Allina N. Feld and Richard Kearney, "Thinking in Action: An Interview with Richard Kearney", 162.

III. 재신론의 수립

이 새로운 신앙론을 제안하기 위해 카니카 내놓은 것이 바로 『재신론: 신 이후의 신으로의 귀환』(*Anatheism: Returning to God after God*)이라는 역작이다. 여기서 카니는 가능-존재로서의 신, 역사와 일상적 현실 안에서의 정의에 대한 약속의 성취와 마주하는 신앙이 무엇인지를 구체적으로 해명한다.

이 물음에 응답하기 전에 먼저 카니의 문제 제기를 다시 환기하면서, 그가 자신의 문제 제기를 풀어내는 철학적 방법이 무엇인지 살펴보도록 하자. 카니는 재신론을 전개하면서 우선 가능-존재로서의 신에 대한 신, 즉 전통 형이상학의 존재신론을 극복하는 신에 대한 신앙을 말하기 위해서는 방법의 혁신이 있어야 한다고 강조한다. 왜냐하면 고전적 신론은 형이상학의 체계 안에 갇힌 개념으로서의 신을 사유해 왔고, 이러한 신은 이성적 체계 안에서 자신을 방어할 수 있을 뿐 지금 여기의(*hic et nunc*) 신으로는 부적합하기 때문이다. 한 예로, 20세기 중반부터 많은 신학자들과 철학자들이 이런 물음을 던졌다. 아우슈비츠에서 신은 어디에 있었는가? 아우슈비츠 이후 신은 무엇인가? 형이상학적 신학의 해법은 불변하고 초월적이며, 완전한 신을 위해 변신론을 제시하는 것이다. 하지만 변신론에서 신은 변호될지는 몰라도 그 신이 성서 이야기에서의 신이나 고통받는 인간의 역사 속에서 일컬어지는 신과는 거리가 있다. 실제로, 카니는 이런 문제의식을 전면에 내세운다. "베르됭(Verdun)의 공포 이후, 홀로코스트 이후, 히로시마 이후, 굴락 (gulags) 이후 신을 말하는 것은 우리가 신을 새로운 방식으로 말하지 않는 한 전부 모욕에 불과하다. ··· 이것이 바로 신 **이후의** 신으로의 귀환에서 내가 의도한 부분이다."[39]

이처럼 존재신론 안에서 말해지는 전쟁과 고통, 악에 대해 무능한 신을 대체하는 신에 대한 신앙을 말하려면 형이상학의 방법이 아닌 다른 사유의 방법이 필요한데, 그것이 바로 이야기 해석학이다. "방법과 관련해서, 이 책은 해석학적 이야기의 형태를 취한다."[40] 해석학에 대해서는 많이 알려져 있다. 특별히 리쾨르적 의미에서 해석학은 상징, 기호, 문화, 텍스트의 어떤 부분에서 그것들의 전체, 그리고 그 전체에서 다시 부분을 이해하는 해석학적 순환 안에서 해석의 대상을 이해하는 활동이다. 또한 리쾨르에게 이 활동은 단지 이해로 그치는 것이 아니라 그 이해에 대한 비판적 설명을 경유하는 이른바 이해와 설명의 변증법을 통해 얻어 낸 의미를 다시 세계-내-존재로서의 인간 주체에게 전유해 내는 것까지를 과제로 삼는다. 그런데 여기서 우리는 이런 해석학에 결부된 '이야기'(narrative, story) 개념에 주목해야 한다. 우선, 카니나 리쾨르에게 이야기라는 것은 형이상학적 체계를 완성하는 일련의 공리나 따름정리로 구성되지 않는 복잡다단한 삶의 현실을 모방(미메시스[mimesis])을 통해 재창조해 내는 형식이다. 인간들의 이야기—

---

39   Kearney, *Anatheism*, xvi.

40   Kearney, *Anatheism*, xvii.

역사와 허구가 통합된 이야기—는 다양한 의미를 함축하는 가운데 우리에게 생동감 있게 다가오는 의미 전달체다. 다시 말해 어떤 이론적 체계를 갖추기 전에 인간의 삶이 녹아 있는 주요 이야기들을 통해 신앙의 실존을 이해하는 해석학적 작업이 삶의 여정 속에서 끊임없이 재형성되는 가능-존재로서의 신의 나타남과 그에 반응하는 우리의 신앙을 사유하기에 더 적합한 방법이라는 것이 바로 카니의 입장이다. 이에 카니는 다음과 같이 말한다. "나는" 재신론을 주장하면서 "두 가지 주요한 해석학적 내기가 작동하고 있음을 말하고 싶다. (1) 우리 시대의 성스러운 것의 다양한 목소리, 텍스트, 이론의 해석에 관한 철학적 내기. (2) 내가 믿음과 불신, 불확실성과 경이에 관한 일상의 운동에 핵심적이라고 주장하는 실존적 내기. 후자의 운동은 종종 첫 번째 것을 언어로 번역했을 때의 이야기로 표현된다. 즉, 그것은 문화적, 종교적, 또는 예술적 증언의 형태를 취할 수 있고, 찰스 테일러의 표현대로 우리에게 가장 중요한 것, 우리가 우리의 삶에서 가장 소중하고 '성스럽다'고 생각하는 것에 관한 '강도 높은 평가'(strong evaluation)의 의미를 제공한다."[41] 여기서 보듯, 이야기에 대한 해석학적 이해와 논증은 인간 삶의 다양한 양상을 포괄하면서도 우리의 평가를 회피하지 않는다. 왜냐하면 이야기가 담고 있는 장르적 특성이 소설 이야기나 영화 이야기에 대한 비평에서 보듯 비평의 도입에 개방되어 있기 때문이다. 이

---

[41] Kearney, *Anatheism*, xvii. 여기서 내기(wager)라는 말이 굉장히 중요하다. 뒤에서 설명할 것이다.

런 점에서 이야기 해석학은 이해를 추구하는 신앙을 말하기에 적절하다는 것이 카니의 방법론적 입장이다.

이제 다시 카니가 의도하는 신앙의 문제로 돌아가 보자. 우선 이를 이해하기 위해서는 그가 제안한 신조어인 재신론(anatheism)의 의미를 이해해야 한다. 재신론의 '재'를 의미하는 'ana-'는 기본적으로 '이후'(after), '다시'(again), '반복'(repetition) 등의 의미를 가진다. 즉, 재신론의 신은 죽음을 선고당한 형이상학의 신, 홀로코스트 당시 무력했던 신, 종교 전쟁을 지지해 주는 신 이후의 신을 의미하고, 재신론의 신앙은 앞서 열거한 신의 죽음 이후의 신을 믿는다는 것과 관련한다. 이러한 재신론의 정의에 관한 카니의 중요한 언급을 살펴보자.

> 접두어 *ana*가 암시하고 있는 것처럼, 재신론은 반복과 귀환에 관한 것이다. … 이는 플라톤의 **상기**(*anamnesis*)와 마찬가지로, 우리는 무시간적 형상을 갖는 우리의 선재함(preexistence)을 기억해 내는, 완전성의 선재적 상태로의 회귀의 의미와는 전적으로 다르다. 또는, 실제로 현대성이 영원한 진리들을 말소시키기 전에 어떤 순수한 믿음의 타락 전 상태로 되돌아간다는 의미를 뜻하지도 않는다. 여기에는 어떤 노스탤지어도 존재하지 않는다. 우리는, 키에르케고어로부터 빌려 온 것, 곧 **뒤로의** '회상'이 아닌 **앞으로 나아가는** '반복'과 관련한다. *Ana*라는 신호는 내가 원초적 내기(premordial wager)라고 부르는 것으로 되돌아가는 운

동을, 믿음의 근원에 있는 추정적 헤아림의 첫 순간을 알려 준다. 그것은 우리가 신앙과 비신앙을 자유롭게 선택할 수 있는 공간을 다시 여는 것을 의미한다. 이처럼 재신론은 복원된 믿음의 선택에 관한 것이다. 그것은 유신론과 무신론의 분열 **이후**만이 아니라 **이전**에도 작동하며 두 가지 모두를 가능하게 한다. 간단히 말해서, 재신론은 종교의 주요 장면이라고 불릴 수 있는 그 장면에 다시 다가서도록 초대하는 것인데, 이 초대는 곧 우리가 선택했거나 선택하지 않은 철저한 이방인과의 만남이다. … 여기서 이방인의 장면은 우리가 가담한 재신론적 내기의 핵심이다.[42]

여기서 우리는 재신론과 관련해서 몇 가지 대단히 중요한 단서를 얻을 수 있다. 첫째, 재신론의 신앙은 반복과 귀환을 말하지만 기원으로의 회귀는 부정한다.[43] 즉, 카니는 형이상학적 신의 죽음

---

[42] Kearney, *Anatheism*, 6-7.

[43] 이 맥락에서 카니는 데리다와 공명한다. 기원에 호소하고 어떤 기원을 준거로 삼아 철학과 신학을 세워 가는 모든 시도는 결코 우리가 파악할 수 없는 현전에 집착하는 '현전의 형이상학'에 불과하다. 카니 역시 데리다처럼 절대적 기원이 해체되어야 한다는 데 동의한다. "우리는 오늘 다시 그것을 목격하고 있다. 아무도 빛이나 선에 대한 특권을 가지고 있지 않다. 하지만 그렇다고 해서 우리 모두가 완전한 어둠, 코라, 결정불가능성으로 비난을 받아야 함을 의미하지는 않는다. 나는 모든 것이 해체되어야 한다고 생각한다. 하지만 나에게는 다음과 같은 물음이 있다. 해체 이후 어떤 것이 있는가? 그것이 내가 아직도 해석학을 믿는 이유다. 나는 회상, 부활, 화해를 믿는다." Richard Kearney and Mark Manolopoulos, "Faith in Hermeneutics: With Richard Kearney", *With Gifted Thinkers: Conversations with Caputo, Hart, Horner, Kearney, Keller, Rigby, Taylor, Wallace, Westphal*, ed. Mark Manolopoulos (Bern: Peter Lang, 2009), 135-136.

이후, 다시 어떤 순수했던 신앙의 시대로 돌아가자고 촉구하지 않는다. 그가 보기에 기원으로 회귀하는 신앙은 도달할 수 없는 것, 이미 지나가서 다시 오지 않는 것을 추구한다는 점에서 신앙이라기보다 기만에 가깝다. 우리는 지금 여기서, 이미 특정한 방식으로 맥락화된 상황 속에서 신앙을 가지는 것이지 원형의 상태로 돌아갈 수 있는 존재가 되지 못한다. 물론 카니에게도 역사적으로 신앙의 시발점이 되는 것처럼 보이는 '순간'에 대한 이야기에 초점을 맞추는 것은 중요하다. 하지만 그 '순간'은 순간 그 자체로만 있는 것이 아니라 **지금 여기에서** 전유되어야 할 해석학적 주제다. 둘째, 재신론의 신앙은 일종의 '내기'(wager)다. 이것은 신앙이 실존론적이고 자유로운 결단의 계기를 반드시 내포한다는 것을 의미한다. 단, 카니는 이것을 블레즈 파스칼(Blaise Pascal)의 내기와 구별한다. "파스칼적 내기"에서는 자신의 구원을 두고 "계산이나 확률의 논리"에 의존하는 반면, 재신론의 "이러한—리쾨르와 테일러를 따르는—이야기의 내기는 … 상상과 환대에 더 가깝다는 점에서 파스칼적 내기와 다르다."[44] 다시 말해 파스칼의 내기는 신이 있건 없건, 신을 믿는 것이 차후 내세가 실제로 존재할 경우 구원의 혜택을 입는 수단으로 작용하기에 우리에게 불신앙보다 더 나은 선택지가 됨을 나타내는 것으로, 신앙을 일종의 수단으로 삼게 한다. 그에 반해 카니의 내기는, 이후에 더 상세하게 진술하겠지만, 신적 타자에 마

---

44 Kearney, *Anatheism*, xvii.

주 선 순례자의 결단에 가깝다는 점에서 키에르케고어가 말한 이삭을 바치기로 결단했을 때의 실존론적 내기와 유사하다. 셋째, 재신론의 신앙은 무신론과 유신론의 첨예한 분리를 극복하려고 한다. 유신론과 무신론의 구별은 그 자체로 배타성을 함축할 수 있다. 물론 양자는 구별되지만 이 구별은 형식적인 구별이어야 할 뿐, 신앙의 준거점 역할을 할 필요가 없다. 만일 이것이 준거점이 된다면, 신 존재 증명처럼 신을 증명의 대상으로 삼거나 그렇게 증명된 신적 존재의 확실성을 따라 혹은 비-존재의 확실성을 따라 유/무신론의 이분법적 진영이 설정된다. 카니는 이런 낡은 구별이 전투적인 유신론이나 무신론을 만들어 낼 뿐이므로 이런 구별이 마치 정설인 것처럼 기능했던 담론의 질서 이후, 그것을 극복하는 신앙을 꿈꾼다. 카니의 재신론에서 유신론과 무신론은 증명의 논리를 따라 첨예하게 분리되는 것이 아니라 서로 얽혀 있는 가운데 서로가 서로에게 신앙의 삶을 구성할 수 있는 계기로 기능한다. 이를테면 무신론적 의심은 독단적 믿음을 치유하는 기능을 할 수 있고 어쩌면 그 역도 가능할 것이다. 카니는 다음과 같이 말한다. "재신론은 독단적 유신론에 대한 해독제로서 이러한 무-신론적 순간을 전제한다."[45] 이런 점에서 "재신론을 유신론과 무신론을 대체하는 제3의 항으로" 보는 것은 재신론을 "잘못 독해하는 것이다. … 오히려 재신론은 무신론과 이신론의 이분법 **이전의**(before) 공간과 시간, 그

---

45 Kearney, *Anatheism*, 6.

리고 그것 **이후에** 작동하기 때문에 양자를 앞서 포함한다고 말해야 한다."[46] 넷째로, 재신론의 신앙을 결정하는 것은 이방인에 대한 환대/적대에 달려 있다. 카니는 신앙의 이야기가 거의 예외 없이 이방인에 대한 수용과 거절의 장면을 담고 있다고 본다. 여기서 우리는 그의 신에 대한 태도를 엿볼 수 있는데, 신은 그저 초월적이기만 한 것이 아니라 육화한 채로 다가오는 손님의 모습으로 도래한다는 것이다. 재신론은 이렇게 손님이 도래하는 사건에 대한 응답 안에서만 형성된다. 마지막으로, 재신론은 종교 간 대화를 추구한다. 재신론의 쟁점은 신 자체만이 아닌 타자와의 관계 안에서의 신앙이다. 그 신앙은 이미 언급한 대로 이방인에 대한 수용과 거절을 통해 형성되는데, 만일 이 이야기가 특정 종교의 전유물이 아니라면 그런 환대에 관한 물음은 종교적 이방인, 종교적 타자와의 대화, 신앙 간 대화까지 포함할 수 있다. 실제로, 카니는 이렇게까지 말한다. "여기서 우리는 종교 간 환대의 중요한 문제를" 해석학적 이야기의 이해, 이야기 해석학을 통한 "급진적인 번역의 과제로 다룬다."[47]

46 Richard Kearney, "God After God: An Anatheist Attempt to Reimagine God", *Reimagining the Sacred: Richard Kearney Debates God*, eds. Richard Kearney and Jens Zimmermann (New York: Columbia University Press, 2016), 7.

47 Kearney, *Anatheism*, 48.

IV. 재신론의 이야기

그렇다면 재신론의 신앙은 어떤 방식으로 구축되는 신앙인가? 구체적으로 어떤 이야기의 해석을 통해, 어떤 이야기의 순간에, 어떤 내기를 걸고, 어떤 환대를 하겠다는 것인가? 카니는 이것을 보여 주기 위해 자기 특유의 이야기 해석학을 전개한다. 맨 처음으로 다시 (again) 해석되는 이야기는 아브라함이 이삭, 야곱으로 이어지는 족장들의 이야기다. 카니에 의하면, 아브라함의 신앙의 절정으로 간주되는 이야기, 곧 이삭을 희생 제물로 바치려는 이야기를 일-방향적으로 해석해서는 안 된다. 아브라함을 둘러싼 신앙은 언제나 양극단 사이에 놓여 있다. 그의 신앙은 이방인을 환대하는 신앙이기도 하면서, 이스마엘과 하갈을 내쫓은 것에서 보듯 적대와 배제의 신앙이기도 하다. 이것은 신자의 신앙이 일관적으로 나타나지 않을 수 있다는 것을 잘 보여 준다. 이런 점에서 카니는 재신론의 신앙이 언제나 두려움(fear)과 떨림(trembling)을 동반해야 한다고 본다. 아브라함의 신앙이 다시 정립되는 모리아산에서 이삭을 희생 제물로 바치려는 그 순간, "그는 죽음보다 삶을 선택하지만, 큰 '두려움과 떨림'을 경험한 이후(after) 비로소 선택을 하게 된다."[48] 그런데 여기서 중요한 것은 그 내기의 성패 여부가 아니라 이런 내기를 통해 결정적 도전을 받는 신앙에서 어떤 변증법적 지양이나 상승 같

---

48 Kearney, *Anatheism*, 19.

은 것이 이루어지지는 않는다는 점이다. 오히려 내기와 선택은 늘 반복될 수 있고, 그 가운데서 신앙은 배타적인 것으로 변모할 가능성을 늘 내포한다. 이런 점에서 두려움과 떨림은 일회적인 것이 아니라 반복되는 어떤 것이며, 그 반복은 아브라함이 직면했던 것처럼 어떤 신적 타자의 목소리를 듣는 가운데 이루어진다. 따라서 재신론의 신앙은 "다시, 또 다시 재신론적으로 갱신되어야 하는 내기다. 그리고 아브라함의 후손들은 역사를 관통하며 그 뒤를 따라갔다. 낯선 사람을 배척하거나 낯선 사람을 껴안아라. 사실, 매년 열리는 유대교 절기인 초막절이란 아브라함 추종자들에게는 그들이 영원히 천막의 거주자이자 이방인임을 상기시켜 주는 역할을 한다. 이것은 해마다 다시 또 다시 반복되어야 하는 상기점이다. 왜 그런가? 대부분의 다른 종교와 마찬가지로 성서적 종교도 가장 좋은 일과 가상 나쁜 일을 다 할 수 있기 때문이다. 이 모든 것은 처음이자 마지막 차원에 속하는 신앙의 내기—신의 말씀에 대한 해석학적 독해—로 귀결된다."[49]

여기서 보듯, 카니는 신앙이 무조건적인 선이나 악으로 귀결된다고 보지 않는다. 그보다는 환대/적대의 순간, 그러니까 이방인과 마주하는 그 순간에 어떤 결의를 하는가, 어떤 내기를 거는가에 따라 신앙은 재정립되는 격동의 과정에 들어가고, 그런 과정은 끊임없이 반복되어 나타날 수 있다. 이것은 신약성서에도 꾸준히 나타

---

49   Kearney, *Anatheism*, 19-20.

나는데, 여기서 카니는 그리스도의 어머니 마리아의 신앙을 언급한다. 마리아에게 수태고지 사건은 낯선 자, 이방인이 침입하는 사건이었다. 우리는 마리아를 찾아온 이를 천사로 쉽게 간주하지만, 조금만 상상력을 가미해서 보면 마리아의 입장에서 갑작스레 들이닥친 이방인을 곧장 아름다운 천사로 간주하기는 어려웠을 것이다.[50] 그럼에도 "마리아는 이방인에게 자신의 품을 열고 아이를 임신한다. 요컨대, 마리아는 두려움보다 은총을 택한다. 그녀는 부름에 응답하고, 약속을 신뢰한다. 마리아는 감히 불가능한 일을 가능한 것으로 상상한다. … Ana, 곧 다시(again)라는 것이 핵심이다. 마리아가 다시 생각하고, 다시 믿고, 다시 신뢰하는 바로 이것이 그리스도교적 재신론의 첫째 행위다."[51] 앞서 언급했던 것처럼, 신은 가능-존재로, 약속을 성취하는 자로, 인간의 응답을 기다리는 자로 존재한다. 마리아는 불가능해 보이는 수태의 약속을 받아들이는 가운데 신앙을 갱신해 낸다. 이것이 바로 불가능한 것에 대해 가능한 것을 성취해 낸 신앙의 재정립이자, 가능-존재로서의 신에 대한 믿음의 이행이다.

아브라함과 그리스도의 어머니 마리아 이야기에 대한 해석에서 우리는 재신론의 중요한 단서를 찾을 수 있다. 그것은 재신론

---

50 산드로 보티첼리(Sandro Botticelli)의 "수태고지"라는 그림에 마리아의 거부 반응이 잘 묘사되어 있다. 카니도 마리아의 내기를 설명하며 이 그림을 예시로 든다. Kearney, *Anatheism*, 23-26.

51 Kearney, *Anatheism*, 24-25.

이 개인에게 닥치는 위기의 상황, 카니의 표현대로 어떤 내기를 해야 하는 상황에서의 결단과 결부됨과 동시에, 그 결단에 앞서 일종의 '영혼의 밤'의 시기 동안의 숙고를 거친다는 점이다. 이런 점에서 재신론은 기존의 신앙이 특정한 상황 속에서, 이방인과 마주하는 상황 속에서 깊은 숙고를 거치는 가운데 재탄생되는 것을 말한다. 카니는 이를 다음과 같이 명료하게 정리한다. "그러므로 재신론은 실현되지 않은 또는 중단된 가능성들에 집중하는데, 만약 한 순간이라도 무-신론을 경험한다면, 더 강력하게 재탄생한다. 즉, 여기서 '*a-*'는 기권, 궁핍, 철회의 몸짓이며, 그것은 인식론적 이론, 도그마, 신조 또는 명제의 문제라기보다 선반성적인, 일상적인 상실감과 고독, 불안하거나 버림받은 기분, 실존적인 '영혼의 어두운 밤'의 문제다. 이런 순간을 맛보지 못한 사람이 있는가? 이 궁핍의 순간—첫 번째 *a*—은 재신론과 분리될 수 없다. 그런데 *ana*에서 우리는 두 *a*를 갖는다. 첫 번째 *a*가 무-신론의 '*a-*'라면, 두 번째 *a*는 '아님의 아님'이다. 재신론의 '*a-a*'는 결국 어떤 새로운 것을 다시 열어 주는 것이다."[52]

그런데 여기서 우리는 그리스도교의 맥락에서, 카니가 아브라함과 그리스도의 어머니 마리아를 거쳐 그리스도교 신앙의 중심인 예수 그리스도를 어떻게 이해하는지 살펴보아야 한다. 카니에 의하면, 그리스도 역시 타자와의 마주침에서 오는 두려움과 떨림, 그

52　Kearney, "God After God: An Anatheist Attempt to Reimagine God", 8.

| 우리 시대의 그리스도교 사상가들 ◆ 리처드 카니

리고 환대의 내기 속에서 자신의 신앙을 갱신시킨 자다. 그는 자신의 핵심 가르침과 구원 사역을 제자나 이방인, 고통받는 이들과 마주하여 보여 주었다. 즉, 예수 그리스도는 환대 자체를 신앙의 정수로 보여 주면서, 그 자신이 이방인이자 손님으로도 기능한다. 즉, "우리는" 예수를 통해 "주인이자 손님으로서의 신성한 이방인의 위대한 역설과 마주한다. 예수는 갈증을 느끼는 이방인에게 환대를 베푸는 사람이고, 우리를 불러 그를 손님으로 맞이하게 하는 … 자다."[53] 성서의 이야기에서 예수의 삶은 이방인을 환대하는 다양한 사례를 보여 준다. 하지만 거기서 그치는 것이 아니라 예수는 타자에 대한 환대가 바로 예수 자신을 존중하는 것과 같다는 급진적인 요구를 던진다. "확실히 예수는 자신을 저명한 군주가 아니라 초대받지 않은 외인이 문을 두드리는 것, 또는 음식을 먹거나 거처를 마련해 달라고 하면서 거리를 떠도는 '이들 중 가장 작은 이'(ἐλάχιστος)라고 묘사했을 때의 낯선 손님으로서의 역할을 선포하고 있었다. '너희 중에 가장 보잘것없는 사람 하나에게 해 준 것이 바로 나에게 해 준 것이다'(마 25:40 참조). … 이것은 다음 물음에 대한 정확한 답변이다. '언제 주님께서 나그네 되신 것을 보고 따뜻이 맞아들였는가?' 왜냐하면 그들은 그들 앞에 있는 외인에게서 구체화된 신성을 알아보지 못하였기 때문이다."[54] 마태복음 25장의 이야기에서 보듯, 그리스도의 가르침은 신성이 이방인에게, 타자에게

---

53 Kearney, *Anatheism*, 27.

54 Kearney, *Anatheism*, 28-29.

담겨 있고, 그렇기 때문에 신성한 것에 대한 경외와 믿음은 절대 타자가 아닌 나와 다른, 피와 살을 가진 타자에게서만 찾을 수 있다고 말한다. 이런 점에서 그리스도가 의도하는 "종말론" 역시 "우리 가운데 있는 외인의 현전 가운데 실현된다. 손님에 대한 사랑이 신에 대한 사랑이 된다."[55]

이 대목에서 우리는 이방인으로서의 타자와의 만남을 신앙의 내기의 근간으로 여기는 카니의 재신론이 타인의 타자성에 초점을 맞추고 있음을 알 수 있다. 그렇다면 여기서 한 가지 더 해명해야 할 주제가 있는데, 그것은 다름 아닌 타자성의 성격에 관한 문제다. 이 문제를 진단하기 위해, 카니는 '한계에서의 철학' 삼부작 중 한 권에 해당하는 『이방인, 신, 괴물』이라는 책에서 "판별의 해석학"(diacritical hermeneutics)[56]을 제안한다. 여기서 길게 상술할 수 없지만, 이것은 양극단, 곧 슐라이어마허(Friedrich Schleiermacher)와 딜타이(Wilhelm Dilthey)로 이어지는 낭만주의 해석학(Romantic Hermeneutics)과 레비나스, 데리다(Jacques Derrida), 리오타르(Jean-François Lyotard) 등을 더 철저하게 계승하는 카푸토의 급진적 해석학(Radical Hermeneutics)을 극복하려는 시도다. 그가 보기에 낭만주의 해석학은 너무 성급하게 나와 타자, 주인과 손님을 지평융합이

---

55   Kearney, *Anatheism*, 29.

56   Richard Kearney, *Strangers, Gods, and Monsters: Interpreting Otherness* (London and New York: Routledge, 2003), 17. 『이방인, 신, 괴물: 타자성 개념에 대한 도전적 고찰』, 이지영 옮김(서울: 개마고원, 2004), 39.

라는 미명 아래 포섭하려고 하고, 카푸토의 급진적 해석학은 무한
한 타자의 무한한 요구를 너무 쉽게 환대해 버리는 길을 선택한다.
이에 그는 판별의 해석학을 제안한다. "판별의 해석학은 이러한 낭
만적이고 급진적인 선택지를 넘어 제3의 길에 전념한다. 이 중간의
(μεταξύ) 길이 사실 어느 쪽보다 더 급진적이고 도전적이라는 것이
나의 주장이다. 융합된 지평의 조화로운 교감과 비-연합의 종말론
적 균열을 모두 벗어나, 나는 서로 명백하게 다른 것이지만 비교불
가능하지 않은 자아들의 상호 소통 가능성을 탐구하기 위해 노력
할 것이다. 판별적 접근은 우정이 차이를 환영함으로써 시작된다고
주장한다."[57] 얼핏 보기에, 카니 역시 타자와의 만남과 환대를 중요
시한다는 점에서 레비나스나 데리다의 타자 이론과 별 차이 없는
타자성을 제시하는 것처럼 보인다. 즉, 그 어떤 개념이나 정보로도
환원되지 않는, 비주제적 타인이라는 무한의 타자성을 카니도 수용
하는 것처럼 보인다. 하지만 그는 타자가 괴물처럼 다가올 가능성
도 열어 두어야 한다고 본다는 점에서 무조건적 환대를 일으킬 수
있는 타자성 개념과 거리를 둔다. 손님은 내가 사는 집의 문화에 잘
어울릴 수도 있지만, 내 집을 부술 수도 있고 어지럽힐 수도 있다.
여기서 우리의 몫으로 남겨지는 것은 마리아가 이방인 타자인 천
사에게 응답하기 위해 숙고의 시간을 가졌던 것처럼 일종의 '영혼
의 밤'으로서의 숙고를 거치는 것이다. 물론 그런 숙고의 시간이 타

---

57   Kearney, *Strangers, Gods, and Monsters*, 18. 『이방인, 신, 괴물』, 41.

자에 대한 올바른 판단을 무조건 보장해 주지는 않는다. 하지만 이해와 해석의 작업은 "타자가 동일성 안으로 붕괴되거나 접근 불가능한 타자성으로 쫓겨나지 않음을 확신하는 방식으로 … 타자와의 **접촉을 유지한다.**"[58] 이러한 거리 유지가 타자에 대한 이해와 해석을 끊임없이 가능하게 함으로써 이방인으로서의 타자를 무조건 절대화하지 않으면서 타자를 통해 자기 자신에 대한 개방과 변경도 가능하게 한다. 이러한 해석학적 소통의 작업이 언제나 아름다운 결과를 내지는 않지만—타자와의 만남에서 좋은 결과를 기획하는 일이 가능하다고 보는 것은 자칫 모종의 전체성의 귀환을 낳는다—적어도 판별 작업을 통해 "우리가 가능한 한 더 정당하게 판단할 수 있도록, 더 사려 깊게 판단하도록 초대"[59]할 수는 있다. 이런 점에서 우리는 카니의 재신론적 신앙을 일종의 해석학적 신앙으로의 초대로 이해해 볼 수 있다.

카니가 이렇게 해석학적인 신앙을 추구하는 이유는 윤리적 대화를 거쳐 윤리적 책임에 이르는 신앙을 나타내기 위해서다. 여기서 윤리적 신앙이란 어떤 전통이나 교리에 근거한 규범을 설정하는 것을 뜻하지 않는다. 그의 의도는 해석학적 상상을 통한 "이야기 상상력의 시학이 여러 가지 측면에서 (1) 책임적 자아(헌신, 약속, 서약을 할 수 있는 영속적 동일성)에 대한 기반을 제공하고 (2) 가능 세계 내지 외인의 세계를 향해서 자신을 넘어서는 일과 관련하는 윤

58   Kearney, *Strangers, Gods, and Monsters*, 81. 『이방인, 신, 괴물』, 147.

59   Kearney, *Strangers, Gods, and Monsters*, 82. 『이방인, 신, 괴물』, 148.

리적 조건"[60]을 기반으로 삼는 신앙을 정립하는 것이다. 즉, 신 이후의 신을 추구하는 신앙이 타자와의 관계 설정을 어떻게 할 것인지에 따라 규정된다면, 시학적 상상이 윤리를 가능하게 하는 또 다른 중요한 조건이 되어야 한다는 것이 카니의 입장이다. 예를 들어, 우리는 고통받는 타자의 입장을 상상하며 재구성하는 가운데 누군가를 환대한다. 여기에는 대화를 통한 공감, 감정 이입 등이 개입되고, 해석학적 상상이 이런 공감과 감정 이입을 위해 개입되는 가운데 비로소 타자에 대한 환영과 환대가 이루어진다.

타자로 인해 나에게 주어지는 것은 바로 그 주어짐 자체에서 나에게 외부적인 것으로 남겨진다는 점에서 그것은 '비원초적인 것에 관한 원초적 경험'이다. 그것은 결코 충만하게 나 자신이 되는 것이 아니라, 나 자신에게서 그리고 나 자신에 대한 하나의 타자가 될 뿐이다. 따라서 **틈**은 항상 남아 있고, 그 틈만큼 나와 대면하는 이방인의 환원할 수 없는 초월과 타자성에 응답하기 위한 상상력이 요청된다. 그 과정에서 나는 방문자를 손님(자기 자신으로서의 타자)으로 받아들이는 주인(타자로서의 자기 자신)으로 변형된다. 그러나 항상 은혜로운 상상의 작용으로서는, 이방인은 결코 완전히 또는 충전적인 의미에서 내 경험의 언어로 '실재적으로'(really) 번역될 수 없기 때문이다. 나는 타자'처

60 Richard Kearney, "Narrative Imagination: Between Ethics and Poetics", *Philosophy & Social Criticism* 21 (September 1995), 186.

럼'(as) 타자를 (은유적으로) 상상함으로써, 또는 타자가 (허구적으로) '마치' 나로서 존재한 것'처럼'(as if) 그렇게 상상함으로써 타자를 맞이한다. 공감은 유비를 통해서만 작동할 수 있다. 왜냐하면 공감이 연민이 되기 위해, 즉 마치 타자와 같은 감정을 느끼는 데는 상상의 작용이 요구되기 때문이다. 우리가 그들로 존재하는 것처럼 상상할 수 없다면 우리는 이방인을 살해할 수 있을 뿐이다.[61]

여기서 보듯, 타자 또는 이방인—이것이 종교적 타자건 민족의 타자건—과 나 또는 우리로서의 집단 사이에는 완벽하게 변역될 수 없는 틈이 있고, 이 틈을—비록 완전하지는 않지만—메우기 위해 상상력이 요청된다. 여기서 나는 타자를 나처럼, 나를 다자처럼 상상하는 가운데 나를 환대로 이끄는—레비나스와 데리다가 다소 등한시한—공감과 연민을 갖게 된다.

V. 재신론의 사례: 디트리히 본회퍼

새로운 이론들, 특별히 포스트모던 사상으로 분류되는 이론들이 대체로 그러하듯, 카니의 재신론을 처음 접하는 입장에서는 이 이론의

---

61   Kearney, *Anatheism*, 42.

갈피를 잡기란 쉬운 일이 아니다. 이것은 그가 어떤 체계성이나 특정 형이상학의 교설에 의존해서 이론을 수립하지 않고, 일종의 시학으로서의 이야기 해석학이라는 고유한 해석학적 방법을 사용한 덕분에 빚어지는 일이다. 이야기 해석학은 텍스트를 통해서 새로운 주제에 대한 새로운 이야기를 구성하는 작업이기 때문에, 카니의 재신론을 이해하기 위해서는 그의 텍스트 해석학을 통해 빚어지는 이야기의 사례를 쫓아가 보아야 한다. 특별히 『재신론』에는 여러 종교 전통에 관한 이야기 해석학이 담겨 있지만 여기서는 그리스도교 전통에 속한 독자들에게 익숙한 사례를 제시해 보고자 한다.

카니는 무신론 내지 영혼의 밤의 숙고를 거쳐 다시 타자를 환대하며 신의 약속과 흔적을 쫓아가는 재신론의 기획을 선취한 여러 인물을 예로 드는데, 개신교 신학자 가운데 디트리히 본회퍼(Dietrich Bonhoeffer)를 재신론에 부합하는 인물로 제시한다. 본회퍼는 독일 교회들이 나치 정권에 협력하는 제2차 세계대전의 현실이 비단 현실과의 타협에서 빚어진 결과가 아니라 낡은 이원론을 근간으로 삼는 형이상학적 신학에서 비롯한 결과라고 생각했다. 카니에 의하면, 본회퍼는 서구 신학이 그런 형이상학과 이원론에 종속된 탓에 바로 지금 여기의 "삶을 부정하는 니힐리즘으로 이어졌다"고 보았다.[62] 전통 신학은 신의 역동성이나 현세 속에서의 나타남과는 별로 상관없는 개념적 신-이해, 즉 전능성이나 전지함, 편

---

62 Kearney, *Anatheism*, 66.

재성 같은 형이상학적 개념을 기반으로 삼은 이원론적 신학을 전개했는데, 이런 신학의 결과가 다름 아닌 현세를 부정하는 니힐리즘이었다. 본회퍼는 이러한 신앙의 니힐리즘을 극복하기 위해서 어떤 모험을 시도했는가? 카니는 본회퍼가 이 맥락에서 시도한 모험의 요체가 다름 아닌 종교 없는 신앙(religionless faith)이라고 해석한다. 그는 본회퍼의 다음 말에 주목한다.

> 종교 없는 세상에서 교회, 공동체, 설교, 전례, 그리스도교적 삶은 무엇을 의미하는가? 어떻게 하면 신을 말할 수 있는가—종교 없이, 즉 형이상학, 내성적 성찰 등의 시간적 조건의 전제 없이 말이네. 어떻게 하면 세속적인 방식으로 신에 관해 말할 수 있는가? 어떻게 우리는 종교 없는 세속적 그리스도인, 종교적 관점에서 우리 자신을 특별한 수혜를 받는 자로서가 아니라 세상에 전적으로 속한 자로서 부름받은 자들, *ex-klesia*가 되는가? 이 경우 그리스도는 더 이상 종교의 대상이 아니라 매우 다른 어떤 것, 세상의 실질적인 주님이 되신다. 그렇다면 이는 무엇을 의미하는가? 종교 없는 상황 속에서 예배와 기도의 자리는 무엇인가?[63]

---

63 Dietrich Bonhoeffer, *Letters and Papers from Prison*, ed. Eberhard Bethge, trans. Reginald Fuller, et al. (New York: Simon and Schuster, 1971), 280-282. 『옥중서신— 저항과 복종』, 김순현 옮김(서울: 복있는사람, 2016), 251-52. Kearney, *Anatheism*, 66에서 재인용.

카니는 이처럼 본회퍼가 전통 형이상학의 신학이나 제도화된 종교 이해를 넘어서기 위해 무신론과 접속하면서 종교 없는 신앙을 발전시켰다고 본다. 이것이 바로 본회퍼가 니체적 무신론을 경유한 이유이기도 하다. 다시 말해 "… 우리는 본회퍼의 탈종교적 그리스도교가 고통받는 신에 대한 믿음과 결합하여 형이상학적 신을 무신론적으로 거부하는 형태를 취했다고 말할 수 있다. 따라서 참된 그리스도인은 전환의 시대에 자신을 타자들에게 바치는 문제적 구도자로 나타난다. 즉, 옛 신을 애도하고 새 신을 기다리는 것 말이다."[64] 여기서 "옛 신"은 형이상학의 체계 아래 개념화된 신, 이를테면 교회와 학교에서 오랫동안 지배해 온 전지하고 전능한 신을 뜻한다. 그렇다면 이런 신을 믿을 수 없게 된 시점에서, 형이상학적 신에 대한 무신론에 직면하여 등장하는 본회퍼의 신과 신앙은 무엇인가? 카니는 여기서 다시 한번 본회퍼를 길게 인용한다.

신에 대한 작업가설 없이 세상에서 우리를 살아가게 하는 신은 우리를 지속적으로 자신 앞에 서게 하는 신이네. 신 앞에서 그리고 신과 더불어 우리는 신 없이 사는 거지. 신은 세상에서 약하고 무력한데 이것이 바로 신이 우리와 함께 있고 우리를 돕는 길, 그 유일한 길이야. 마태복음 8:17은 그리스도가 그의 전능함이 아닌 그의 약함과 고통으로 인해 우리를 돕는다는 점을

---

64 Kearney, *Anatheism*, 67.

분명하게 제시한다네. … 그것은 세상에서 다음과 같은 신의 힘에 대한 우리의 곤경을 보게 하지. 데우스 엑스 마키나(*deus ex machina*[기계 장치로서의 신]). 성서는 인간을 신의 무력함과 고통으로 안내하는데, 이는 오직 고통받는 신만이 도울 수 있기 때문이지. 바로 그 차원에서 우리는 신에 대한 잘못된 개념을 폐기한 성숙한 세상을 향한 발전이, 신의 약함을 통해 세상에서 권력과 공간을 획득해 내는 성서의 신을 보는 길을 열어 준다고도 말할 수 있을 거야. 이것이 아마도 우리의 '세속적 해석'의 출발점이 되어야 할 것 같네.[65]

인용문을 자세히 보면, 앞서도 살펴본 카니의 신-담론과 재신론의 이해와 공명하는 대목이 있음을 알 수 있다. 이미 언급한 대로, 신은 존재신론으로 사유된 형이상학적 완전성의 개념을 성취하는 신이 아니라 고통받는 이들과 함께하며, 더 나아가 신 자신이 타자를 위하여 고통받는 자리에 스스로 내려가는 신이다. 신학적 체계 안에서 사유된 신은 그런 무력하고, 연대하며, 인내하는 신과 같을 수 없다. 바로 이러한 시각에서 성서와 신학을 다시 이해할 때, 우리는 그리스도의 세속성을 볼 수 있다. 즉, "1. '고통받는 신' 및 2. '세속적 해석'에 대한 이 이중의 헌신에서 무신론과 신앙이라는 두 축

---

65 Bonhoeffer, *Letters and Papers from Prison*, 360-361. 『옥중서신—저항과 복종』, 343-44. Kearney, *Anatheism*, 67-68에서 재인용.

414 | 우리 시대의 그리스도교 사상가들 ● 리처드 카니

은 신기하게 재신론 속으로 수렴된다."[66] 이런 수렴은 본회퍼 특유
의 그리스도에 대한 이해에서 절정에 이른다. 다시 한번 카니가 주
목하는 본회퍼의 말에 귀를 기울여 보자.

나는 지난 몇 해 동안 그리스도교의 현세성(this-worldliness)을
점점 더 많이 알고 이해하는 법을 배웠네. 그리스도인은 종교적
인간(homo religiosus)이 아니라, 예수가 한 인간이었던 것처럼
그저 인간이라네. ⋯ 내가 말하는 현세성은 교양인들, 분주한
자들, 나태한 자들, 호색한들의 천박하고 저속한 현세성이 아니
라, 충분히 훈련되고 죽음과 부활을 늘 생생히 의식하는 심오한
현세라네. ⋯ 이 세상에 온전히 살아감으로써만 신앙을 갖는 법
을 배울 따름이네. 현세성에 대해서 나는 그것을 삶의 의무, 문
제, 성취, 경험과 속수무책 속에서 살아가는 것이라고 생각하
네. 이렇게 하면서 우리는 하나님의 품으로 뛰어들고, 이 세상
에서 우리 자신의 고난을 진지하게 받아들이는 것이 아니라 신
의 고난을 진지하게 받아들이고, 겟세마네의 그리스도와 함께
깨어 있게 되는 것이라네.[67]

본회퍼는 타자와 함께하는 그리스도가 제도화된 종교의 신앙이

<hr>

66 Kearney, *Anatheism*, 68.

67 Bonhoeffer, *Letters and Papers from Prison*, 369-370. 『옥중서신—저항과 복종』,
348-49. Kearney, *Anatheism*, 69-70에서 재인용.

아니라 현세의 신앙을 선취한 인물이라고 보고 있다. 그리고 그리스도의 현세 안에서의 삶은 고통이나 죽음과 무관한 삶이 아니라 성부와 더불어 고난을 겪고 그 안에서 영혼의 밤을 겪어 내는 신앙, 곧 겟세마네에서의 신의 부재를 거쳐 **다시**(*Ana*) 신을 발견하는 재신론적 신앙의 삶이다. 즉, 본회퍼의 그리스도 해석에는 신의 부재를 경험한 "영혼의 밤" 내지 "어둠의 동굴"[68]을 경험한 이후 신을 다시 찾기에 이르는 재신론적 이야기가 담겨 있다. 이런 점에서, 카니가 보기에는, "본회퍼가 주장한 대로, 예수가 '한 시간 동안이라도 깨어 있으라'고 겟세마네에서 슬퍼하며 한 요청은 종교인이 신에게 기대하는 것(즉, 우리의 모든 문제에 대한 초자연적인 응답을 주는 것)과는 정반대의"[69] 신앙에 이르게 한다. 죽음과 신의 부재를 직면하게 된 그리스도는 "십자가에서의 그 모든 무력함 속에서 신을 다시 인식하게 된다. 말씀은 인간의 삶에서 십자가의 패배를 갱신된 삶으로 바꾸어 놓는 말이 된다. 죽음**에도 불구하고 일어난** 삶 말이다."[70] 그리스도가 신의 부재 속에서 얻게 된 응답은 (유사-니체적인) 삶에 대한 긍정이다. 고통과 죽음, 절망에도 불구하고 신은 삶을 긍정하기를 요구하고, 그리스도는 타자를 위한 삶과 분리시킬 수 없는 고통, 죽음, 절망을 긍정하는 결단을 하게 된 것이다. 카니에 의하면 이것은 본회퍼 자신에게도 예외가 아니었다. "재신론적으로

---

68   Kearney, *Anatheism*, 6, 162.

69   Kearney, *Anatheism*, 70.

70   Kearney, *Anatheism*, 67.

고찰해 보면 … 이러한 정신으로, 본회퍼는 신앙 때문에 세속 세계에 오히려 더 헌신적으로 헌신했다."[71] 본회퍼가 히틀러 치하의 독일이라는 어둠의 시대에 그를 암살하기 위해 결단하고, 거사에 실패하여 감옥에 갇혀서도 삶을 긍정한 것 자체가 재신론의 행보였다는 것이다. 요컨대, 본회퍼는 그 자신이 "가장 어두운 순간에 세상의 삶을 긍정하는" 삶을 살았으며, 그 삶은 "나치의 야만에 직면하여 제기된", 철저하게 "무력한 신성의 힘으로의 부름, '신' 이후의 신에게로의 부름"[72]에 응답한 삶이다.

우리는 카니의 본회퍼 해석에서 무엇을 알 수 있는가? 재신론의 신은 무엇보다도 고통받는 신, 타자를 환대하는 신이다. 하지만 이 고통과 환대의 신에 이른다는 말은 철저히 현세적이다. 그리스도가 겟세마네에서 신의 초자연적 응답을 얻지 못했던 것처럼, 무신론적 경험으로서의 신의 부재마저도 직면하는 것이 재신론의 신앙이다. 이 부재 이후에 다시 만나는 신에 대한 신앙은 바로 이 세상의 삶을 긍정하는 세속적 삶 안에서 "이방인, 방랑자, 구도자, 그리고 시위 참여자들에게 개방된" 개인과 "공동체"[73]로 형성되는 것을 뜻한다. 즉, 다시 형성된 신에 대한 신앙은 바로 이 세속성 안에서 이방인의 타자성에 대한 초월로 이끌리고 나아가는 재신론의 신앙이다. 다만 여기서 한 가지를 주의하자. 본회퍼의 재신론은 카니에게 하나의

71   Kearney, *Anatheism*, 69.

72   Kearney, *Anatheism*, 67.

73   Kearney, *Anatheism*, 71.

사례에 불과하다. 이런 식의 신앙은 정통 그리스도교를 넘어 세상으로의 참여와 타자에 대한 담대한 환대를 시도하는 아브라함 종교 및 힌두교, 불교의 전통과 실천에서도 얼마든지 일어날 수 있다. 이것이 바로 『재신론』에서 카니가 본회퍼만이 아니라 가톨릭 사회운동가 도로시 데이(Dorothy Day)와 힌두교 신자인 마하트마 간디(Mahatma Gandhi)에 특별한 주의를 기울이는 이유이기도 하다.[74]

VI. 평가와 전망

카니가 제안한 재신론의 신앙은 매우 매력적이다. 일단 그의 시도는 오랫동안 신학을 이론적 체계의 차원에서 지배해 온 존재신론을 극복하는 새로운 계기를 마련한다. 장-뤽 마리옹 역시 신비신학의 원천을 통해 존재 없는 신이라는 파격적인 주장을 내놓기는 했지만, 그의 시도는 카니가 보기에는 "너무 초월적인"[75] 대안이었다. 왜냐하면 마리옹이 제안하는 '존재 없는' 자로서의 '파악할 수 없는 신'은 오직 찬양과 기도의 언어로만 말해지는 신이기 때문이다. 분명, 우리가 신과 대화한다고 할 때, 그 언어는 존재론적이라기보다 송영의 언어에 가깝다. 하지만 "우리는 여기서 심각한 해석학적

---

74   Kearney, *Anatheism*, 154-159, 161-165 참조.

75   Kearney, *The God Who May Be*, 31.

혼란을 겪는다."[76] 신과 인간의 대화를 긍정한다면, 거기에는 숙고와 반성이 필요하다. 하지만 찬양과 기도의 언어만으로는 해석학적 반성이 가능하지 않다. 이에 우리의 유한성과 한계에도 불구하고 불가능한 것을 이해하기 위한 해석학적 노력이 필요하다. 카니의 시도는 이처럼 초월적인 현상의 나타남을 찬미하는 일에 지나치게 천착하는 마리옹의 시도를 넘어, 타자와의 대화를 통한 윤리적 가능성을 적극적으로 함축하는 해석학적 신앙의 길로 안내함으로써 존재신론을 극복하려는 시도라는 점에서 우리에게 존재신론 이후, 신의 죽음 이후의 신을 사유하기 위한 또 하나의 참신한 방향을 지시한다.

그러나 이러한 카니의 시도는 역설적으로, 충분히 초월적이지 못하다는 점에서 비판받을 수 있다. 카니는 『존재할 수도 있는 신』에서 가능-존재로서의 신을 제시하긴 했다. 하지만 『재신론』에서 이 신은 이방인에 대한 환대에서 현실화된다. "종말론은 우리 가운데 있는 외인의 현전 가운데 실현된다. 손님에 대한 사랑이 신에 대한 사랑이 된다."[77] 그리스도교, 이슬람교, 유대교로 대변되는 아브라함 종교 내지 유일신 종교는 분명 신에 대한 사랑과 이웃에 대한 사랑의 중첩 지대를 나타낸다. 하지만 양자의 구별 또한 이야기한다. 만일 신과 이웃 또는 이방인으로서의 타인이 같다면 신을 향한 찬미나 기도가 필요한가? 카니의 시도는 일반적이면서도 매우 공통

76 Kearney, *The God Who May Be*, 33.

77 Kearney, *Anatheism*, 29.

적이라고도 할 수 있는 아브라함 종교에서 나타나는 신과 타자의 구별 내지 분리를 도외시할 수도 있다. 과연 카니에게 이방인과 구별되는 신은 무엇인가? 카니는 이에 대한 명확한 답을 제시하는 일에 별 관심을 두지 않는 것처럼 보인다.

비슷한 맥락에서, 메롤드 웨스트팔이 적절하게 지적하듯이 전통적 신-담론 자체를 거부하는 카니의 신관은 고대부터 종교개혁 시대에 이르는 신학에서 비롯한 신-담론의 풍요로움마저 없앨 위험이 있다. 이미 언급한 대로, 카니는 약속의 성취를 매개로 인간과 신의 상호적 관계를 부각하기 위해 "변형하는 신"을 주로 강조하는데, 웨스트팔은 약속의 성취는 신의 신실한 불변성을 전제로 해야 하지 않느냐는 의문을 던진다. 그는 아우구스티누스, 아퀴나스, 월터스토프의 논의에 의존하면서 전통 신론의 "불변성"(unchangingness) 개념이 카니도 긍정하는 신의 "언약적 약속의 신실함"[78]을 더 확고하게 수립할 가능성을 그가 간과했다고 지적한다.

이것은 아마도 교회 전통과 교의를 지나치게 부정적으로만 평가하는 카니의 태도에서 비롯된 것일 수 있다. 이는 종교 간 분쟁과 대결, 이방인 혐오라는 폭력의 역사를 경험한 한 사람의 아일랜드인으로서의 카니의 경험이 강하게 기입되어 있는 부분이라 어느 정도 이해될 수는 있지만 그것만으로 충분히 정당화될 수 있는 문제

---

78 Merold Westphal, "Hermeneutics and the God of Promise", *After God: Richard Kearney and the Religious Turn in Continental Philosophy*, ed. John Panteleimon Manoussakis (New York: Fordham University Press, 2006), 93.

는 아니다. 비슷한 맥락에서 카니는 재신론의 신을 너무 쉽게 "종교
간 신은 탈교의적(postdogmatic) 신으로 기술될 수 있을 것이다"[79]
라고까지 이야기하는데, 교의는 고정된 어떤 것이 아니라 발전하는
것이며, 그렇게 발전적으로 변화하는 교의를 통해 우리는 타자와의
대화, 종교 간 대화를 촉진할 수 있다. 이를테면 제2차 바티칸 공의
회 문헌 『우리 시대』(Nostra Aetate)의 「비그리스도교와 교회의 관계
에 대한 선언」에서는 다른 종교에서 발견되는 진리를 인정하고 여
기서 많은 것을 배울 수 있다고 가르친다. 이런 점에서 같은 아브라
함 종교임에도 유대교나 이슬람교에서 보여 주는 이웃 사랑과 환
대의 신에 대한 이해를 아예 거부하거나 그러한 종교에서 비롯하는
신비로운 구원의 가능성을 전혀 인정하지 않으려는 일부 전통 그리
스도교 교의의 배타성이나 폭력성을 극복하려는 시도 자체는 충분
히 긍정적으로 평가할 수 있지만, 카니가 교의에 대한 재-해석을 고
려하지 않는다는 점은 아쉬운 대목이다. 만일 교의에 대한 재신론
적 해석을 해 낸다면, 이 기획은 더 포괄적이고 포용적인 제안이 되
지 않을까?[80]

이런 약점에도 불구하고, 카니의 재신론은 무신론과의 대화, 종
교 간 대화, 종교적 난민에 대한 포용 등이 전 세계적 쟁점으로 떠오
른 이때 매우 매력적으로 다가온다. 재신론은 종교 경전이 담고 있

---

79   Kearney, *Anatheism*, 52.

80   이 문제에 대한 더 상세한 비판으로는 앞에서도 한 차례 인용한 다음 문헌을 참고하라.
      Moyaert, "Anatheism and Interreligious Hospitality."

는 환대 이야기를 해석학적으로 우리 시대에 재전유하는 것을 신앙의 '정수' 같은 것으로 보고 있기에, 우리가 피해 갈 수 없는 시대의 아픔과 종교 간 폭력의 역사를 극복하고 새로운 시대를 종말론적으로 열어 가려는 오늘날의 여러 몸부림과 잘 접속할 수 있다. 또한 이것은 지금 완결된 기획이 아니라 카니 자신이 기획한 "게스트북 프로젝트"나 여러 에큐메니컬 대화를 통해 현재와 미래에 지속적으로 성취될 기획이기 때문에 보완과 보충을 통해 더 온전한 형태를 갖출 수 있는 담론이기도 하다.[81] 이런 점에서 카니의 재신론은 앞으로도 지속적으로 감행될 그의 다양한 사유와 실천의 모험에 주목하는 가운데 더 심도있게 논의되어야 할 철학임에 분명하다. 또한 실천적인 차원에서도, 이런 재신론적 신앙에 입각한 도전이 새로운 신앙의 모험의 길목에서 신을 찾고자 하는 모든 이들에게 히니의 대안적 실험으로 적용될 수 있을 것이다.

---

81 한 예로, 최근에 카니는 재신론의 시학을 예술 작품에 적용하는 시도를 최근에 보여 주었다. 이를 통해 우리는 재신론이 미학적 신앙도 추구하고 있음을 알 수 있다. Richard Kearney and Matthew Clemente (eds.), *The Art of Anatheism* (London and New York: Rowman & Littlefield, 2018).

더 읽을거리

『이방인, 신, 괴물: 타자성 개념에 대한 도전적 고찰』

● 리처드 카니 지음, 이지영 옮김, 서울: 개마고원, 2004.

『이야기에 관해서』, 『존재할 수도 있는 신』과 더불어 카니가 자신의 '한계의 철학' 3부작 중 한 권으로 설정한 책이다. 국내에서는 유일하게 카니 사상의 중요한 한 차원에 접근할 수 있는 책으로, 타자성과 신성 일반에 그의 문제의식이 잘 녹아 있다. 여기서 그는 레비나스, 데리다, 카푸토 등으로 이어지는 타자성의 철학이 타자에 대한 무규정성이나 무차별적 환대에 기반을 두고 있다는 점에서 너무 위험하다고 지적한다. 오히려 그는 리쾨르 해석학의 전통에 서서, 타자에 대한 제한적 형태의 판별과 숙고가 있어야 이방인에 대한 적절한 환대가 가능함을 주장한다.

『현대유럽철학의 흐름: 모더니즘에서 포스트모더니즘까지』

● 리처드 카니 지음, 임헌규 · 곽영아 · 임찬순 옮김, 서울: 한울, 2017.

리처드 카니의 초기 저술로, 20세기 유럽 대륙철학에 대한 그의 명료하면서도 해박한 이해를 살펴볼 수 있다. 현대 사상에 대한 더 심층적인 해설서가 많이 나와 있기 때문에 이제는 시효가 지나버린 면이 있지만, 여전히 현대 철학에 대한 개괄적 이해를 얻으려는 독자들에게 도움을 준다.

『현대 사상가들과의 대화』

● 리처드 카니 지음, 김재인 · 전예완 · 임재서 옮김, 서울: 한나래, 1998.

가다머, 리쾨르, 레비나스, 데리다, 리오타르, 크리스테바 등 다양한 현대 사상가와 나눈 대담이 담겨 있다. 해당 철학자들에 대한 상당한 수준의 이해를 가지고 있는 카니가 직접 나눈 대담이기 때문에 날카로운 철학적 질문과 그에 대한 심도 있는 답변을 생생하게 접할 수 있다. 특별히 카니가 각각의 대가들에게 제기하는 비판적 질문을 통해 그의 철학적 문제의식을 간접적으로나마 살펴볼 수 있고, 각 사상가들이 직접 자신들의 입장을 개진한다는 점에서, 독자들은 이들에 대한 오해를 걷어 내고 다양한 현대 사상에 대한 적절한 이해를 얻을 수 있다.

Anatheism: Returning to God after God

● Richard Kearney, New York: Columbia University Press, 2010. 2021년 초 한국어판 출간 예정.

카니 필생의 역작이라고 할 수 있는 책으로, 지금도 스스로 발전시키고 그 적용 범위를 넓혀가는 '재신론'의 정수가 담겨 있다. 본 논고에서는 다루지 못했지만 그리스도교만이 아니라 이슬람, 유대교, 불교, 힌두교가 공통으로 지향할 수 있는 새로운 신앙의 공통분모를 재신론이라는 맥락에서 찾아가는 저자의 지적 모험이 매우 흥미진진하게 펼쳐진다. 종교 간 대화가 선택이 아닌 필수로 도래한 다종교·다문화 상황을 접하고 있는 오늘의 현실을 고려할 때, 본서는 철학적 깊이와 실천적 지혜를 겸비한 역작이다. 아직 한국어로 읽을 수 없지만 현재 번역 작업이 막바지에 이른 상태라 조만간 독자들은 카니 사상의 정수를 맛볼 수 있을 것이다. 이 책을 통해 우리 학계의 종교철학에 관련한 논의 수준이 한층 더 깊어지리라 확신한다.

참고문헌

김동규. 「리처드 카니의 재신론적 신앙에 관한 비판적 고찰」. 『신학과 학문』 제21권 3호(2019년 12월), 139-173.

Bonhoeffer, Dietrich. *Letters and Papers from Prison*. Edited by Eberhard Bethge. Translated by Reginald Fuller et al. New York: Simon and Schuster, 1971. 『옥중서신—저항과 복종』. 김순현 옮김. 서울: 복있는사람, 2016.

Breton, Stanislas. "'Je Suis (celui) qui Suis' (Ontologie et Metaphysique)." *Libres Commentaires*, 57-67. Paris: Editions du Cerf, 1990.

_____. "Kearney's The God Who May Be." *Research in Phenomenology* 34:1 (January 2004), 255-265.

Caputo, John D. *Heidegger and Aquinas: An Essay on Overcoming Metaphysics*. New York: Fordham University Press, 1982. 『마르틴 하이데거와 토마스 아퀴나스』. 정은해 옮김. 서울: 시간과공간사, 1993.

Cusa (Cusanus), Nicholas of. *Trialogus de possest* (Latin and English). *A concise introduction to the philosophy of Nicholas of Cusa*. Translated by Jaspers Hopkins, 59-153. Minneapolis: University of Minnesota Press, 1978.

Dunne, Michael. "Richard Kearney's 'Philosophy at the Limit.'" *Tijdschrift voor Filosofie*. 67ste Jaarg. Nr. 2 (Tweede Kwartaal 2005): 307-323.

Eckhart, Meister. *Meister Eckhart: A Modern Translation*. Edited & Translated by Raymond Bernard Blakney. New York: Harper & Brothers, 1941. 『마이스터 에크하르트』(ePub). 레이몬드 B. 블래크니 엮음. 이민재 옮김. 서울: 다산글방, 2015.

Feld, Allina N. and Kearney, Richard. "Thinking in Action: An Interview with Richard Kearney." *Review of Contemporary Philosophy* 16 (2017): 150-171.

Guestbook Project. "Introducing the Guestbook Project." https://www.youtube.com/watch?v=91L2seRnXLg, 2020. 2. 4. 최종 접속.

Heidegger, Martin. *Identität und Differenz*. Pfullingen: Günther Neske, 1957. 『동일성과 차이』. 신상희 옮김. 서울: 민음사, 2000.

Kearney, Richard. *Anatheism: Returning to God after God*. New York: Columbia University Press, 2010.

_____. *Debates in Continental Philosophy: Conversations with Contemporary Thinkers*. New York: Fordham University Press, 2004.

_____. "God After God: An Anatheist Attempt to Reimagine God." *Reimagining the Sacred: Richard Kearney Debates God*. Edited by Richard Kearney and Jens Zimmermann, 6-18. New York: Columbia University Press, 2016.

_____. *Modern movements in European philosophy*. Manchester: Manchester University Press, 1987. 『현대유럽철학의 흐름: 모더니즘에서 포스트모더니즘까지』. 임헌규·곽영아·임찬순 옮김. 서울: 한울, 2017.

_____. "Narrative Imagination: Between Ethics and Poetics." *Philosophy & Social Criticism* 21/5-6 (September 1995): 173-190.

_____. *On Stories*. London and New York: 2002.

_____. *Poétique du possible: Phénoménologie herméneutique de la figuration*. Paris: Beauchesne, 1984.

_____. *States of Mind: Dialogues With Contemporary Thinkers*. New York: New York University Press, 1995. 『현대 사상가들과의 대화』. 김재인·전예완·임재서 옮김. 서울: 한나래, 1998.

_____. *Strangers, Gods, and Monsters: Interpreting Otherness*. London and New York: Routledge, 2003. 『이방인, 신, 괴물: 타자성 개념에 대한 도전적 고찰』. 이지영 옮김. 서울: 개마고원, 2004.

_____. *The God Who May Be: A Hermeneutics of Religion*. Bloomington and Indianapolis: Indiana University Press, 2001.

_____. "What is Carnal Hermeneutics?" *New Literary History* 46 (2015): 99-124.

_____. "Where I speak from: A short intellectual autobiography." *Debating Otherness with Richard Kearney: Perspectives from South Africa*. Edited by Yolande Steenkamp, 31-62. Cape Town: AOSIS, 2019.

Kearney, Richard and Clemente, Matthew (eds.). *The Art of Anatheism*. London and New York: Rowman & Littlefield, 2018.

Kearney, Richard and Manolopoulos, Mark. "Faith in Hermeneutics: With Richard Kearney." *With Gifted Thinkers: Conversations with Caputo, Hart, Horner, Kearney, Keller, Rigby, Taylor, Wallace, Westphal*. Edited by Mark Manolopoulos, 121-145. Bern: Peter Lang, 2009.

Kearney, Richard et O'Leary, Joseph Stephen (eds.). *Heidegger et la question de Dieu*. Paris: Grasset, 1980.

Kearney, Richard and Van Troostwijk, Chris Doude. "A Conversation after God." *Richard Kearney's Anatheistic Wager: Philosophy, Theology, Poetics*. Edited by Chris Doude van Troostwijk and Matthew Clemente, 40-67. Bloomington: Indiana University Press, 2018.

Moyaert, Marianne. "Anatheism and Interreligious Hospitality." *Richard Kearney's Anatheistic Wager: Philosophy, Theology, Poetics*. Edited by Chris Doude van Troostwijk and Matthew Clemente, 154-167. Bloomington: Indiana University Press, 2018.

Ricœur, Paul. *De l'interprétatione: Essai sur Freud*. Paris: Seuil, 1965. 『해석에 대하여: 프로이트에 관한 시론』. 김동규·박준영 옮김. 고양: 인간사랑, 2013.

Westphal, Merold. "Hermeneutics and the God of Promise." *After God: Richard Kearney and the Religious Turn in Continental Philosophy*. Edited by John Panteleimon Manoussakis, 78-93. New York: Fordham University Press, 2006.

인명 찾아보기

저자 소개

김진혁 | 1. 죽임당한 어린양의 아름다움을 우러러, 3. 비극적 삶을 감싸는 하느님의 자비

연세대학교에서 신학과 철학을 공부하고, 미국 하버드 대학교 신학부에서 목회학 석사학위를, 영국 옥스퍼드 대학교에서 철학 박사학위를 받았다. 독일 하이델베르크 대학교 에큐메니칼 연구소 연구원으로 활동했고, 그 후 영국 옥스퍼드 소재 C. S. Lewis Study Centre의 연구원과 런던 대학교의 히스롭 칼리지 박사후연구원으로 일했다. 2013년부터 햇불트리니티 신학대학원대학교에서 조직신학, 철학, 윤리를 가르치고 있다.

저서로는 *The Spirit of God and the Christian Life* (Fortress Press), *Wiley Blackwell Companion to Karl Barth* (공저, Wiley-Blackwell), *Human Dignity in Asia* (공저, Cambridge University Press), 『질문하는 신학』(복있는사람), 『신학공부』(예책), 『예술신학 톺아보기』(공저, 신앙과지성사)가 있다. 그 외에도 C. S. 루이스와 잉클링스, 엔도 슈샤쿠, 해석학, 공공신학 등의 주제로 다수의 논문을 출판했고, 현대 신학과 관련된 여러 서평과 해제를 작성했다.

김승환 | 2. 덕과 성품, 그리고 공동체

장로회신학대학교에서 신학을 전공하고 동 대학원에서 신학 석사와 박사를 마쳤다. 새물결아카데미에서 공공신학을 강의해 왔으며, 최근에는 인문학&신학연구소 에라스무스 연구원으로 활동하고 있다. 공공신학, 급진정통주의, 도시신학, 공동체주의 등에 관심을 가지고 연구하는 중이다.

최경환 | 4. 자기 내어 줌과 받아들임의 공공신학

백석대학교와 대학원에서 신학을 공부하고, 고려대학교 대학원에서 철학을 공부했다. 이후 남아프리카공화국 프리토리아 대학교에서 공공신학을 연구했다. 현재는 과학과 신학의 대화 기획실장으로 일하면서 인문학&신학연구소 에라스무스 연구원으로 활동하고 있다. 주요 관심사는 기독교와 정치철학, 공공신학, 본회퍼, 세속화와 후기 세속화, 기독교 철학 등이다.

손민석 | 5. 세속의 시대를 탐색하는 정치철학자

중앙대학교 정치외교학과 및 같은 대학원을 졸업했다. 현재 서울과학기술대학교 기초교육
학부에서 정치학 과목을 강의하고 있다. 정치철학과 신학-정치적 문제, 정치와 종교 관계
에 관심을 가지고 연구하고 있다. 주요 논문으로는 「신학-정치적 문제와 '회의적' 정치철학:
레오 스트라우스의 근대성 이해」, 「정치적 헤브라이즘과 근대 공화주의 담론」 등이 있고,
지은 책으로는 『현대정치의 위기와 비전—니체에서 현재까지』(공저, 아카넷, 근간), 옮긴 책
으로는 『신학, 정치를 다시 묻다: 근대의 신학-정치적 상상과 성찰의 정치학』(비아)이 있다.

윤동민 | 6. 약한 신학의 모험

총신대학교 신학과를 졸업하고 서강대학교 철학과에서 마르틴 하이데거의 철학에 관
한 연구로 석사학위를 받았다. 이후 서강대학교 철학연구소 연구원을 역임하였고, 박사
과정을 수료한 뒤에 해군사관학교와 여러 중·고등학교 및 시민 아카데미 등에서 철학
과 인문학을 강의하고 있다. 옮긴 책으로는 『예술로서의 삶』(공역, 갈무리)이 있으며, 근
현대 유럽 대륙 철학과 종교철학에 관심을 가지고 현재 서강대학교 생명문화연구소와
인문학&신학연구소 에라스무스 연구원으로 활동하고 있다.

김동규 | 7. 계시 현상의 신비에 천착한 현상학자, 8. 신의 죽음 이후의 신을 다시 상상하는 해석학의 후예

총신대학교에서 신학을 공부하고, 서강대학교 대학원 철학과에서 폴 리쾨르 연구로 석
사 학위를, 마리옹과 리쾨르의 주체 물음에 관한 연구로 철학박사 학위를 받았다. 또한
벨기에 루뱅 대학교(KU Leuven) 신학&종교학과에서 마리옹의 계시 현상에 관한 연구
로 석사 학위를 받았다. 옮긴 책으로는 피에르 테브나즈의 『현상학이란 무엇인가』(그린
비), 에마뉘엘 레비나스의 『탈출에 관해서』(지만지), 『후설 현상학에서의 직관 이론』(그린
비), 폴 리쾨르의 『해석에 대하여: 프로이트에 관한 시론』(공역, 인간사랑), 재커리 심슨의
『예술로서의 삶』(공역, 갈무리), 마리옹의 『과잉에 관하여: 포화된 현상에 관한 연구』(그린
비) 등이 있다. 지은 책으로는 『미술은 철학의 눈이다』(공저, 문학과지성사), 『프랑스 철학
의 위대한 시절』(공저, 반비), 『선물과 신비: 장-뤽 마리옹의 신-담론』(서강대학교출판부)이
있고, 이 외 다수의 연구 논문이 있다. 2020년 현재 서강대학교 생명문화연구소 연구원,
인문학&신학연구소 에라스무스의 운영위원으로 일하고 있으며, 네덜란드 암스테르담
자유대학교(VU Amsterdam) 종교&신학과 박사 과정에서 현대 유럽 대륙철학과 종교철
학, 종교 간 대화 문제 등을 연구하고 있다.